社会保险法原理

Shehui Baoxianfa Yuanli

向春华／著

中国检察出版社

图书在版编目（CIP）数据

社会保险法原理/向春华著．—北京：中国检察出版社，2011．3
ISBN 978－7－5102－0446－3

Ⅰ．①社… Ⅱ．①向… Ⅲ．①社会保险－保险法－中国
Ⅳ．①D922．182．3

中国版本图书馆 CIP 数据核字（2011）第 028006 号

社会保险法原理

向春华 著

出版发行：中国检察出版社
社　　址：北京市石景山区鲁谷西路 5 号（100040）
网　　址：中国检察出版社（www. zgjccbs. com）
电　　话：(010)68630385(编辑)　68650015(发行)　68636518(门市)
经　　销：新华书店
印　　刷：三河市西华印务有限公司
开　　本：720mm×960mm　16 开
印　　张：29 印张　插页 2
字　　数：531 千字
版　　次：2011 年 3 月第一版　　2011 年 3 月第一次印刷
书　　号：ISBN 978－7－5102－0446－3
定　　价：50．00 元

前　　言

《社会保险法》已然颁布，这是我国社会保险制度发展进程中的一件重大事件。这么一项重要的立法，却在颁布后产生了不同的意见，这在国内立法中是少见的。

肯定者认为，这是我国社会保障体系建设的里程碑，它标志着我国社会保险制度由长期的实验性阶段正式走向定型、稳定和可持续发展。而质疑者则认为，该法过于原则，授权性规定过多，缺乏可操作性。

没有疑义的是，《社会保险法》已注定将对我国社会保险制度及公民的社会保险权利产生重大影响。例如，基本医疗保险和工伤保险中的先行支付和追偿制度。虽然存在不尽如人意之处，但《社会保险法》还是比较明确地规定了公民的社会保险基本权利即享受社会保险待遇，公民及其他责任主体的基本社会保险缴费义务，这将在相当长时期对我国社会保险制度建设产生积极的影响。

我们同时也应当认识到，由于种种条件的制约，《社会保险法》还需要诸多完善。如果我们要追求一个比较完善的社会保险法律规则体系，或者最终要制定一部比较完善的社会保险法典，还需要进行长远的深入研究。

法律应当明确，人们可以做什么，人们应当做什么，人们必须做什么。人们，包括每一位社会公民，包括每一个社会主体，政府、司法机关、企业、社会团体等其他各种组织。法律最主要的成分是规则，最基本的功能是规范。规则未必在一部法律中规定，但必须在一个法体系下是存在或可以发现和寻找的。法律可以去固定一种模式，但不能不规范人们的行为。离开了规范性，法律很难成为法律，即便它是实实在在的法律。在建立社保法体系的过程中，应当将规范性作为法律文本生成的最主要的技术要求之一，以法律规则而非政策性文件作为构建法体系的基本要素。

由于我国一些具体社会保险制度尚未定型或难以定型，如统筹层次、各社会保险制度之间的衔接、社会保险费的征缴方式等，立法本身很难解决这一问题。立法是利益博弈的过程，在立法过程中有争议是正常现象。但无论怎么争执，解决方案应当是比较明确的，权利义务的界定是明晰的，如果这一现实都无法达致，法律规则也就无法生成。在这种状况下，政策比法律更具有适应性。

法律不同于政策。法律对于权利义务的要求是准确而具体的，而政策则比较原则，甚至不涉及具体的权利义务，而只规定一个大致的方向，可裁量性是政策的重要特征之一。法律必须是明确的、稳定的，不能朝令夕改，而政策则非常灵活，可以不追求安定性。很多政策是实验性的，改革的试点只能通过政策进行，法律是不能作为试验品的。法律存在的目的，这是针对人类整体生活状态而言的，法律不能规定一个具体的发展目标如各个险种的覆盖率、社会保险基金的征缴率，而政策未必强调根本的目的，却有着具体的发展目标或规划。在社会保险定型化的过程中，具备灵活性、裁量性和目标化的政策将在相当长时间内具有立法所无法取代的作用。我国社会保险法制化的进程，将和政策功能的发挥密不可分。然而，政策存在的必要性并不意味着我们只能依赖于政策，或者简单地将政策法律化。我们在认识到政策客观存在的必然性的同时，应当将本应由法律规制的内容尽早“还”给法律。在建设法治政府和法治国家的大背景下，减少政策的生存空间，发现、构建起更为健全的法律规则体系是应有之义。只是，这一过程是要付出诸多研究和努力的。

法律应当成为活的法律，而不仅仅是休眠条款。我们在追求法的精细化、体系化和完善性的同时，更应当注重法的实际效力，实效性是法律孜孜不倦追求的目标之一。任何法律，只有真正得到了适用，其所规定的权利义务在社会生活中才能得以实现，这样的法律才可能称为真正的法律。而我国的现实则是，法律、法规或规章或其他规范性法律文件已经作了比较明确的规定，然而在现实中却是置若罔闻。以社会保险费欠缴、少缴为例，在《社会保险法》以前，相关法规也规定了对用人单位的严厉的处罚措施，然而在实践中却用之甚少。《社会保险法》在保留类似措施的同时，还赋予社会保险费征缴机构直接划拨用人单位资金的权力。然而权力的存在并不代表权力的有效性，更不表明规则的实效性。如果社会保险依然只是经济工作的附属保障，不能尊重立法的科学性，再高层次的立法规定，也无法改变法律规则的落寞。补缴社会保险费争议作为劳动争议的命运或许可以作为一种例证。一方面，《劳动争议调解仲裁法》和《社会保险法》均明确规定社会保险争议可通过劳动仲裁、民事诉讼这一劳动争议处理程序处理；另一方面，劳动仲裁尤其是法院则拒绝受理此类案件。最高人民法院在2010年9月颁布司法解释时明确将此类争议排除出法院劳动争议受案范围。《社会保险法》这一规则的实施之日，或许就是这一规则的废止之日。

法的适用是法的实效性的重要体现。法的实现最终表现为公民对法的皈依。虽然近些年以劳动者为代表的公民法律意识已经显著增强，具有标本意义的维权事件持续出现，对于法的实现具有重要意义。然而，劳动者维权仍然是一条艰辛之路，时间的漫长、程序的复杂令很多劳动者望而生畏。迟来的正义未必不是正义，但迟来的结果即便是公平而正义的，也很难令劳动者和用人单位对此秉持法治应有的崇敬和景仰。在法的适用中，最重要的就是法的适用机关如司法机关、仲裁机构、行政机关或具有行政职能的机构的适用。它们作为守法的表率，严格遵守法律具有更为重要的意义，也是法的实效性的必要保证。

无论如何，《社会保险法》的颁布，至少标志着我国社会保险法制化的重要开端。既然有了开始，未来也并不遥远。

伴随着《社会保险法》的颁布，本书也终于勉强杀青。

翻阅《社会保险法》法律文本，回味三年立法和研究进程，怎一个“纠结”了得。

本书的写作始于2008年。由于工作的关系，几乎日日谈论和思考社会保险的法律问题，然遍寻所见，社会保险论者，每每为社会保险政策论者，所持之意见，法律意蕴不足，甚至与法律相去甚远。进而思之，无论是社会保险法体系的建构者、适用者还是研究者，都需要对法、法学、法哲学有比较精深的了解，否则将难免沦入公共政策或经济研究范畴而非法学研究。由此萌生研究社会保险基本法律理论的想法。书名之《社会保险法原理》，或曰《社会保险法立法原理》更为恰当，因其所述，实为法哲学视角下的社会保险法的应为之态。然考虑后者非一般读者所能接受，故仍用前者。

本书写作过程也是作者系统深入的学习过程，多为重述前辈之所论，间或有所思而已。作者希冀能以此为基础，进行更具有现实意义的社会保险法律规则研究。如能对社会保险法律文本的制定和研习有微许增益，则为作者所窃喜而不敢期待焉。

感谢中国检察出版社李健编辑为本书所做的努力，感谢领导、同事、朋友、亲人在工作和生活中所给予的关怀和帮助。

三年时光既长且短。其间爱女出生，转瞬已一岁有半；其临人世第一夜尚记忆犹新，今日已会喜怒娇嗔，创无数惊喜，为煎熬之日月添无穷之生趣。唯愿爱女健康快乐，亦愿她们这一代能有更为公平而完善之社会保障。

向春华

2010年12月

目　　录

第一章　社会保险法的性质与特征

这里指的社会保险法的性质，是指社会保险法属于何种法律部门。研究社会保险法的性质，可以有效地借鉴部门法的理论指导社会保险法自身的研究。

理论界的通说认为，社会保险法属于社会保障法范畴，社会保障法一般属于社会法范畴。但对于社会保障法的范围，特别是社会法的定性与理解，则存在非常大的差异，甚至是截然相反的结论。而作为社会保险法或社会保障法主要研究对象的社会保险和社会保障，对其概念的认识杂乱纷呈。没有对这些概念的准确界定，就无法准确地揭示社会保险法和社会保障法的性质与特征。许多阴影常常使得我们的知识晦暗不明，它们不仅在强度上变化多端，遮蔽光明、投下这些阴影的障碍物也是纷杂多样。① 概念的界定不明就是这些众多的障碍物之一。本章的主要目的在于，探索社会保险法在社会保障法或社会法中的地位或关系，对社会保障、社会保障法、社会保险、社会保险法、社会法等基本概念试图作出分析和界定。

第一节　社会保障概述

一、社会保障的历史演变

（一）社会保障和社会保险是属种关系

社会保障和社会保险必须严格区分。社会保险是社会保障的主要组成部分，或者说是社会保障的核心内容，这是一个非常简单的常识性问题。但实际上，一些学者有时仍会不自觉地混淆两者，特别是在论述社会保障的起源时。如有观点认为，社会保障制度已经有 120 多年的历史，是从 19 世纪 80 年代开

---

① ［英］H. L. A. 哈特：《法理学与哲学论文集》，支振锋译，法律出版社 2005 年版，第 23 页。

始建立的，是工业革命的产物。① 以这个时点作为社会保障制度的诞生，显然是以19世纪80年代德国颁布三项社会保险法为标志的。而无论是作为社会政策，还是法律制度，社会保障的起源要远早于此。两者在法律性质、权利义务内容、政府责任等方面都有重要区别。一些学者“常常把社会保障混同于社会保险，这是不妥当的”，“区分社会保障和社会保险这两个概念，对于我国社会保障事业发展的意义是深远的”。② 在逻辑上严格区分社会保障和社会保险，是构建社会保障法和社会保险法的法律体系和理论框架的前提和基础。

（二）社会保障早于社会保险

社会保障的起源远早于社会保险。“社会保障”这一语词结构的重点在于“保障”，至于通过何种形式达致这一目的，在所不问，故有不幸就有扶助，扶助就属于保障，所以社会保障和人类历史一样久远。“社会保险”这一语词结构的重点在于“保险”，即是通过保险的形式实施的保障，其历史也就年轻很多。社会保障与社会保险诞生的不同社会背景和理念会导致对其法律目的、原则、本位、功能等的不同认识，这是从事社会保险和社会保险法研究需要确定的基本事实。

（三）社会保障体系化较晚

社会保障现象的诞生远早于体系化的社会保障制度。作为一种社会现象和社会事实，社会保障与互助共济的人类合作精神相伴随，早在原始社会即存在。但作为一种社会政策、一种制度，特别是一种法律制度的社会保障，其出现则要晚得多，一般认为是以1601年英国伊丽莎白女王颁布《济贫法》为标志。对社会成员的保障，特别是对老、弱、病、残、贫困人员的保障，与人类社会一样历史久远。但是真正具有社会保障性质的制度设计，一般认为起始于1601年。③ 最早对社会保障问题作出正式立法反映的是英国，1601年在伊丽莎白时代就颁布了《济贫法》。但这时的法律规定还是零星的、非系统化的。直至19世纪80年代德国俾斯麦政府颁布《疾病社会保险法》、《工伤保险法》，系统的社会保险制度诞生，现代社会保障体系开始产生。社会保障制度是人类社会发展到一定阶段的产物，是政治文明催生的结果，是近代工业革命

---

① 吕学静主编：《社会保障国际比较》，首都经济贸易大学出版社2007年版，第1页；马斌主编：《社会保障理论与实践》，中国劳动社会保障出版社2006年版，第1页；谢元态主编：《社会保障学》，江西出版集团、江西科学技术出版社2007年版，第38页；刘晓雄主编：《社会福利与保障》，中央广播电视大学出版社2008年版，第15页；邓微编著：《社会保障概论》，湖南人民出版社2007年版，第19页等。

② 高书生：《社会保障改革何去何从》，中国人民大学出版社2006年版，第301页。

③ 龚维斌等：《中外社会保障体制比较》，国家行政学院出版社2008年版，第17页。

的必然结果。[①] 现代社会保障制度是与市场经济伴生的一项制度。社会保障制度的建立与发展，是市场经济国家解决“市场失灵”、达成社会公平所采取的途径和做法。[②] 社会保障立法的渊源实际上应当自济贫法时代算起，再经过社会保险立法繁荣阶段而进入社会保障立法成熟期。[③] 作为体系化的社会保障制度，是现代政治社会发展的产物，是与法律化紧密联系的。法律化的含义不仅意味着法律的制度化，更意味着法治化，即以法律作为最高的指引与行为范式。现代社会的社会保障制度都是一种法律化的制度，应当遵循法治的原则和规则，而不是听凭行政权力的恣意任为或施舍，也不是委任公民自治或富人的良心与善行。

（四）社会保障在英美法中使用较多

社会保障语词首先是在英美法中出现的。“社会保障”一词系由英语“social security”翻译而来，直译为社会安全。1944 年在美国召开的第二十六届国际劳工大会上所通过的《费城宣言》，使用“社会保障”来代替“社会安全”。[④] 1935 年，美国颁布了人类历史上第一部《社会保障法》。社会保障法“主要是一个英美法的概念”。[⑤]定义或概念不能脱离其使用的背景和现实，不能完全与大众所使用的含义相背离，否则只能成为使用者心中的“玩偶”，不可能为民众所接受，这样的研究也是与其研究目的相背离的，不具有生命力。与社会保障法相近似的概念是社会法，由于缺乏准确的概念和适宜的语境，其所导致的困惑和“非同凡响”实非一般人所能接受，如认为治安管理处罚法（典型的公法：行政法——行政处罚法范畴）属于社会法。

二、社会保障的概念

明确社会保障的概念，也就以简要的方式确定了社会保障法的调整范围，社会保险概念的功能同样如此。唯需注意的是，法律中的定义与其他情境下的定义可以不同。法律中的定义首先要考虑其立法的规范目的。在社会保障法中

---

① 褚福灵主编：《社会保障国际比较》，中国劳动社会保障出版社 2006 年版，第 99 页。

② 林嘉：《社会保障法的理念、实践与创新》，中国人民大学出版社 2002 年版，前言。

③ 郑功成：《社会保障学——理念、制度、实践和思辨》，商务印书馆 2000 年版，第 380 页。

④ 褚福灵主编：《社会保障国际比较》，中国劳动社会保障出版社 2006 年版，第 4 页。

⑤ 郑尚元：“社会法语境与法律社会化——‘社会法’的再解释”，载《清华法学》2008 年第 5 期。

不加区分地使用社会政策或日常语言中的概念并不恰当，虽然它们之间可能存在很多的关联和因循。

（一）定义繁杂

关于社会保障的定义，太多太繁杂，谬误也多，笔者不想一一列举，仅举几例分析。

社会保障是指对那些经济困难的人提供物质帮助。①

社会保障（social security）是指国家根据法律规定，通过对国民收入的再分配，对暂时或者永久丧失劳动能力、劳动机会以及因其他意外事故而发生生活困难的社会成员给予的物质帮助和经济扶助。② 一般来说，社会保障包括社会保险、社会救济、社会优抚和社会福利（狭义）。

社会保障，是指国家或社会通过立法和采取行政措施对国民收入进行再分配，以社会消费基金的形式，向由年老、疾病、伤残、死亡、失业及其他不幸遭遇的发生而使生存出现困难的社会成员给予一定的物质上的帮助，以保证其基本生活权利的措施、制度和活动的总成。③

社会保障是以政府为责任主体，依据法律规定，通过国民收入再分配，对暂时或永久失去劳动能力以及由于各种原因而生活发生困难的国民给予物质帮助，保障其基本生活的制度。④

社会安全（即社会保障）可定义为："乃是为因应现代社会所衍生的社会风险，以社会团结为手段，所采行之社会政策与制度。"⑤

每个概念都有其特点和侧重面，但是它们都包括了社会保障责任的主体、享受对象、资金来源、待遇标准及保障目的等几个方面。⑥

以上表述的共同点是，都认为社会保障是为丧失劳动能力以及需要某些特

① ［英］罗伯特·伊斯特：《社会保障法》，周长征等译，中国劳动社会保障出版社2003年版，第1页。

② 《中国大百科全书·法学》，中国大百科全书出版社2006年版，第442页。

③ 童星主编：《社会保障理论与制度》，凤凰出版传媒集团、江苏教育出版社2008年版，第4页。

④ 孙光德、董克用主编：《社会保障概论》，中国人民大学出版社2008年版，第4页。

⑤ 郭明政主编：《社会法：社会安全法规汇编》，台北元照出版有限公司2009年版，序言。

⑥ 褚福灵主编：《社会保障国际比较》，中国劳动社会保障出版社2006年版，第7页。

殊帮助者提供的维持其基本生活需要的保障制度。①

综观这些定义，一般具有以下共性：②

（1）认为社会保障最终的责任主体是国家；

（2）认为社会保障的对象是全体社会成员；

（3）认为社会保障的目标是保障全体社会成员的基本生活权利；

（4）认为社会保障的手段是对国民收入进行分配和再分配；

（5）认为实施社会保障的依据是立法。

这种观点基本上是正确的，但也有不妥当的地方。如多数强调了法律的前置性，这事实上是不符合我国现实的；并非所有社会保障项目的覆盖对象都是全体公民，事实上很多社会保障项目针对的只是少数人。比如，社会救济，毋宁说社会保障是开放性的，对所有公民都是平等的；各种社会保障的具体目标是不同的，并非都是基本生活权利，最低生活保障、社会保险、社会福利所保障的生活水准是不同的，不能说都是基本生活权利。

（二）立法与社会保障的关系

依据不同的学科分类，社会保障可以作为社会政策、福利制度和公共产品。在多数情况下，它是和政府的作用紧密联系在一起的。一个相对完善的、具有稳定性的社会保障体系，应当是由立法来保障的。但是，首先，社会保障的实施并非以立法为先导。也就是说，没有立法尤其是没有基本法，并不意味着不能建立社会保障制度。在相当意义上，社会保障更适合由社会政策而非立法推进，因为前者更具有灵活性，更适应社会保障初创阶段的不确定性。采用立法还是政策，必须明确一定前提条件：社会保障内容可能与每个国民相关，其基本目的在于追求社会公平，维护社会安全。计划与执行不当，不仅将损害个人的权利或利益，亦将与其基本目的相背离，并损及社会发展。因此，采用立法还是政策进行或推进社会保障的发展，需要根据一定的社会背景确定：（1）法律体系是否健全。无论怎么努力，在初创阶段，社会保障总归存在不完善性，而完善的法律体系可以弥补立法之不足；反之，即便立法体系很健全，但执法等相关环节不健全，也无法保证立法的坚决贯彻，对于立法本身的不足，更无法加以弥补。（2）理论研究是否充分。理论（包括法律理论）研究的深入，可以提供完善的、具有前瞻性的法律规则，缺失此点，就只能走一

① 黎建飞主编：《社会保障法》，中国人民大学出版社2008年版，第3、4页。

② 童星主编：《社会保障理论与制度》，凤凰出版传媒集团、江苏教育出版社2008年版，第4页；费梅苹编著：《社会保障概论》，华东理工大学出版社2008年版，第2、3页；张彦、吕青编著：《社会保障概论》，南京大学出版社2008年版，第7、8页。

步看一步，以至严重制约了立法对社会保障事业发展的规划与指导功能。(3）社会的基本治理模式。在法律意识很强的社会，通过法律形式规范社会保障的发展，更具可行性；而在一个“出了事，首先找政府，而不是先找法律”观念盛行的社会，法律对社会公共事务的推进作用，比之行政推进效率要低。在这种状况下，政策的作用远非法律所可比拟。

其次，立法的目的不仅仅是巩固改革成果。从终结目的来看，法律是对社会公平正义的追求；从现实来看，法律是对现实社会利益平衡与协调的体现；从基本功能来看，法律在于明确社会保障各方当事人的权利和义务。无论从哪一点看，“巩固改革成果”不能支撑起一部良好的法律。因为，“改革成果”在总体上只是一种整体方案的确定，是指导目标的明确，如统账结合的养老保险模式，如果不能界分各自的权利义务、预见现实中可能发生的争议和纠纷，就无法生成或建构出较完善的法律规则。如果缺乏这些“技术性标准”的支撑，立法并非最好的选择。

再次，社会保障立法的重要作用之一在于对政府责任和行政行为的拘束。社会保障至少在三大方面与行政过从甚密：（1）政府负有重要的财政责任，在最低生活保障、政府实施的社会救助等方面，财政承担完全的责任。(2）行政的监管责任，如劳动保障监察、社会保险稽核等。(3）行政性事务责任，如社会保险费的征缴、支付，其他社会保障事业的实施。实施这些行政事务的机构不一定是行政机关，但在中国，实施这些具体行政事务的行为都属于具体行政行为。进行社会保障立法，必然涉及对政府责任和行政行为的规范，“基于依法行政之基本原则，不只确保社会安全给付可免于恣意与擅断，也免除社会给付官僚化，甚至父权化的危机”。① 而在对这些责任的分配、权力的范围和界限进行深入研究，并有明确的界分之后，立法要么无法涉及而流于原则，要么规范不当易生争议，这都不合于立法之目的。在社会保障的初创阶段，尤为如此。在这个意义上，郑功成教授的定义“社会保障是各种具有经济福利性的、社会化的国民生活保障系统的统称”② 较具合理性。

(三）社会保障与社会保险的关系

社会保险一产生，便在“许多工业国家的社会保障体系中迅即占据了核

---

① 郭明政主编：《社会法：社会安全法规汇编》，台北元照出版有限公司2009年版，序言。

② 郑功成：《社会保障学——理念、制度、实践和思辨》，商务印书馆2000年版，第11页。

心地位”，在中国，“无疑已经在整个社会保障体系中占据了特别重要的地位”。①

（四）社会保障、社会安全与社会福利的关系

社会保障、社会安全及广义的社会福利制度是同义的。如在我国台湾地区，多使用社会安全制度或社会福利制度（广义）。“社会安全”（Social Security）一语起源于1935年美国所制定的《社会安全法》（Federal Social Security Act），大陆则通译为《社会保障法》。就制度层面而言，社会福利即是指社会安全制度。② 广义的社会福利，简言之，是指政府直接或间接提供的最低生活保障措施，大都包括社会保险、社会救助、福利服务、医疗保健、就业福利、住宅福利；狭义的社会福利仅指非付费式的社会救助与福利服务等。广义的社会安全与社会福利颇为接近，③ 而我国社会保障制度中的社会福利主要是指狭义的社会福利。④

（五）社会保障与社会给付的关系

制度，指一种体系化的准则。在大多数情况下，当我们谈论社会保障时，我们指的是一种制度，即关于社会给付的规则或规范体系。这种体系化努力的方向是最终形成一个完善的社会保障法律体系、一个公平的社会保障法律秩序。

同时，我们也在一种物化的形式上使用“社会保障”一词。如我们会说：“你有社保（社会保险）吗?”、“你拿到低保（最低生活保障）了吗?”这个意义上的社会保障即是社会给付。这实际上是作为制度化的社会保障的标的。社会给付包括现金给付和劳务给付（如医疗、护理、康复服务的提供）。

作为制度的社会保障的核心就在于社会给付，这是社会保障的载体。正是通过社会给付，社会保障才有了存在的意义和价值。对社会保障法律制度的建构，是以社会给付为基础的。社会保障法律体系的建立、社会保障法律关系的厘析、社会保障争议的裁断都是围绕社会给付而展开的。无论是理论研究、制度构建还是实务的展开，都需要深入考量社会给付问题。

---

① 郑功成：《社会保障学——理念、制度、实践和思辨》，商务印书馆2000年版，第16、17页。

② 曾妙慧：《社会安全与社会保险》，台北华泰文化事业股份有限公司2002年版，第6~9页。

③ 陈绫珊编著：《社会保险》，台北华立图书股份有限公司2005年版，第4、5页。

④ 龚维斌：《中外社会保障体制比较》，国家行政学院出版社2008年版，第7页。

三、关于社会保障特性表述之评析

（一）强制性

一般认为社会保障具有强制性的特点。① 社会保障作为国民收入再分配的一种形式，是国家通过立法强制实施的。② 社会保障的强制性体现的另一方面是社会保障的法制性。③ 社会保障的强制性主要表现在：（1）保障对象由法律规定。每一位社会成员，只要符合社会保障有关法律的规定，都必须参加社会保障并受其保障。（2）社会成员对参加的社会保障项目、待遇，没有完全的自由选择权；社会保障机构无权拒绝社会成员享受其权利的要求，无权随意变换项目、调整标准。（3）社会保障基金的筹集都是以立法的方式来强制实施的。④

凡举办社会保险的国家，事先都是制定颁布有关法律法规。依靠法规的强制力量，保证社会保障的普遍性和稳定性。⑤ 虽然社会保障制度的实施可以单纯依赖行政命令和政策文件，但由于这种实施模式的天然缺陷，必然会导致很多矛盾、悖论，甚至会侵犯作为公民基本权利或宪法意义上权利的社会保障权。因此，社会保障需要通过法律来实施。而这也体现出制定包括《社会保险法》在内的社会保障法律制度的必要性。同时，这一理论决定了我们需要的是一部相对完善和科学的、规范性强的《社会保险法》，也就是我们需要的是一部真正作为法的《社会保险法》，而不是作为政策文件汇编的《社会保险法》。这也是本书试图解决的问题。

1. 法的强制性并不表明法律规则都有强行性

社会保障需要通过立法来强制实施，并不代表社会保障本身一定是强制性

---

① 章明亮、钟刚主编：《社会保障法》，中国政法大学出版社 2007 年版，第 4 页；童星主编：《社会保障理论与制度》，凤凰出版传媒集团、江苏教育出版社 2008 年版，第 17 页；费梅苹编著：《社会保障概论》，华东理工大学出版社 2008 年版，第 4 页；张彦、吕青编著：《社会保障概论》，南京大学出版社 2008 年版，第 8 页；邓大松等：《社会保障理论与实践发展研究》，人民出版社 2007 年版，第 134、135 页；陈树文主编：《社会保障学》，大连理工大学出版社 2007 年版，第 5 页；刘晓雄主编：《社会福利与保障》，中央广播电视大学出版社 2008 年版，第 11 页等。

② 韩俊江：《社会保障制度国际借鉴研究》，东北师范大学出版社 2007 年版，第 9 页。

③ 邓大松等：《社会保障理论与实践发展研究》，人民出版社 2007 年版，第 135 页。

④ 童星主编：《社会保障理论与制度》，凤凰出版传媒集团、江苏教育出版社 2008 年版，第 17 页。

⑤ 邓大松等：《社会保障理论与实践发展研究》，人民出版社 2007 年版，第 136 页。

的，即法的强制性并不意味着法律规范都是强制性的。任何法律都是强制性的，这种强制性表现为，行为人不得以悖于法律规定的方式行事。但法律规范包括强行性规范和任意性规范，前者是行为人必须履行的，后者则是行为人可以选择履行的，而任意性规范的存在并不妨碍法的强制性。行为人一旦按照选择的任意性规范行事，就必须按照规范内容履行，否则便会遭受法律的强制。比如说“契约自由”，人们在不违背法律的强行性规范和原则性规范的前提下，有权自由地约定契约的内容，但一经约定，当事人便不能违反，这种约定要受到法律的强制性保护。法律的强制力或强制性具有潜在性和间接性，只在人们违反法律时才会降临到行为人身上。用日本学者高柳贤三的话说就是“强制可能性”。① 制度化的社会保障最终要通过法律化转变为一条条具体的法律规则，而这每一条规则也并非须严格履行而不能选择或放弃。

2. 政府对社会保障承担的主体责任并不一定使社会保障完全具有强制性

有人认为社会保障因为是政府责任，所以是强制性的。笔者认为，因为所有的政府责任都是强制的，如履行职责、制裁违法，既然是政府责任，就必然是由法律规定，没有履行此责任即是违法，就应承担法律责任。这一观点值得商榷。政府责任是一种保障性责任，并不等于其保障对象如契约本身一定是强制性的。

3. “逆选择性”并不一定导致强制性

有学者认为，在市场经济社会，由于信息的不对称和诸种风险的不确定性，加之社会保障的公共性特征，易于让人们产生短视、侥幸和“搭便车”心理。如果人们现期有足够的收入供其消费，他们就不会过多地考虑将来的消费；如果某人身体非常健康，他就容易忽视医疗保险的需要；如果人们不参加社会保险，也能享受社会保障权益，他们就不会主动地参加社会保险。② 然而我们知道，所有的保险都存在“逆选择性”，在商业保险中也不能完全避免“逆选择性”，而商业保险显然并非是强制性的。

4. 社会保障权具有可放弃性

“在社会法中，法律常常将弱者利益规定为不可放弃，有时国家和团体会主动地甚至是强制地为弱势群体作出选择和安排，弱势群体只需也只能作为受益主体而享受这种安排的受益。”③ 弱者利益（哪怕是权利）真的是不可放弃的吗？哪怕是乞讨者也必须接受施舍吗？社会保险金不可以不要吗？笔者认

---

① 张文显主编：《法理学》，法律出版社2007年版，第110页。

② 邓大松等：《社会保障理论与实践发展研究》，人民出版社2007年版，第135页。

③ 董保华等：《社会法原论》，中国政法大学出版社2001年版，第166、167页。

为，法律是关系权利义务的界分，是在不同的法律主体之间权衡利益的基础上，对各自的权利义务所作出的体系性安排。在自然法理念下，我们享有某些自然权利，“人人生而平等，他们被他们的造物主赋予了某些不可剥夺的权利，其中包括生命、自由和追求幸福的权利”。[①] 因此，社会保障权并非不可放弃。对于权利的放弃，不仅有法律的支持，如经过合法程序进行调解，通常意味着部分权利的放弃；亦有道德观念的支持，如维权成本太高，出于经济考虑而放弃，出于尊严等自我价值的考量而放弃最低生活保障待遇、救济等。

5. 社会保障法是强行性规范与非强制性规范的统一

慈善事业作为社会保障的一项重要内容，是自愿的、非强制性的。“只有非强制性的民营公益事业才构成现代慈善事业”，“慈善事业是建立在社会捐献基础之上的民营社会化保障事业”。[②]

在社会保障的主要制度中，对于涉及社会成员基本保障权益的项目，社会保障法规定了强制性规范，明确规定国家（各级政府）、社会、企业、个人及有关各方在社会保障中必须履行的义务，社会保障的具体项目、实施范围、资金筹集、待遇标准、计算方式等，有关各方无论其意愿如何，均必须依据法律的规定遵照执行。而对于一些临时性、突发性事件中的社会保障方式，除基本制度建立中的强制性规定，还采用非强制性的、自愿的方式，如救灾救济、扶贫救济中的捐赠。[③]

6. 强行性程度与社会保障的内容、层次和发展状况有关

如果将社会保障局限于社会保险，且限制于雇佣劳动者的社会保险时，必然要以强制性为特征，否则雇主、政府都有可能不履行相应责任。而当社会保障扩展至全体国民时，就很难实施完全的强制性。而当社会保障包含自愿性的社会给付形式时，本身即与强制性相冲突。

这种特征，实际是和权利义务的特征相一致的。如果仅仅是一种权利，权利人可以享受权利，也可以放弃权利；但如果是义务，义务是不能放弃的。

---

① ［美］列奥·施特劳斯：《自然权利与历史》，彭刚译，生活·读书·新知三联书店2003年版，第1页。

② 郑功成：《社会保障学——理念、制度、实践和思辨》，商务印书馆2000年版，第28页。

③ 黎建飞主编：《社会保障法》，中国人民大学出版社2008年版，第9页；陈树文主编：《社会保障学》，大连理工大学出版社2007年版，第5页；盖锐、杨光主编：《社会保障学》，清华大学出版社2009年版，第13页；刘晓雄主编：《社会福利与保障》，中央广播电视大学出版社2008年版，第11页。

7. 强行性程度与一个国家的历史、国情、文化观念紧密相连

社会保障缴费如果具有强制性，让13亿人民每个人都要缴纳社会保障费，后果不难想象。即使在一些法治比较健全的发达国家，也很难完全实现。而同时，中央提出了“全民保障”的战略目标，将逐步实现“人人享有社会保障”的目标。这意味着“人人享有社会保障”只能是权利性的，即这是每个人的权利，而不是每个人的义务。毕竟我们的社会保障在不同的国家尤其是像中国这样幅员辽阔、人口众多、地区发展不平衡的国家，事实上不可能在社会保障方面实行“一刀切”的。①

（二）社会性（互助性、互济性）

社会保障就是一项互助性的事业。② 在社会保障项目中，有些也能体现出“取之于民，部分用之于人；或部分取之于人，用之于己”的再分配功能，在劳动者之间互相调剂，发扬劳动者互助互济的精神。③ 通过互助互济的方式，少数在社会生活中碰到困难和遭遇风险的社会成员，能够有正式的途径获得各种物质性帮助和其他服务，其基本生活需求得到保证。④ 社会保障的统筹支付和管理，充分体现了人类互助互济的原则。⑤

从制度目标看，社会保障通过保障社会成员的基本生活来促进社会的稳定与和谐，促进公平目标的最终实现；从实施范围看，社会保障是国家在全社会范围内统一实施的社会制度；从保障方式看，以社会为单位，国家出面组织全社会的人力、财力、物力帮助社会成员来保障其基本生活，抵御生存风险；从资金管理看，社会保障基金的筹集主要是国家在全社会范围内从各个方面筹集。社会保障基金的运营也具有社会性。⑥

互助性或互济性强调的是主体间的团结与合作，就社会保障的一般保障形

---

① 郑功成：《社会保障学——理念、制度、实践和思辨》，商务印书馆2000年版，第385页。

② 韩俊江：《社会保障制度国际借鉴研究》，东北师范大学出版社2007年版，第10页。

③ 童星主编：《社会保障理论与制度》，凤凰出版传媒集团、江苏教育出版社2008年版，第17页。

④ 张彦、吕青编著：《社会保障概论》，南京大学出版社2008年版，第9页。

⑤ 费梅苹编著：《社会保障概论》，华东理工大学出版社2008年版，第4页。

⑥ 张彦、吕青编著：《社会保障概论》，南京大学出版社2008年版，第8、9页；费梅苹编著：《社会保障概论》，华东理工大学出版社2008年版，第4页；陈树文主编：《社会保障学》，大连理工大学出版社2007年版，第6页；刘晓雄主编：《社会福利与保障》，中央广播电视大学出版社2008年版，第11页。

式来看，确是如此。但是，（1）从语言的通常含义及公众的一般理解来说，互助性或互济性多具有自愿的性质，与社会保障通常情形下的强制性不相吻合。（2）虽然是少数，但仍然存在只履行义务而不享受权利（如极其富裕的家庭对基本保障的放弃而寻求更好的服务和待遇），亦有只享受权利而不履行义务的（如一直处于贫困或其他特殊境地只能寻求保障而无能力缴费），这种情形并不符合互助性或互济性的基本内涵。（3）社会保障的标的是社会给付，社会保障关系中的权利义务在本质上都是围绕社会给付而展开的。互助性或互济性无法突出社会给付的特征。因此从社会给付的供给来说，社会性之概括更为准确。

（三）广泛性（普遍性）

所谓的“广泛性”是指保障对象的广泛性。由于社会保障是一种特殊的公共产品，诸如社会救助和社会福利保障的对象几乎没有其他条件限制，只要是一国公民或长期居住者都有资格分沾救济与福利的权益。不论是经济发达国家，还是经济欠发达国家，只要建立了社会保险制度，每一社会成员就应包括在社会保险的保障范围之内。[①]“普及再普及”已成为社会保障在当今最重要也是最现实的任务之一，把更多的人群纳入到社会保障网中来，并在这个社会大家庭中，通过公助、互助和自助的形式，获得应有的保护，这既是每个公民权利的最实际体现，也是社会保障发挥作用、努力提高全体社会成员生活安全和生活质量的重要保证。[②] 这一观点实际与上述社会性观点中第一方面内容相似。从准确性来说，广泛性只是社会保障对象的特点，而不能作为社会保障的特点。而且，因为作为一国公民，有资格获得社会保障，并不表示每一公民都能真实获得社会保障；在另一方面，社会救助和社会福利可以覆盖全体公民，但诸如工伤保险，其覆盖范围还是有很大限制的，在中国这样一个农业大国，其覆盖对象只是国民中的小部分，广泛性能否作为社会保障的保障对象的特征也是值得怀疑的。

社会保险“越来越倾向涵盖广大民众之社会保障”，“从被保险人之选择性趋向保障之普遍性”。[③] 更进一步地说，即使社会保障可以覆盖一国全体公民，确定广泛性这一特点的意义也是有限的。研究某事物的特点，主要在于将

---

① 邓大松等：《社会保障理论与实践发展研究》，人民出版社 2007 年版，第 134 页；盖锐、杨光主编：《社会保障学》，清华大学出版社 2009 年版，第 12 页。

② 郭士征编著：《社会保障研究》，上海财经大学出版社 2005 年版，第 17 页。

③ 郭明政主编：《社会保险之改革与展望》，台北国立政治大学法学院劳动法与社会法研究中心 2006 年版，第 5 页。

其与其他事物区分开来，以便于对其进行更为科学的规范、管理和适用。由于社会保障覆盖对象的广泛性特点只是在可能意义上讲的，在实然的范畴，仍然需要精确的条件进行界定。对于社会救助和社会福利这样的保障项目而言，事实上并不是所有人都能享受的。

在社会保障中引入广泛性这一特点，是为了阐明只要符合条件，任何人都可以享受社会保障的福利。我们可以通过四种方式实现这一目的：一是生存权的基本理念。按照这一理念，在生存的经济基础受到威胁的时候，应当享受社会保障。二是社会保障权的制度设计。即在特定事实出现的时候，赋予公民以社会保障权（本书探讨的是其中的社会保险权）。三是政府之责任主体的规范。四是平等之基本原则的规定。通过这四种方式，广泛性所拟阐明的价值目标完全可以实现，自无必要再引入这一含混概念。

（四）福利性

社会保障的宗旨和目的是增进社会成员的福利。① 这跟福利的定义有关。如果将“福利”确定为人们社会生活的一种良好的状态和总体上的利益，则凡是对人或社会有效用的东西都可以看成是福利。② 按照福利的广义定义，社会保障当然具有福利性。不仅社会保障，所有的法律，只要是制定良好的法律，就都具有福利性。而在采纳福利的狭义概念时——国家和社会通过举办各种公共福利设施、发放津贴和补助的方式，开展帮助和改善社会成员的生活、提供社会服务的事业总称，社会保障（在大多数项目上）并不具有福利性。社会保障的目的不是追求幸福而是回避不幸。③ 福利性概念失之宽泛，不宜采纳。

（五）保障性

社会保障是国家按照经济发展水平和承受能力，对社会成员给予基本生活保障的一种社会经济制度。④ 有的还将社会保障的此一特征概括为保证性。⑤

---

① 张彦、吕青编著：《社会保障概论》，南京大学出版社 2008 年版，第 9 页；费梅苹编著：《社会保障概论》，华东理工大学出版社 2008 年版，第 5 页；陈树文主编：《社会保障学》，大连理工大学出版社 2007 年版，第 6 页；刘晓雄主编：《社会福利与保障》，中央广播电视大学出版社 2008 年版，第 11 页。

② 关信平主编：《社会政策概论》，高等教育出版社 2004 年版，第 8 页。

③ 丛春霞、刘晓梅主编：《社会保障概论》，东北财经大学出版社 2008 年版，第 3 页。

④ 费梅苹编著：《社会保障概论》，华东理工大学出版社 2008 年版，第 3 页；刘晓雄主编：《社会福利与保障》，中央广播电视大学出版社 2008 年版，第 11 页。

⑤ 盖锐、杨光主编：《社会保障学》，清华大学出版社 2009 年版，第 12 页。

这样的概括或表述是没有问题的，但不能简单称其为保障性。因为保障什么是不明确的。

（六）公平性

实现公平分配，是社会保障追求的目标，但将其直接归纳为公平性是否妥当，是值得商榷的。目的的公平性与制度的公平性并不等同。制度是实然的，由于各种因素的制约与影响，未必一定具有公平性；目的更多的是一个理想性的范畴，是评价应然制度之标准，并且是应然制度之努力方向。比如，“双轨制”的退休制度及其导致的养老待遇的过大差异，很难认为是公平的；纯粹因为工作原因遭受报复伤害，发生在工作场所就属于工伤，而不在工作场所的就不是工伤，亦很难认为是公平的。制度显示的特征——一事物区别于他事物的标志，是以实然制度为主的。应然的尚未成为现实，不足以形成与他事物之区别。

（七）公共性

社会保障的公共性主要指社会保障产品的公共性。但其保障产品不完全是纯公共产品，而是一种准公共产品。因此，社会保障产品的提供不能由政府全包统揽，应允许有条件的社区、经济团体和个人举办社会保障事业。① 笔者认为，“公共性”一词是含糊的，尚不足以对社会保障与他事物之间的区分作出明确界分。例如，警察的服务是不是公共品？如何将两者予以区分？还必须提及的是，作为社会给付的社会保障只是作为制度的社会保障的一个内容——标的，并非后者的全部。所谓社会保障的特征，应主要指后者而非前者。因此将社会保障产品的公共性概括为社会保障的特征，未必恰当。

四、社会保障的特征

（一）社会保障存在之理据在于社会风险

社会风险，意指个人由于身体状况、经济环境之转变，如疾病、年老、残障、失业等，影响其经济安全，进而危及其生存之安全。这些状况的发生，一方面会增加个人与家庭的支出，另一方面则会导致收入的减少，对此类事件的发生，即称之为社会风险。② 社会风险的实质为经济上的不安全，包括所得的损失、额外的费用、所得的不足、所得的不确定，在私力无力解决的情况下，

---

① 邓大松等：《社会保障理论与实践发展研究》，人民出版社 2007 年版，第 131、132 页。

② 郝凤鸣主编：《社会法》，台北新学林出版股份有限公司 2008 年版。

便产生了公共措施：社会保险、公共救助、经济福利立法。① “社会保障对以‘人’的发展为中心的社会发展而言，首先是通过为社会成员提供生存保障而化解了其遭遇的个人风险和可能出现的社会风险。”② “为了减轻生活风险对人们的威胁，人们正在进行不断的努力。也正是通过这种不断的努力，‘生活保障’才得以实现。”③

有必要提及的是公共卫生、健康设施等福利设施的建设，是否亦为应对社会风险。从广义来说，福利设施的建设，有助于提升公民或特殊人员的生活质量，增进其体质，能更好地防御社会风险，亦有助于减少相应社会保障费用（如医疗费）的支出，因此其存在亦与社会风险有密切关联。随着社会的发展，对社会风险的保障不仅在于对社会风险产生之后的解决，而是更注重对社会风险本身的预防。如对改进工业技术、进行安全评估、促进企业安全环境的形成，已是工伤保险的重要内容。申言之，社会风险是社会保障存在的根由，但社会保障并不一定仅仅是保障社会风险。

（二）社会保障之直接目标在于为公民提供基本生活与发展的物质基础

社会保障的直接目标应当是提供适当的生活基础，以保证人有尊严之基本生活。

贝弗里奇报告提出：“社会保险应当以提供保障人们基本生活的最低收入为目标。”④ “选择以维生水准作为保险给付水准的做法，也意味着，保险给付和那些设计来保障未纳入社会保险者的资产调查‘安全网’的给付，实际上的差别极为有限。随着时间演进，我们发现要分辨社会保险和社会救助的差异是越来越难”，进而导致“贝弗里奇模式的社会安全是脆弱且无效能的”。⑤当然，这种状况在中国也是不希望看见的。

1952 年国际劳工组织通过的第 102 号国际劳工公约《社会保障最低标准公约》，涉及医疗护理、疾病津贴、失业津贴、老年津贴、工伤津贴、家庭津贴、生育津贴、残疾津贴和遗属津贴 9 个部分。我国亦普遍认为，社会保障是

---

① 柯木兴：《社会保险》，台北中国社会保险学会 2001 年版，第 6～17 页。

② 郑功成：《社会保障学——理念、制度、实践和思辨》，商务印书馆 2000 年版，第 187 页。

③ ［日］武川正吾、佐藤博树编著：《企业保障与社会保障》，李黎明、张永春译，中国劳动社会保障出版社 2003 年版，第 2 页。

④ 劳动保障部社会保险研究所组织翻译：《贝弗里奇报告——社会保险和相关服务》，中国劳动社会保障出版社 2004 年版，第 12 页。

⑤ 郭明政主编：《社会保险之改革与展望》，台北国立政治大学法学院劳动法与社会法研究中心 2006 年版，第 55、56 页。

对“发生生活困难的社会成员给予的物质帮助和经济扶助”。① 仅仅提供最低生活保障，并不符合我国现实。在我国，不能将最低社会保障作为保障制度的特征。(1) 我国社会保障至少包括了3个层次：①社会救助与最低生活保障；②社会保险；③社会福利。最低生活保障是相对较小的部分；占主体的社会保险覆盖了大量人口，并且养老保险、医疗保险、生育保险都有全民覆盖的趋势，而社会保险的保障水平是“适度的”，如城镇职工基本养老保险的理论替代率为60%，要远远超过最低生活保障水平；公共卫生、健身等设施的建设，也将进一步提升公民的生活质量。无论是就现实或者是发展规划来说，中国的社会保障的保障水平不是维持生活的最低水平，而是一个适度的水平。“社会保障的目的主要是为社会成员的基本生活提供物质保障。”②

（三）社会保障的标的是社会给付

社会保障权主要是一种请求权，即权利人有请求义务主体履行一定义务的权利。这种请求具体指向的是什么？综合社会保障的项目来看，社会保障的权利人可以要求义务人提供特定的现金、服务（如看护）、实物（如食物）、免除支出（如残疾人免费乘坐公共交通）、享用公共福利设施。从权利人获得内容来看，这些现金、服务、实物等可以称为社会保障待遇。从法律的角度来说，社会保障权利人对社会保障待遇的享受并不是直接的、自由支配的，通常需要义务人履行一定行为，这种行为即是给付。义务人履行给付之后，社会保障权利人的相应权利即得以实现。因此，社会保障权利人获得的实际是给付。给付指债务人必须实施的特定行为。③ 社会给付即是负有社会保障义务的社会主体（包括政府、用人单位、其他社会组织、个人）对社会保障权利人所实施的履行社会保障义务的行为。

捐赠行为具有给付性。社会保障包括慈善事业，因此社会捐赠是社会保障的内容之一。捐赠，又称捐助，是指赠与人为特定公益事业、公共目的或其他特定目的将其财产无偿给予他人的行为。具体包括：(1) 直接给予对方利益的捐赠为赠与合同。(2) 根据我国《合同法》第186条规定，具有公共利益性质的捐赠属于赠与合同的一种。(3) 以第三人为发起人，为一定目的而从事的募捐（如为受灾者募捐现金），应准用《合同法》关于赠与合同的有关规

① 《中国大百科全书·法学》，中国大百科全书出版社2006年版，第442页。

② 郑功成：《社会保障学——理念、制度、实践和思辨》，商务印书馆2000年版，第388页。

③ 马俊驹、余延满：《民法原论》，法律出版社2007年版，第509页。

定。[1] 由此，捐赠亦属于给付，为社会给付之一种。

公共福利设施具有给付性。公共福利设施如公共健身场所，对外开放的学校、体育场所的健身、锻炼设施、场所，尤其是前者，社会公众可以无偿使用。笔者认为，公众只可以使用（暂时的占有和支配），而并不享有公共设施的所有权，亦不对公共设施享有管理、维护之义务，而系由专门机构（如体育场馆、社区等）所有或管理，其与使用人之间构成使用合同关系。关于公共福利设施的使用合同为诺成合同，设施所有人或管理人一经作出允许使用之承诺（安装或允诺之默认），合同即成立，公众即可使用。因设施之缺陷致使用人损害，使用人得以违约责任要求所有人或管理人承担赔偿责任。由此，社会福利之给付对象亦为社会给付。

第二节　社会保险概述

一、社会保险的概念

社会保险，是指国家通过立法建立的，对劳动者在其生、老、病、死、伤、残、失业以及发生其他生活困难时，给予物质帮助的制度。[2] 所谓社会保险，就是以国家为责任主体，对有工资收入的劳动者在暂时或永久丧失劳动能力，或虽有劳动能力而无工作亦即丧失生活来源的情况下，通过立法手段，运用社会力量，给这些劳动者以一定程度的收入损失补偿，使之能不低于基本生活水平，从而保证劳动力再生产和扩大再生产的正常进行，保证社会安定的一种制度。[3] 此类概念与社会救助如何区别?

社会保险是由国家通过立法形式，为依靠劳动收入生活的工作人员及其家庭成员保持基本生活条件、促进社会安定而举办的保险。[4] 这一概念是否准确值得商榷。我国养老保险改革肇始于20世纪80年代初，系以地方规定实施试点开始的；到20世纪90年代初，我国开始实施统一的养老保险制度改革，其依据即是《国务院关于企业职工养老保险制度改革的决定》（国发〔1991〕33号）。改革及定型依据都是典型的政策文件，而非国家立法。立法并不一定是

---

① 马俊驹、余延满:《民法原论》，法律出版社2007年版，第657、658页。

② 黎建飞主编:《社会保障法》，中国人民大学出版社2008年版，第33页；章明亮、钟刚主编:《社会保障法》，中国政法大学出版社2007年版，第44页。

③ 孙光德、董克用主编:《社会保障概论》，中国人民大学出版社2008年版，第5、6页。

④ 邓大松主编:《社会保险》，中国劳动社会保障出版社2009年版，第11页。

社会保险的本质特征，不宜作为其定义之必备要素。该定义的另一个缺陷便是将社会保险的保障对象限定为依靠劳动收入生活的工作人员及其家庭。随着我国新型农村社会养老保险制度的实施，这一定义的缺陷已不昭自明。

所谓社会保险者，是针对社会构成分子，当其生活发生社会危险事故时，基于社会考量所订之标准给予给付，以保障基本生活的保险制度。[①] 社会保险"系由政府为推行社会政策，应用保险技术，采用强制方式，对于全体国民或多数国民遭遇生、老、病、死、伤、残及失业等特定危险事故时，提供保险给付，以保障其最低收入安全及基本医疗照顾为目的之一种社会福利措施"。[②] 社会保险包含两大部分：一为"保险"部分，即保险原理之运用；二为"社会"部分，即社会扶助原理之运用。社会保险特质即在于保险原理与社会扶助原理之结合。[③] 社会保险一定属于"保险"吗？社会给付一定属于保险给付？兹值商榷。

定义必须能概括该事物的全部特征，符合定义事物的全部特征要求，并揭示出其与他事物之间的区别。因此，以下几个特点是必须要明确的：

1. 社会保险不一定通过立法形式。立法是社会保障的保障而非根据，当然适用于社会保险。政策在一定阶段是必须考虑的。

2. 社会保险的保障对象不局限于雇佣劳动者即工资或劳动收入者。正如论者自己所言，现在，社会保险制度较完善的国家，除少数人外，绝大多数成员都属于社会保险的对象。有的国家，如英国、爱尔兰等的对象包括全国国民。[④] 在我国，医疗保险与新农保，在理论上已覆盖全体国民。在新农保将覆盖全体农村居民的基础上，城镇居民养老保险亦在酝酿之中。随着我国"人人享有社会保障"战略目标的实现，社会保险的覆盖范围也将向全国国民拓展。

3. 将社会保险的"属"定性为"保险"，认为"社会保险是商业保险进一步发展的产物"[⑤]，即社会保险是保险的高级阶段，保险是社会保险的基本形式，是不恰当的。虽然社会保险在主要特征上仍具备"保险性"，即其在多数情形下，仍采用保险形式，但在很多方面，社会保险已经超越了保险的形式，而是一种社会保障措施，没有加入保险者，亦可获得社会保险的保障。随

① 曾妙慧：《社会安全与社会保险》，台北华泰文化事业股份有限公司2002年版，第34页。

② 陈绫珊编著：《社会保险》，台北华立图书股份有限公司2005年版，第12页。

③ 曾妙慧：《社会安全与社会保险》，台北华泰文化事业股份有限公司2002年版，第34页。

④ 邓大松主编：《社会保险》，中国劳动社会保障出版社2009年版，第27页。

⑤ 邓大松主编：《社会保险》，中国劳动社会保障出版社2009年版，第44页。

着社会的发展，这一趋势将愈加明显。社会保险虽然借鉴了商业保险的某些形式和运作模式，但社会保险不可能取代商业保险，商业保险在现代社会的功能是巨大的，两者是并行不悖的。

二、关于社会保险特性表述之评析

（一）强制性

强制性几乎是学术界的通说，甚至认为这是社会保险的首要原则和特征。主要表现在强制工薪劳动者必须参加社会保险，无任何选择余地。① 即便是主张国民保险的贝弗里奇报告亦采此观点。强制性对社会保险的发展起着十分重要的作用。一是使符合条件的国民都加入保险，从而保证保险的大规模。根据大数定理，投保人越多，费用负担越低，制度就越易推行。二是如果不采取强制性而采取自由投保的方式，那么就会有许多年轻的劳动者不参加养老保险，身体健康良好的劳动者不参加疾病医疗保险，风险小的行业不参加工伤保险。他们遇到困难时，只能寻求政府救济。三是实现维持劳动者基本生活这一社会保险的基本目标的要求。如果不采用强制性手段，那么参加保险的可能只是年老的、身体不健康的、风险高的人群，如此一来，保险费用就会提高，难以保持给付标准。②

在我国，社会保险在很大程度上具有强制性，但不代表其强制性的特性。

1. 社会保险主要是从工薪劳动者发展起来的，但早已突破了工薪劳动者的范畴。如果说，作为工薪劳动者必须强制参加社会保险的话，那么现在由于其覆盖范围的扩大，强制性已经不再成为必然的一个特性。在我国，新型农村合作医疗、新型农村社会养老保险、城镇居民基本医疗保险、灵活就业人员参加城镇职工基本养老保险和基本医疗保险，都是采取自愿性而非强制性。

---

① 劳动保障部社会保险研究所组织翻译：《贝弗里奇报告——社会保险和相关服务》，中国劳动社会保障出版社 2004 年版，第 11 页；邓大松主编：《社会保险》，中国劳动社会保障出版社 2009 年版，第 43 页；侯文若、孔泾源主编：《社会保险》，中国人民大学出版社 2008 年版，第 18～23 页；史潮主编：《社会保险学》，科学出版社 2007 年版，第 8 页；夏敬编著：《社会保险理论与实务》，东北财经大学出版社 2006 年版，第 4～6 页；刘雄、张琪主编：《社会保险通论》，中国劳动社会保障出版社 2006 年版，第 13、14 页；李定佳、曾孝芳主编：《社会保险学》，贵州人民出版社 2004 年版，第 5 页；林义主编：《社会保险》，中国金融出版社 2003 年版，第 16、17 页；张旭开等编著：《社会保险》，复旦大学出版社 2007 年版，第 5 页；章明亮、钟刚主编：《社会保障法》，中国政法大学出版社 2007 年版，第 44 页。

② 林义主编：《社会保险》，中国金融出版社 2003 年版，第 16、17 页。

2. 即使作为工薪劳动者来说，强制性也已不一定成为必然的选择。如美国已从强制性的社会保障税向私人养老金计划发展。对于工薪劳动者来说，是否一定要实施强制性的社会保险，主要是由一个国家自己决定的。当然在我国，工薪劳动者参加社会保险仍然是强制性的，但这不代表工薪劳动者的社会保险就应当是强制性的，或者未来也必须是强制性的。在不同的历史阶段，应允许有不同的模式选择。我国现阶段对工薪劳动者，仍应实施强制性的社会保险，否则社会保险将无法持续发展。

3. 对非就业人员及无稳定收入的人员的强制缴费问题。贝弗里奇报告认为，社会保险“保留并进一步发展了强制性保险对所有的人，不论其收入高低，统一费率、统一待遇的原则”。贝弗里奇报告主张，从事有收入工作的每个人，已婚、在工作年龄内的家庭妇女，其他没有就业人群，都需要缴费，对正常的、有资格领取养老金的特殊就业和职业，以及收入超过某水平的个人，无一例外地都有缴费义务。除非申请豁免缴费或视同缴费。① 而这一点在中国根本无法实施，原因在于：概言之，在中国针对所有国民强制实施社会保险制度，缺乏历史与现实基础。

当然，这种现实不仅仅发生在发展中国家。“在日本，在国家基础年金制度方面，被保险人、自雇者与学生等，都被强迫要加入这个年金制度。由于广泛缺乏对于国家公共年金制之信任，大约有三分之一应该缴纳国家基础年金保费者，没有履行其义务。”②

（二）社会性、互济性

社会保险实质上是通过多方筹集基金后进行平衡调剂，将个别劳动者在特定情况下的损失和负担，在缴纳社会保险费的多数主体间进行分摊，充分反映了社会保险互济性的特征。③ 凡属保险，通常都具有互济性，因为它们都通过集中与分散资金来分散危险，而且都尽力扩大危险所分散的范围。④ 社会保险具有社会性、互济性和补偿性。包括保险范围的社会性，即享受保险的对象范围广泛，包括社会上不同层次、不同行业、不同所有制形式和不同身份的各种劳动者；保险目的的社会性，建立并实施社会保险制度，既反映了社会的政治

① 劳动保障部社会保险研究所组织翻译：《贝弗里奇报告——社会保险和相关服务》，中国劳动社会保障出版社 2004 年版，第 16、156 页。

② 郭明政主编：《社会保险之改革与展望》，台北国立政治大学法学院劳动法与社会法研究中心 2006 年版，第 130 页。

③ 黎建飞主编：《社会保障法》，中国人民大学出版社 2008 年版，第 36 页。

④ 章明亮、钟刚主编：《社会保障法》，中国政法大学出版社 2007 年版，第 46 页。

进步，也促进社会的经济发展；保险组织和管理的社会性，主要是一种政府保险制度，由国家通过立法确认和规定，由政府组织实施。① 所谓社会性，系通过社会政策的方法、共同经济的关系，以及社会性危险的维护等方式求其社会多数人的生活保障。②

笔者认为，和对社会保障的特征的概括一样，"互济性"和"社会性"都没有表明其准确的含义是什么，这和社会法本身的概念一样，都具有模糊性。

（三）保险性

保险性乃借保险制度，结合共同承担风险的团体，以制度来解决社会危险事故所造成的偶发性经济需要。③ 社会保险具有"社会性"和"保险性"之特性。④

社会保险不完全是保险。保险强调的缴费与保险金的对等性，在社会保险中如新农保，不缴费也可以享受社会保险待遇等重要区别，因此不宜将社会保险定义为一种保险。在赠送的情况下，享受商业保险待遇也无须缴费。但这与社会保险中的不缴费是完全不同的。商业保险的赠送是保险人的权利，是对缴费义务的免除；而社会保险中的不缴费则是被保险人的权利，本不存在缴费之义务，二者性质迥异。

社会保险运用了保险的技术，"尽管社会政策有其变异性，唯社会保险仍受保险基本原则之拘束"⑤。社会保险与商业保险最大的相似性在于运用保险原理分担风险。

三、社会保险的特征

（一）保护的对象（主体范围）逐步扩大

社会保险的覆盖范围的发展趋势是：以雇佣关系为基础的人群→自雇者→全体国民。"社会保险模式发掘并非仅局限适用于其原先所由'创造'之特定领域，亦即并非仅能应用于劳动关系所生社会问题之外化解决上。只要自营作业者（如农民、渔民、商人等）如同劳工一般，不仅有预护的需求，而且有自我预护的能力，则社会保险亦可应用于如斯领域社会问题之解决。随着时间

---

① 黎建飞主编：《社会保障法》，中国人民大学出版社2008年版，第34～36页。

② 陈绫珊编著：《社会保险》，台北华立图书股份有限公司2005年版，第12页。

③ 陈绫珊编著：《社会保险》，台北华立图书股份有限公司2005年版，第12页。

④ 梁宪初、冉永萍：《社会保险》，台北五南图书出版公司2000年版，第3页。

⑤ 郭明政主编：《社会保险之改革与展望》，台北国立政治大学法学院劳动法与社会法研究中心2006年版，第4页。

的推移，社会政策之发展超过了社会保险此一范畴，从被保险人之选择性取向保障之普遍性，从而导出全民保险。”①

（二）社会保险旨在提供基本生活保障

社会保险的保障程度是“基本生活水平”。保障水平过低，不能达到社会保险的目的，发挥不了保障基本生活、稳定社会、刺激经济增长的作用；保障水平过高，就会造成滥用社会保险资源，导致社会保险支出压力过大，企业人工成本上升，道德风险增加。② 保险给付从对抗“社会风险”之保障趋向于“社会地位”之保障，从个人生活水准之确保趋向于适当分享社会富裕之保障。③

这也是社会保险与社会福利和社会救济的主要区别。社会救济提供最低的收入保障，而且是实际的最低生活保障，这与财产状况是密切联系的。

（三）社会保险保护的是基本收入风险

社会保险是因社会风险而产生④，“社会保险实际上是收入保险”⑤。收入损失包括两种情况：一是应当获得的收入没有获得，这一般称为积极的收入损失；二是支出增加，这一般称为消极的收入损失。虽然发生了社会风险，但并没有导致公民收入损失，社会保险便无须介入。比如，享受公费医疗的人员，就不应当获得社会医疗保险的保障；第三人已经赔偿了医疗费的，在相同范围内，社会医疗保险就不应当再提供保障。不过，在商业医疗保险与社会医疗保险交叉的情况下，有一定的特殊性。商业医疗保险虽然也是针对收入损失的一种风险保障，但它同时是一种契约。契约的精神在于自治，因此最终不管是否有需要保障的实际风险（在获得社保给付的情况下，一定程度上的风险已经不存在），只要发生约定事实，就应当给付商业保险金。

这种收入风险是潜在的收入风险。对于通常看来不存在这种收入风险的人员，只要在事实上有可能发生这种风险，就可以纳入这种保障范畴。如董事长、雇主，特别是其中的一些亿万富豪，在一般情况下，社会保险所保护的这种收入风险，对他们是不存在的。但是，亿万富豪也可能破产，也有可能面临

① 郭明政主编：《社会保险之改革与展望》，台北国立政治大学法学院劳动法与社会法研究中心 2006 年版，第 4、5 页。

② 邓大松主编：《社会保险》，中国劳动社会保障出版社 2009 年版，第 44 页。

③ 郭明政主编：《社会保险之改革与展望》，台北国立政治大学法学院劳动法与社会法研究中心 2006 年版，第 5 页。

④ 赖达清主编：《社会保障法——保障公民生存权利的法律形式》，四川人民出版社 2003 年版，第 121 页。

⑤ 侯文若、孔泾源主编：《社会保险》，中国人民大学出版社 2008 年版，第 1 页。

上述的收入风险，因此，他们是可以纳入社会保险范畴的。同时对于这些人来说，由于在一定意义上，这种基本风险是不存在的，他们可以通过商业保险等途径，这样不但可以保障基本收入风险，而且可以提供更高层次的风险保障，因此确定企业主可以而不是必须参加社会保险，即对于此类群体采取自愿、非强制性原则是公平的。

这也是社会保险与社会福利的区别。这个特点与社会救助（社会优抚）存在很大的交叉性。随着我国社会保险向全民发展，社会保险与社会救助（社会优抚）职能划分须予以解决。如农村五保制度，在提供基础养老金之后，是否还需要保留原先的"五保"制度值得研究。笔者认为，从长远来看，在相当程度上，社会保险（国民保险部分）将取代社会救助，而社会救助则在国民保险的基础上，重点以调查为主，提供在特定收入（社会风险）发生时的生活保障。简言之，社会保险与其他以生活保障为基础的保障类型之关系需要重新设计与定位。

（四）费用由个人、政府、企业（或第三方）承担，政府承担"兜底"责任

这是社会保险区别于其他社会保障项目的主要之处。社会保险的基本费用承担主体是个人和政府，第三方不完全是企业，包括其他用人单位如机关、事业单位、社会团体、非企业民办机构，也包括不是用人单位的组织，如农村居民的集体、社会补贴下的基金。"明确社会保障成本由参保人、雇主（如果该参保人受雇于他人）和国家三方分担。"①

学界所论社会保险的其他特征，如保障性、普遍性、互济性、非营利性等，多数与社会保障的特征相似，不再赘述。

笔者认为，完整而具有周延性的社会保险概念必须概括社会保险的对象、保障标准、给付原因、保险模式、责任模式。美国危险及保险学会社会保险术语委员会曾为社会保险下了定义：将危险集中而移转于某一组织（通常属于政府机构）之一种措施，由法律规定，在既定条件下，于某种特定损失发生时，提供现金给付或医疗服务于被保险人或其受益人。② 社会保险的意义为："由政府采用危险集中管理方式，对可能预期损失的被保险人，通过制度性的

---

① 劳动保障部社会保险研究所组织翻译：《贝弗里奇报告——社会保险和相关服务》，中国劳动社会保障出版社 2004 年版，第 15、16 页。

② 郭明政主编：《社会保险之改革与展望》，台北国立政治大学法学院劳动法与社会法研究中心 2006 年版，第 154 页。

相互协助，解决危险事故的经济需求。"[①] 笔者认为，这种定义是可取的。唯前者依据应增加“政策”，后者应对“制度性的相互协助，解决危险事故的经济需求”予以明确。

第三节 社会保障法概述

由于大陆法系和英美法系在法律传统等方面存在的巨大差异，导致对社会保障法的认识和理解也存在一定的差异。分析社会保障法的性质时，不能忽视这种差异。英美法主要采用了社会保障法的概念，而且主要采用单行立法的形式构建社会保障法体系。以德国为代表的大陆法系，在“社会保障法”的发展上，主要使用了社会法的概念，并且是通过法典化的形式构成“社会保障法”体系的。在中国，在实定法领域，采用的是社会保障法概念，一直以来，也是通过单行立法（行政法规和规章以及规范性文件形式）构成社会保障法体系的。但现在，在社会保险法立法之际，则有了法典化的倾向。那么，能否以大陆法的法典化形式构建英美法的社会保障法概念体系，对于两者的概念和范畴，自不能不作一些比较和分析。

一、社会保障法的概念

关于社会保障法的定义，主要有以下几种观点：社会保障法是调整以国家和社会为主体，为保证有困难的劳动者和其他社会成员以及特殊社会群体成员的基本生活，并逐步提高其生活质量而发生的社会关系的法律规范的总和。[②] 社会保障法（Law Of Social Security）是指调整以国家、社会和全体社会成员为主体，为了保证社会成员的基本生活需要，解决某些特殊社会群体的生活困难而发生的经济扶助关系的法律规范的总和。[③] 社会保障法具体是指调整国家、社会和全体社会成员之间，在保障社会成员基本生活需要并不断提高生活水平的过程中，所产生的社会保障关系的法律规范的总和。[④] 社会法（社会保障法），“乃是一种以保障人民基本生活需求为主要目的，并通过社会安全制

---

① 梁宪初、冉永萍：《社会保险》，台北五南图书出版公司 2000 年版，第 3 页。

② 史探径主编：《社会保障法研究》，法律出版社 2000 年版，第 31 页。

③ 《中国大百科全书·法学》，中国大百科全书出版社 2006 年版，第 442 页。

④ 孙光德、董克用主编：《社会保障概论》，中国人民大学出版社 2008 年版，第 108 页。

度或社会福利制度，以规范国民所得与财富再分配之法律”。①

上述定义，无不以社会保障定义之结构为核心。在社会保障定义纷繁、谬误杂生的前提下，如此定义的社会保障法之概念亦不免重蹈覆辙。比如，社会保障的保障对象并不都是困难的（社会救助的才是）。又如，社会保障是再分配的一种重要形式，但却不是再分配的全部内容。

笔者认为，社会保障法首先是调整社会保障关系的法律规范的总和。而要界定什么是社会保障关系，就要涉及社会保障（法律关系）的标的或客体——社会给付。申言之，社会保障法即是调整规范社会给付之社会保障关系的法律规范的总和。社会给付在这里有两层含义：一层是事实层面的，包括个别化的捐赠；另一层是法律层面的，即受到法律（政策）规范的社会给付。前一层含义并不在社会保障法的调整范围之内。我们知道，社会保障现象的诞生远早于体系化的社会保障制度；即使在现代社会，人们之间对于困难的帮助和扶持依然存在，也是社会进步的文明标志，没有也不可能全部进入法律的调整体系，如私人慈善捐赠。在自然意义上的社会保障并不必然都成为社会保障法的规制对象，并不都需要社会保障法的调整。至于什么样的社会给付属于社会保障法的调整范围，就要衡诸于社会利益及立法政策之考量。

二、社会保障法的特征

（一）关于社会保障法特性表述之评析

关于社会保障法的特性，大致有：（1）社会性。主要体现为对象的普遍性；责任与义务的社会化；目标具有社会公益性。（2）强制性。（3）协调性。需要多部法律调整，法律之间应互相协调，既不重复交叉，又要相互配合。（4）安全性。使社会成员和劳动者在受到意外和风险时不至于生活没有着落。② 此外还有人道性、技术性等提法。

笔者认为，这些说法绝大部分都是不恰当的，其核心问题在于将社会保障的特征与社会保障法的特征混同。当我们具体地说颁布之后的《社会保险法》以及《工伤保险条例》、《失业保险条例》具有社会性、协调性和安全性时，我们根本不知这种社会性是什么意思。它只适用于雇佣劳动者，并不适用于全

---

① 郝凤鸣主编：《社会法》，台北新学林出版股份有限公司2008年版，“社会法导读”部分。

② 孙光德、董克用主编：《社会保障概论》，中国人民大学出版社2008年版，第109、110页；于凌云编著：《社会保障：理论、制度、实践》，中国财政经济出版社2008年版，第511、512页。

社会；即便适用于全社会，又怎能概括为它具有社会性呢？

社会保障法确实具有强制性，但是，又有哪一部法律没有强制性呢？强制性本是法律基本特征，即便社会保障本身没有强制性，社会保障法也是具有强制性的。如一般捐赠是不具有强制性的，但特定形式的捐赠，受到法律规范的，如附义务的捐赠，违反了法律的规定就要承担法律责任，因而就具有强制性。

（二）研究社会保障法特征的意义

所谓某事物的特征，是就其与相关联的事物，尤其是在其属中的个别性而言，目的主要在于区分出该类事物。社会保障法的特征，是相对于其他法律部门的特征而言①，因此，我们应该描述它和行政法有什么区别，而不是揭示它和行政法有什么区别；而不应描述它和物理现象有什么区别，即揭示它和物理现象相区别的特征。

研究社会保障法的特征并不是纯粹形而上的问题，而是有着诸多实际意义的：（1）有助于区分此类法与彼类法，如我们确定社会保障法律关系的客体为社会给付，那么显然，其就可以与治安管理处罚法、行政许可法、行政处罚法等行政法明确区分（有部分行政法是重合的），与民法也可以区分②，与刑法也迥然有别。（2）有助于法的适用。如“公法性较强”我们就应当考虑依法行政；反之，如果“私法性”较强，我们就应倾向于意思自治，由此导致不同的法律原理、原则、法理念对于法的理解和适用产生不同乃至截然相反的作用。比如，“退保”的问题，如果按照公法，就是违法的，因为没有法律依据；如果按照私法，参保人员与社保机构都同意了，按照意思自治，就是合法的。（3）有助于制定新法。一个法体系的特征当然适用于该体系内的所有的法律规范，对法体系特征之概括自然有利于新法的制定和对旧法的修正。

（三）我国社会保障法的特征

基于上述考虑，笔者认为，我国社会保障法具有下述特征：

1. 社会保障法律关系的客体为社会给付。虽然在其他法律部门中也存在给付行为，但与社会保障法中的社会给付并不完全相同。（1）民法债权的客

---

① 对于社会保障法是否是独立部门法的问题，法学界有一些不同看法。多数人肯定它是一个独立部门法，少数人持相反意见。参见史探径：《社会法学》，中国劳动社会保障出版社 2007 年版。笔者认为，它是一个独立的法律部门。

② 民事法律关系的客体一般认为有：物、行为、知识产权和人身利益。债权法律关系的客体为给付行为。参见马俊驹、余延满：《民法原论》，法律出版社 2007 年版，第 66 页。虽然债权关系中给付行为与社会给付有一定的重合，主要表现在捐赠方面，但在主要方面，债权中的给付与社会给付有着本质的区别。

体是给付行为，但其强调的是平等主体之间的意思自治，其绝大部分给付行为是以对价为前提的。即便是捐赠，作为民法调整对象，也主要着重于其意思过程；而作为社会保障法的客体，更注重的是其结果。（2）行政法中的给付行为，即行政给付，笔者认为其属于社会给付的一种类型。行政给付，指“行政机关对公民在年老、疾病或丧失劳动能力等情况或者其他特殊情况下，依照有关法律、法规规定，赋予其一定的物质权益或与物质有关的权益的具体行政行为”。① 在行政法中，其强调的是对行政权力的控制和约束；而在社会保障法中，更注重其对公平目的之追求。（3）国家赔偿也属于一种给付，但其与社会给付的性质更是迥然有别。国家赔偿是赔偿责任，是对已经造成的损失的赔偿，需以受害人合法权益的受损为前提，即是一种对“损害”的赔偿责任。②

2. 公法性较强。这是相较于私法来说的。社会保障法具有一定的私法性，如捐赠一般属于赠与合同，或者适用赠与合同的规定，属于私法范畴。但在我国，社会给付的主体多是国家机关或作为一种具体的行政行为，都涉及国家之代表及公权力。“公法所规律的法主体，最少有一方是国家或是由国家予以国家的公权者。”③ 公法就是关于公权力拥有者这样参与的，并由此公权力本身也参与了的关系的规范。④ 从这个角度来说，社会保障法的公法性很强。

社会保障法与行政法具有较大差别。行政法是关于行政权力的授予、行使以及对行政权力进行监督和对其后果予以补救的法律规范的总称。⑤ 两者最主要的区别在于，社会保障法的根本目的并非控权，虽然其在一定程度上具有控权之直接目的。

3. 实体法与程序法的统一。社会保障法既是实体法也是程序法。如养老保险转移接续，涉及大量的程序性规定。社会保障法作为程序法的重要体现在于，社会保障法争议的解决程序并不完全适用行政或民事程序——这是我国目前处理社会保障法争议两种法律程序。在一些国家，有单独的社会法院或社会保障裁审机构负责社会保障争议。虽然社会保障法争议的解决，是否一定需要一个独立的司法体制，不无待商榷之处，但没有疑义的是，完全适用行政争议

① 朱新力、金伟峰、唐明良：《行政法学》，清华大学出版社 2005 年版，第 229 页。

② 应松年主编：《当代中国行政法》（下），中国方正出版社 2005 年版，第 1828 页。

③ ［日］美浓部达吉：《公法与私法》，黄冯明译，中国政法大学出版社 2003 年版，第 36 页。

④ ［德］奥托·迈耶：《德国行政法》，刘飞译，商务印书馆 2002 年版，第 17 页。

⑤ 应松年主编：《当代中国行政法》（上），中国方正出版社 2005 年版，第 9 页。

解决程序或民事诉讼程序皆不大适合社会保障法争议的解决。

行政程序法治化的意义至少有：最大限度体现形式公正，实现人格尊严；防止恣意滥用，保障理性选择；更好地保障相对人的合法权益；监督行政主体及其行政人依法行政；促进行政效率的提高。[①] 社会保障法的重要目的在于修正社会初次分配的不平等，保障人的基本的平等生存权利。与一般行政行为的侧重点是有所区别的。另外，社会保障法中毕竟包含部分非行政内容，需要适当考虑私法的意思自治。

同时，除了私人捐赠以外，包括公益化的捐赠，都已经不完全听凭意思自治的处置。一些明星在重大公益捐赠中的出尔反尔，已经遭致社会舆论的一致谴责，私法自治的原则在这里受到了严格的限制。社会捐赠等公法行为，也凸显出与一般私法行为不同之特征。

作为程序法的重要体现，社会保障法应当包括冲突规范。如，外国人以及港澳台同胞在大陆的社会保障法律适用及内地参保人员到港澳台或国外工作或定居时社会保障法律的适用。目前，立法的规定很零散、缺乏，随着改革开放的进一步发展，此类问题如何解决，尤其是涉及程序性规定，尤显紧迫性。

第四节　社会保险法概述

一、社会保险法的概念

关于社会保险法的定义，主要包括：社会保险法是调整以国家为主导，在社会成员因年老、疾病、伤残、生育、死亡、失业等风险事故发生的情况下，为社会成员提供基本生活保障或服务过程中发生的社会关系的法律规范的总称。[②] 社会保险法（social insurance law）是指调整各种社会保险关系中权利、义务关系的法律规范总和，是劳动法的重要内容，也是社会保障法的重要组成部分。[③]

社会保险法是社会保障法的重要组成部分，但不应成为劳动法的内容。将社会保险法的调整对象限制为对特定社会风险的基本给付，也未必准确。事实上，社会优抚、社会救助等也提供基本生活保障。随着新农保的实施、社会保

---

① 朱新力、金伟峰、唐明良：《行政法学》，清华大学出版社 2005 年版，第 174 页。

② 赖达清主编：《社会保障法——保障公民生存权利的法律形式》，四川人民出版社 2003 年版，第 121 页。

③ 《中国大百科全书·法学》，中国大百科全书出版社 2006 年版，第 441 页。

险的普惠化，社会保险与社会救助等社会保障项目存在一定程度的交叉，"为社会成员提供基本生活保障或服务过程中发生的社会关系"不仅是社会保险法的调整对象，也是其他社会保障法的调整对象。由此，以上定义的界定显然不够精确。

二、社会保险法的特征

同样，只有明了社会保险法的特征之后，才可能准确地给出社会保险法的定义。

社会保险法的特征，是社会保险法相对于其他社会保障而言的，即社会保险法与其他社会保障的相异之处。笔者认为，社会保险法的特征主要包括：

（一）社会保险法之社会给付是通过保险模式实施的

这是社会保险法与其他社会保障法的主要区别。其他社会保障法之社会给付，均不通过保险模式实施。

（二）社会保险法律关系之当事人为多方当事人

社会保险法既通过保险模式实施，必然涉及保险人、被保险人、保险服务提供人，加上社会保险是由国家承担最终的风险保障责任，因此社会保险法律关系必然涉及多方。而其他社会保障项目，多数只涉及双方当事人。该特征亦决定了社会保险纠纷解决的不同机制：需要考虑第三人的权利保障。

（三）社会保险法属于公法，具有行政法的基本特征

在现代国家，社会保险多是通过国家机构实施，即便是由商业机构实施，该行为也属于公权力之行为。在中国，任何一种社会保险关系皆有行政机关或行使公权力之社保机构介入其中，社会保险关系皆涉及公权力行使，其法律救济程序也以行政程序为主，因此在中国，社会保险法属于公法范畴。同时，因其亦涉及对公权力之规范和控制，亦具有行政法之特征。行政的字面含义是管理，是指引导、控制和领导，还包括提供物品和服务给付。①

从"给付行政"、"通过受益性活动……来进行的旨在积极提高和增进国民福利的公共行政活动"② 这一定义来看，由政府组织实施的社会保险，无疑具有给付行政的特征，是"作为社会保障行政的应有姿态"③。

---

① ［德］汉斯·J. 沃尔夫、奥托·巴霍夫、罗尔夫·施托贝尔：《行政法》（第一、二卷），高家伟译，商务印书馆2002年版，第21页。

② ［日］大须贺明：《生存权论》，林浩译，法律出版社2001年版，第57页。

③ ［日］大须贺明：《生存权论》，林浩译，法律出版社2001年版，第57页。

第五节　公法、私法与社会保障法

关于社会保障法的性质，争议最大的莫过于社会法之论争，而后者，在大陆地区，又是与公、私法之划分相关联的。因此探讨社会保障法与公、私法之关系不无必要。

一、公法与私法的历史

公法和私法的划分始于罗马法。这是一个人尽皆知的常识。“总的来说，罗马法的私法比公法发达，特别是长官法产生后，适应商品经济的发展，建立了一套完善的私法体系。”①

公法和私法的划分具有历史性。（1）公法和私法的划分不是从来就有的。“最初，罗马国家对私人家庭的事不加过问，家长对家属和家务有绝对的权力，故没有划分公、私法之必要”②，在古希腊时期，城邦既是国家又是社会，其国家和市民社会是复合的，公法与私法当然也失去划分的基础和前提。③“私法、公法之区别，原非夙已存在。在日耳曼国家，向不知有此区别，因罗马法之继受，始为此区别。在中华历史中，私法亦系夹入于刑法之内。”④（2）公法、私法在一定历史条件下可以消失。“在中世纪，‘所有的法律都渊源于上帝’，法学成了神学的婢女，公法与私法的区分不值一提”⑤，“社会主义国家现已不再区分公法和私法”⑥，“公法与私法不必并存于法的秩序之内，在社会主义社会，私法几乎全部溶解于公法之中”⑦，“我们不承认任何‘私法’，在我们看来，经济领域中一切都属于公法范畴，而不属于私法范畴”⑧。（3）公法、私法之界限和内容可以变化。如刑法公认属于公法范畴，但也有将其列入私法的。“我们还将把刑法置于私法范畴之中而不是公法范畴之中；

---

① 周枏：《罗马法原论》（上册），商务印书馆1994年版，第93页。
② 周枏：《罗马法原论》（上册），商务印书馆1994年版，第92页。
③ 王继军：《公法与私法的现代诠释》，法律出版社2008年版，序言。
④ 史尚宽：《民法总论》，中国政法大学出版社2000年版，第5页。
⑤ 金自宁：《公法/私法二元区分的反思》，北京大学出版社2007年版，第38页。
⑥ 周枏：《罗马法原论》（上册），商务印书馆1994年版，第92页。
⑦ 史尚宽：《民法总论》，中国政法大学出版社2000年版，第5页。
⑧ 《列宁全集》（第36卷），人民出版社1959年版，第587页。

这种划分法与主流的盎格鲁—撒克逊的做法相一致，而与欧洲大陆的做法相反对。”①

作为历史产物，公法、私法仍有其历史价值，在人类法律文明发展史上，只要其区分的价值仍在，则其区分之必要性仍在。

二、公法与私法划分的价值

笔者认为，公、私法划分的价值，这也是分析所谓的第三法域的立足点和根本点。法学研究的价值主要在于指导法律实践，包括立法、司法和法的一般适用即遵守。如果法学的研究对于人们如何遵守法律、如何制定法律、如何适用法律意义有限，而完全是一种形而上的空中楼阁，这样的研究是没有实践意义的，芸芸众生也不需要这样的研究。正如医学的研究意义在于“悬壶济世”，法学研究的价值则在于“定分止争”。法律学是最实际的学问，若置实际的必要于度外，只为求论理的满足而构成的观念，是不能以法律学上的观念而有存在的价值的。②

（一）公、私法划分的直接价值在于确定法院管辖及救济程序

美浓部达吉指出，现代的国法，是以区别其全部为公法或私法为当然的前提的，对于国家的一切制定法规，若不究明该规定为公法或私法，而即欲明了其所生的效果和内容，盖不可能。③

划分或区别公法与私法之意义，除“作为理解法律分类”④或“有助于认识二者的特色”外，其“主要实益在于诉讼时的法院管辖及救济程序”⑤。

美浓部达吉认为，公法为本来的国家法——直接的第一次的国家法；私法为本属于其他社会、因国家当其保护监督之任而为第二次的国家的法。但私法并不完全属于其他社会的法，其法律效力的获得并非仅在于习惯性的和经验性的。本来的国家法——直接的第一次的国家法（公法），是否完全来源于创制

① ［英］弗里德里希·冯·哈耶克：《法律、立法与自由》（第1卷），邓正来等译，中国大百科全书出版社2000年版，第209页。

② ［日］美浓部达吉：《公法与私法》，黄冯明译，中国政法大学出版社2003年版，第18页。

③ ［日］美浓部达吉：《公法与私法》，黄冯明译，中国政法大学出版社2003年版，第3页。

④ 周枏：《罗马法原论》（上册），商务印书馆1994年版，第92页。

⑤ 王泽鉴：《民法总则》，中国政法大学出版社2001年版，第14页；王泽鉴：《民法概要》，中国政法大学出版社2003年版，第5页。

而无习惯之渊源，亦深值商榷。行政法的不成文法源有民间习惯和行政惯例。[①] 本来的国家法——公法和第二次的国家法——私法，在其产生的渊源上具有相似性，两者的立法目的相同。

（二）界分公法与私法之界限

划分公法与私法的传统二分法，“由来已久并与绝对主义国家保持明显距离的经济和政治市民社会，把私法弄成具有保护价值的、‘自由于国家’的空间。目的是划定出‘无政治的’自治领域”。[②]

萨维尼在其巨著《现代罗马法体系》第1卷中指出：“倘若我们综观整个法律”，“我们可把它划分为两个领域，即国家法和私法。第一种法以国家为内容，是有机的民族现象；而第二种法是法律关系的整体，这些法律关系关涉到个人，个人在其中可以开展自己的内在生活，并把自己塑造成某种类型。……但是这两种法律存在着某种固有的矛盾，在公法中社会整体被当作了目的，个体看上去是从属的；而在私法中个体的人是自身的目的，每一个法律关系能被当成一种手段，它与个人的存在或个人的特殊状态有关。”[③]

“无论如何都不可否认的是，近代以来，在所有宪政国家里，公法与私法都意味着两种不同的规范：公法意味着统治权力须服从法治原则，‘无法律即无行政’；而私法意味着对自由的尊重，‘法不禁止便自由’。”[④] 公法与私法区别的“直接意义在于，它明确划分了政府或多或少享有自由权的领域与政府交给市民领域的领域”。[⑤]“公法和私法划分所揭示的以私权为核心、公权为辅助的私权本位理念，有助于社会成员确立新的公、私观念，以权利和责任的视角看待个体和国家的关系，进而勇敢地维护自己的权利。”[⑥] 基本权利的保障、法律保护的发展、主张国家不干预经济领域发展的经济学信条，这些都要求公法和私法有明确的界限，以便能划出保护不经议会批准就不受侵犯的领

① 应松年主编：《当代中国行政法》（上），中国方正出版社2005年版，第59页。

② ［德］米歇尔·施托莱斯：《德国公法史》，雷勇译，法律出版社2007年版，第22页。

③ 转引自［德］米歇尔·施托莱斯：《德国公法史》，雷勇译，法律出版社2007年版，第20页。

④ 金自宁：《公法/私法二元区分的反思》，北京大学出版社2007年版，第56页。

⑤ ［美］昂格尔：《现代社会中的法律》，吴玉章、周汉华译，中国政法大学出版社1994年版，第177、178页。

⑥ 王继军：《公法与私法的现代诠释》，法律出版社2008年版，第99页。

域。[①] 通过组织起一个非政治化的、排除国家干预的经济社会，私法维护了法律主体的消极的自由地位，并因此而维护了法律自由的原则。根据古典的私法，充分确保个人自决——其意思是做自己愿意做的事情的消极自由。[②]

为了阻止政府专断地行使权力，人们逐渐确立起了一系列重要的原则，其中包括界分公法与私法的原则。所有这些原则的作用都在于界定并限定一些条件，而唯有符合这些条件，对个人的强制才是许可的。人们在当时就认为：首先，只有为了普遍利益，强制的使用才能够得到正当性支撑；其次，只有依照平等适用于所有人的统一规则所实施的那种强制，才是符合普遍利益的。[③]

（三）公法与私法划分在立法中的作用

明确民法为私法，“在文化层面上，能够在我国这个古老的国度建立起与过去完全不同的私法文化，使每个人的人格完善，其中，最基础且最重要的是唤起民众对权利的尊重，以维护自身的尊严”。[④] 反之，如果用公法规范来调整民法关系，社会自身的品质便将沦失。

王泽鉴先生对公法、私法的不同特征有比较精准的概括，可资借鉴。私法与公法有不同的规范原则：私法以个人自由选择为特征，公法则以强制或拘束为内容；前者强调自主决定，后者须有法律依据及一定的权限。任何社会在决定如何以公法或私法形成国民生活时，对于此种区别应有清楚的认识，并建构最妥适的规范。[⑤]

（四）公法与私法划分在法律适用中的功能

公法、私法划分对于法的适用如解释具有作用。“在我国法学理论具有足够解释力并为大家所沿用的情况下，公私法划分要在这方面发挥替代性作用是不现实的。”[⑥] 公私法划分并不能完全取代现有的法学解释方法，但这并不意味着公私法划分对于法的适用和解释是无能为力的。事实上，只要界分公权力范围之价值依旧在，就必然存在适用之价值。如果相关法律关系被认为是公法

---

① ［德］米歇尔·施托莱斯：《德国公法史》，雷勇译，法律出版社2007年版，第21页。

② ［德］哈贝马斯：《在事实与规范之间》，童世骏译，生活·读书·新知三联书店2003年版，第493～495页。

③ ［英］弗里德里希·冯·哈耶克：《法律、立法与自由》（第二、三卷），邓正来等译，中国大百科全书出版社2000年版，第417页。

④ 马俊驹、余延满：《民法原论》，法律出版社2007年版，第11页。

⑤ 王泽鉴：《民法概要》，中国政法大学出版社2003年版，第4页。

⑥ 朱景文主编：《法理学研究》，中国人民大学出版社2006年版，第562页。

关系的话，其必然受到行政法规及行政法固有的不成文法原理的制约。[①]

比如，社会保险法规范的强制性问题，便与社会保险法的公法、私法性质有密切关联。如果完全是公法规范而非私法规范，则不能允许意思自治之存在；如果存在私法规范，则应允许意思自治之存在。至于其边界如何界分，则需要看具体规范性质及其立法目的。

三、公法与私法划分的标准

（一）关于公法、私法划分的学说

私法与公法之区别标准，学说上极不一致。[②] 主要有：

（1）利益说。以公益为目的者为公法，以私益为目的者为私法。（2）从属规范说。规范上下隶属关系者为公法，规范平等关系者为私法。（3）主体说。法律关系主体的一方或双方为国家或机关者，为公法；法律关系的主体双方均为私人者，为私法。（4）特别法规说（新主体说）。国家或机关以公权力主体地位作为法律关系的主体者为公法，对任何人均可适用的法律为私法。[③]

关于罗马法中公私法之区分，系采利益说这一观点，“隔了数千年的光阴，时过境迁，到底应如何翻译也即如何理解这种说法，看法却不尽一致”。[④]

反对者认为，不仅公益本身是不确定的，私益亦是公益。那种认为唯有公法服务于普遍利益、私法只保护个人私利的观点，乃是对是非的完全颠倒，因为那种认为只有以刻意的方式实现共同目的的行动才有助益于公共需求的观点，实是一种错误的观点。事实的真相毋宁是，对于每个人来说，也是对于普遍利益来说，自生自发的社会秩序为我们所提供的东西，要比政府组织所能够提供的大多数特定服务更为重要，只有政府组织经由实施正当行为规则而为我们提供的安全是个例外。[⑤] 国家固然是公益的保护者，同时却亦是个人的私益的保护者。保护各个人的生命财产及自由之安全，亦为国家的重要任务之一。[⑥]

---

① ［韩］金东熙：《行政法Ⅰ》，赵峰译，中国人民大学出版社2008年版，第54页。

② 史尚宽：《民法总论》，中国政法大学出版社2000年版，第5页。

③ 王泽鉴：《民法总则》，中国政法大学出版社2001年版，第12页。

④ 金自宁：《公法/私法二元区分的反思》，北京大学出版社2007年版，第37页。

⑤ ［英］弗里德里希·冯·哈耶克：《法律、立法与自由》（第1卷），邓正来等译，中国大百科全书出版社2000年版，第209页。

⑥ “规定国家与国家及国家与私人间之法律关系者，为公法。规定私人与私人间之法律关系者，为私法。”参见［日］美浓部达吉：《公法与私法》，黄冯明译，中国政法大学出版社2003年版，第29、30页。

其他诸说亦多有欠缺。“特别法规说旨在克服各说的缺点，而渐受重视，如政府向私人承租房屋，因非基于公权力的地位，故属私法行为；行政契约的订立，因一方的主体系居于公权力的地位，故具公法性质。”①

“公私法之分至今仍是令人棘手的问题。在过去的岁月里，这个问题曾经是很模糊的，并且一度干脆将两者之分抛到了九霄云外。”②“公法、私法之界说，学者言人人殊。”其征引日本学者梅谦次郎之说认为：公法者，所以规定国之组织、国与人民之关系，及国与国之关系者也。私法者，以规定人民相互之关系，及甲国人与乙国人之关系者也。③“无需具体探究这些学说的具体内容及彼此差异，仅从不同学说数量如此之多就可知道：各种学说均有不尽如人意之处，理论上公法/私法区分标准这一问题始终未有定论。”④

（二）公私法的划分目的

公私法划分的标准，历来是有争议的，任何一种标准都不可能像自然科学定理（即使是自然科学定理，也是有限制的，超出了限制的条件，定理可能就无法适用了）那样是确定的，没有疑义的。只抱定一种标准，“一条道走到黑”并不现实。由此，美浓部达吉认为，由于现实的国法是由种种错杂的思想而形成的，所以不可能有区分两者的单一的标准，从而肯定了区分标准的多元性。他认为在区分公法与私法时，不仅要考虑到法主体和法所保护的利益，同时也要考虑法律关系的性质。⑤

笔者认为，一些学者在探讨公私法划分之标准时，往往忽视了一个很重要的因素：划分目的。为什么要划分公私法？亦即前述的公私法划分之价值。只有从这个立足点出发，我们才能更准确地确定公私法划分之标准和具体方法。既然划分公私法主要价值在于确定公权力的界限，特别法规说亦即公权力说，是最为适切的。

“把法律划分成市民之间关系的法律（私法）和涉及国家以及国家与被统治者之间关系的法律（公法），这是一个国家法律内部的有效划分。这种观点与以前罗马法对法律所做的令人尊重的区分一致。那些在私人利益和公共福利

---

① 王泽鉴：《民法总则》，中国政法大学出版社2001年版，第13页。

② ［德］马克斯·韦伯：《论经济与社会中的法律》，张乃根译，中国大百科全书出版社1998年版，第41页。

③ 梁启超：“论中国成文法编制之沿革得失”，梁启超著，范忠信选编：《梁启超法学文集》，中国政法大学出版社2000年版，第173页。

④ 金自宁：《公法/私法二元区分的反思》，北京大学出版社2007年版，第34页。

⑤ ［日］美浓部达吉：《公法与私法》，黄冯明译，中国政法大学出版社2003年版，前言第4页。

的对立中发现标准的人，寻求另一种主张，但不完全是另一种解决办法，即不把法律主体而是把规范目的当作重要标准。”①

（三）公法与私法的交叉是不可避免的

公私法之区分主要在大陆法系，是以成文法为基础的。

关于具体的法律规范的公私法属性是可以变化的。如同部门法之间存在交叉②一样，公私法之间也存在交叉。即便是典型的私法——民法中也存在强制性规范。“为了兼顾自治与管制的双重目标，在现代各国的立法中，公法与私法越来越呈现出相互交错和融合的态势。”③ 比如，契约自由不能违背公序良俗、诚实信用原则。而即便是公法中，亦在相当程度上允许意思自治。现代国家出现以来，治安权就一直被认为是“本质上属于政府”的警察权力，本应处于公法的核心地带，私人是不可能染指的；然而，“治安承包”所体现的个人自治、社会契约上的权利保留，表明了私法上的契约以及与契约相伴的市场理念对于公法领域的“渗入”。④

在现代社会，公私法的交叉是无法避免的现象，由此导致公私法的混合或融合。

（四）部门法的分类不等于公私法的划分

首先，部门法分类的目的和公私法划分的目的是不同的。部门法分类的首要目的并不在于界定公权力的界限，其更多的是根据调整对象的不同而对法律规范的分类。因此，只要调整对象具有不同于他法的不同特征，便可以成为一个独立的法律部门。

其次，从分类方法来说，部门法并非非此即彼的关系，不属于行政法，并不一定就属于别的某个法律部门。而公私法划分，通常是非此即彼的关系。公私法融合现象的出现，并不能完全否认公私法的“对立”性。民法的强行性规定和涉及公权力的规定并不因此否定民法的私法性，行政法的私法规范的存在并不能否认行政法的公法性。

四、公法与私法区分之基础

亚里士多德在《政治学》中最早使用“市民社会”概念，系指一种“城

---

① ［德］米歇尔·施托莱斯：《德国公法史》，雷勇译，法律出版社2007年版，第20页。

② 葛洪义主编：《法理学》，中国人民大学出版社2007年版，第144页。

③ 钟瑞栋：“民法中的强制性规范”，载《法律科学》2009年第2期。

④ 金自宁：“解读‘治安承包’现象——探讨公法与私法融合的一种可能性”，载《法商研究》2007年第5期。

邦”，兼具“政治社会”、“公民社会”和“文明社会”的蕴涵，与自然状态相对称。现代意义上的市民社会理论是黑格尔首先提出的，其核心含义是与政治国家相分离并自主于国家的“私人自治领域”①。但黑格尔认为国家是伦理精神的最高体现，它决定着市民社会。② 马克思批判地继承了黑格尔理论，认为是市民社会决定政治国家。

哈贝马斯又进一步认为，“今天称为‘市民社会’的，不再像在马克思和马克思那里包括根据私法构成的、通过劳动市场、资本市场和商品市场之导控的经济。相反，构成其建制核心的，是一些非政府的、非经济的联系和自愿联合，它们使公共领域的交往结构扎根于生活世界的社会成分之中。组成市民社会的是那些或多或少自发地出现的社团、组织和运动，它们对私人生活领域中形成共鸣的那些问题加以感受、选择、浓缩，并经过放大以后引入公共领域。旨在讨论并解决公众普遍关切之问题的那些商谈，需要在有组织公共领域的框架中加以建制化，而实现这种建制化的那些联合体，就构成了市民社会的核心”。③

市民社会是一种独立于政治国家的社会存在，是产生国家的基础，并对政治国家的功能具有制约作用；市民社会是一个自由度极高的社会空间，社会成员享有不受他人和国家介入的充分权利；没有法律的严格授权，政治权力不得进入市民社会。④ 市民社会被认为是个体自由活动的空间，是抵抗国家的侵犯的领域。⑤ 也有学者对市民社会作了广义的理解，认为“Civil Society 既是‘私人利益关系的总和’，又是‘国家公民’的社会，还是‘文明和礼貌’的所在；既是‘市民社会’，又是‘公民社会’，还是‘文明社会’。可以说，

---

① “市民社会是处在家庭和国家之间的差别的阶段”，整个市民社会是中介的基地，“在这一基地上，一切癖性、一切秉赋、一切有关出生和幸运的偶然性都自由第活跃着”。参见［德］黑格尔：《法哲学原理》，范扬、张企泰译，商务印书馆 1961 年版，第 197 页。

② “对私权和私人福利，即对家庭和市民社会这两个领域来说，国家一方面是外在必然性和它们的最高权力，它们的法规和利益都从属于这种权力的本性，并依存于这种权力。”参见［德］黑格尔：《法哲学原理》，范扬、张企泰译，商务印书馆 1961 年版，第 261 页。

③ ［德］哈贝马斯：《在事实与规范之间》，童世骏译，生活·读书·新知三联书店 2003 年版，第 453、454 页。

④ 王继军：《公法与私法的现代诠释》，法律出版社 2008 年版，第 28、29 页。

⑤ 金自宁：《公法/私法二元区分的反思》，北京大学出版社 2007 年版，第 54 页。

当代的 Civil Society 是各种理论传统的汇合”。①

但不管对市民社会的具体含义有何分歧，认为市民社会系与政治国家相对应而言，且是制约国家的绝对权力的主要力量，已成共识。“主要是19世纪与20世纪之交初显并于20世纪中叶炽盛的形形色色的‘国家主义’，这在现实世界中表征为国家以不同的形式、从不同的向度对市民社会的渗透或侵吞。为对此种猖獗的‘国家主义’作出回应，人们开始诉诸市民社会理念，试图对国家与社会间极度的紧张作出检讨、批判和调整，以求通过对市民社会的重塑和捍卫来重构国家与社会间应有的良性关系。”②

“最初，罗马国家对私人家庭的事不加过问，家长对家属和家务有绝对的权力，故没有划分公、私法之必要。”③ 而罗马法之所以兴盛并以私法见长，实即与商品经济的发展，商人群体、罗马市民的产生密切关联的。“在西塞罗看来，市民社会作为一种城市的文明政治共同体，与野蛮人的社会或野蛮状态有着重要的区别。”④ 当然，古罗马时期的市民社会的含义和现代的市民社会的含义是有重要差别的。

进而，私法可以被界定为市民社会的法，即市民社会运行秩序的体现；公法则可被界定为政治国家的法，即政治国家运作秩序的规则。⑤ 大体来讲，公法是调整政治国家权力活动的法，而私法是调整市民社会活动的法。⑥ “如果说在前现代社会中，占主导地位的‘公’‘私’的划界标准是官府或公共权利——‘官方的’是公共的，‘民间的’则是私人的，那么，在现代社会中，占主导地位的‘公’‘私’的划界标准则可以说是家庭——家庭内的是私人的，家庭外的是公共的。”⑦公共领域，指的是由私人构成的，不受政治国家干预的公共沟通场所，如俱乐部、职业团体、沙龙、文化团体、民间协会、自愿

① 周俊、郁建兴：“Civil Society 的近现代演变及其理论转型”，载《哲学研究》2009年第1期。

② 邓正来、[美] 杰弗里·亚历山大主编：《国家与市民社会：一种社会理论的研究路径》，上海人民出版社2006年版，第6页。

③ 周枏：《罗马法原论》（上册），商务印书馆1994年版，第92页。

④ 何增科：“市民社会概念的历史演变”，载《中国社会科学》1994年第5期。

⑤ 金自宁：《公法/私法二元区分的反思》，北京大学出版社2007年版，第27页。

⑥ 王继军：《公法与私法的现代诠释》，法律出版社2008年版，第29页。

⑦ 童世骏：“公与私：划界问题的归属问题”，载黄俊杰、江宜桦编：《公私领域新探：东亚与西方观点之比较》，华东师范大学出版社2008年版，第136、137页。

结社与自治空间以及以报纸、杂志、电视或网络为依据的公共舆论空间。① 公法、私法的区分，是以国家与市民社会二元论为前提的，并以现代法治国家思想为基础。②

不过，“市民社会并不必然地独立于国家而具有自主性，只有公民的主体性总和才能构成市民社会的自主性”③。在中国这样一个历史上市民社会并不发达的国家，试图依靠市民社会来限制公权力的界限并不现实。在中国公私法划分缺乏历史基础，并不意味着其本身是可有可无的。与众多作为“舶来品”的法律制度一样，我们完全可以本着“拿来主义”的态度，为我所用。毕竟，在法治文明高度发展的今天，公私法划分的现实背景已与其“家世”迥然有异，不变的则是对公权力边界的控制及对其本身的限制。无论现实需要怎样的行政国家，对公权力的控制都不仅是行政法的事情，任何一个部门法恐怕都难逃“干系”，即便是传统的私法。

五、公法、私法之混合

私法抽象的平等不能解决现实中事实上不平等所带来的社会矛盾，私法的任意性规范难以应付非正常的市场现象，市场机制的固有缺陷和市场失灵导致私法的规范功能受到限制。近代公法的产生，是以宪政的发展建立起来的，宪政的实质就是限制权力，保护公民权利，其根本目的在于实现公平、正义，这实际上是私法价值在公法领域中的声张。④ 而公共服务的市场化，已导致公法的私法化倾向。私法公法化和公法私法化，是现代法治发展的重要特征。这种趋势，是和公权力对社会生活的全面“渗透”和民众对于权利的主张、市民社会对于公权力的制衡的要求相适应的。在现代法制中，很难找出一个没有任何公法规范的私法领域，“然亦非无关于公法之规定，所谓民法为私法者，不过就其通性言之耳”⑤；反之，在相当意义上亦成立。“随着新的法律领域（如劳动法、社会法和经济法）的出现，随着合同法、民事侵权法和财产法的实质化，上述局面出现了根本性变化。在很多情况下，原先可以或者归入私法

---

① 金自宁：《公法/私法二元区分的反思》，北京大学出版社 2007 年版，第 103、104 页。

② 徐孟洲、徐阳光：“论公法私法融合与公私融合法”，载《法学杂志》2007 年第 1 期。

③ 涂少彬：“宪政语境下的公民主体性法理分析——兼析中国宪政语境下的‘国家—市民社会’范式的历史逻辑缺陷”，载《西南政法大学学报》2008 年第 4 期。

④ 王继军：《公法与私法的现代诠释》，法律出版社 2008 年版，第 73 ~ 213 页。

⑤ 胡长清：《中国民法总论》，中国政法大学出版社 1997 年版，第 10 页。

范围、或者归入公法范围的那些原则，现在却合并、混合在一起了。整个私法现在似乎超越了保障个人自决的目标，而要服务于社会正义的实现：‘这样，对公民生存的确保、对弱者的保护，即使在私法中也获得了与追随个人利益同样的地位。’”①

虽然随着公私法融合趋势的出现，越来越多的法律关系呈现出公私法交融的现象，乃至有学者提出“公私融合法”之概念，并认为经济法是公私融合的产物，是新兴第三法域即公私融合法的重要组成部分。②

笔者认为，因为公私法的相互渗透，便将此种现象称为“公私融合法”是不恰当的。如果“公私融合法”是指“公法与私法融合的法”，那是恰当的，但如果作为专有名词，“公私融合法”不同于“公法与私法融合的法”。

六、社会保险法的公、私性质

（一）社会保险法与行政法

有学者主张，将社会保障法作为行政法之给付行政的内容。给付行政包括分配行政，如供给保健设施（医院、疗养所等）、社会福祉设置（如幼稚园、运动场、室内体育馆、养老院等），社会行政，如社会保障（其中包括社会保险、社会援护、社会辅助、一定福祉活动）、国民住宅、租借住宅的建设等。③

行政法律关系的问题并不限于给付行政或担保给付行政，相反，它涉及行政机关和行政相对人之间的所有的关系，而不论其依据是一般行政法还是特别行政法：（1）社会给付关系；（2）补贴关系……④

我国台湾地区学者钟秉正认为，从社会法作为“公权力行政”依据的角度来看，同样是被称作给付行政。社会法乃是特别行政法的一支，基本上也适用行政法上法律关系的理论。⑤“基于给付行政而提供的给付或服务，究系公法行为或私法行为，颇难认定”，关于劳工保险事件，普通法院系作为民事案件而受理，行政法院则将之定性为行政处分，得提起行政诉讼，“是劳工保险

① ［德］哈贝马斯：《在事实与规范之间》，童世骏译，生活·读书·新知三联书店2003年版，第495、496页。

② 徐孟洲、徐阳光：“论公法私法融合与公私融合法”，载《法学杂志》2007年第1期。

③ ［韩］金东熙：《行政法Ⅱ》，赵峰译，中国人民大学出版社2008年版，第183、184页，第247～275页。

④ ［德］汉斯·J. 沃尔夫、奥托巴霍夫、罗尔夫施托贝尔：《行政法》（第一卷），商务印书馆2002年版，第386页。

⑤ 钟秉正：《社会保险法论》，台北三民书局股份有限公司2005年版，第13、47页。

性质上显系公共关系，与普通商业保险为私法上契约关系有别”①。

社会保险法与行政法有很多关联。如经办与管理监督机构为政府部门或政府部门授权的部门，其所体现的责任主要属于一种国家责任，而不仅是对公民或其他社会主体个人，其行为围绕行政权力而展开。需要分析的是劳动者个人对用人单位社会保险权利的主张。这种诉求主要分为两类：劳动者要求用人单位履行缴费义务；劳动者要求用人单位承担因未履行缴费义务而产生的损害赔偿义务，如养老金、失业金的损失、工伤保险待遇。对第一种权利主张，虽然立法规定劳动者可以通过劳动仲裁及民事诉讼的方式维护权利，但司法实践通常要求通过行政程序解决，因而属于行政法范畴；对第二种权利主张，立法及司法实践均主张通过劳动仲裁及民事诉讼程序解决，这是否与行政法没有关联？笔者认为，此种权利主张的基础在于雇主对于雇员所承担的法定义务，这种法定义务是一种国家责任，也是一种社会责任，而并非一种行政责任，这种权利主张实际是一种损害求偿权，而不属于行政权力介入下的具有行政处罚性质的赔偿。其管辖程序不宜适用行政诉讼。即此种求偿法律关系应不属于行政法律关系，其有较好的法律救济程序，行政权力无须介入。

社会保险法与行政法有很多区别：

1. 二者目的不同。行政法是关于行政权力的授予、行使以及对行政权力进行监督和对其后果予以补救的法律规范的总称。“行政法的主旨在于治吏、治权，要通过依法行政来‘切实保障公民权利’，提升公民价值”，“权力为权利而生，为权利而存，为权利而息”。②“现代行政法是综合控权法，即多元控权法。”③社会保险法的目的主要不在于控制行政权，而在于实现社会的真正平等和公平，即使其具有控制行政权之作用和功能，那也只是“副产品”和部分的（即便可能是大部分）。控权非其本意，其本意毋宁是要扩大行政权力的界限，以便实施更积极的社会政策。

2. 二者主体不同。行政法律关系的主体必有一方是行政主体，而社会保险法律关系的主体则未必。有行政主体未必就是行政法律关系，但没有行政主体必定不是行政法律关系。如雇主未参保时产生的损害求偿权，医疗机构与医保患者之间的法律关系，都不是或不完全是行政法律关系。

---

① 王泽鉴：《民法总则》，中国政法大学出版社 2001 年版，第 14、15 页。

② 应松年主编：《当代中国行政法》（上），中国方正出版社 2005 年版，导言、第 9 页。

③ 孙笑侠：《法律对行政的控制：现代行政法的法理解释》，山东人民出版社 1999 年版，第 38 页。

3. 二者行为性质不同。行政法是围绕行政行为而展开的，离不开行政行为。“行政行为是行政主体基于行政职权的具有法律效果的行为，包括行政法律行为、准行政法律行为、行政事实行为。”行政行为“是传统的行政法基本概念，是行政活动方式类型化的基石，也是行政主体完成其广泛行政任务的手段”，“就其实体法意义而言，行政行为与私法活动方式和其他公法活动方式相比具有明确的区别”。① 对社会保险法来说，行政行为并非必不可少的基本概念，虽然其在相当程度上有利于分析社会保险行政行为，但对于非社会保险行政行为来说，自无存在之余地。社会保险法是围绕社会保险权而展开的。

（二）社会保险法为公法

我国社会保险的范围包括，在养老保险方面，有企业职工基本养老保险、机关事业单位基本养老保险、新型农村基本养老保险，国家还在计划实施城镇居民基本养老保险；在医疗保险方面，有城镇职工基本医疗保险、城镇居民基本养老保险、新型农村合作医疗；在生育保险方面，包括企业职工生育保险、城镇居民医保对参保人的生育补贴、新农合的对参合人员的生育补贴；工伤保险与失业保险。所有这些社会保险都是由政府兴办并组织实施的，没有行政机构及其授权机构的参与、管理和经办，就没有社会保险。社会保险的实施，是公权力的行使和体现，因而社会保险应属于公法范畴，并且在多数情形下属于行政法范畴。具体来说，社会保险制度的建构，社会保险管理及经办机构的设立，社会保险费的征缴、稽核、监察，社会保险待遇的审核、发放都是行政职能的体现，都是行政行为，不仅要受行政法的约束，也受到宪法、政府组织法等公法规范的约束，其公法性是非常明显的。

（三）社会保险法存在私法规范

社会保险法在本质上是公法，那么其是否存在私法规范，即由社会保险关系主体自由协商，而不经由公权力之介入和形成的权利义务关系呢？

在我国社会保险关系中，存在大量的参保人自由选择的权利：在不具有雇佣劳动关系的前提下，对于参加职工基本医疗保险或居民医保、新农合的选择，以及对于企业职工基本养老保险、新农保的选择。虽然对于某一种医疗或养老保险，公民有选择的权利，但是：（1）这种可选择性乃是由医疗或养老保险法规（政策）所规定的，是社会保险法公法规范的授权性规定，并不完全是公民个人的意思自治的体现。（2）公民选择的结果，仍然是参加政府组织的社会保险，仍然是适用公法规则，接受公法法律规范的约束，仍然属于公

① ［德］汉斯·J. 沃尔夫、奥托·巴霍夫、罗尔夫·施托贝尔：《行政法》（第二卷），高家伟译，商务印书馆 2002 年版，第 9 页。

法及行政法规范范畴，而不适用意思自治。在公私法融合的趋势下，社会保险法不仅要管制，而且也是治理，即规范。规范不同于管制，不一定要按照确定的方式进行。社会保险法中自愿性法律规则的存在在一定程度上体现了私法性。

我国医疗保险、工伤保险实行定点医疗、康复机构、药店制度，通过经办机构与定点机构签订协议的方式，由定点机构提供服务。根据行政法理论，这种协议属于行政合同，仍然属于行政法范畴。

但社会保险法中依然存在私法规范。笔者是在这样的意义上确定该类规范的私法性的：该规范的内容不涉及对公权力的约束和规范；规范内容的实施完全由当事人自己的意思表示形成。

1. 社会保险法私法规范的实践类型。（1）对未参保的损害赔偿，并不完全依照公法规范，在相当程度上是意思自治的体现。如未参加工伤保险时，雇员因履行工作职责而产生的损害赔偿。在这种情况下，雇员可以选择工伤保险赔付，也可以选择民事赔偿。雇员对雇主未依法缴纳养老保险费时的求偿权，通常只能按照民事损害赔偿处理。（2）参保人员对于具体定点医疗机构的选择，是参保人员与医疗机构之间的意思自治，应当适用私法自治，包括对自费药品及诊疗项目的使用。（3）养老及医疗保险每个公民不能重复参加，在雇员已经参加了养老及医疗保险的情况下，雇主不应再给雇员缴纳社会保险费。但有的用人单位对此类员工发放“社保补贴”。这是雇主对雇员支付的福利性待遇，不受社保法管辖，亦不受劳动法管辖，完全由雇主与雇员的意思自治达成，是典型的私法行为。

2. 社会保险法私法规范的理论类型。在本质上，社会保险私法规范的存在和发展，是和公共行政的私法化发展并行不悖的。一方面，公共服务并不一定采用公法规范或行政规范方式存在，如供水、供热等公共服务；另一方面，社会保险的给付也完全可以采用市场化方式运作，由政府组织提供只是一种模式而已。采取私法表现形式的公共行政活动有时被称为“私法方式的行政”，“在理论上，生存照顾和社会控制可以采取高权的方式，也可以采取私法的方式”，私法方式公共行政的类型有“国库活动和经营活动”、“行政私法”。①

社会保险法的性质应当是以公法为主，私法为辅。随着市场体制的完善，社会保险服务的市场化趋向将会成为历史潮流。引入“私法”手段完成公共任务。通过私法实现公共任务，如德国的“生存照顾”，即在给付行政或服务

---

① ［德］汉斯·J. 沃尔夫、奥托·巴霍夫、罗尔夫·施托贝尔：《行政法》（第一卷），高家伟译，商务印书馆2002年版，第218～235页。

行政领域，政府负有保障公民以合理价格获得适当标准服务的公法责任。英美法则为反歧视原则，具体包括公益和“基本必需品”原则。即以“公益”为由，对那些在公用事业领域事实上处于垄断地位的经营企业施加控制，要求它们以合理价格向公众提供服务，不应歧视；只要“基本必需品”提供者事实上居垄断地位，就必须履行一种暗示责任，即向所有提出要求并且准备支付公平合理价款的人们提供那些必需品。“在公共行政改革浪潮中，越来越多的人认为，政府的角色应该重新界定和调整，即政府应该从公共产品和公共服务的直接提供者和生产者，转换为公共产品和公共服务的购买者和管制者，而将直接生产与提供公共服务的任务交给更有效率而且更具有回应性的私营部门和第三部门。”①

第六节　社会法与社会保障法

与社会保障法密切相关的一个概念——社会法，在我国是一个“热度”很高的名词，从立法规划到学术研究，都在普遍使用。同时，在大陆地区，“社会法”也是一个含义非常混乱的名词，“关于社会法的最基本问题——社会法的界定，仍呈现一片混乱的景象”②。有的学者甚至将治安管理、信息安全、人口生育、城乡规划都纳入了社会法的范畴。③ 如果治安管理法律规范属于社会法，那么刑法自然也应列为社会法（在相当程度上，社会法与刑法存在共通之处。社会危害严重之行为是犯罪行为，社会危害较轻之行为则为违反治安管理之行为），那么所有的诉讼法岂不也应该列入社会法？如此，还有什么法律不能列为社会法呢？这样的分类显然没有实际意义。混乱的程度已经到了其丧失了存在的意义。理论与实践的脱节使这种“社会法”论述几乎毫无价值。④ 如果不加选择和澄清，社会法的概念就会陷入混乱甚至被滥用的境地，从而不易使人们把握社会法的本质或者真谛。⑤ 本节主要剖析社会法的几

① 金自宁：《公法/私法二元区分的反思》，北京大学出版社 2007 年版，第 86～89 页。

② 郑尚元、扈春海：“社会法的界定论”，载冯彦君主编：《和谐社会建设与社会法保障》，中国劳动社会保障出版社 2008 年版，第 31 页。

③ 汤黎虹：《社会法通论》，吉林人民出版社 2004 年版，第 47～54 页。

④ 郑尚元：“社会法语境与法律社会化——‘社会法’的再解释”，载《清华法学》2008 年第 3 期。

⑤ 谢增毅：“社会法的概念、本质和定位：域外经验与本土资源”，载《学习与探索》2006 年第 5 期。

种主要观点，并明确作者的观点。

一、实在法与法理念

社会法是一种法理念还是实在法？虽然两者有交叉，但其体系构成是完全不同的，在很多时候，法理念与实在法并不同一。

“我们将社会法作为一种法律体系和法学思潮来加以理解。”① 按照学界通论，法律体系是就实在法而言的，由法律规范所构成，与法学思潮不具有同一性。将社会法同时作为实在法与法学思潮，最终将无法回答何谓社会法之根本前提。

社会法究竟为何物？它属于理念、方法论，抑或是实实在在之法律制度？其内涵与外延如何界定？法学界对此并未求得真解，甚至存在着巨大的学术分歧和认识上的偏差。内地社会法理论短期内不易形成共识，社会法理念派仍居主要地位。②

思潮也就是“思想潮流”③，也就是作为一种理念，当然是可以的。但法学是以法律为研究对象的，如果没有实在法支持，纯理论的研究可能与现实脱节，甚至背道而驰。

法理念说与实在法说分别是与第三法域说和独立的法律部门说相对应的，以下将对此二种学说逐一评析。

二、第三法域说

（一）第三法域说之内涵

公私融合法 = 第三法域 = 社会法，是我国很多学者关于社会法的基本观念。“社会法界定上的‘第三法域说’在我国具有很高的支持率，社会法学者、经济法学者、法理学者、民商法学者中都常见持此论者。”④ “私法与公法相融合而产生的，以社会本位为特征的社会法则是第三法域。”⑤ 社会法是指

① 董保华等：《社会保障的法学观》，北京大学出版社 2005 年版，第 5 页。

② 郑尚元：“社会法语境与法律社会化——‘社会法’的再解释”，载《清华法学》2008 年第 3 期。

③ 《现代汉语词典》，商务印书馆 2005 年版，第 1290 页。

④ 郑尚元、扈春海：“社会法的界定论”，载冯彦君主编：《和谐社会建设与社会法保障》，中国劳动社会保障出版社 2008 年版，第 34 页。

⑤ 董保华、郑少华：“社会法——对第三法域的探索”，载《法学论坛》1999 年第 1 期。

公法与私法相结合的法律。① “由于对社会法的追求，私法与公法、民法与行政法、契约与法律之间的僵化划分越来越趋于动摇，这两类法律逐渐不可分地渗透事例，从而产生了一个全新的法律领域，它既不是私法，也不是公法，而是崭新的第三类：经济法和劳动法。”②

（二）第三法域之特征

关于社会法即“第三法域”，有“既不同于公法也不同于私法”的显著特点：（1）社会法的规制对象是表面平等，实质不平等的社会关系；（2）“扶持弱者，倾斜立法”是社会法的基本原则；（3）强制性规范与任意性规范结合；（4）社会法的调整模式有三个：“社会基准”、“团体契约”、“个人契约”；（5）权利义务的不守恒性；（6）严格责任、惩罚性赔偿与两罚制等；（7）行政执法与民间仲裁结合。③

按照上述论者的观点，行政法属于公法，规制的是不平等的社会关系，那么社会保险行政关系就不应属于社会法范畴了，而应纳入公法范畴；现代行政公认，行政相对人相对于行政主体是弱势群体，因此需要对行政权予以控制，对行政相对人予以适当的倾斜保护，这在刑法中亦是如此，那么，按论者的观点，行政法、刑法等传统典型的公法也属于社会法了。而这些结论都是和论者自身的观点相矛盾的。至于“强制性规范与任意性规范结合”、“社会基准、团体契约、个人契约”、“权利义务的不守恒性”、“严格责任、惩罚性赔偿与两罚制”、“行政执法与民间仲裁结合”公法和私法均存在，并非社会法或“第三法域”独特点。

（三）第三法域之理论基础评析

“第三法域说”的理论基础是：第一，以公私法的独立存在为前提。第二，认为公私法的区分标准为“利益说”。第三，严格区分个人利益、国家利益和社会利益，三者分别构成私法、公法和社会法的基础。

笔者认为，第三法域理论基础不成立。

1. 如前所述，公私法的融合古已有之，在现代社会更为常见，纯粹独立的公法或私法已经不存在，将社会法作为独立的公法和私法之外的第三法域，只能导致“全法皆社会法”，只能导致刑法、民商法皆社会法的荒谬结论，如

---

① 张文显主编：《法理学》，法律出版社2007年版，第300页。

② ［德］拉德布鲁赫：《法学导论》，米健译，中国大百科全书出版社1997年版，第77页。

③ 董保华、郑少华：“社会法——对第三法域的探索”，载《法学论坛》1999年第1期。

此之“社会法”实无存在之价值。现在的法律已经很难找到纯粹的公法或者私法，公法私法化或者私法公法化已经是法律的普遍现象，在公法、私法越来越融合的背景下，再“寻找”或者归纳出所谓的“第三法域”不但是不可能的，也是不必要的。因此如果将社会法作为第三法域，将无法建构社会法自身体系，社会法只能沦为一种法律性质或者法律理念，而且也不符合目前国际上关于社会法的普遍学说，最终将危害社会法的存在价值。①

有人主张在公法和私法的两大领域外，应有“社会法”的第三领域存在，在这种法里，事实上公法和私法确是常相结合的。这种公法和私法的结合，不限于所谓社会法——特别是劳动法的领域，跟着国家对于经济生活的统制之进展，在其他产业的区域，亦必有此种结合出现。假如国家对于一切个人相互间的关系都不限于第二次的裁判上的保护，更进而直接干预其事，将遵守法规的义务视为向国家所负的义务，而以国家的权力厉行之，到那时候，便是公法与私法泯其区别，一切国内法都成为公法的时候。② 这种现象在法的历史上也曾出现过。

社会法所含内容与公法的交叉，实际上就是表现为它与作为公法典型代表行政法的交叉。③社会法与行政法存在交叉，源于两者在调整方法和调整对象上的共同点。以最为典型的社会法——社会保障法中的社会保险法为例，在社会保险关系中，亦存在行政关系，如社会保险经办机构征缴社会保险费和支付社会保险待遇的行为，这属于具体行政行为，可以列为行政法的规制范畴和行政法学的研究范畴。但是，这种具体行政行为的设定，其根本目的并非出于维系行政秩序的需要，而是为了保障公民的基本生存和发展权利。即其最终的落脚点在于社会保险待遇的支付，保障公民在生老病死时获得经济扶助与保障。

2. 如前所述，在公私法的划分标准中，“利益说”早遭抛弃。最起码，“利益说”因其重大缺陷已不能成为区分公私法的主要标准，此点应无争议。在此背景下，第三法域说重提破碎的旧理论，又岂能自成新说？

3. 严格区分个人利益、国家利益和社会利益，无异于竹篮打水。认为私法、公法和社会法分别调整这三种利益论者，从而明确指出哪些是个人利益，哪些是国家利益，哪些又是社会利益，甚至连什么是利益都未作出明确的界

---

① 谢增毅：“社会法的概念、本质和定位：域外经验与本土资源”，载《学习与探索》2006 年第 5 期。

② ［日］美浓部达吉：《公法与私法》，黄冯明译，中国政法大学出版社 2003 年版，第 39～41 页。

③ 史探径：《社会法学》，中国劳动社会保障出版社 2007 年版，第 26 页。

定，仅仅是在臆想的空间闭门造车，自无任何客观性和科学性可言。事实上，典型意义上的公法如刑法、行政法，都是为了保护普通公民的权利，自然也是为了保护其利益（包括人身利益、财产利益和精神利益）。而典型意义上的私法如民法，仅就其维护交易秩序而言，亦是为了维护国家利益和社会整体的利益（社会公共利益）。在正当性的基础上，个人利益、国家利益（包括政府利益）和社会公共利益是同一的，虽然这一状况并非在每种社会状况和法律制度下都会出现。关于法律所保护的利益，尤其什么是社会利益，笔者将在第三章详细阐述。

4. 社会法学者的理论根源是政治学、社会学的“政治国家—团体社会—市民社会”的三元结构。而在哈贝马斯那里，“公共领域当然像行动、行动者、团体或集体一样是一种基本的社会现象，但它是无法用表示社会秩序的那些常用概念来把握的。公共领域不能被理解为建制，当然也不能理解为组织；它甚至也不是具有权能分化、角色分化、成员身份规则等等的规范结构。它同样也不表现为一个系统；虽然它是可以划出内部边界的，但对外它却是以开放的、可渗透的、移动着的视域为特征的。公共领域最好被描述为一个关于内容、观点，也就是意见的交往网络；在那里，交往之流被以一种特定的方式加以过滤和综合，从而成为根据特定议题集束而成的公共意见或舆论”。① 一方面，公共领域是可意识而不是可经验的，存于整个社会，与政府、公民个人是交织在一起的，不能截然划分，不可能作为法律的独立的规制对象；另一方面，在我国，不仅不存在三元结构，即便是“政治国家—市民社会”的二元结构也是不存在的，或者说极不成熟，但这并不妨碍我国对“人人享有社会保障”的社会国理想的追求与实现。亦即，即便采用第三法域之说，与其三元结构的理论根源也不一定具有直接的因果联系。

（四）第三法域说的意义甚微

划分公私法的价值主要在于设定公权力之界限，那么进一步划分第三法域的意义何在？划分第三法域的价值，在公私法的划分中已经实现，没有进一步界分这一领域的实质意义。

第三法域说，更多是作为法律思想而存在。在实在法意义上，独立的部门法理论意义更大，它将为立法及法的适用提供体系化的思维方式。“公法与私法本身不是与部门法同一层次的分类。仔细观察所谓难以分类的‘混合法’或新出现的‘社会法’，从整体上的确很难说属于公法还是私法；但是，具体

① ［德］哈贝马斯：《在事实与规范之间》，童世骏译，生活·读书·新知三联书店2003年版，第445、446页。

到该部门法中某一规范，要回答它属于公法还是私法在绝大多数情况下仍然是容易的。也就是说，这些所谓公私难辨的部门法不过是同时包括了公法规范与私法规范而已。”① 社会法要作为法律体系之意义而存在，必须构建自己的部门法理论。

三、独立法律部门说

“社会法是我国社会主义市场经济法律体系的有机组成部分，它不是独立的法律部门，也谈不上从哪里独立。”② 但论者同时指出：“社会法属于第三法域，而不是第三法域的代名词，社会法是一个法律门类。”③ 论者的法律门类显然就是法律部门，“社会法是独立的法律部门”。④

独立的部门法说是关于社会法的主要观点。但对其作为部门法的区分标准、组成内容，则存在很大分歧。

有以调整方式确定社会法为独立的法部门。社会法通过国家干预，对所有权、契约自由、意思自治等私法权利进行了限制。⑤ 然而，这种限制事实上是私法公法化的体现，相当部分仍是私法，如现代民法的嬗变。经济法与行政法“都体现了国家对社会生活的干预或管理”，“都是规范、控制和监督权力的法律”，“都采取一定的行政命令或强制手段来调整社会关系”，“行政机关作为一方主体的情形在经济中大量存在”。⑥ 在调整方式上，都以命令方式为主，从这个角度来说，不仅经济法，而且社会保障法都应当划入公法乃至行政法更为合适。但一般人都认识到，社会法显然不同于行政法，其区别并不在于调整方法的不同，而在于调整对象的差别。社会保障（社会保险）的调整方法多半是行政或公法方法。“社会保险一词，系以公法建立的一种措施，旨在保障劳动者及其家庭，在遭遇规定之危险事故，如失业、老年退休、残废或死亡，而丧失薪资时，维持其原有的收入，并提供给付以支应由于伤病而引起的特别费用。”⑦ 虽然调整方式也是区分法律部门的重要因素，如对经济法而言，但

① 金自宁：《公法/私法二元区分的反思》，北京大学出版社 2007 年版，第 66 页。

② 郑尚元：“社会法的定位和未来”，载《中国法学》2003 年第 5 期。

③ 郑尚元：“社会法语境与法律社会化——‘社会法’的再解释”，载《清华法学》2008 年第 3 期。

④ 郑尚元：“社会法的存在与社会法理论探索”，载《法律科学》2003 年第 3 期。

⑤ 李宁等著：《社会法的本土化建构》，学林出版社 2008 年版，第 59 页。

⑥ 刘文华、肖乾刚主编：《经济法律通论》，高等教育出版社 2006 年版，第 99 页。

⑦ 郭明政主编：《社会保险之改革与展望》，台北国立政治大学法学院劳动法与社会法研究中心 2006 年版，第 154 页。

调整方法毕竟是有限的，法律部门的区分更主要的在于法律调整对象的不同。只有形成了自己的独特的调整对象，法律规范才能集合为一个独立的法律部门，并形成自己的部门法体系理论与规则体系。

将社会法作为法律部门，而不是第三法域，既符合目前国际通行的社会法学说，也符合我国立法理念和立法实践。论者认为，德国将社会法等同于社会保障法，法国将社会法等同于劳动法和社会保障法，我国台湾地区将社会法等同于社会安全法（社会保障法），按照这样的范围，“社会法”概念存在的价值大打折扣，立法上或学说上直接使用劳动法或社会安全法（社会保障法）的概念即可，无须使用“社会法”概念了。论者进而提出，社会法是旨在保护弱势群体的生存权和发展权的法律，以社会权利为核心范畴构造社会法的体系，将涉及公民住房权、教育权、健康权、安全权等教育法、医疗卫生法、安全生产法等保护公民社会权利的法律纳入社会法的范围中。① 笔者认为，社会法应为独立的法律部门，而不是所谓的第三法域，但社会法就是社会保障法，社会保障法作为一个独立的法律部门，并不是没有意义的，反而是意义重大，它标志着人类法律思想的根本转变。社会权利包括健康等权利，是自然意义上的或伦理意义上的权利，而非法律上的权利，它只是社会保障法的理念基础，而非社会保障法的具体制度或原则，社会保障法律规则体系的生成与建构仅仅依靠这一理念基础是远远不够的，它只是提供了体系思维的一种批判基础或标准；而且，安全权、健康权，不仅是社会保障法或社会法的保障目的，亦是所有法律，包括传统公法和私法的保护目的，此基本权利思想并非为社会保障法或社会法所独有，不可能以其作为核心范畴构建社会法体系，毋宁说构建整个法体系更为恰当。在部门法意义上，非社会保障法与社会保障法不具有本质相同点。在此基础上，笔者认为，在我国，在部门法意义上，“社会法”概念的价值确实有限，毋宁直接使用“社会保障法”更为恰当。

四、社会法即社会保障法

（一）“弱势群体”并非社会保障法概括的保护对象

通常认为，社会法以“保护社会困难群体、弱势群体和特殊群体等的基本生活权益和生存权益，促进社会和谐发展为宗旨”。② 社会法以弱者救助与

---

① 谢增毅：“社会法的概念、本质和定位：域外经验与本土资源”，载《学习与探索》2006 年第 5 期。

② 唐政秋、李健：“社会法范畴和体系探究——以社会法立法为视角”，载《当代法学》2008 年第 2 期。

倾斜保护为宗旨，以对社会中弱者的基本生活和基本权利的保障为目的。① 社会法的规制对象是社会弱者在进行社会活动中发生的涉及社会利益的社会关系。②

1. “弱势群体”非法律概念，而是一个比较性的社会概念，将其直接作为法律规范的调整对象是不恰当的。在任何一种社会关系中，必然会存在两个及两个以上的社会主体，也就必然存在“弱势人”或“弱势群体”的问题。即便是民法范畴中，如买卖关系、租赁关系，均存在相对弱势地位的人，但民法未必对其进行特殊保护。“弱势群体”主要是一个社会伦理观念，其价值在于，通过对“弱势群体”的伦理分析，认为应当予以特别保护者，在立法政策上予以倾斜。简言之，“弱势群体”并不一定导致立法的倾斜保护，它只是为立法的倾斜保护提供伦理基础；对“弱势群体”的倾斜保护，是对社会诸利益考量的结果。如消费者权益保护法是对作为“弱势群体”的消费者利益考量的结果，但如果认为其调整对象就是“弱势群体”的消费者是不当的，因为个别消费者非但不是“弱势的”，反而是“强势的”。明确规定消法的调整对象为“弱势群体”，可能与现实相矛盾。而仅作为立法理念则不会产生此种矛盾。法律是不同利益主体的平衡，照顾弱者、保护弱势群体的权利，是相当多的法律部门所要考虑的，而这些部门，即使论者也不会划入社会法的。如反垄断法、行政法，公民、中小企业都是其保护对象，而相对于行政机关和垄断企业，公民等行政相对人、中小企业都是公认的弱者和弱势群体，都是需要倾斜保护和照顾的。

2. 社会保障法（社会法）亦保护强者。认为社会法或社会保障法保护弱势群体，显然是不自觉地用社会救助法取代社会法或社会保障法了。不仅像论者这样的教授，事实上上至总理，下至平民百姓，都是社会法或社会保障法的规制或保护对象。由此，以“弱势群体”来概括社会法或社会保障法的调整或规制对象，在很多时候显得荒谬可笑。

仅以基本养老保险来说，不能说100%，至少超过95%的社会公民应当或将要纳入养老保险体系，其中包括很多企业主，乃至亿万富豪，无论说95%或99%的人都是“弱势群体”，而极少数人才是“强势群体”，如果说亿万富豪属于“弱势群体”，恐怕没有几个人能够接受。因此，仅就社会保险法来说，其所保护的对象，多数并非“弱势群体”；社会福利法同样如此。

3. 所有法律皆涉及社会利益。刑民皆此。社会弱者只是政治和社会政策

① 董保华等：《社会保障的法学观》，北京大学出版社2005年版，第8页。

② 董保华等：《社会法原论》，中国政法大学出版社2001年版，第84页。

中的术语，缺乏精确的概念，难以精确地界定，不应作为法律的规范对象。比如，犯罪嫌疑人、无辜而被司法机构拘传之公民，相对于司法机关，皆为社会弱者，对他们的权利保护，皆涉及社会利益。而追究违法犯罪责任或保护其免遭无罪过追究之司法活动，亦系社会活动之一。以该概念推之，刑事法学，包括其中的监狱法学都应列为社会法之范畴。这显然不符合包括定义者在内的学界通识。

（二）维护社会安全、解决社会问题是所有法律的目的

就广义而言，除着眼于解决社会问题外，还在于预防社会问题，凡以改善大众生活状况、促进社会一般福利而制定的有关法律，都属于社会立法。如婚姻法、优生保健法、环境卫生法等。① 事实上，只要是社会中发生的问题，无一不是社会问题。诸如犯罪及预防犯罪，权力的制衡与控制有不属于社会问题的吗？有与大众生活状况无关的吗？如果婚姻家庭亲属等典型的民法法律规范、环境保护法都可以纳入社会法，刑事法、行政法、宪法又有哪一个法律部门不能纳入社会法呢？只要有人类存在，就有人类社会的存在，任何法律都是社会的产物，都是为了解决人类社会中的问题的。广义的社会立法，就是法律本身。

社会法产生的社会基础是，维护社会安全、保障社会可持续发展以及人权观念的深入人心；社会法产生的理论基础是，社会正义理论、社会连带责任思想、道德法制化以及人权观念。② 笔者认为，这种认识是无视人类法律制度和法律文化发展的历史与现实的。以下认识是不证自明的：与生命、健康和自由权利相比，获取社会保险、社会救助和社会福利的权利是较轻的。也就是前者的重要性要高于后者。当生命、健康、自由无法获得保障的时候，社会必然是极不安全的，是无法可持续发展的，也没有人权和正义、道德可言。生命权、健康权、自由权，作为人格权的核心内容，组成了人身权法的保护对象，成为民法的重要内容。这些观念基础，促成了民事法律制度的发展和完善，也促进了刑事法律制度的革新与进步。反过来，人身权法的发展、现代刑事司法改革也促进了社会的安全与发展，丰富了人权的内涵。以这些观念来论证社会法的存在，在逻辑上是不成立的。也就是说，是否存在社会法，与社会安全、社会发展和人权观念的发展是没有必然联系的。这实际上与法本身的性质和目的有

---

① 董保华等：《社会保障的法学观》，北京大学出版社 2005 年版，第 6 页。

② 董保华等：《社会保障的法学观》，北京大学出版社 2005 年版，第 8 页。

关。安全是法的一种目的，在法律产生之初，维持和平就成为它的唯一的目的。① 在法的发展成熟阶段，法律体系追求的是平等和安全。② 笔者将在社会保险法的目的一章详细分析这一问题。

只要对社会保障的发展历史有最简单的了解，就可以发现上述观点的错误。在人类历史的某个阶段，即历史上的“黄金时代”的阶段，安全、正义是有较充分的体现的，而这个时候根本就没有现代意义上的社会保障，更没有所谓的社会法。没有社会法，这个世界其实依然是存在的。但如果没有刑法，或许社会早已在“以牙还牙、以眼还眼”的复仇中泯灭。对于社会安全、社会可持续发展以及人权的保障，社会法（社会保障法）的意义远不及刑法、民法。

研究社会法（社会保障法）最忌讳的恐怕就是井底之蛙。研究社会法（社会保障法），首先应当了解何谓法之基本问题，否则极易沦为非法论法。

（三）社会保障法的调整对象是否为社会保障关系

社会保障关系是国家（通过其授权的社会保障机关）与公民、法人或其他组织参与社会保障活动中以社会保障利益为纽带所发生的社会关系。③ 该定义引进了社会保障活动和社会保障利益两个概念。何谓社会保障活动，何谓社会保障利益，仍然是不清晰的，缺乏相应的界定和概念。

社会法的调整对象囊括以下社会关系：其一，社会保障关系；其二，弱势群体权益保护形成的社会关系；其三，公益事业举办而形成的社会关系，包括彩票法律关系、人体器官与遗体捐赠形成的社会关系、献血法律关系、见义勇为形成的法律关系等；其四，生态秩序。④ 这不仅未解决何谓社会保障关系之问题，亦进一步扩大了社会法的不确定性，其相互之间不具有共同的抽象特征，因而更缺乏其存在之意义。

（四）自然人基本权益保护

郑尚元教授主张社会法说，即社会法是调整维护自然人基本权益而产生的社会关系，其法律调整方法兼具公力和私力色彩。这类法律包括弱势群体（未成年人、老年人、残疾人、妇女和消费者）的法律、基本生活保障性法律

---

① ［美］罗斯科·庞德：《法理学》（第一卷），余履雪译，法律出版社 2007 年版，第 303 页。

② ［美］罗斯科·庞德：《法理学》（第一卷），余履雪译，法律出版社 2007 年版，第 347 页。

③ 赖达清主编：《社会保障法——保障公民生存权利的法律形式》，四川人民出版社 2003 年版，第 6 页。

④ 李宁等：《社会法的本土化建构》，学林出版社 2008 年版。

(广义社会保障性法律)、公益法以及教育权利保障法。[①] 郑教授提出，社会法是调整在国家保障自然人基本生活权利过程中发生的，具有国家给付性的社会关系的法。国家给付是随着社会权的观念被法律承认而出现的国家义务。[②]

笔者认同这一研究进路。但这一概括的准确性不够，并未突破社会保障法的范畴。

1. 自然人基本权益是绝大多数法律的主要保护内容，并非社会法或社会保障的独特之处。其中，自然人的基本人身权利根本不是社会法或社会保障法的保护对象。即便是对于财产权利，也以民法之所有权为根基；没有了所有权，社会保障法所确立之财产权利则“皮之不存，毛将焉附”。以所有权为代表的基本财产权利亦非社会法或社会保障法所保护之对象。“自然人基本权益保护”之调整对象，对社会法或社会保障法来说是错误的，完全名不副实。

2. “自然人基本生活权利”相较于“自然人基本权益”为窄，因而更适合于社会法或社会保障法。但是，“基本生活权利”亦非社会法或社会保障法之独有调整对象，民法尤其是侵权责任法，必须考虑对自然人基本生活权利的保障，公法中之国家赔偿亦要考虑对自然人基本生活权利保障。“自然人基本生活权利”并不完全是社会法或社会保障法的目的，虽然它们有此目的。

3. 弱势群体保护法的法律性质。研究社会或社会保障法，不能不研究弱势群体（如未成年人、老年人、残疾人、妇女和儿童）保护的法律。笔者认为，首先，这些所谓的法律，其实并非法律，毋宁是社会政策或社会理念。在我国，存在大量的被称之为法律而非法律的东西。其次，其法律规则基本上属于保障保障法内容。再次，教育权利保障法，如系对基本教育如义务教育而言，可以纳入社会保障之范畴。事实上在我国大的社会保障范畴内，是包括教育保障的。

4. 社会保障并不完全是国家给付性。国家给付性无法概括以下内容：(1) 慈善事业，如捐赠。这是较公认的社会保障内容。(2) 个人互助，如类似于工会会费的“互助保险”。(3) 单位和行业保障，如我国的企业年金，以及可能要搞的职业年金。(4) 即便是社会保障最重要的组成部分——社会保险，也不能完全认为是国家给付性的。社会保障制度是为了保护人们免受一些

① 郑尚元：“社会法的定位和未来”，载《中国法学》2003年第5期。

② 郑尚元、扈春海：“社会法的界定论”，载冯彦君主编：《和谐社会建设与社会法保障》，中国劳动社会保障出版社2008年版，第42页。

常见的困难困扰而建立的。例如，年老、疾病、残疾和失业等。[①] 其核心特征是社会帮助和社会保护，至于帮助和保护的经济与能力的来源或方式并非这一制度必不可少的内容，其核心特征是社会互助性。国家给付性无法概括这一特征。

提取私营年金的个人的税收减免，就是一种具有社会保障性质的公共资助形式，但是这和国家在提供社会保障补贴方面的明显开支相比，可能更不引人注意。在贝弗里奇和俾斯麦这两个对立派别的基础上，承认国家和私人两种不同的社会保障供给方法，可以看出英国方法与很多其他西欧国家相比，更加以国家为中心，或者说是“国家主义的”。在日美两国，存在着一个“职业福利体系”（occupational welfare system），该体系更多地依靠个人自身的力量来对抗各种风险，如失业、医疗需要和年老时的供给。这既可以通过采取私人方式获得，比如参加医疗保险或者购买私营年金计划，也可以在职业的基础上获得，比如参加职业年金计划。

社会法（社会保障法）的调整对象是社会给付，除了行政给付有相同类似之处，绝大多数行政法的调整对象与此不同。

（五）社会法即社会保障法

笔者认为，社会法的狭义才是最准确的，即社会法就是社会保障法。狭义的社会法，通常专指社会保障法，德国的社会法通常就是指社会保障法，两个概念是可以通用的。[②] 此间能够得到公认归属于社会法的只有社会保障法，将社会保障法归入社会法，具有无可争辩的真理性。[③]

一些国家，以及我国的台湾地区，立法及很多学术观念就将两者等同。“社会法与社会福利法到底有何不同？其实，原则上二者所涵盖的范围并无多大差异，前者乃翻译自德国，而后者则源自英、美文献。”迄今国内学界多已经将社会法定位为“社会福利”、“社会保障”或“社会安全相关法律”。[④] “社会法乃指社会安全法，亦即社会安全制度之法律。”[⑤] “社会法为关于社会

① ［英］罗伯特·伊斯特：《社会保障法》，周长征等译，中国劳动社会保障出版社2003年版，第52页。

② 董保华等：《社会保障的法学观》，北京大学出版社2005年版，第6页。

③ 郑尚元、扈春海：“社会法的界定论”，载冯彦君主编：《和谐社会建设与社会法保障》，中国劳动社会保障出版社2008年版，第33、41页。

④ 钟秉正：《社会保险法论》，台北三民书局股份有限公司2005年版，第10页。

⑤ 郭明政主编：《社会法：社会安全法规汇编》，台北元照出版有限公司2009年版，序言。论者这里所称的社会安全，即我们通常所说的社会保障。

安全或社会福利制度之法律。”①

德国《社会法典》实际可冠之为《社会保障法典》。自1975年开始编纂《社会法典》，至今已编纂了11部分。法典的第一部分为总则，规定社会保险的一般意义和基本内容；第二部分为职业培训及其促进；第三部分为劳动促进和失业保险；第四部分为社会保险通则，可以适用于所有社会保险项目，主要内容包括：有关雇佣关系、劳动工资、收入的计算以及适用条款，有关社会保险支出和保险费的条款，有关雇主通知义务，有关社会保险机构及机构的自治，有关社会保险证明的条款等；第五部分为疾病保险；第六部分为养老保险；第七部分为工伤保险；第八部分为儿童和青少年援助；第九部分为社会救助法；第十部分为行政程序、社会数据保护、待遇机构的合作；第十一部分为社会护理保险法。②

第七节 劳动法与社会保障法之纠葛

要确定社会保障法之性质特征，不能不分析劳动法与社会保障法之关系。

我国目前关于劳动法与社会保障法相互关系的各种看法，大致可以概括为三种观点：一是认为劳动法包括社会保障的内容；二是认为劳动法与社会保障法相互交叉；三是劳动法从属于社会保障法。③ 观点的不同，实质在于对法律部门的不同看法。观点一认为，劳动法是独立的法律部门，社会保障法从属于劳动法；观点二认为，劳动法与社会保障法是各自独立的法律部门，互有交叉；观点三认为，社会保障法是独立的法律部门，劳动法从属于社会保障法。前已提及，实际还有第四种观点，即劳动和社会保障法（或劳动法和社会保障法）是一个独立的法律部门，劳动法、社会保障法是该法律部门下的子部

---

① 郝凤鸣主编：《社会法》，台北新学林出版股份有限公司2008年版，社会法导读。

② 转引自郑尚元：“社会法语境与法律社会化——‘社会法’的再解释”，载《清华法学》2008年第3期。钟秉正认为，已经编入社会法法典的有12篇：第1篇“总论”，第2篇“求职基本保障”，第3篇“劳动促进”，第4篇“社会保险总则”，第5篇“法定疾病保险”，第6篇“法定年金保险”，第7篇“法定意外保险”，第8篇“儿童与青少年扶助”，第9篇“复健与部分残障人士”，第10篇“新增程序、社会资料保护、给付者之合作与第三人之关系”，第11篇“社会照护保险”，第12篇“社会救助”。尚未整合入法典的有联邦教育促进法、联邦抚恤法、联邦儿童津贴法、住屋津贴法等。参见钟秉正：《社会保险法论》，台北三民书局股份有限公司2005年版，第12、13页。

③ 董保华等：《社会保障的法学观》，北京大学出版社2005年版，第9页。

门或组成部分，应当将社会法定位于劳动法和社会保障法。① 在法国和日本，社会法通常包括劳动法和社会保障法。②

笔者认为，有关论述是自相矛盾的。一方面，将社会法定位于劳动法和社会保障法；另一方面，又将社会法看做一个法域，即公法与私法之外的第三法域。③ 那么逻辑结论自然就是第三法域 = 劳动法和社会保障法。该结论之错误是显而易见的。

劳动法中包括社会保障的内容，只是部分包括，准确地说，是包括社会保险的部分内容，而不能涵盖社会保险的全部内容，更不能涵盖社会保障的全部内容，因此认为劳动法是一个独立的法律部门，社会保障法是其组成部分显然不能成立。

前已论述，社会保障都涉及给付问题，这种给付绝大多数也非行为人可以自由约定。劳动法的核心内容是劳动的提供和劳动报酬的获取，虽然要受到公权力的约束和限制，这主要体现为基准原则和反歧视原则，但这一内容并非给付，最多就是对待给付，对待给付和给付有着本质差别。这一权利义务内容，主要还是由行为人自由约定，具有更多的私法性，显然不属于社会保障的规范范畴。因此认为社会保障法是一个独立的法律部门，劳动法从属社会保障法，也是不能成立的。

社会保障法和劳动法是并行的两个法律部门。④ 社会法是现代社会的产物，其起源的线索与劳动法有着截然不同的历史差异，不论调整对象还是调整方法，二者都有区别。⑤

社会保障法应当是一个独立的法律部门，它和劳动法的区分越来越明显，它们分属于不同的法律部门。其理由是：（1）从社会保障法调整对象的性质看，社会保障法所调整的社会保障关系是依据大数定律，为分散风险，预防和克服社会成员所遇到的社会风险过程并由国家强制实施社会保障活动中所发生的社会关系，这一关系不能被现行任何一个独立的法律部门所调整。（2）社

① 林嘉：《社会保障法的理念、实践与创新》，中国人民大学出版社 2002 年版，第 26 页。

② 董保华等：《社会保障的法学观》，北京大学出版社 2005 年版，第 6 页。

③ 林嘉：《社会保障法的理念、实践与创新》，中国人民大学出版社 2002 年版，第 26 页。

④ 史探径主编：《社会保障法研究》，法律出版社 2000 年版，第 37 页；董保华等：《社会保障的法学观》，北京大学出版社 2005 年版，第 14 页。

⑤ 郑尚元："社会法的存在与社会法理论探索"，载《法律科学》2003 年第 3 期。

会保障法所调整的是规范社会给付的社会保障关系，这种社会保障关系并非完全与劳动过程有关。虽然社会保障的发展，社会保障关系越来越突破劳动关系之范畴，而向全民发展。即以我国现阶段社会保障状况观之，社会保障所覆盖非雇佣劳动关系范畴已经远超劳动关系范畴了。如新农合和居民医保、社会救助、社会救助、社会优抚、社会福利，随着新农保的普遍实施，随着“人人享有社会保障”战略的实现，社会保障的保障人群将为全体公民，起码也是绝大多数公民。而劳动法调整劳动关系以及与劳动关系密切联系的其他社会关系，必定与实现社会劳动有关。（3）从主体上看，社会保障法的主体具有广泛性，不仅涵盖所有社会成员，同时还包括社会保障机构、定点医疗机构等；而劳动法的主体主要是劳动者与用人单位。（4）从内容上看，社会保障法不仅包括社会保险，还包括社会救助、社会优抚、社会福利等内容；而劳动法一般而言仅涉及与劳动者有关的社会保险。（5）从纠纷处理方式上看，社会保障法侧重于公法性质，以行政争议处理程序为主；而劳动法侧重于私法性质，多适用劳动争议调解、仲裁和民事争议处理程序。①

社会法承担矫正功能，劳动法还谈不到矫正。② 这种说法虽不完全正确，却也有些道理。劳动法虽然要调校劳资双方的权利义务，但毕竟属于初次分配范畴；而社会保障则完全属于再分配，以实现社会的实质正义为目标。

从调整方法的角度，劳动法与社会法的共性是存在的。由于劳动法或多或少也有倾斜于弱者的理念，劳动法的发展由考虑生存问题拓展到发展领域，关注劳动者的报酬、福利与社会保险问题，使上述内容逐步成为劳动法调整的对象，于是，劳动法也被视为社会法。③ 但这种共性尚不能将两者混为一谈。即劳动法和社会保障法的区别是本质的，共性是微小的两者只能分属不同的法律部门。

劳动法与社会保障法的交叉是客观的必然存在，不管是“不同法律部门说”还是“同一法律部门说”，都应当承认这一现实。其实这种交叉在其他法律部门同样存在，与法律部门的存在没有必然联系。如人身权侵害，既涉及刑法调整，也涉及民法调整，亦属行政法调整范围。在人身权侵害法律调整方面

① 赖达清主编：《社会保障法——保障公民生存权利的法律形式》，四川人民出版社2003年版，第9、10页。

② 唐政秋、李健：“社会法范畴和体系探究——以社会法立法为视角”，载《当代法学》2008年第2期。

③ 郑尚元：“社会法的存在与社会法理论探索”，载《法律科学》2003年第3期。

的交叉，并不妨碍它们各自成为独立的法律部门。占有物的处置，可能由物权法调整，也可能由债法调整，侵权行为法也可以予以规范，虽然它们的法律规范存在重大差异，但并不妨碍它们实际属于一个大的法律部门。关键在于它们是否符合法律部门的定义和特征。

第二章 社会保险法的目的

第一节 法律目的：有还是无

法律之目的“此问题未解决，则任何法律哲学之问题，皆无论及之理”①。

在法哲学史中，法律目的之有无，作为两种对立的观念一直存在。“目的这个概念所具有的含混性始终都是导致人们观点分歧和冲突的根源。”②

这里涉及对法律目的的定义。边沁对此作了比较明确的界定。“这里的目的（end）一词不是指最终目的，那是一种偶然性事项；而是指预期目的，这是一种可规划设计的事项。但是，从总体上来说，任何行为的预期目的，以及存在于法律发布之中的特定行为或措施种类的预期目的，是我们曾经有机会在动机一词之下讨论的那些事物中的一种，即预期的外在动机。”“法律的目的，是法律管辖之人所预期的外在动机。”③

人是为着某种目的而行动的。因而，每个行动都具有一个直接的目的。进一步进行考察将会发现某个终极性目的，它是那些从属性目的的最终原因。它们的共同点是，它们与那个最终目的都有关联。它服务于一个在各自秩序中属于终极性质的至高目的，这就是法律的自然。这个目的或者目标是法律和正当中的一个创造性因素。④ 作为人之行动之结果，建构性的法律无疑是具有明确目的的。不管这种建构是基于自然理性，还是基于社会习惯的因袭。法是为固定的目的服务的，对此应进一步引起注意，因为它的增长直接显示着文明的命

---

① ［德］拉德布鲁赫：《法律哲学概论》，徐苏中译，中国政法大学出版社 2007 年版，第 28 页。

② ［英］弗里德里希·冯·哈耶克：《法律、立法与自由》（第一卷），邓正来等译，中国大百科全书出版社 2000 年版，第 177 页。

③ ［英］边沁：《论一般法律》，毛国权译，上海三联书店 2008 年版，第 40 页。

④ ［德］海因里希·罗门：《自然法的观念史和哲学》，姚中秋译，上海三联书店 2007 年版，第 175 页。

运。[①] 若立法目的消失，则法律本身也消失。[②] 根据制定和认可两种法律形成的方式，边沁区分了不同的法律目的。“对于主权者，他在采纳法律过程中所考虑的目的或外在动机，基于功利原则，仅仅是社会的最大福利”；“但是对于以创制方式而使得法律属于的那个人，法律直接源自于的那个人，情况是不同的”，“他所考虑的目的仅仅是他自己的特定利益或乐趣”。[③] 哈耶克提出内部法律规则系发现而非建构这一著名论断。哈耶克认为，内部规则是目的独立的（end - independent）而非目的依附的（end - dependent）。内部规则之所以具有这种不依附于特定目的特性，其主要原因就在于，这些规则是在从目的关联群体向共同目的不存在的复杂社会的扩展过程中实现的。其关键要点乃在于对这种性质的规则的遵循，本身并不能够推进或旨在实现某个特定目的，而只服务于或有助益于人们在尽可能大的范围内追求不尽相同的个人目的。[④]

这一论断可以得到原始社会或前政治社会习惯规则的证成。虽然有人认为，在原始社会或前政治社会，只有习俗而没有法律。“对法律而言，低级社会几乎不需要它。”[⑤] 如果将法定义为国家制定法，那么在国家出现以前当然就不存在法了。但法的历史发展表明，这样的定义过于简单化，并未解决法究竟是什么的难题，亦无法克服后来的分析法学派的缺陷。如果就具有强制性保障人们对规则的遵守而言，前政治社会未必不存在法律；退一步讲，即使到政治社会法才真正诞生，但法律规则显然不会像“天上掉下个大陨石”那样突然产生，尤其是在普通法国家更是如此。现代人类学法学中普遍假设，对原始人而言，所有的习俗都是法律，除了习俗以外法律就无从谈起。其次，纯粹是借着惰性，所有的习俗均被自愿地和严格地遵守着。[⑥] 在前政治社会，人们生活在习惯或习惯法中，尚无建构性的法典或法体系。在非法体系化的社会中，一项规则的形成可能完全是无意识的。当然，这种社会是否存在习惯法或法律仍存争议。笔者不想对这一问题深入探讨，只想简单地指出，在由一个权威的组织方式所强制实施的规则的社会中，该规则对组成成员都具有约束力，将该

---

① ［美］霍贝尔：《原始人的法：法律的动态比较研究》，严存生等译，法律出版社2006年版，第311页。

② ［德］魏德士：《法理学》，丁晓春、吴越译，法律出版社2005年版，第396页。

③ ［英］边沁：《论一般法律》，毛国权译，上海三联书店2008年版，第41页。

④ 邓正来：《哈耶克法律哲学》，复旦大学出版社2009年版，第43~49页。

⑤ ［美］霍贝尔：《原始人的法：法律的动态比较研究》，严存生等译，法律出版社2006年版，第272页。

⑥ ［英］马林诺夫斯基：《原始社会的犯罪与习俗》，原江译，法律出版社2007年版，第42页。

规则作为一种“习惯法”未尝不可。还有一个很重要的原因，我们知道，从前政治社会到政治社会是存在过渡或边缘状态的，即从习惯到“习惯法”并不因为某个标志性事件的诞生就必然实现“质”的跨越。第一次适用的“习惯”或“惯行”，很难确定其目的之所在。可以肯定的是，在人类社会初期，没有立法机关，甚至没有明确的立法者，法律还没有达到称为“习俗”的程度，而仅是一种简单的“习惯”。原始法律一旦被制定称法典，所谓法律自发的发展过程，便告终止。而在法典法之前，“就我们对这一时期法律进步所掌握的有限知识来看，我们确有理由认为在造成的变化中，由故意所导致的只占极小的部分”。随着“法典”的产生，一个新的时代开始了。这一时代以后，无论我们探究哪里的法律变革的原因，都能将之归因于一种要求改造的、有意识的愿望，或者无论如何是出于一定的目的。① 换言之，习惯或惯行的产生，多数便不出于特定的目的（行为人预知并且追求的后果），毋宁是一种本能或随意所致。习惯法形成于习惯，而习惯又来自禁忌。禁忌起源于图腾，起源于原始居民的自然、神鬼崇拜等宗教。② 这一观点部分是符合人类历史的演进事实的。但认为禁忌完全来自于自然、神鬼崇拜等宗教观念，则并不属于事实。从生物进化理论可知，相当多的禁忌来自自然演进，是经验的体现。在这过程中，并不存在目的等主观意图的作用或作用甚微。习惯的产生，即使不是全部，也是在非常多的状况下与目的无涉的，不是预先对权利或义务进行设计或规划的结果。

而在进入政治社会以后，法律更多地成了主权者思想和意识的体现，必然最终要体现主权者的伦理价值观念。自然法观念从一个角度反映了法律对实体价值观念（目的）的追求。自然法理论意在主张，不管习俗和约定获得了人们多么狂热的和普遍的接受，人的义务和权利都不是仅靠它们就能决定的。③ 法律的应然状态无时无刻不在塑造实际的法律规范，同时，一定阶段上实际的法律形式也对这些理想产生了巨大影响。④ 在这一意义上，目的论无疑是正确的。耶林指出，目的是全部法律的创造者。每条法律规则的产生都源于一种目的，即一种实际的动机。他宣称，法律是根据人们欲实现某些可欲的结果的意

① ［英］亨利·萨姆奈·梅因：《古代法》，高敏、翟慧虹译，中国社会科学出版社2009年版，第6～17页。

② 李可：《习惯法——一个正在发生的制度性事实》，中南大学出版社2005年版，第172、173页。

③ ［法］雅克·马里旦著，［加］威廉·斯威特编：《自然法：理论与实践的反思》，鞠成伟译，中国法制出版社2009年版，第110、111页。

④ ［美］罗斯科·庞德：《法理学》（第一卷），法律出版社2007年版，第298页。

志而有意识地制定的。[①] “在现代法治国家，立法都有明确的目的，这种目的是贯穿于全部立法条款的指导思想、原则和精神，是法律的灵魂，法律都受到目的的支配，并以其为基础。”[②] 但夸大目的的作用，忽视法律规则的自我生成的特性，背离法的产生的规律性，将可能损害法的科学性，使法律仅仅成为一纸空文。《劳动争议调解仲裁法》关于社会保险争议的处理模式便是明证。很多法院对此根本不予理睬，亦即在相当程度上（至少在这些法院所在地），并不存在关于社会保险劳动争议的法律规则。遵循目的，对现代法律规则的产生、法律体系的形成是必不可少的，但并非法律规则产生的最佳方式，更不是唯一的方式。逻辑方式（包括形式逻辑、分析逻辑如归纳、推理）依然是法律规则形成的最为主要的方式，事实上，这种状况在现代也并非完全绝迹。如作为一种养老“方式”，家庭保障和土地保障很长时间里都是我们构建中国社会保障体系考虑的一个基本状态，即把家庭保障和土地保障作为一种养老保障的方式，在进行养老保险制度设计的时候，暗含了这一保障形式。

比如，工资在劳动合同中通常作了明确约定。由于存在《劳动合同法》，这种约定可以直接作为法律适用的依据。这里可以说存在一个“工资依约定”的法律规则。但亦常见的是，劳动者的实际工资要高于劳动合同约定的工资。在这种情况下，司法实践通常是以劳动者的实际工资作为其工资标准，并以此作为计算赔偿或经济补偿的基数。这里可以认为存在一个“实际工资高于约定工资，依实际工资”的规则，而这个规则显然不是法律明确规定的。对于这样一个“默示”规则的出现，它体现了法的目的吗？特别是第一次适用的时候。笔者无法了解第一次适用的情形和理由，但可以确定的是，用人单位实际发放工资高于约定，可能仅仅是一个偶然或习惯，并不存在一个预期并努力实现的目的；而司法第一次之所以“采纳”这一规则，也可能仅仅是偶然：双方没有争议，而非出于某个预期并努力实现的目的。人们据以行为的规则，完全不知不觉地，一定程度上甚至悄悄、秘密地就变成了法院和其他国家机关应当据以裁判人们行为的规则。[③]

关于退休年龄延迟争议或许更能说明这一事实。目前我国的法律明确规

---

① ［美］E. 博登海默：《法理学——法律哲学与法律方法》，邓正来译，中国政法大学出版社 2004 年版，第 116、117 页。

② 陈金钊等：《法律解释学——立场、原则与方法》，湖南人民出版社 2009 年版，第 494 页。

③ ［奥］欧根·埃利希：《法社会学原理》，舒国滢译，中国政法大学出版社 2009 年版，第 10 页。

定，到达退休年龄“应当”退休，这属于强制性规范（经批准延迟的特殊情形例外）。但在实践中已有很多地方（主要是沿海经济比较发达的地区）允许延迟退休，到达退休年龄（已符合领取基本养老金的条件）之后，用人单位和劳动者可以继续缴费参加基本养老保险。显然，这些地方已经形成了关于退休年龄甚至是关于退休的新的“规则”。这一意义上，它是一项法律规则，起码是一项已得到行政机关（或行使行政权力的机构）认可和执行的“惯行”。另一方面，这一“规则”在其产生的最初时是偶然的：个别人员（如私企老板）要求多了，社保机构没有办法而不得不这么做的。将来，这一规则可能因为法律的明确规定而成为法定的“法律规则”，并受整体的法的目的的调控，但这并不能否定其最初时的非目的性。由此说明，法律的规定是一回事，在实践的生态上，行政、法院等法的适用机关的做法是另一回事，后者对于法的形成来说，正是一种自生自发的秩序，是人之行动而非人之设计的结果。

《社会保险法》第1条规定：“为了规范社会保险关系，维护公民参加社会保险和享受社会保险待遇的合法权益，使公民共享发展成果，促进社会和谐稳定，根据宪法，制定本法。”这通常只能作为立法目的的明晰，不能概括社会保险法之全部目的，尤其是终极目的。

第二节 法的目的发展史与多样性

一、法的目的的发展史

庞德将法律的发展阶段分为原始法、严格法、衡平法和自然法、成熟法，并认为各个阶段的法律目的是不同的。

在法律产生之初，维持和平就成为它的唯一目的。法律保护的唯一利益就是体现在最低限度的公共安全中的社会利益，换言之，即和平和公共秩序的利益。[1] 耶林也曾提出，法律的目的是和平。[2]

严格法的目的是保护安全。[3]

衡平法和自然法强调的则是“有道德的行为，符合良好的道德标准”。[4]

---

① ［美］罗斯科·庞德：《法理学》（第一卷），法律出版社2007年版，第303页。

② 转引自吴从周：《从概念法学到利益法学：以耶林（R. v. Jhering）对海克（Ph. Heck）之影响为线索开展》，博士论文，第70页。

③ ［美］罗斯科·庞德：《法理学》（第一卷），法律出版社2007年版，第333页。

④ ［美］罗斯科·庞德：《法理学》（第一卷），法律出版社2007年版，第346页。

法律的目的或目标是让那些服从它的人为善。①

成熟的法律体系追求的是平等和安全。不仅强调对法律救济的平等适用，而且重视权利的平等，即个人具有平等地借助国家力量对他人施加影响的能力，将法律救济的平等适用仅看做一种手段而已。②

与法的目的密切相关的一个概念是法的价值。法的目的主要是指作为整体的法（法体系）所追求的最终目标。这一定义与边沁及哈耶克的定义皆有所区别。在这一意义上，法的目的与法的目的性价值属于同一内容的不同表述。法的目的是从法本身，作为一个体系化的、具有自我生成和逻辑自洽特性的有机整体出发，所进行的界定；而法的目的性价值，则是从法的创制或适用的主体——人的角度，对法的终极目的的揭示和分析。

二、法的目的的多样性

（一）秩序

“法在一定意义上说，本身就是为建立和维护某种秩序才建立起来的。”③法律通过明确规定人们（包括组织机构）的权利义务的方式，为人们的行为提供指引、评价和预测，使人们的行为按照一种可预见的、连续性的、确定的方式行事，即纳入一种有序性的状态。如果在一个国家的司法中甚至连最低限度的有序常规性都没有，那么人们就可以认为这个国家没有“法律”。④

（二）安全

制定法就是人类在现世的安全和福祉所必需的手段。⑤ 在立法中，最重要的目的是安全。⑥ 安全与秩序具有相同的地方，也有不同的地方。博登海默对秩序与安全作了界分。他指出，秩序（order）这一术语被用来描述法律制度的形式结构，特别是在履行其调整人类事务的任务时运用一般性规则、标准和

---

① ［德］海因里希·罗门：《自然法的观念史和哲学》，姚中秋译，上海三联书店2007年版，第177页。

② ［美］罗斯科·庞德：《法理学》（第一卷），法律出版社2007年版，第347、348页。

③ 卓泽渊：《法的价值论》，法律出版社2006年版，第391页。

④ ［美］E. 博登海默：《法理学——法律哲学与法律方法》，邓正来译，中国政法大学出版社2004年版，第331页。

⑤ ［英］托马斯·霍布斯：《一位哲学家与英格兰普通法学者的对话》，毛晓秋译，上海人民出版社2006年版，第23页。

⑥ ［英］边沁：《立法理论》，李贵方等译，中国人民公安大学出版社2004年版，第122页。

原则的法律倾向。安全则被视为一种实质性价值，亦即社会关系中的正义所必须设法增进的东西。因此在此种视角下，安全同法律规范的内容紧密相关，它们所关注的乃是如何保护人们免受侵略、抢劫和掠夺等行为的侵害，再从较为缓和的角度来看，它们还可能关注如何缓解伴随人的生活而存在的某些困苦、盛衰和偶然事件的影响。[①] 博登海默的这一安全概念是很狭义的。

在广义上，秩序也是一种安全，无序也是一种不安全。从心理学的角度来看，安全需要包括稳定、依赖、保护、免受恐吓、焦躁的折磨、对体制的需要、对秩序的需要、对法律的需要、对界限的需要以及对保护者实力的要求等。[②] 对于这些安全需要中的多数来说，法律都是不可缺少的。

（三）最大幸福

托马斯·阿奎把人的法律界定为：“法律不是别的而是一种由管理社会的人所公布的、以共同福利为目的的理性的命令。”[③]“法的目的是公共幸福。”[④]

立法者的唯一目标是增加快乐和防止痛苦。[⑤] 边沁认为，所有法律的共同目的，是对公共福利之促进。而福利之促进就仅仅是损害之避免的另外一种说法。[⑥] 所有法律的总目的在于防止损害。[⑦]

（四）公共利益

“使我们确立正义法则的乃是对于自己利益和公共利益的关切。”[⑧]“立法者应以公共利益为目标。”[⑨]

---

① ［美］E. 博登海默：《法理学——法律哲学与法律方法》，邓正来译，中国政法大学出版社 2004 年版，第 228 页。

② ［美］亚伯拉罕·马斯洛：《动机与人格》，许金声等译，中国人民大学出版社 2007 年版，第 21 页。

③ 托马斯·阿奎那：《阿奎那政治著作选》，马清槐译，商务印书馆 1963 年版，序第Ⅸ页。

④ 托马斯·阿奎那：《阿奎那政治著作选》，马清槐译，商务印书馆 1963 年版，第 105 页。

⑤ ［英］边沁：《立法理论》，李贵方等译，中国人民公安大学出版社 2004 年版，第 42 页。

⑥ ［英］边沁：《论一般法律》，毛国权译，上海三联书店 2008 年版，第 42、43 页。

⑦ ［英］边沁：《道德与立法原理导论》，时殷弘译，商务印书馆 2000 年版，第 224 页。

⑧ ［英］休谟：《人性论》，关文运译，商务印书馆 1980 年版，第 536 页。

⑨ ［英］边沁：《立法理论》，李贵方等译，中国人民公安大学出版社 2004 年版，第 1 页。

（五）正义

正义说的是构成法律规范大厦的那些规则、原则和标准的公正性和合理性。它注意的是法律制度的内容以及它们对人类的影响、对人类幸福的贡献和对人类文明建设的价值。自由、平等、安全、公共福利都是正义的重要组成部分。①

（六）平等

作为法律之目的的平等与作为法律原则的平等的意义是有差别的。前者是伦理学意义上的，是正义的一种经典含义；后者则是法律制度意义上的，虽然在某种意义上也具有伦理性。

（七）生活条件

耶林指出，法律的目的在于：确保社会的生活条件。耶林同时指出，人类社会四个最基本的生活条件是：生活的维持、生命的繁衍、工作和交易。② 耶林认为，保护社会生活条件乃是法律的实质性目的。他指出，社会生活条件或基础不仅包括社会及其成员的物质存在和自我维续，而且还包括“所有那些被国民判断为能够给予生活以真正价值的善美的和愉快的东西”——其中包括名誉、爱情、活动、教育、宗教、艺术和科学。③

（八）效率

法律的效益与效率，是法律价值的一个重要组成部分，也是立法、执法必须十分重视和追求的目标。④ 一个良好的社会须是有秩序的社会、自由的社会、公正的社会，也必须是高效率的社会。那么，法律对人们的重要意义之一，应当是以其特有的权威性的分配权利和义务的方式，实现效率的极大化。⑤

三、法的目的之位阶

就体系化的现代法而言，其均存在目的追求，此点当无疑义。唯需重申之，法体系的目的性，并不必然代表每一法律规则的目的性，就人之行动而非人之设计的结果而言，某些规则的生成有其自然性和偶然性，并不具有刻意追

① 何勤华主编：《外国法学经典解读》，上海教育出版社2006年版，第478页。

② 转引自吴从周：《从概念法学到利益法学：以耶林（R. v. Jhering）对海克（Ph. Heck）之影响为线索开展》，博士论文，第73页。

③ ［美］E. 博登海默：《法理学——法律哲学与法律方法》，邓正来译，中国政法大学出版社2004年版，第116页。

④ 郭道晖：《法理学精义》，湖南人民出版社2005年版，第216页。

⑤ 张文显主编：《法理学》，法律出版社2007年版，第359、360页。

求的目的性，尤为不一定具有法体系的目的性。

如前所述，作为体系化的法，其目的是多样化的，但这并不意味着各种目的是同等重要的。而且在多种情境下，法的目的是有冲突的，在这种情况下必然需要根据目的的重要性进行取舍。因而区分法的各种目的的位阶是非常必要的。

如退休年龄确定依据争议。劳动保障部《关于制止和纠正违反国家规定办理企业职工提前退休有关问题的通知》（劳社部发〔1999〕8号）规定："对职工出生时间的认定，实行居民身份证与职工档案相结合的办法。当本人身份证与档案记载的出生时间不一致时，以本人档案最先记载的出生时间为准。"根据这一规定，劳动行政部门在核准退休时（取消审批制度后就是经办机构直接核准待遇）直接依据档案记载即可，非常简单，也很便捷，是以效率为根本价值取向的。但这样的简单做法完全可能导致违背事实，而追求真实则是我国法制的基本价值要求。而一些法院则以《身份证法》为依据判定劳动行政部门的这一做法违法（实即认定劳社部发〔1999〕8号文件因与《身份证法》相冲突，而不予适用），则追求的是以法律规范的效力等级体现出来的法秩序。在缺乏位阶指导下，立法（行政立法）、行政、司法价值观念不一，各行其是，不仅使得各自所追求的目的实际上都无法得以很好地实现，亦损害了法律的威严、政府的形象和司法的公正性，阻碍了对法的根本目的的追求。

法律价值的位阶为："人权"、"秩序"、"自由"、"正义"和"效率（效益）"。① 有的认为其位阶应为："秩序"、"效益"、"自由"、"平等"、"人权"和"正义"。②亦有学者认为，从法律作为人的一种生存方式和生活方式出发，来确定法律价值中的核心价值的位阶，其较为合理的安排应当是："正义"、"人权"、"自由"、"秩序"和"效率"。③

一般认为，法律的首要目的是形成秩序，亦即维持社会生活的安全，使人们按照"可预见的、连续性的、确定的方式行事"，免遭"意外"行事的伤害或惩罚。没有秩序，人类就无法繁衍延续，这从人类社会的发展历史可得以概观。法律来源于生活，在相当意义上，来源于习惯；亦在相当程度上，背离习惯的法律规则其实效亦受质疑。比如，我国男性子女和女性子女享有同等的继

① 张文显主编：《法理学》（第二版），高等教育出版社2003年版，第380～427页。

② 葛洪义主编：《法理学》，中国政法大学出版社2002年版，第44～61页。

③ 姚建宗编著：《法理学：一般法律科学》，中国政法大学出版社2006年版，第235页。

承权，但在广大农村，这一规则在多数情况下并无适用之余地，人们多数仍旧遵从“嫁出去的女儿就像泼出去的水”而不能与其兄弟同享继承权的习俗。习俗（习惯）的存在，亦在于保持社会的秩序。“习惯就是要使社会制度发挥其作用，社会秩序能够维持下去，人们必须履行的行为规则（此项规则或多或少是严格的，并且得到了道德、伦理、甚至武力的支持）”，“法律可以被认为是为了符合法律制度的行为而被重述的习惯”。①

但法律秩序的形成，并不一定符合公平正义的基本理念。就像法西斯社会一样，我们不能否认其法律秩序的存在；再如奴隶社会，在很多时候，其依然是一种有秩序的社会。如果缺乏对公平正义的追求，法律秩序与一个黑社会秩序在形式上并无太大差别。任何既定的法律秩序都可能是“凝固的非正义”。仅仅存在法律并不会保证公平，更不必说实质正义了。② 因此在现代社会，对法秩序的追求不宜作为法体系的终结目标。

在一个健全的法律体系中，秩序与正义不会发生冲突。但这只能是一种理想状态。如果不能贯彻正义等伦理价值观念，“恶法”难以避免，一个不公正的社会秩序也难以避免。像在中国这样一个以人民根本利益为最终发展方向的国家，不公正的社会秩序是不符合这一发展要求的，也必然会成为社会不和谐的根源之一。一个基本上不公正的法律概念，仍然是一个法律概念；可是，一个不一致的法律概念，却不是。③ 这可能是一种现实，但绝非我们所要努力达致的方向，不公正的法律及其形成的法秩序违背了正义的要求，这是我们应当努力摒弃的。

对于法的其他价值目标，如“人权”、“自由”、“效率”等，笔者认为，都要次于“正义”和“秩序”。无论是“天赋人权”论还是“自然权利”论，其一个缺陷是对现实的“人权”、“自由”没能作出精确的界分。基本可以达成共识的是，无论是“人权”还是“自由”都不是没有边界的。如绝大多数人依然认为，经过合法的程序，生命权也是可以剥夺的；不能因为要保障生命权（生存权），就可以无限制地要求社会保障待遇。而只要符合了正义要求，基本人权和自由都是应当得到保障的。

---

① ［英］马林诺夫斯基：《原始社会的犯罪与习俗》，原江译，法律出版社 2007 年版，第 123、124 页。

② ［美］诺内特、塞尔兹尼克：《转变中的法律与社会》，张志铭译，中国政法大学出版社 2004 年版，第 31 页。

③ ［美］斯蒂文·J. 伯顿主编：《法律的道路及其影响》，张芝梅、陈绪刚译，北京大学出版社 2005 年版，第 262 页。

四、法的目的经由工具性价值向目的性价值的发展过程

从上述法的目的的发展史可以看出，不同历史时期法的目的并不完全相同，但其总的趋势则是经由工具性向目的性的发展。“单独的每一个价值都是法的目的。而在众多的价值之中，就会出现这样的情形，有的价值只是另一些价值得以实现的手段，而有的价值则是其他价值的目的。前者可以被称为手段价值或过渡性价值、工具性价值，后者可以被称为目的价值或目标性价值。例如法的秩序价值与法的自由价值之间的关系，二者间秩序价值在总体上只是自由价值的手段价值，自由价值才是秩序价值的目的价值”，“正确处理法的价值间的某些冲突，以手段价值服从目的价值，以手段价值服务目的价值”。①

如在社会保险中，为什么要推行新农保，给农村居民发放基础养老金？从秩序和安全的角度来说，即使没有新农保，农村依然处于秩序状态，农村居民也并非没有安全。但从现代社会保障理念出发，仅此显然是不够的，农村居民也应当获得养老保障的权益，这是平等、人权，也是公平的正义观所要求的。

我们还必须知道：“法律发展的道路不是笔直的。”② 在法的目的上，也并非完全是经由工具性目的向终极性目的的发展过程，事实上，对于像正义、自由、人权等目的，法律的追求是有反复的。毕竟，法律不是一个可以自我意识、自我决定的生命体，立法主体、法的适用主体也是人，当法律屈从于人的欲望之下，便不可避免地受到人的恣意妄为的影响。在本质上，法律属于上层建筑范畴，受制于经济基础的制约，并受到其他上层建筑因素的影响，并非一个可以独善其身的自在物。如对社会保险关系异地接续的权利，是经历了一系列的呼吁与案件之后，国家才出台了相关转移接续规定的。法的目的的实现，有赖于立法者、行政官员、法官、公民的共同努力。

第三节　公平与正义

一、正义含义的多义性

（一）正义的历史映像

古往今来，无数圣贤提出了各自的正义观，并且都认为自己的是正确的。

① 卓泽渊：《法的价值论》，法律出版社2006年版，第141页。

② ［美］霍贝尔：《原始人的法：法律的动态比较研究》，严存生等译，法律出版社2006年版，第267页。

“何为正义，何为不正义通常都被纷争不已。”① “正义有着一张普洛透斯似的脸，变幻无常、随时可呈不同形状并具有极不相同的面貌。”② 对于何为正义，凯尔森指出：“没有别的问题被如此激烈地争论过；没有别的问题令人类为之付出过那么多血泪；也没有别的问题令从柏拉图直到康德的那么多卓越思想家对之冥思苦想；而时至今日，此问题乃一如既往地没有答案。如此看来，此问题正是人们甘愿为其奉献智慧、却又找不到一个确定答案，而只能试图令问题本身更加完善的问题之一。”③

柏拉图的正义就是“每个阶级的成员必须专心致力于本阶级的工作，且不应干涉其他阶级的成员所干的工作”。④ “我们选拔其他的人，按其天赋安排职业，弃其所短，用其所长，让他们集中毕生精力专搞一门，精益求精，不失时机。”⑤ 奴隶与奴隶主的阶级划分符合这种正义观。

亚里士多德提出了分配正义与平均主义（矫正正义）的著名区分。分配正义要求按照均衡平等原则将这个世界的万事万物公平地分配给社会的全体成员，相同的人给予相等的东西，不相同的人给予不相等的东西，平等应作为正义的重要尺度而受到尊重。而当一条分配正义的规范被社会成员违反时，平均主义（矫正正义）就开始发挥作用。⑥ “正义是给予每个人他应得的部分的这种坚定而恒久的愿望。”⑦ “正义就是给每个人自己的一份。”⑧ “在分配的意义上，可以说正义将带有公正分配的理念与平等理念等同了起来。”⑨ “正义要求，相同的相同对待，不同的按照其不同的程度不同对待。”⑩

---

① ［美］约翰·罗尔斯：《正义论》，何怀宏等译，中国社会科学出版社 1988 年版，第 5 页。

② ［美］E. 博登海默：《法理学——法律哲学与法律方法》，邓正来译，中国政法大学出版社 2004 年版，第 261 页。

③ ［奥］凯尔森：《纯粹法理论》，张书友译，中国法制出版社 2008 年版，第 140 页。

④ ［美］E. 博登海默：《法理学——法律哲学与法律方法》，邓正来译，中国政法大学出版社 2004 年版，第 262 页。

⑤ ［古希腊］柏拉图：《理想国》，郭斌和、张竹明译，商务印书馆 1986 年版，第 64 页。

⑥ 赵明：《正义的历史映像》，法律出版社 2007 年版，第 184 页。

⑦ ［罗马］查士丁尼：《法学总论——法学阶梯》，张企泰译，商务印书馆 1989 年版，第 5 页。

⑧ ［英］托马斯·霍布斯：《一位哲学家与英格兰普通法学者的对话》，毛晓秋译，上海人民出版社 2006 年版，第 22 页。

⑨ ［法］保罗利科：《论公正》，程春明译，法律出版社 2007 年版，第 91 页。

⑩ ［德］G. 拉德布鲁赫：《法哲学》，王朴译，法律出版社 2005 年版，第 52 页。

17、18世纪，随着资本主义的兴起，正义观也有了新的发展。“霍布斯认为，恪守契约是正义的基础与起源。”① “正义就是尊重并且遵守契约的约定。”②

而对于功利主义来说，对正义之憧憬恰是人类对幸福之永恒渴望。③ “综观西方正义理论的发展历程，至20世纪，正义观主要表现为，人们对公平和幸福的整体追求，少超验而多经验，超个体而入整体，具体、实在地落实于人们整体福利和福利分配的制度设计中。”④

（二）正义之有无

凯尔森认为，正义之绝对效力要求我辈只能想象一个异于且高于实在法之秩序，这本身便超越了一切经验，因而“人类思想史上之巨匠为了解决此难题而殚精竭虑者不知凡几，却无不以失败收场”；作为法的终极目的的正义，无论是定义为人类对幸福之永恒渴望，抑或平等与自由，都是人的主观价值判断，因人而异，无法借由理性认知和证成，因而“我清楚地意识到并未找到答案”，“我的确不晓得、也无法说明何谓人类渴望之绝对正义。我只能顺从一种相对正义，也只能说明对我而言何谓正义。既然我以科学为业，科学便是我生命中最重之一部，那么正义对我而言，便是能够保证对真理的探索繁荣昌盛之社会秩序，则‘我’之正义，即自由之正义、和平之正义、民主之正义”。⑤

凯尔森的核心观点是认为，对于正义的探求不能像铁重于水、水重于木那样通过实验进行证明，理性无法认知，而只能经由个别主体的价值判决。

博登海默对凯尔森的观点作了反驳。他认为，在评价领域中，一种理性论证或判断，从其广义来看，是建立在下述基础之上的：（1）详尽考虑所有同解决某个规范性问题有关的事实方面；（2）根据历史经验、心理学上的发现和社会学上的洞识去捍卫规范性解决方案中所固有的价值判断。如果采纳广义的理性观念，就为理性地研究正义问题打开了大门。当两个或两个以上的人就正义问题发生分歧时，这种争议的解决往往是以能否正确确定和评价经验性基据为转移的。确定或解决有争议的事实问题是可以采取理性调查方法的。在相

① 何勤华等：《法律名词的起源》（上），北京大学出版社2009年版，第279页。

② ［美］罗斯科·庞德：《法理学》（第一卷），法律出版社2007年版，第402页。

③ ［奥］凯尔森：《纯粹法理论》，张书友译，中国法制出版社2008年版，第46页。

④ 何勤华等：《法律名词的起源》（上），北京大学出版社2009年版，第281页。

⑤ ［奥］凯尔森：《纯粹法理论》，张书友译，中国法制出版社2008年版，第47、140～165页。

互抵触的价值之间做出最终选择之前，人们通过对历史经验的研究和对可能后果的预测，往往还是能够奠立起较坚实的理性基础。虽然非理性的剩余影响在人们作最终决定的过程中往往无法被完全排除，但社会秩序中的正义问题在相当广泛的程度上可以进行理性讨论和公正思考。①

笔者认为，社会科学和自然科学是完全不同的，试图完全用自然科学的方法来验证社会科学的观点和理论，只能适得其反。社会科学虽然并非完全不可证成，其在相当程度上依然是经验性科学。虽然大家认为对的和正义的，未必一定就是对的和正义的，但仍然是道德评价的主要因素之一。而且，道德评价并非是人云亦云，需要经受历史经验、心理学、社会学等学科的检验，在绝大多数情形下是能够确定正义与否的。如非法、肆无忌惮地剥夺人的生命、种族灭绝，毫无疑问是不正义的。似乎自有人类以来，对此认识并无二致。但并非所有的人都持此观点，法西斯即是例外。对于反对者，只需“以其人之道还治其人之身”便可戳穿其谎言。

价值判断具有主观性，正所谓“情人眼里出西施”。但价值判决并非主体的肆意武断，毋宁是基于社会经验、知识和理性分析而得出的，具有客观性，这就是为什么会公认西施、杨贵妃为美女之根源，这也是现代美容事业欣欣向荣之根基，这与有人并不认同西施、杨贵妃为美女并不冲突。后者的存在并不妨碍前者成为“真理”。这也正是社会包括法律得以维系的基础。“虽然多数决原则本身不能作正当性的标准”，然而，一些具体化法律思想、具体化社会生活中的伦理原则之观念，此等观念预期可以获得社会的认同。“作为意识内容的‘价值’，其并不等同于感受价值的行为，因此，‘评价’本身是可传达、可理解的。”② 其实，对于何为正义，何为不正义，普通公民的认知基本上都是一致的。福建南平“3·23”恶性杀人案，被告本人也表示“我愿意承担责任”。③ 在这个案件中，被告被处以死刑，被认为是正义的；相反，如果被告没有被处于死刑，将被认为是不正义的。“隐含在正义观念中的各种用法的一般原则是：就相互关系而言，个人有资格享有平等或不平等的相关地位”，其重要的格言常常被格式化为“同样情况同样对待”，当然还需补上“不同情况不同对待”。相同的案件如果发生在美国的许多州，如果被告被处以死刑，会

---

① ［美］E. 博登海默：《法理学——法律哲学与法律方法》，邓正来译，中国政法大学出版社 2004 年版，第 271～277 页。

② ［德］卡尔·拉伦茨：《法学方法论》，陈爱娥译，商务印书馆 2003 年版，第 7、8 页。

③ 载 http://news.sina.com.cn/c/2010-04-09/044620036201.shtml。

被认为是不正义的，因为这些州已经废除了死刑。如果让这些州的公民来评价“3·23”恶性杀人案的处理结果，也可能得出“不正义”的结论。但是，这样的结论是不符合“同样情况同样对待”，及“不同情况不同对待”的。因为在中国，本案的被告虽然与其他被告有很多的不同，但是这些不同的情况不应当影响到对其刑事责任的追究，其他公民犯有相同情节的罪行要被处以死刑，本案被告也应当处以死刑。而国家与主权则根本影响到法律的适用，一国的法律不能适用于其他国家，这是法的空间效力范围使然，因而属于“不同情况不同对待”的“不同情况”。即不能用美国某些州的标准评价中国法的正义与否，这恰恰是正义的体现。

证明了对境况较差者不平等保护的必要性。事实上，现代世界各国社会保障的实践也已经有力地证明了这一点。中国这样一个发展中国家的现实也证实了这一点，对境况较差者的不平等保护是必要的，是符合正义的，否则社会稳定将无以为继。这是“黑砖窑”事件及随后的《劳动合同法》出台，“开胸验肺”事件及随之进行的《职业病法治法》修改实践所证实的。强者更强，弱者更弱，弱势劳动者的权益可以为强者随意践踏，这绝不是一个正义社会应当看到的景象。对于21世纪的人们来说，奴隶社会、封建社会的本质非正义性是没有争议的，不过，为奴隶社会、封建社会的“正义”性辩护的事实，也说明了一点：正义是具有历史性的。

（三）正义的历史性

虽然我们曾经认为肉刑（如凌迟）是很正当的，但在当下的中国，如果还有警察对没有任何反抗的犯罪分子实施肉体惩罚，多数人会认为这是不人道的，因此也是不正义的。

也许有一天，我们会赞同实行死刑是不正义的。但起码在现在，我们绝大多数人还不能接受这一点。

显然，不同时代人们的正义观是有变化的。“每一价值体系，尤其道德体系及其核心的正义观念，皆为社会现象，即特定社会之产物，并因其所产生的社会之本质而异。”① 奴隶社会有奴隶社会的正义观，封建社会有封建社会的正义观，资本主义社会有资本主义社会的正义观。我们可以看到，封建制度给予了安全观念以突出的地位，将降低了自由和平等的重要性；自由主义和资本主义时代，尽管没有否认安全和某些平等形式（例如权利和机会的平等）的重要性，但却将增进自由视为是政府政策的首要任务。自由、平等和安全间的关系在各个国家的历史中也都发生过重大变化，甚至在一个特定的社会和经济

① ［奥］凯尔森：《纯粹法理论》，张书友译，中国法制出版社2008年版，第146页。

框架中，由于社会状况波动不定，从而也需要对实现基本权利的优先顺序加以调整。在和平繁荣时期，自由和平等则可能会有较好的机会受到政府政策制定者的密切关注。[①] 或许正是由于这一特性，很多人认为，正义只具有相对性，不存在绝对价值。

笔者认为，唯物主义认识论主张，真理是可以逐渐认识的，或许，我们不能洞悉全部“绝对的正确性”，但同样没有疑义的是，我们已经认识了许多“绝对的正确性”。比如，奴隶制是不正义的，因为种族、肤色、性别而限制公务员的选用是不正义的。确实，“根据特定国家或社会的标准得出的何为正确、何为正义的判断可能根据就与自然正确或自然正义的标准相违背”。[②] 但我们庆幸的是，人类经过数千年的文明严谨，经过无数志士圣贤的努力与贡献，我们关于“自然正确”或“自然正义”已经有了很多的认识、理解与共识，这些都是修正和评判具体价值判断是否正确或正义的标准。

二、公平与平等的正义

1907 年 6 月 10 日，美国西奥多·罗斯福总统在一次演讲中谈及工业事故时说，对于“那些普通的雇工家庭，这样的一次灾难就意味着严酷的困境”，既然引发这些事故的工作是“为雇主而做，因此最终也是为公众而做，如果让雇工及其妻儿来承担全部的损失，这是一种难以接受的不正义”。[③]

对于工业事故来说，收益者并非仅仅是受伤的工人及其家庭，雇主是更为主要的受益者；从事故发生的直接或根本原因来说，根据统计和概率理论，主要是由工作所致，而非工人个人原因所致，而工作是雇主的事业，用西奥多·罗斯福的话说，也是“为公众而做”，完全由工人及其家庭承受不良后果，是不公平的。哈特从语词上分析了正义与公平的意义联系。在社会生活的两种环境中言及公平是切题的。一是当我们关注的不是单个人的行为，而是个人组成的阶层被对待的方式时，以及当某种负担或利益在他们中间分配时。典型意义的公平或不公平就是“份额”。二是某种程度的侵害由人作出从而补偿或赔偿请求被提出来的时候。大部分使用正义或不正义语词的批评几乎都能够对应地

---

① ［美］E. 博登海默：《法理学——法律哲学与法律方法》，邓正来译，中国政法大学出版社 2004 年版，第 267 ~ 324 页。

② ［法］雅克·马里旦著，［加］威廉·斯威特编：《自然法：理论与实践的反思》，鞠成伟译，中国法制出版社 2009 年版，第 110、111 页。

③ ［美］约翰·法比安·维特：《事故共和国——残疾的工人、贫穷的寡妇与美国法的重构》，田雷译，上海三联书店 2008 年版，第 5 页。

以“公平（fair）”和“不公平”（unfair）的语词来表达。哈特进而指出，正义“就相互关系而言，个人有资格享有平等或不平等的相关地位”。习惯上正义被认为是维护或重建平衡或均衡，即“同样情况同样对待”（Treat like cases alike）和“不同情况不同对待”（Treat different cases differently）。[①]

从语义来说，单个人的行为无论怎么诡异、怪癖，怎么不道德，如自虐，都难以用公平、不公平或正义、不正义来评价。并非所有的人之行为都可以用正义或不正义来评价。在这个意义上，哈特的分析是非常准确的。

（一）正义涵及公平与平等

罗尔斯经典地指出两个正义原则为：第一个原则：每个人对于其他人所拥有的最广泛的基本自由体系相容的类似自由体系都应有一种平等的权利。第二个原则：社会的和经济的不平等应这样安排，使它们：（1）被合理地期望适合于每一个人的利益；（2）依系于地位和职务向所有人开放。[②] 第一个原则被称为平等的自由原则，第二个原则包括差别原则和平等的机会原则。虽然罗尔斯区分了应用于社会基本结构的原则以及应用于个人的原则，但这些原则都是他的两个正义原则的应有之义。亦即在罗尔斯那里，公平和平等都是正义的内涵，虽然在适用上有所差别。

在汉语中，公平指“处理事情合情合理，不偏袒哪一方面”；平等指：（1）人们在社会、政治、经济、法律等方面享有相等待遇；（2）泛指地位相等。[③]“不偏袒”是以“各得其份”为前提的。而平等原则也不意味着完全相等，差异原则即是平等原则的内涵之一。因此，虽然公平多与分配和补偿相联，但如果没有平等原则，即确定“其份”的标准，是无法进行公平处置即赋予“各得”的；而之所以要确立“平等”之标准，无论是绝对平等、相对平等还是差异性平等，其目的亦在于谋求分配等关系之处置。公平和平等具有一致性，无法截然分离。“公平，简单地说，就是对于同类主体或事项的同等对待”，“公平与平等是有联系的，在许多场合，平等就是公平。”[④]“作为公

① ［英］哈特：《法律的概念》，张文显等译，中国大百科全书出版社 1996 年版，第 156、157 页。

② ［美］约翰·罗尔斯：《正义论》，何怀宏等译，中国社会科学出版社 1988 年版，第 60、61 页。

③ 中国社科院语言研究所词典编辑室编：《现代汉语词典》，商务印书馆 2005 年版，第 473、1051 页。

④ 卓泽渊：《法的价值论》，法律出版社 2006 年版，第 413 页。

平的正义是一种平等主义的观点。"①

需要注意的是，法律中的公平和平等含义比较狭窄，前者侧重于动的关系之处置，后者则侧重于静的关系之界分。平等原则与公平原则虽然都强调公平、正义的价值观念，甚至可以说平等原则是公平原则的一种体现，但二者仍有质的区别：平等原则注重的是地位的平等，而公平原则注重的是结果的公平；平等原则注重的是形式上的平等，而公平原则注重的是实质上的公平。② 而在法哲学上，如就罗尔斯的正义论而言，平等实为实质平等而绝非形式平等。"罗尔斯称自己的正义论是'公平正义论'（theory of justice as fairness），它追寻的目标是区分不平等的原因，通过社会制度和结构的合理安排，消除自然偶然性和社会偶然性对人生活的影响，创造一个平等自由的合理生活目标。"③

相对主义和形式正义认为，相同者应为相同处理的平等原则，并没有实质的评价内容，需要引进其他的价值观"填补之"。凯尔森认为"法律上之平等"不应与"法律面前平等"相混淆，后者乃是对在个案中之法律适用者提出的要求，法律适用机关在判决案件时不得因法律未规定之差别而区别对待。凯尔森进而否认平等原则，他认为平等原则源于应平等地对待每个人这一假设，而该预设明显大谬不然：人与人实际上相当不同，没有哪两个人真正平等，此预设唯一可能的含义便是社会秩序在对人赋予权利或施以义务时，应忽视这些差别——仅系部分而非全部差别。但究竟哪些区别应忽略，而哪些区别应予考虑，此乃问题之关键，平等原则却对此缄口不言。④ 哈特肯认了平等原则存在的"空格"事实。"虽然'同样情况同样对待'和'不同情况不同对待'是正义观念的核心要素，但它本身是不完全的，并且在得以补充之前，它不能确定地指引行为。所以这样，乃是因为任何一群人都在某些方面相似而在其他方面相异，并且有待确定哪些相似之处和相异之处是有意义的。'同样情况同样对待'必须保留一个空格。为了填充这个空格，我们必须晓得，就

① ［美］约翰·罗尔斯：《作为公平的正义——正义新论》，姚大志译，上海三联书店2002年版，第214页。

② 王利明：《民法总则研究》，中国人民大学出版社2003年版，第116、117页。

③ 胡威："社会保障制度及其政治价值原则研究——以社会正义为视角"，2005年吉林大学博士学位论文，第96页。

④ ［奥］凯尔森：《纯粹法理论》，张书友译，中国法制出版社2008年版，第153、154页。

现有目的来说，何时有关应被视为是同类的，什么差异是有意义的。”① “作为相同处理的原则或等价原则，它迫使我们对于‘本质上相同的事物’为相同的处理，对于‘本质上’不同的事物为不同的处理；因此也促使我们详细地说明，是否，并且基于何种观点应对某事为相同或不同的处理。它要求我们，为了尽可能作相同处理必须忽略细微的差异，此外，在平均正义的范围内却又必须追求，或至少必须留意，给付与对待给付、损害与赔偿及罪责与赎罪两者间适当的均衡。”② 但依此否定平等原则并不能成立。“在某些情况下，个人之间的相似性和差异性——它们是相当明显的，对于将法律调整评论为正当或不正当有其实质意义。”③ “什么是每个人所当得的，就如同什么样的案件事实是‘本质上’相同的，什么又是‘本质上’不同的，什么是当下适当的处理，它们全都是悬而未决的问题，都还需要进一步的决定。但并不因此就使正义原则变成‘空洞的形式’。”④ 哈特明确指出，“要做到同样情况同样对待并且要成为正义之规则的话，个人之间的某些相似性和差异性是它必须承认的。相应地，这里也没有多少怀疑和争论的余地”，“可以肯定，在现代世界，人不管是何种肤色，都是能够思想、感觉和自控的，这一事实将被普遍地（纵然不是全部地）承认为法律应当注意到的个人之间的相似性。在最文明的国家，存在着极大的共识——被设想为既限制自由又保护自由免受各种侵害的刑法和被设想为补救侵害的民法，若在分配这些负担和利益中，参照肤色或宗教信仰等特征而在个人之间实行差别对待，将是不公正的”。⑤ 正是在这种意义上，笔者认为，罗尔斯所提出的正义原则对现代社会是成立的。由于本文是研究法律中的正义之目的问题，其基本意旨即在于指导立法中权利义务之分配，与社会正义观正相吻合。“国家在保护每一个人基本权益不受侵害方面不仅负有道德的义务，而且应当承担政治的责任。因而应通过政府干预社会财富的分配，用再分配的方式来使社会‘去商品化’。在某种意义上，福利国家的出现是19

① ［英］哈特：《法律的概念》，张文显等译，中国大百科全书出版社1996年版，第157页。

② ［德］卡尔·拉伦茨：《法学方法论》，陈爱娥译，商务印书馆2003年版，第54页。

③ ［英］哈特：《法律的概念》，张文显等译，中国大百科全书出版社1996年版，第158页。

④ ［德］卡尔·拉伦茨：《法学方法论》，陈爱娥译，商务印书馆2003年版，第60页。

⑤ ［英］哈特：《法律的概念》，张文显等译，中国大百科全书出版社1996年版，第159页。

世纪依赖主张民主与平等的社会主义思想的胜利。”①

（二）平等的相对性

平等绝不是不管差别，毫无区别的绝对平等。前已论述，“同样情况同样对待”和“不同情况不同对待”必然要考虑人与人之间的相似性和差异性。事实上，平等原则是以差别的存在与承认为前提的。如果没有差别，很多争议也就无从发生。在一个社会意义完整和分层的社会里，正义将成为不平等的帮手。② 平等的根本含义“并不在于消灭全部差别，而是消灭特定的一套差别，以及在不同地点不同时间消灭不同的差别。它的目标总是明确的：贵族特权、资本主义财富、官僚权力、种族或性别优越性”。③ 另外，人类社会总是在不断进步，认识总是在不断深化，跳跃式的发展虽然并非不可能，但通常会以其他价值或目的丧失为代价。比如，我国现行的基础养老金是以地域划分及地方财政承担首要的“兜底”责任为前提的，因而必然导致高低不一，北京的基础养老金可以达到山西的2~3倍。这能否认为是不平等或不正义呢？即使是持肯定答复，在现行制度框架下也无法解决这个问题：提高山西的基础养老金至北京水平，山西无力承担；降低北京的水平，退休人员的生活将发生根本影响。“使我们忍受一种不正义只能是在需要用它来避免另一种更大的不正义的情况下才有可能。”④ 在改革现行养老金筹资和计发模式前，径行改革基础养老金计发标准，将导致更多的参保人员的老年生活无法保障或保障程度更低。较之这一后果，现行差异更具有公平性。

低保户拿到低保金后，有的是用于基本生活需求，有的却挥霍了。法律追求的是理性下的平等，并不能完全改变现实的不平等。

（三）法的第一要义是真实

真实在法治的语境中，本非应该探讨的一个问题。之所以如是说，并非说这个问题不重要，或者不应该如此，毋宁恰恰相反，追寻事实的真相，是一切法律适用的直接目的。为什么要有那么多的法律规则？为什么要有那么多的严密的程序？为什么必须有证据规则？为什么质证和辩论是任何一个庭审程序所

---

① 胡威：“社会保障制度及其政治价值原则研究——以社会正义为视角”，2005年吉林大学博士学位论文，第35页。

② ［美］迈克尔·沃尔泽：《正义诸领域：为多元主义与平等一辩》，褚松燕译，译林出版社2002年版，第418页。

③ ［美］迈克尔·沃尔泽：《正义诸领域：为多元主义与平等一辩》，褚松燕译，译林出版社2002年版，序言第3页。

④ ［美］约翰·罗尔斯：《正义论》，何怀宏等译，中国社会科学出版社1988年版，第4页。

不可缺少的？这一切首先是为了还原历史事实。法律的任何适用及其结果都是奠基于事实之上的。事实不清，是撤销司法判决和行政决定的首当理由。“善意的谎言”在生活中或道德中都是存在的，也能够得到人们的理解和认同；法律不是道德，法律不允许有谎言，即使法律无法绝对防止谎言。事实不清，颠倒黑白，这绝不是一个公正的司法适用结果，哪怕这个结果在一般人看来“很公正”。在程序正义越来越深入人心的背景下，这种做法摧毁的是人们对法治的信任和尊崇。一个不公正的结果并非不能接受，如果一切都是按照游戏规则进行的话。这是苏格拉底坦然赴死所揭示的真理，这是“善良违法”所昭示的真谛。反之，程序不公，如通过“熟人”或“关系”搞定，虽然结果比较公正，当事人也不会认为这是一个公正的判决。这也正是政府推行“政务公开”或“阳光行政”的根源所在。信任源于透明，理解基于沟通。真正的“求真务实”、“亲民善民”总是能够得到人民的敬仰。不仅法的适用如此，立法更应当如此。“上梁不正下梁歪”，如果立法不追求真实，无论行政或司法当然也只能“将错就错”，这在大陆法系国家尤为明显；因为在普通法国家，司法可以置立法于不顾而秉持自己的判例与法理，甚至可以纠正或取消某一立法，而严格的大陆法系国家司法机构却无此职权，它们只是“立法的仆人”。主人撒谎，仆人想保持诚实，那是相当难的。在现实中，“以事实为依据，以法律为准绳”是我国法定的一项基本原则；“实事求是”更是一项基本理念。违背了这一要求，那只会是“糊涂官判糊涂案”。

法的第一要务便是探求事实，由证据证明的事实，而未必是历史中的事实。自有法以来，这便是法律的基本要求。即使在有法之前，无论是借助智慧还是神启，追寻的无不是真实。距今3000年前，在裁断两个妇女争要一个婴儿的时候，所罗门厉声说道：把婴儿切成两半，一人一半，就这样定了![①] 其意图寻找的真实就是：究竟谁是婴儿的亲生母亲。因此对于法与真实的关系，已经是常识性的真理，通常是无须探讨和分析的。

（四）法的目的不应扼杀效率

在法的目的或价值中，现代几乎没有将效率置于首位的。社会主义法律价值体系中的效率包括经济效益，即以同样的投入取得更多的有用产品，创造出更多财富和价值；也包括社会效益，即社会资源的配置和利用使越来越多的人改善境况而同时又没有人因此而境况变坏。[②] 在这一前提下，如何处理公平平等与效率的关系是非常重要的。法律不是以追求利益最大化为目标的，这是法

① 赵明：《正义的历史映像》，法律出版社2007年版，第91页。

② 张文显：《法哲学范畴研究》，中国政法大学出版社2001年版，第213页。

律活动和经济获得的本质区别之一。法从诞生之日，其基本功能便是“定分止争”。法律并不是要保护人的活动自由不受限制，而是要确立一个合理的边界，以避免个人的恣意妄为陷社会于混乱、冲突和毁灭之中。经济的目标是追求利益的最大化，其内在的欲望便是通过一切可能的手段获取最大限度的利益。如果没有外在的约束和控制，经济发展的最终后果可能是“人神共愤”。近些年我国频发的“三聚氰胺”奶粉事件、“黑砖窑”事件、问题疫苗事件、儿童铅中毒事件等，无一不昭示着经济活动有恶性膨胀的心理根基。而法律无疑应当是规制这些挑战人性极限的极端行为最有力的武器。至少在这个意义上，法律与经济效率是有矛盾的。法律是规矩，是绳索，而经济则是一头意欲冲出藩篱的“力兽”。但并非所有的经济活动都是这么急功近利、不顾一切、唯利是图的。从人类历史发展的历程来看，诚实守信、讲求社会责任是多数经济活动的基本准则，“好人还是占多数的”，不仅适用于个人，亦适用于企业和其他从事经济活动的组织。“血汗工厂”、“环境杀人”祸害的不仅是劳动者和公众的生命和财产安全，亦损害了守法经营者的利益，是不正当竞争的典型形式，对整体经济效益，尤其是对社会效益存在重大不利影响。从这个角度来说，法律和效率是一致的。而在公平与效率的位阶中，公平属于终极性的法律目的，而效率则属于工具性或手段性目的。法律对于效率的追求与促进，是为了创造一个更为公平与平等的社会。“效率是以自由而公平的竞争为前提的。在市场经济条件下，一方面，只有赋予主体尽可能广泛的追求利益的自由和最大限度的活动空间，才能保证资源利用的效率；另一方面，主体之间只有以平等的资格，在平等的条件下公平竞争，才能激发和保证持续的效率。”① 这对于属于再分配范畴的社会保障，尤为突出。“缓和社会不公平、创造并维护社会公平，是社会保障制度安排的基本出发点，也是社会保障实践的基本归宿”，社会保障“本身虽然要讲究效率，但本体职责却是努力创造并维护社会公平”，当然，“强调社会保障要以维护并创造社会公平为原则，并非一定要以不讲效率为条件”，“只有最大限度地发挥出社会保障资源的效率，才能更好地实现社会公平并促使社会进步”。②

---

① 张文显：《法哲学范畴研究》，中国政法大学出版社2001年版，第219页。

② 郑功成：《社会保障学——理念、制度、实践和思辨》，商务印书馆2000年版，第257～259页。

第四节 法律目的的意义与价值

一、促进良法的形成

法治首先意味着良法之治。在经历了政治文明的倒退，尤其是法西斯统治之后，西方社会开始反思法律能否真正地自我生成。没有法律的目的，法律难免沦为政治恣意的附庸。在施塔姆勒看来，法律理念乃是正义的实现，正义要求所有的法律努力都应当指向这样一个目标，即实现在当时当地的条件下所可能实现的有关社会生活的最完美的和谐。在第二次世界大战之前，拉德布鲁赫认为，“结束法律观点之间的冲突比正义地和权宜地决定它更重要”；而二次大战之后，拉德布鲁赫则宣称，法律要求对个人自由予以某种承认，而且国家完全否认个人权利的法律是“绝对错误的法律”。[①] “命令就是命令”这条原则从来没有毫无限制地存在过。当命令者的命令处于犯罪目的的时候，服从义务就终止了。拉德布鲁赫详细介绍了普特法尔肯案。图林根刑事陪审法庭判处司法局官员普特法尔肯终身监禁，由于后者的告发，商人戈提希被处死。普特法尔肯指证了戈提希在一个厕所里留下的字迹：“希特勒是屠杀者，并对战争负有罪责。”刑事陪审法庭的判决，不是因为间接犯罪，而是因为胁从谋杀。然后，那些违背法律和公正而判处戈提希死刑的法官们，也必须对谋杀承担罪责。面对过去那 12 年法律的不公正，我们必须尝试着去满足正义的要求。[②]没有体现公平平等之正义目的的法律，不可能是一部良法。

二、实现秩序和安全

因其重要性和基础性作用，有学者将秩序确定为法的首要价值。“在法的众多价值之中，恐怕没有哪一种价值比它的秩序价值能够给予社会生活以更直接、更广泛、更基本的影响了。”[③] 秩序是法律的本质属性，法律为秩序而生，在整体的意义上，没有秩序便没有法律；反之亦成立，没有法律便没有秩序。“没有秩序，人类就无法以人的生存方式生存，人就会陷入无限的纷争、战

---

① ［美］E. 博登海默：《法理学：法律哲学与法律方法》，邓正来译，中国政法大学出版社 2004 年版，第 177～186 页。

② ［德］G. 拉德布鲁赫：《法哲学》，王朴译，法律出版社 2005 年版，第 227～234 页。

③ 周旺生：《法理探索》，人民出版社 2005 年版，第 77 页。

争、危机、危险之中，弱肉强食将成为普遍的社会现象。”① 法律本身就意味着一种秩序。但即使我们采用博登海默关于秩序的经典定义——某种程度的一致性、连续性和确定性，我们并不确定——某种秩序一定是我们需要的或追求的。毫无疑问，奴隶社会可以是一种非常有（法律）秩序的社会，而一个分配不公平的社会也完全可以是一个非常有秩序的社会。而且个别秩序不一定吻合于作为整体的法秩序。个别规范所确立的秩序可能完全与法秩序相反。

关于秩序与正义的位阶，前已述及，秩序是形式，正义则是更为根本之目的，秩序应为正义服务，而不是恰恰相反。“个人行为规则为之服务的普遍利益，乃是由那些被我们认为是法律规则之目的的东西构成的，亦即整体的抽象秩序”，“规则以及它们为之服务的秩序所能成就的不过是为不确定的任何人增进机会。只要我们竭尽全力为不确定的任何人增进机会，那么我们就能够得到我们所能得到的最多的东西。”② 如果法律仅仅是为了秩序，那么法律可能就无法进步，社会亦无法成就文明。因为在这种状态下，种族隔离将无法废除，法律将因循守旧地遵循其历史惯例，社会保障制度亦将无从诞生。

秩序与安全有重要联系。博登海默对秩序与安全作了区分。秩序被用来描述法律制度的形式结构，特别是在履行其调整人类事务的任务时运用一般性规则、标准和原则的法律倾向；而另外，安全则被视为一种实质性价值，亦即社会关系中的正义所必须设法增进的东西。安全有助于使人们享有诸如生命、财产、自由和平等等其他价值的稳定化并尽可能地延续下去。③ 秩序在于提供一种相对稳定和确定的事物之间的组织关系，在调整人的行为上，即在于确定行为相对稳定的法律后果。依此，人们才可以趋利避害，有效地规范和控制自己的行为，个人活动和社会活动才得以展开，生命、健康、财产等权利才能获得保障；没有秩序，基本安全便无法得以维系。

然而，即便是安全，其仍然只是一种外部形式保障，它并不能保证这种稳定性和确定性是有利于人和社会的发展的，即无法保证社会是正义的。换言之，在不正义的社会中，亦有可能是有秩序的、安全的。比如，一些组织严密、“秩序”井然的黑社会。在现代社会，政治、法律乃至国家的存在都是为最广大人民群众的根本利益，仅仅有秩序和安全性是不够的，在根本上必须是

① 卓泽渊：《法的价值论》，法律出版社 2006 年版，第 477 页。

② ［英］弗里德里希·冯·哈耶克：《法律、立法与自由》（第二、三卷），邓正来等译，中国大百科全书出版社 2000 年版，第 7、33 页。

③ ［美］E. 博登海默：《法理学：法律哲学与法律方法》，邓正来译，中国政法大学出版社 2004 年版，第 228、317 页。

一个正义的社会，否则必然与最广大人民群众的根本利益相背离。

法的目的是秩序形成的重要原因。“法律规范目的在维护整个法律秩序的体系性。”① 如果没有法的目的的统率和约束，法律规范将不可避免地“四分五裂，成为一堆大杂烩”，法在实践中矛盾、冲突也将时刻存在，法的实际效力将大打折扣，秩序无以形成。

三、促进法体系的形成

耶林指出，目的是整个法律的创造者，没有赋予法条一个目的，也就是赋予其来源一个实践的动机，就没有法条。拉伦茨对此强调：“不是目的自动地可以成为‘法律’的创造者，而是设定这个目的的主体，以及在贯彻法律时遵守这个目的的主体，才是法律的创造者。”② 如果一个社会制度根本无视正义观念所隐含的主要实质性价值中的某个价值，那么这也会妨碍它成为一种法律制度。③“在这样一种规划方案上执行的法律图景，没有盲点、没有空白点；至少没有什么被忽略了，没有什么没有被规定，将迄今为止杂乱无章、无限扩张的法理聚拢起来，压缩到紧凑的范围，一眼就能扫过所有可能的方向”，“这些就是根据功利原则而设计的方法的成果，根据它们所考虑的目的来编排法律”。④ 边沁的想法过于理想化，但指出了目的之于法体系的重要性。

某一确定的法体系与法秩序的形成与一个国家的民族传统、习俗、文明程度、经济发展水平都具有一定的联系，并不完全取决于法律目的。但这也并未表明，法律目的对于法律秩序和法律体系的形成是无甚关联或作用甚微的。

如养老保险财务模式，有现收现付制、完全积累制、部分积累制。几种制度孰优孰劣，并不能简单地下结论，它必须与本国社会经济发展状况以及社会政策密切联系起来。就我国应当采取哪种财务模式，1994 年 5 月中央财经领导小组组成了社会保障体制改革专题调研组，在《城镇职工基本养老保险总体方案预测报告》中指出：（1）我国人口老龄化进程加快。2033 年达到最高值为 22.06%，城镇人口赡养率到 2031 年达到最高峰 47.39%。（2）如果实行现收现付的筹资模式，养老费用负担比例到 2033 年将达到 39.27%，国家和企业将不堪重负；实行完全积累模式，既要为已退休人员筹资，又要为在职职

① 杨仁寿：《法学方法论》，中国政法大学出版社 1999 年版，第 168 页。

② 转引自吴从周：“从概念法学到利益法学：以耶林（R. v. Jhering）对海克（Ph. Heck）之影响为线索开展”，博士论文，第 73 页。

③ 何勤华主编：《外国法学经典解读》，上海教育出版社 2006 年版，第 471 页。

④ ［英］边沁：《论一般法律》，毛国权译，上海三联书店 2008 年版，第 312 页。

工建立养老保险基金，存在“双重负担”困难。（3）部分积累模式注重了激励和效率机制，发挥了互济和公平的功能，各方面负担适度。[①] 由此可见，我国实行统账结合的部分积累式的养老保险制度，是与我国养老保障的历史背景——完全无积累、公民个人的显性义务不对应，现实状况——政府财力尚不够强大（不可能实行西方式的福利制）、政府责任较小[②]，人口老年化发展趋势、国民习性[③]、人才状况（由于缺乏金融人才也是完全积累制难以实施的一个重要因素）等相适应的。但亦可见之，此种模式体现了公平与效率：在中国现阶段，如果实行普惠制和绝对的养老金平等，必将缺乏效率和激励机制，所有的公民都平等享受养老金，该待遇是一种国民待遇而非与义务对应之权利；由于非缴费人员的纳入，必然要导致养老金水平的降低，这将进一步恶化缴费动机，“逃票乘客”将不可避免。而且在这种情况下，“逃票”具有强烈的正当心理基础，法律的强制性将在相当程度上被瓦解，其结果是导致财政养老保障支出不具有可持续性，并最终将影响所有努力缴费人员的养老金及其水平，这将是更大的不公平。在中国现阶段，不缴费没有养老金、少缴费少拿养老金、多缴费多拿养老金，是公平的，是符合正义要求的（随着新农保的实施，对于国民待遇的主张逐渐增强，相关的正义观也将发生逐渐的改变）。反之，不管多缴、少缴还是不缴，养老金都一样多，恐怕没有人会认为符合公平

---

① 林嘉：《社会保障法的理念、实践与创新》，中国人民大学出版社 2002 年版，第 172、173 页。

② 新中国成立后，在短期内建立了劳动保险制度，但很快由于众所周知的原因而名存实亡，承担职工养老保障责任的主体是企业，政府的责任很小。在这种情况下实行现收现付制，即由政府承担第一和最为重要的主体责任，显然是不切实际的。如果从 20 世纪 80 年代初期的试点起算，我国养老保险改革已经进行了 20 多年，社会保障的理念已经深入政府执政理念的今天，对于社会保障的政府责任也未能完全兑现，如“剪刀差”的问题，关闭破产企业的退休人员的保障问题（近一二年这个问题已经逐步在解决），养老替代率较低的问题，更证明了在短期内实行现收现付制（更不用说在改革之初了），只能是一种空想。

③ 在中国的传统法文化中，缺乏对法律义务的忠诚与信仰。在缺乏强有力的激励和约束机制的情况下，很难主动、积极地履行法定义务。这已为后来的劳动守法状况，特别是社会保险费征缴状况所明示。当采取平均主义政策取向时，将不可避免地出现“逃票乘客”问题。在公众群体较大并包括大量个人的场合，每个人都有一种躲避履行其职责的意图。这是因为一个人无论做什么都不会重大地影响生产总额。如果公共利益已被生产出来，那么他对这一利益的享有就不会由于他没有作出贡献而减少。参见［美］约翰·罗尔斯：《正义论》，何怀宏等译，中国社会科学出版社 1988 年版，第 267 页。在没有有效解决“逃票乘客”问题的情况下，再度风声水起的社会保障税论只是一种空谈。

和正义，至少在中国现阶段是如此。

“善的理论塑造了法律和制度。”① 法律体系因其目的而存在。在一个由权力控制社会运行的社会中，法律或许只是一种摆设，法律自我存在的意义并不圆满，社会秩序的形成（如果有较好的社会秩序的话），不能解决恶法的问题。没有正义的法律目的的指引和统领，必然会导致“恶法亦法”，这是我们极不希望看到的法制发展的后果。

四、促进法的适用——解释与漏洞填补

任何法律都需要解释。“法律是一种阐释性的概念。”② 实在法意义上的法律是一种规范性的语言表述，要将法律规则适用于具体的案件事实，必然需要对法律进行解释。法的目的是进行法律解释必须考虑的因素。“规范目的是首要的解释目标。”③ “解释法律必须探寻法的目的。”④ 目的解释方法因而成为一种典型的法律解释方法。

目的解释指的是“按照某一法律本身的目的以及基本精神或法律适用对象的问题范围中的现实要求，合理地解释该法律的规范意义的方法”⑤。对于如何获得法律的目的，杨仁寿先生指出，有于法律中予以明定者；有虽于法律中未规定，唯可直接从法律名称中，觅其目的者；有法律未明目的，亦无从于法律名称中觅其目的者，则通过分析、整合之法，探求个别规定间所形成之目的。⑥ 其所指的法律目的主要是具体的法律目的。关于具体法律目的，一向有主观说与客观说及折中说三种观点。主观说认为，法律解释的目标应在“探求历史上的立法者事实上的意思，亦即立法者的看法、企图和价值观”。客观说认为，法律从被颁布时起，便有它自己的意旨，法律解释的目标，即在探求这一个内在于法律的意旨。折中说认为，法律解释的目标是，在立法当时，存在于该社会的价值判断，作为标准之文化阶层所树立的努力或作为法律基础的

---

① ［美］斯蒂文·J. 伯顿主编：《法律的道路及其影响》，张芝梅、陈绪刚译，北京大学出版社 2005 年版，第 111 页。

② ［美］德沃金：《法律帝国》，李常青译，中国大百科全书出版社 1996 年版，第 364 页。

③ ［德］魏德士：《法理学》，丁晓春、吴越译，法律出版社 2005 年版，第 395 页。

④ 徐显明主编：《法理学》，中国政法大学出版社 2007 年版，第 358 页。

⑤ 葛洪义主编：《法理学》，中国人民大学出版社 2007 年版，第 322 页。

⑥ 杨仁寿：《法学方法论》，中国政法大学出版社 1999 年版，第 168 页。

利益判断与目的决定。[①] 立法原意，不必为立法当时起草法律者个人的初意，因为法律是客观的规范，在成文法虽假手于立法者而制定，但一经创制，即独立存在，代表某一时代社会之法律意识，是以解释之际，必须注重法律发生之原因、理由及当时环境一切情事，本于逻辑推理，以求其应有的含义，至于立法说明书及讨论意旨，不过供推求立法原意之参考而已，非有拘束解释者之效力。[②] 这也是折中说。如果要说总结，拉伦茨的立论应更为公允。"法律解释的最终目标只能是：探求法律在今日法秩序的标准意义（其今日的规范性意义），而只有同时考虑历史上的立法者的规定意向及其具体的规范想法，而不是完全忽视它，如此才能确定法律在法秩序上的标准意义。"[③] 笔者无意于辨析目的解释的具体方法及解释目标各说之优劣，唯在于说明目的对于法律解释之必要。恰恰在一种以规则为中心的法律秩序中，为了减少对条文解释的恣意，或者制止官员越权（ultra vires）行事——超出授权范围行事，推论必须经常要求离开规则而求助于目的。目的支持探求"深刻的正统性"，目的的基本贡献是提高了法律推理的合理性。法律探究摆脱了形式主义和程式的影响，就能更有系统性，更具经验性。[④]

但笔者必须指出的是，上述关于解释目标及目的解释方法的论述，在相当程度上忽略了法的规范目的与法的目的区分。其所论法的目的，多半是法的规范目的。而笔者认为，规范目的首先是法律规范的直接目的，而非作为整体的法体系或法秩序的目的或终极目的；后者属于法的目的。拉伦茨显然考虑了这一点，"许多立法者借法律追求的目的，其同时也是法律的客观目的。例如，维持和平、正当的纷争裁判、规整的均衡性"。[⑤] 这在探讨大陆地区法的解释目标时是需要尤为注意的。因为大陆地区的法律中明定的目的，多半是规范目的。相对与规范目的，法的目的更为恒远和具有文明价值。"我们已经渐渐明白，永恒不变的是最终的目的，即满足人类的愿望；而非满足愿望的精密的

---

① 黄茂荣：《法学方法与现代民法》，中国政法大学出版社 2001 年版，第 264～271 页。

② 韩忠谟：《法学绪论》，中国政法大学出版社 2002 年版，第 97、98 页。

③ ［德］卡尔·拉伦茨：《法学方法论》，陈爱娥译，商务印书馆 2003 年版，第 199 页。

④ ［美］诺内特、塞尔兹尼克：《转变中的法律与社会》，张志铭译，中国政法大学出版社 2004 年版，第 89～93 页。

⑤ ［德］卡尔·拉伦茨：《法学方法论》，陈爱娥译，商务印书馆 2003 年版，第 211 页。

机器。”①

第五节 社会保险法的目的

一、社会保险法的目的实现——以出生年龄规则的效力冲突为视角

谢某诉安徽省黄山市黄山区劳动保障局出生时间行政案，是分析法律目的的实现的最佳个案。

谢某原系黄山区某公司职工，2003 年公司改制时，其个人档案移交黄山区劳动保障局下属的劳动就业管理局管理。其档案中政治审查登记表（系其档案中最早记载出生时间的一份档案）、企业职工固定升级登记表、黄山区企业职工晋升标准工资审查表、劳动合同书填写其出生时间为 1956 年 12 月；职工登记表填写为 1956 年 12 月 25 日。

2001 年谢某在办理第二代居民身份证时，以原来登记的出生日期 1956 年 12 月 25 日是农历日为由，要求更改为公历的出生日期 1957 年 1 月 25 日。同年 4 月 15 日，在公安部门发放的户口簿上，其出生日期登记为 1957 年 1 月 25 日；2005 年 3 月 21 日，其申领的居民身份证上登记的出生时间为 1957 年 1 月 25 日。派出所出具了相关更正证明。

2006 年 12 月 31 日，黄山区劳动保障局作出《关于谢某同志退休的批复》（以下简称批复），同意谢某同志于 2006 年 12 月退休。

2006 年，谢某要求黄山区劳动保障局更正其档案出生日期遭拒绝，提起行政诉讼；2008 年，谢某提起行政诉讼，要求撤销批复并以身份证的出生日期为准办理退休。

2009 年 10 月 23 日，安徽省歙县法院一审判决维持黄山区劳动保障局关于谢某的退休批复决定。其判决理由为劳社部发〔1999〕8 号文件“尚未废止”，黄山区劳动保障局依据该文件处理谢某退休事宜，“证据确凿，适用法律正确，符合法定程序”。2010 年 3 月 5 日，黄山市中级法院作出终审判决书。判决书认定，劳社部发〔1999〕8 号文件是劳动保障部在职责范围对确定职工退休问题所作出的规范性文件。劳动保障部认定退休职工出生日期与公安部门户籍、身份证管理并不矛盾，仅是适用范围各不相同。黄山区劳动保障局依据该文件，以档案记载的出生日期作为确定退休的出生时间是正确的。判决

① 转引自吴经熊：《法律哲学研究》，清华大学出版社 2005 年版，第 297 页。

"驳回上诉"。①

（一）如果以虚假时间作为出生时间并据此确定退休年龄是否符合公平正义之要求

争议的根源在于劳动保障部《关于制止和纠正违反国家规定办理企业职工提前退休有关问题的通知》（劳社部发〔1999〕8号）对此问题的规定："当本人身份证与档案记载的出生时间不一致时，以本人档案最先记载的出生时间为准。"面对档案和身份证关于公民出生时间的规定可能存在的不一致，该规章为什么选择身份证？这从该文件的标题就可知了。当时正值国有企业改制的攻坚阶段，职工下岗很多，迫于生活压力，很多人都想早一点办理退休。但是退休年龄是卡死的，不符合法定的条件如从事特殊工种达到规定年限等，是不能早退休的。于是很多人就想到修改自己的出生时间了。当时，户籍和身份证管理还没有实现全国计算机联网，管理不那么严格，通过基层公安部门修改户籍或身份证的出生时间并不困难。劳动部门认为，保存在用人单位或中介机构的原始档案进行随意修改的可能性比较小，同时规定以"最先记载"的档案作为认定依据，可以进一步避免通过修改职工档案记载而提前退休的情况。

但是，劳动部门的这一规范目的在很大程度上并没有实现。因为上述规范目的实际隐含了两个前提：（1）修改档案比修改身份证难；（2）劳动部门的工作人员及企业相关人员比户籍管理人员更公正。近些年发生的特殊工种退休"反悔案"在实践中反驳了这种假设。修改档案未必比修改身份证难，而且随着身份证信息管理的进步与严密，后者越来越难；相反，随着市场经济的发展，档案在个人市场化工作和退休制度中的作用的削弱，其管理越来越松懈。如果说在计划经济年代，修改档案还很难的话，现在的形势已经发生了逆转。

但不管谁的管理严格，事实上，无论管理多么严密，身份证与档案记载的公民的出生时间，都可能存在错误。无论是简单、确定地适用哪种记载，都必然存在对错误事实的采纳问题，这都涉及该做法本身是否符合正义的问题。

在一定意义上，一审法院认为劳动保障部门可以单独规范退休中的出生年龄问题，有其合理性。事实上，国外对于此类问题的处理，也不完全依据身份证，一些国家是以社保档案为基本依据的。但无论以谁作为确定出生年龄的依据，司法适用的结果是一致的，即一个人只能有一个出生年龄。无论是实行统一的法律规则，还是由不同的法律规则分别规范出生年龄问题，如果一个人最终出现了两个甚至多个出生年龄，这都是一个荒谬的结果。事实出生于1957

① 参见（2006）黄中法行终字第20号；（2010）黄中法行终字第3号。

年1月25日，却以法律的名义的认定其出生于1956年12月25日，这种法律本身即是颠倒黑白。什么时候出生，是一个自然事实，是任何人都不能更改的事实（更改的只是证据的记载，而不是对该事实本身否认）。违背自然事实、颠倒黑白的法律无论如何都不能说是正义的。追寻事实的真相，是一切法律及其适用的直接目的。法律的任何适用及其结果都是基于事实之上的。事实不清，是撤销司法判决和行政决定的首当理由。面对档案记载的公民出生年龄可能发生的错误，有行政人员认为“错了也必须执行”。然而，在法律的框架下，行政部门的决定并不一定是最终的结局。在某种意义上，基层劳动保障部门的行政行为并非完全没有依据。

在退休出生年龄争议中，采用档案规定的理由除了上面为了早退休而更改之外，还有理由认为是当时在档案中故意填写非实际出生时间。由于历史的原因，年龄大了当时无法招工，因此实际40岁的年龄在招工表上填写为20岁。实际年龄到60岁想办理退休时，劳动部门就认为，“你当时故意改小年龄，‘骗取’招工，获得了‘非法’利益，现在又想按实际年龄办理退休，好事都想占，这不行”。如果有人反对说：“当时将招工年龄限制为20岁，属于年龄歧视，本身就不对，不给劳动者按实际年龄办理退休，等于让劳动者承担全部责任，这不合适。”劳动部门可能则认为：“那是历史问题，当时的规定不能认为不对。”

然而并非只要归于历史问题，就都可以不认账了。如视同缴费的养老待遇、困难破产企业未参加基本医疗保险的退休人员的医疗保障问题，国家该解决的还是应当解决。从法律上来说，这个问题如果只是发生在当年，那只能适用当年的法律规定，不能认为存在年龄歧视；但争议恰恰是发生在现在，就不能仅仅适用当年的规定。再说，将“40岁”写成“20岁”，用人单位没有责任吗？当年负责审批的劳动部门调查一下户籍资料不就能“戳穿”了吗？当一切已成事实，20年以后却说不能退休，这不太公平。更为重要的，仅凭此点就简单规定适用“档案的最早记载”，结果无疑会导致“宁枉毋纵”的不公正结果。故意更改出生年龄者有之，而无意导致出生年龄错误者有之，甚至是由当年劳动部门工作人员填写错误导致的出生年龄错误者亦有之。不区分情形，一棍子统统打死，是不正当的。

也有观点认为，如果强行规定，出于“不合法”的目的（即故意），更改实际出生时间的，只能按更改后的年龄办理退休手续，这也未尝不可。如果说出生年龄并非社会保障的专有领域，那么毫无疑问，退休年龄的确定可以单独由社会保障法作出规定。姑且不论这种立法的公平性，此种规定在实践中很难操作，外人很难知道参保人员填写错误是有意为之，还是无意为之。

享受基本养老金的基本条件只有两个：符合规定的缴费年限（包括视同缴费年限）、达到退休年龄。法律的例外规定只限于：达到退休年龄时因犯罪需要服刑。即便如此，刑满出狱或者被执行缓刑、假释，都可以办理退休并享受基本养老金。简言之，即便是犯罪也没有剥夺犯罪人的基本养老权益（在服实刑的情况下，国家是保障其基本生活的，而且在本质上也没有剥夺其该项基本权利），仅仅是故意地填写错误（有正当的心理和社会基础），怎么能剥夺其养老权利呢？这种"错误"（很多不具有可谴责性）怎么能和犯罪之严重相比呢？后者可以继续享受养老待遇，而前者却不能，这与公平与平等恰恰相反。以各种理由否认真实的退休年龄，实际就是给享受基本养老金附加了其他条件，如档案不能有假，附加其他条件都是不公平的体现。

（二）规则冲突导致一定程度失效，违背秩序目的之要求

行政部门在办理退休事务时对出生年龄的认定，如果与行政相对人发生争议，将要接受司法审查。而司法机关是否支持该具体行政行为，通常要进行合法性判断。即行政部门对出生年龄的确定是否具有充足的法律依据。

从广义来说，原劳动保障部关于采用档案记载确定出生时间的规定，在现实中尤其是对地方各级劳动保障（人社）部门具有约束力，可以作为法律的一个渊源，为具体行政行为提供法律依据。

根据行政体系的特征，一般来说，某一行政机关通常不会适用其他主管部门的规定，如地方劳动保障部门通常不会适用公安部的规定。更为重要的是，合法性中的"法"首先不是指部门规章，而是宪法、全国人大及其常务会制定的基本法律、国务院的行政法规。如《行政诉讼法》规定，人民法院审理行政案件"以法律法规为依据，参照规章"。如果关于公民出生年龄的规定，只有劳动保障部的一个文件，其他法律法规及主管部门未作规定，冲突就不会发生。而现实恰恰相反，冲突由此产生。

参保人员办理退休时确定出生年龄的依据有三个层次。

在基本法律层次，《居民身份证法》规定："公民从事有关活动，需要证明身份的，有权使用居民身份证证明身份，有关单位及其工作人员不得拒绝。"

在司法解释层次，最高人民法院《关于贯彻执行〈民法通则〉若干问题的意见（试行）》中规定：公民的"出生的时间以户籍证明为准"。

在规章或部颁规范性文件层次，就比较庞杂了：（1）公安部《关于在全国范围内实施居民身份证使用和查验制度的请示的通知》（〔89〕公发 15 号）规定：居民身份证是国家法定的证明公民个人身份的证件，具有一定的权威性；并可用作办理聘用、雇用和离退休手续。（2）中组部、人事部、公安部

《关于办理干部退（离）休等手续时认定出生日期问题的通知》（组通字〔1990〕24号）规定：凡干部居民身份证同干部本人档案记载的出生日期不一致的，组织人事部门在办理其退（离）休等手续时，应会同干部常住户口所在地户口登记机关进行查证核实，按干部管理权限和户口管理权限批准后查实的出生日期作为计算年龄和户口登记的依据，查证材料归入干部本人档案，同时抄送干部常住户口所在地户口登记机关，对无法查实的，应以干部档案或户口档案中最先记载的出生日期为依据。（3）公安部、劳动部等14部门联合颁布的《关于进一步加强居民身份证使用、核查工作的通知》（公发〔1992〕21号）规定：居民身份证可用于"办理聘用、雇佣和离退休手续"。（4）劳动保障部《关于制止和纠正违反国家规定办理企业职工提前退休有关问题的通知》（劳社部发〔1999〕8号）规定："当本人身份证与档案记载的出生时间不一致时，以本人档案最先记载的出生时间为准。"

显然这些规定是不完全一致的，这成为实践秩序混乱的直接原因；司法解释亦不能完全约束各级法院，各行其是者众。

安徽法院认为"劳动保障部认定退休职工出生日期与公安部门户籍、身份证管理并不矛盾，仅是适用范围各不相同"，因而主张适用劳社部发〔1999〕8号文件具有合法性。该观点并不能说服人。（1）《居民身份证法》规定："公民从事有关活动，需要证明身份的，有权使用居民身份证证明身份，有关单位及其工作人员不得拒绝。"劳动者办理退休手续，当然是"公民从事有关活动，需要证明身份"，属于《居民身份证法》的适用范围。法院无法解释公民办理退休不属于"公民从事有关活动"。要作如此解，必须作目的性限缩，显然基层法院是没有此解释权的。（2）管理范围不同，是否可以导致一个人有两个甚至多个出生时间？（3）与司法一贯的"以事实为依据，以法律为准绳"的基本原则不相符合。

其他法院亦多有相左意见。如有法院认为，劳社部发〔1999〕8号文件是劳动保障部针对退休审批工作中存在的问题作出的具有指导性的规范性文件，其中关于公民出生时间的认定，与制定主体的权能不符，不应适用于本案，因此居民的出生时间应以法定的户籍和居民身份管理机关即公安机关核准签发的居民身份证来认定。

由于法律规则的多样性及内容的冲突，司法机关在具体案件中可能适用不同的法律规则，由此导致同一法律规则在不同地域处于失效状态。这不仅导致退休中出生年龄确定秩序的混乱，在相当程度上导致出生时间确定处于失序状态，而且损害行政机关的形象，还将损害法律的威严与权威。

（三）效率（效益）有短期、长期之分，亦不宜以违背公平为代价

有观点认为，直接采用档案记载或身份证记载确定出生时间，对某些人可能不公平，但其最大的好处就是效率高。在记载冲突的情况下，要确定真实的出生年龄，就必须进行大量的调查，人力、财力都是不小的负担，也容易引发争议。确实，在相当意义上，简单就等同于效率。但是：（1）程序正义越来越得到普遍的认同，法律对程序正义的追求必然会影响效率。如果只要效率而不要程序正义，就无须法律的存在；对于法治的追求，必然意味着对片面、单纯的、置公平正义于不顾的效率的约束和控制。（2）在不产生行政争议的情况下，直接采用档案记载或身份证的记载确定出生时间，可能具有较高效率。而一旦发生争议，旷日持久的诉讼对参保人、劳动部门、法院都是一种"折磨"，各方付出的成本极高。而且随着公民权利意识的提高，这类争议将会越来越多。片面采用档案记载时间，有短期效率，但长期效率并不高。而且随着时间的推移，长期效率将越来越低。（3）前已述及，效率还包括社会效益，如果从社会效益来看，这种简单处理模式所导致的效率，与因其缺陷对社会、政府和法制所产生的不良影响而导致的社会效益低下相比，可能是得不偿失的。

在记载冲突的情况下，基于调查程序的单一证据选择兼具公平与效率。调查确定依据应当分两种情况，开始实施公民出生证明制度后，应以医院原始出生记录为准；之前应尊重历史事实，适当放宽认定标准；经过调查之后，仍无法确定真实出生时间的，必须确定究竟是采用身份证还是档案，否则争议将永无止境；如果最终采用身份证记载，那么对于更改身份证的行为，应当赋予社保行政或经办机构异议权。

二、社会保险法的一般目的

（一）公平与正义

1. 社会保险的基本内涵是使公民"安享"生活

2010年温家宝总理在全国人大所作政府工作报告中多次提出"公平正义"，指出"必须坚持发展经济与改善民生、维护社会公平正义的内在统一，围绕改善民生谋发展，把改善民生作为经济发展的出发点、落脚点和持久动力，着眼维护公平正义，让全体人民共享改革发展成果，促进社会和谐稳定"。①

美国新政时期，罗斯福就曾指示，新的联邦社会保障立法的目标在于，保

① 载 http://www.china.com.cn/policy/txt/2010-03/15/content_19612372_2.htm。

护每位工人及其家庭免受那些“在人类世界中无法根除的不幸”。保障工人及其家庭免受现代雇佣工作的“危险与变动”，这构成了罗斯福总统任内的关键词之一。① “在人类社会发展的每一个阶段，对公平和正义的追求都是人们根深蒂固的道德直觉和核心观念。”②

社会福利是一项具有解决社会问题功能和表达社会理想、促进社会平等与社会正义功能的事业。它通过向处境不利的个人或群体提供救助或服务，改善人们的社会处境，帮助他们恢复生活的信心或能力，从而达到和谐社会关系，消除因贫困、疾病、年老体弱，以及其他个人的或社会的原因而产生的歧视、偏见、对立或冲突，促进社会公正的目的。社会正义是现代社会任何一个追求自由与平等的国家和民族都必须正视的基本价值观，是指一个社会的政治法律制度在维护人的基本权利、保障和满足人的基本需要等方面，是平等和公正的；不论人们属于什么样的阶层，是穷人还是富人，是什么民族，具有什么宗教背景，都能得到公平的对待。平等、自由的理想和人们对社会正义的追求，不仅为社会福利的理论与实践提供了最核心的道德支持，而且作为组织和治理社会的基本原则，为社会福利提供了最普遍的政治道德基础。③

社会保障属于再分配范畴，其应注重对公平目的的追求，即当公民因年老、疾病、伤残等社会风险永久或暂时丧失劳动能力而失去生活来源时，对其及其家庭提供基本物质保障。社会保障已经成为公民的一项基本权利，并作为公民的基本人权而得到现代世界的认同。因此，作为社会保障法的终极目的的公平正义，首先在于对公民基本生存权利的保障。社会保险和社会救助、最低生活保障是不同的，按照我国的通常认识，社会保险的保障程度高于最低生活保障。换句话说，如果说最低生活保障制度是保障活不下去的人的生活时，那么社会保险肯定不是。活不下去的人不是由社会保险保障的，而是由最低生活保障制度保障的。低保可以说是保障生存权，而社会保险则不是。社会保险追求的则是另一个生活层次：较为体面的生活，通俗地说就是能够“安享”生活。“社会保险的全覆盖，强调的是风险理念，而不仅仅是对生存的保障。这也是与生活救助制度的最大的观念上的区别。”④ 社会保障一直注重生存权的

---

① ［美］约翰·法比安·维特：《事故共和国——残疾的工人、贫穷的寡妇与美国法的重构》，田雷译，上海三联书店2008年版，第341页。

② 冯玉军：“公平还是福利？这是一个问题”，载［美］路易斯·卡普洛、斯蒂文·沙维尔：《公平还是福利》，冯玉军译，法律出版社2007年版。

③ 钱宁：《社会正义、公民权利和集体主义——论社会福利的政治与道德基础》，社会科学文献出版社2007年版，第32～80页。

④ ［德］乌尔里希贝克：《风险社会》，何博闻译，译林出版社2004年版，第21页。

保障，并以此为己任而努力实现，但现在的发展趋势是远远超出这种目的范围，不仅关注生存权，更把福利权置于重要位置。① 每个人都有权主张他在社会生活中遇到的意外伤害的损失由社会承担；每个人都有权要求社会保证他达到起码的生存标准：不仅限于提供或获得平等的机会，而是直接的物质满足。② 缓和社会不公平、创造并维护社会公平，是社会保障制度安排的基本出发点，也是社会保障政策实践的基本归宿。③

“安享”生活的实现，必须考虑三个方面的因素。

(1) 平等的主体地位和机会平等。社会保险的准入条件必须是一致和统一的，每一个公民均可基于同样的实质因素获得社会保险的法律保障。就典型的和基本的社会保险，如城镇职工基本养老保险、基本医疗保险、失业保险、工伤保险，根据《劳动法》、《社会保险费征缴暂行条例》及国家关于社会保险的其他政策法规，如《工伤保险条例》、养老及医保政策，我国公民获得社会保险的基本条件是劳动关系的存在。因此对建立在劳动关系基础上的社会保险，只要因劳动关系的存在，就可以进入社会保险的保障系统。由此，户籍限制、根据工作年限而限制待遇享受地都是违背平等的地位原则的，剥夺了当事人的机会平等。

(2) 适度的物质保障水平。首先，必须保证待遇享受人的生活维持在能够“安享”的程度上。这个问题非常复杂，需要经过详细的测算。笔者认为，养老金60%的替代率是一个较合理的标准。现实的问题主要是，工作期间的工资性收入较为广泛，并未都作为养老金替代率的实际考虑因素。即很多收入并没有纳入缴费基数考虑，导致养老金的实际替代率远低于预设标准。明确界定缴费基数，保障高水平的征缴率，是达到预设养老水平的重要因素。另外，政府的财政责任必须明确，企业的财务责任亦需要考虑。其次，适度的调整幅度和水平。这在近些年的养老金待遇体现较好；医疗保险的问题也逐步得到认识；而其他社保待遇则需要考虑这一因素。

(3) 心理和精神的幸福感。“安享”的基本意思是“安心享受”，怎样才是“安心”，涉及主体的价值评价，很难有一个绝对的标准，只能按照社会人的标准确立。我国传统社会心理认为，“不患贫而患不均”。差距过大，将是不公平的主要体现，也是导致社会冲突的重要根源。由此，在允许社会保险待遇存在差异的同时，将其差异限制在适当的范围内是公平正义的要求。主要为

---

① 郭士征编著：《社会保障研究》，上海财经大学出版社2005年版，第11页。

② [美] 罗斯科·庞德：《法理学》（第一卷），法律出版社2007年版，第430页。

③ 褚福灵：《社会保障国际比较》，中国劳动社会保障出版社2006年版，第52页。

养老保险缴费基数的上下限，医保统筹支付、生育保险待遇、失业保险待遇的标准化，工伤保险待遇中治疗费的统一标准，采用“统筹地区上年度职工月平均工资”作为待遇计发基数的做法，以及很多省份为平衡各统筹区工伤保险待遇（如伤残津贴、供养亲属抚恤金）差异过大问题，而在调整待遇上进行适当控制，以促进省内待遇的公平性，都是公平正义观的体现。

我国现阶段的社会保险都是缴费型的，除了正在实施的新农保制度。缴费型计划永远都不是包容性的，不能保证所有可能被确定为需要经济资助的人都能获得该项资助。① 这就涉及公平正义的历史性问题。即对于公平正义的追求，是完全按照理想的制度架构，还是尊重现实，分阶段实施。人类历史发展的史实证明，跨越式发展、超越历史阶段的发展，多半是以失败告终，即使不是全部。历史性是必须面对的。用罗尔斯的观点来说，这种阶段性的状况可能是不正义的，但这种不正义是为了避免更大的不正义。因而相对来说，它还是比较“正义”的。

2. 公平正义的历史性

罗尔斯指出，公共利益（公共产品）的首要特点就是存在着所谓的“逃票乘客”的问题。在公众群体较大并包括大量个人的场合，每个人都有一种躲避履行其职责的意图。这是因为一个人无论做什么都不会重大地影响生产总额。如果公共利益已被生产出来，那么他对这一利益的享有就不会由于他没有作出贡献而减少。如果公共利益没有生产出来，那么他的行为无论如何也不能改变这种状况。②

“逃票乘客”问题大概是指这么一种情况，政府提供公共交通服务（一种公共产品），是否买票全靠个人自觉，无人检查和惩罚，由此导致乘客逃票的问题。

预先指出的是，在实行此种公共服务的国家，“逃票乘客”不会绝对没有，但肯定是非常之少，只要想“逃”就可以“逃”，但想逃者寥寥，更不会“沾沾自喜”。

如实施社会保障税，对于实现公平负担、待遇平等的社会保障目标有直接促进作用，是以普惠制和现收现付制为基础的。③ 概言之，在社会保障税下，

① ［英］罗伯特·伊斯特：《社会保障法》，周长征等译，中国劳动社会保障出版社2003年版，第14页。

② ［美］约翰·罗尔斯：《正义论》，何怀宏等译，中国社会科学出版社1988年版，第267页。

③ 郑功成：《社会保障学》，商务印书馆2000年版，第341、342页。

所有的公民都应当享受养老金，该待遇是一种国民待遇而非与义务对应之权利。由此，既然缴不缴税与养老金并没有什么关联，干吗要缴呢？干吗要多缴呢？由于非缴费人员的纳入，必然要导致养老金水平的降低，这将进一步恶化纳税动机。医疗、工伤、失业保险基金的大量结余，及其待遇支付标准屡遭批评（医保支付比例在持续的社会压力下已经作了较大的调整）的现实也足以佐证，如果基金（或专项财政收入）不尽如人意甚至存在支付风险时，首先纳入风险控制的恐怕就是待遇标准了。由此，“逃票乘客”将不可避免。由于社会保障税税率通常会高于个人所得税率，前者的“逃票率”也将远高于后者的“逃票率”。在这种情况下，“逃票”具有强烈的正当心理基础，税法的强制性将在相当程度上被瓦解。

解决“逃票乘客”问题的根基在于法律至上性的确定。只要法律至上性没有确立，“逃票”就具有强大的心理和社会基础。这不是单纯靠惩罚所能解决的。由此，在我国相应的社会心理、文化基础和法治观念根本确立以前，以绝对平等为指向的完全普惠制的社会保险费（税）筹资模式都不具有可持续性。

3. 从工伤保险对民事侵权责任的替代模式看社会保险法的公平意义与历史限制

一般来说，工伤保险是从雇主对雇员的侵权责任发展而来的。在工伤保险产生之后，工伤保险责任与雇主对雇员的侵权责任的关系上，存在替代、双重、补差与选择模式。

在工伤保险的鼻祖——德国，雇主对雇员因工作原因造成的损害，只承担工伤保险责任，无须另外承担侵权责任。例外情形是，因雇主故意行为导致雇员遭受工作伤害的，雇员可以对雇主提起民事侵权诉讼，但侵权赔偿所得应减去其已获得的工伤保险待遇（将已获得的工伤保险待遇返还工伤保险基金）。在雇主因重大过失导致工伤事故，或故意导致工伤事故且雇员未对雇主提起侵权之诉时，工伤保险经办机构将行使代位求偿权，向雇主追偿。由工伤保险责任完全替代民事侵权责任，在德国是具有公平性的。首先，在赔偿标准方面，包括人身损害的赔偿、伤残津贴等，工伤保险待遇总和与侵权赔偿基本相当，使替代模式具有可接受性。其次，侵权赔偿也不以金钱的给付为唯一方式，也需要对被害人进行康复训练等，其赔偿理念与工伤保险有相似性。赔偿模式的单一，有利于减少诉讼等社会成本，也不存在与用人单位的诉争，有利于维护企业内部劳资关系的和谐，也是一个很重要的因素。德国工伤保险替代模式的公平性与效率是一致的，其赔付的高效率进一步提升了替代模式的公平性。相反，在英国，工伤雇员既可以获得工伤保险待遇，又可以要求侵权赔偿，这与其工伤保险待遇过低、不能有效发挥工伤保险的全面保障作用有密切关联，其结果就导致诉讼案件增多。

德国工伤保险“全方位”的服务是替代模式获得民众认同的重要原因。在德国工伤保险法中，雇员发生工伤事故后，所要做的事就是治病，其他所有的事情如“确定是否属于工伤”、“报销”、“追偿”、“修缮生活设施”等几乎都与他“无关”，他最多也就是配合而已。到了医院，医生察看伤情、简单询问，初步判断属于工伤，即纳入工伤保险范围予以治疗，受伤雇员无须支付任何费用；医生同时会向工伤保险经办机构报告该“工伤”事实，由工伤保险经办机构调查确认。多数情况会得到确认，即使几个月后确认不是工伤，对受伤雇员也没有任何影响，也不需要受伤雇员“偿还”工伤治疗费，“善后事宜”将在工伤保险与医疗保险内部进行。

即使是极其罕见的“黑工”（非法雇佣者），虽然他们没有参加社会保险，也和其他雇员一样可以全额享受工伤保险待遇。非法雇佣只针对雇主而言，对雇员并无影响，他们之间依然成立雇佣关系，雇员当然获得工伤保险保障。同时，工伤保险经办机构将对雇主进行调查，追索保险费。通常在这种情形下，雇主也触犯刑律，检察机关会对雇主提起公诉。

而实现这些“全方位”服务的基础是，在德国，几乎所有的雇员都参加了包括工伤保险在内的社会保险。即使不能获得工伤保险的保障，也可以获得其他社会保险的保障或救助。

侵权责任与工伤责任如何处置还涉及第三人责任。在德国，雇员在因第三人造成工伤事故时，雇员也是直接享受工伤保险待遇。工伤保险经办机构在向工伤雇员赔偿后，依代位请求权向第三人提起侵权之诉，第三人赔偿超过工伤保险待遇的如精神损害赔偿，工伤保险经办机构将转交工伤雇员。由于两者是总额对比，因此对长期津贴、其他非现金给付待遇要按生存余命进行折算后确定第三人赔偿是多于还是少于工伤保险待遇。①

对于工伤保险与侵权责任的关系，我国实践很不一致，对于存在第三人侵权责任的情形，有的主张“双重”赔偿，有的实行“补差”，有的是除医疗费以外实行“双重”赔偿。对于单纯在雇员与雇主之间的赔偿，有劳动关系的，一般是“替代”，个别地方也允许“选择”；没有劳动关系的，一般仍采用侵权责任。根据《社会保险法》的规定，除了医药费以外，实行双重赔偿。

同样是一种工伤，情形几乎完全一样，为什么有的可以获得两份待遇，而

① 向春华：“在比较与借鉴中发展工伤保险制度”，载《中国社会保障》2010年第4期。

有的却只能获得一份待遇？这亦违背了相同事实相同处置的法治原则。而且获得一份待遇的通常是最“正宗”的工伤即工作过程中的职业伤害，获得两份待遇很多是上下班途中工伤，其应得保障性尚不及工作过程中的职业伤害。由于我国工伤保险的理念还未深入立法、司法及公众的心中，工伤保险的覆盖率还有待提高，加上现行司法体制的问题如“执行难”，在目前完全实行替代模式可能导致更不公平。在工伤保险待遇已以大幅度提高的情况下，保障水平已经达到甚至超过民事的综合赔偿水平，替代模式可能更为公平，尤其是建立了工伤保险基金先行支付制度时。

4. 从新农保普惠制看社会保险的公平意义与历史限制

从2009年开始，国务院颁布《关于开展新型农村社会养老保险试点的指导意见》（国发〔2009〕32号），开始推行“新农保”制度，计划在10年内保证每个农村居民能享受最低每月55元的基础养老金，实行普惠制。①该文件指出：建立新农保制度是深入贯彻落实科学发展观、加快建设覆盖城乡居民社会保障体系的重大决策，是应对国际金融危机、扩大国内消费需求的重大举措，是逐步缩小城乡差距、改变城乡二元结构、推进基本公共服务均等化的重要基础性工程，是实现广大农村居民老有所养、促进家庭和谐、增加农民收入的重大惠民政策。

（1）补贴标准的公平性。对于中央确定的新农保的基础养老金的标准，人社部副部长胡晓义在接受中国政府网专访时表示：“关于基础养老金标准的问题，我们进行了反复的测算，国务院的文件里现在定的是每人每月55块钱，这就回到刚才我们讲到的保基本的原则。就是为什么定55块钱？首先是农民就制度性的养老保障来讲基本上是缺失的，是0，是没有的。那么从0到55元应该是一个很大的跨越。55块钱一个月在城里人看来是非常小的数，但是我调查过很多的农村，特别是边远农村，55块钱的现金收入对于一个农民，特别是对一个农村老年人来讲还是比较有用的。因为他很难每月从其他方面得到55块钱这么多的现金收入，所以这是看问题的一个角度。再从另外一个角度来看，这55块钱因为都是政府财政支出，而刚才我也讲到我们现在有超过

① 在此之前，很多地方，尤其是沿海等经济比较发达的地区，已经开始推行“新农保”，有的基础养老金的待遇标准已经高于国家标准。

“新农保”是与“老农保”相对应的。我国大概在20世纪80年代后期开始试点农村社会养老保险制度，主要是农民自筹资金，集体补助，政府没有补贴。因很多集体没有相应的经济实力，最终使得“老农保”多数沦为农民个人完全积累式的养老制度，无法继续发展。“新农保”最主要的特点在于强调了政府的财政责任。

1亿的农村老人，如果每人每月55块钱，一年中央财政的支出就要将近700亿元，如果全面铺开，我们必须考虑目前财政的承受能力。就以后而言，我相信随着经济水平的进一步提高，财力的进一步增强，这个水平会逐步提高的，而这个逐步提高的原则也是写到了国务院的文件当中的。”① “强调补贴必须定位在生存水平对于整个计划是至关重要的。”②

（2）试点地区选择的公平性。哪个地区先列入试点，就意味着这个地区的农村居民先获得基础养老金，对尚未获得该基础养老金的农村居民来说，就是不公平的。领导拍脑袋拍出来或内定都是不公平的。根据罗尔斯的差异原则，不平等分配只有有利于境况最不利者才是正义的。因此，先列入试点者应当是其农村居民收入最差者，即农村居民人均纯收入最低者。

（3）试点时间的公平性。显然，最公平的方式是一次性将所有农村居民全部纳入，大家都平等享受国家的普惠待遇。但中国毕竟人口众多，一次性纳入对于财政支出的压力是巨大的，而财政的稳定又关系到国家的稳定和安全，在国家安全和农村居民基础养老金的保障上，前者似乎更为重要，因为没有前者，后者就无法实现。因此分阶段纳入，是符合公平正义的历史性要求的。但这不意味着阶段性可以是遥遥无期的，因为全部纳入的时间越长，后纳入者的不公平对待就越显严重，公平正义的历史性就越弱。只有尽快将全部农村居民全部纳入，才能更好地体现公平正义之要求。就此点，人社部农村社会保险司司长赵殿国表示，“在3年至5年之内，新农保可以在制度层面上普遍推向农村”。③

（二）平等的绝对与相对

社会法之目的端在对足以构成一个人生活威胁的危险之负担予以减轻，其最终目的以在于达成生活于社会中人与人之间之实质平等。④新农保普惠待遇的实施，是我国社会保障对平等理念追求上迈出的重要一步。养老保险全国统筹的要求，必然要求企业职工基本养老保险基础性养老金的统一，亦是实质平等的重要体现。公务员、事业单位纳入城镇职工基本医疗保险，事业单位、社会团体、民办非企业单位纳入工伤保险，都是对实质平等的追求。

但我们的社会保险依然存在许多不平等。如公务员和部分事业单位依然实行特殊的养老保险制度，与企业职工养老保险待遇存在严重的“剪刀差”。

---

① 载 http://news.xinhuanet.com/politics/2009-09/15/content_12056714.htm。

② ［英］罗伯特·伊斯特：《社会保障法》，周长征等译，中国劳动社会保障出版社2003年版，第40页。

③ 邹萃：“让农民养老不再犯愁”，载《中国社会保障》2009年第11期。

④ 黄越钦：《劳动法新论》，中国政法大学出版社2003年版，第356页。

“导致民众要求消除社会和政治差别的不是因为存在着贵族与平民或官员与普通公民，而是由于贵族对平民、官员对普通公民、掌权者对无权者的所作所为。”① 作为我国社会保险政策的设计者和改革的最主要的推动者，公务员的社会保险待遇水平远远超过普通民众，这不符合公平正义之要求，而是特权的体现。在我国，对平等的理解必须注意：（1）平等不是平均；（2）平等反对特权；（3）平等反对歧视，歧视作为一种社会人际关系的产物和状态，是指人对人的一种不应有的不平等的低下看待。②

平等的要求并不一定要求公务员的社会保险待遇与其他职业群体完全相同，甚至低于其他群体。平等性的要求不排除考虑收入、能力、机会、需要和喜好上的差别，因为所有这些要素都影响了福利，进而还影响到效用水平。③实行平等待遇不需要说明理由，而实行不平等待遇则需要有充足的理由。

（三）补偿正义

“补偿性正义原则，又称历史性正义原则，它针对那些历史上为了社会共同体的利益做出特殊牺牲或贡献的人。在我国，这主要体现在为军人建立的特殊的优抚制度，为残疾军人和家属提供特殊的照顾上。另外，在计划经济时代为我国工业化的积累做出了很大牺牲的农民，按照补偿正义原则也应得到一定的补偿。”④ 我国对义务兵及部分士官、军官军龄视同缴费年限，对此年限无须缴费而直接作为养老金计发依据。在养老保障制度转变之际，根据补偿正义对其之前工作年限所体现的养老待遇进行“折算”，是公平的。但“补偿正义”体现的方式是否具有公平性，需要进一步研究。

1. 视同缴费的待遇处置。我国视同缴费年限的对象，除了军龄之外，“固定工”在实行统账结合的养老保险制度前的连续工龄（包括完全没有缴费前的连续工龄，及没有建立个人账户但已有缴费的连续工龄），“临时工”的连续工龄及建立个人账户前的缴费年限，从行政机关、事业单位变动至企业工作的人员在变动前的连续工龄，均在视同缴费年限制度涉及之内。根据我国养老金的计发公式，视同缴费年限体现的养老金待遇主要在过渡性养老金（有的地方还包括调节性养老金）中，即根据视同缴费年限的长短，计算为过渡性

---

① ［美］迈克尔·沃尔泽：《正义诸领域：为多元主义与平等一辩》，褚松燕译，译林出版社2002年版，序言第3页。

② 卓泽渊：《法的价值论》，法律出版社2006年版，第296～299页。

③ ［美］路易斯·卡普洛、斯蒂文·沙维尔：《公平还是福利》，冯玉军译，法律出版社2007年版，第27页。

④ 胡威：“社会保障制度及其政治价值原则研究——以社会正义为视角”，2005年吉林大学博士学位论文，第182页。

养老金（调节性养老金），直接由养老保险统筹基金支付。通过这种方式，参保人员的历史贡献为新的养老保险制度所认可，因而对参保人员本人来说是比较公平的。但是，统筹基金是由其他参保人员所在单位缴费而成，这些单位之所以缴费，表面上看是执行国家法律法规，但其深层次的正当理由则是为了保障所雇佣人员的利益，如果不是为了保障雇员的利益，这些单位可以通过很多方法达到少缴甚至不缴社会保险费的目的。这些单位的缴费不是为了保障其他毫不相识人员的养老利益，更不是要“弥补”曾经为国家或其他单位作出过贡献的那些人员的养老利益。这些历史贡献的对象是国家，其代表就是政府，而不能泛化为每一个社会主体。典型的例子就是，革命烈士所作出的牺牲，只能由国家或其所在单位对其遗属进行抚恤，没有直接关联的企业等单位对其并不承担任何法律责任。从这个角度而言，直接动用统筹基金承担视同缴费年限的养老责任，是不正当的，将间接损害其他缴费人员的养老利益，亦是政府责任的缺失。

可能有人认为，政府反正承担“兜底”责任，先动用统筹基金支付，如果不够，再由政府承担责任，那么政府并没有逃避自己的责任。除了性质本身的区别，从依法行政原则来说，不是政府的钱，政府动用就是不合法的；即使进行强制立法，使这种行为“合法化”，也不能使其具有正当基础。更为直接的，在这种灵活方式下，如果统筹基金“够”了，那么政府不就不用承担财政责任了吗？这恰恰是不对，统筹基金充裕，要么应当提高养老保险待遇，要么应当降低费率减轻用人单位的缴费负担，即对基金享有权利的，要么是待遇享受者，要么是基金提供者，而绝对不应当是基金的管理者或监督者。

在未实现全国统筹的前提下，视同缴费年限的养老责任直接由基金承担还将导致地域的不公平性。一旦发生养老保险关系转移，无论是由北京市的养老保险统筹基金（及财政）承担青海省某职工20年的视同缴费年限责任，还是反之，都不具有正当之理据。这也是实践中反对视同缴费年限一并转移的症结所在。同时，在转移的情况下，视同缴费年限的养老待遇的计算标准也会存在很大争议。

笔者认为，对视同缴费年限，应当进行一定的资金折算（承担主体应根据具体情况确定），并入统筹基金之中，并根据其“缴费”水平确定相应的待遇标准。

2. 特殊工种的补偿。特殊工种“提前”退休是我国一项重要的退休制度。在历史时期，从事井下、高空、高温、特别繁重体力劳动及其他有毒有害工作，对身体有较大伤害，常常是“未老先衰”，因此在劳动者从事特殊工种符合法定年限时，政策允许其提早一些时间退休。国务院《关于工人退休、退职的暂行办法》（国发〔1978〕104）规定，工人“从事井下、高空、高温、特别繁重体力劳动或者其他有害身体健康的工作，男年满五十五周岁、女年满四十五周岁，连续工龄满十年的”，应该退休。从事法定特殊工种的人员，可以比正常退休年龄早5年退休。可见提前退休，意味着少缴费、多领取养老金，对个人利益较大，而对基金（包括养老和医保）有较大冲击，并加重了财政负担。在2000年前后，很多下岗失业人员不惜与用人单位合谋通过修改档案等非法手段以达到提前退休之目的。

在实行企业退休制度的条件下，劳动者从事特殊工种，是为本企业服务，本企业由此对提前退休人员早支付养老金，是合理的。而在实行养老保险统筹制度以后，特殊工种的直接责任主体并没有改变，而养老金支付责任转由统筹基金负责，这种责任的转承和一般情形的养老金的转承是不同的。用人单位及劳动者缴纳社会保险费之后，相应的养老责任转由养老保险基金承担，这是在一般情形下发生的，即通常是以到法定年龄退休为条件的。特殊工种提前退休并不在该条件之内。在与其他单位实行相同的费率等缴费条件的基础上，将用人单位对特殊工种所负担的特殊责任转由统筹基金承担，相对于其他缴费主体来说是不平等的，不具有正当性；实际上，其他一般缴费主体分担了有特殊工种退休人员的用人单位及从事特殊工种工作人员的责任，这不具有正当基础。

笔者认为，（1）随着技术的进步、生产条件的改善、劳动安全卫生条件的严格，特殊工种对劳动者健康的损害，相比30年前，已经发生了质的变化，实行提前退休制度的现实基础发生了改变，不宜再予以保留。（2）提前退休在一定意义上对劳动者的养老利益有不利影响。提前退休，需要对养老金的计发比例作一定的扣减；同时，缩短了缴费年限，减少了个人账户的储存额，且不能享受因社会平均工资的增长而导致的养老金计发基数的提高，使得相较于继续缴费至正常退休年龄，养老金有很大“缩水”。这也是目前很多已经办理了特殊工种提前退休人员又反悔，要求用人单位继续缴费至正常退休年龄再办理退休争议的多发根源。可见提前退休对劳动者而言，并非最优选择。（3）提前退休的潜在含义是，劳动者所从事的特殊工种对其健康产生了不良影响。由此产生的责任，应当由用人单位承担。具体的责任内容包括：①特殊工种补贴。对从事特殊工种的劳动者给予现金补偿。②休假与疗养。定期提供较长时间（如1个月，甚至1年）的休假、休息和疗养，使劳动者的健康得以恢复和保障。③在长期休假期间支付基本工资，继续缴纳社会保险费，保障劳动者在正常退休年龄退休，并获得正常的养老利益。

3. 关停并转企业退休人员的社保的社会化，主要针对国有企业和集体企业。主要表现为，原由企业承担养老和医疗责任（包括即将享受养老和退休医疗保险待遇的人员，通常指距离退休年龄不足5年的人员），因企业关停并转丧失了继续履行此种责任的能力。这些人员都为企业作出了贡献，因而也是为国家（政府）作出了贡献（企业的产权属于政府或政府部门，所产生的收益由所属政府或政府部门支配，解决了所属政府或政府部门的诸多难题，如待业人员的就业问题），因此政府或主管部门需要承担这些企业应承担的社保责任。主要是经过测算，由财政向养老统筹基金及医保基金支付一定资金，将这些人员纳入养老、医疗及统筹管理。

如对于医疗保障的社会化，人社部、财政部、国务院国资委、监察部《关于妥善解决关闭破产国有企业退休人员等医疗保障有关问题的通知》（人社部发〔2009〕52号）规定："各地要制定具体的实施办法，切实将目前尚未参保的、关闭破产集体企业等其他各类关闭破产企业退休人员和困难企业职工纳入城镇职工基本医疗保险。中央财政对此项工作做得好的地区，通过以奖代补的方式给予一次性补助"，"到2010年年底前，基本解决所有关闭破产企业退休人员和困难企业职工的参保问题"。

中央财政安排了一次性补助资金56亿元，人社部、财政部、国资委、监察部联合颁发《关于做好国有企业老工伤人员等纳入工伤保险统筹管理有关工作的通知》（人社部发〔2011〕10号）规定，通过统筹基金调剂、企业趸缴部分费用、政府补助等多渠道筹集资金，将国有企业老工伤人员等纳入工伤保险统筹管理。

（四）安全与秩序

社会保险的直接功能，是对工资劳动者在其全部生命周期遇到的种种风险——失去收入的危险进行某种程度的补偿，以维持他们的基本生活。① 社会保障的目标包括通过税收的形式，将资源从富人那里以社会保障补贴的形式再分配给穷人，以促进更大的经济平等。确切地说，社会保障待遇的供给有一个中心目标，那就是济贫。社会保障的基本目标：它是社会福利供给的一部分，通过支付补贴的形式，向那些被确定为贫困或者面临贫困威胁的人提供物质帮助。对那些因残疾或照顾责任而不能工作的人，以及对那些已经退休的人，应该保障其尊严和安全。②

社会风险，首先是工业事故风险，给劳动者的生命健康安全带来严重威胁。"你可以拥有财富，但必定会受风险的折磨。"无论你拥有多少财富，"股

① 侯文若、孔泾源主编：《社会保险》，中国人民大学出版社2008年版，第6页。

② ［英］罗伯特·伊斯特，《社会保障法》，周长征等译，中国劳动社会保障出版社2003年版，第1、2、250页。

市有风险，入市需谨慎”，市场经济虽然不都像股市的风险这么大，但风险是必然的。“为了经济生存的目的，现在个人被迫使自己成为生活规划和行为的中心。”① 社会保险便是风险规划之一，只是这种规划不完全是自己意愿的规划，更体现为国家的规划。

工业事件的频发，引发劳资矛盾尖锐、社会矛盾激化，对整个社会秩序形成冲击。实行社会保障的目的是要使生存发生困难的社会成员通过保障能够生存下去，不至于陷入困境，并通过竞争，达到维护社会公平、缓解社会矛盾、保证社会稳定的目的。② 社会保障的根本目的在于保障社会成员的基本生存条件。社会保障是社会按照一定时期生产力的发展水平，对生存发生困难的社会成员的基本生活需要予以物质帮助。这部分人的基本生活需要得不到保证，就要危及他们的生存，以致影响社会的安定。③

社会保障理论史明示：社会保障的目的在于安全。（1）德国历史学派的社会改良思想为俾斯麦政府实施社会保险奠定了理论基础，这一理论主张是从社会安全角度出发的。该思想主张实施社会保险等一系列社会政策措施，自上而下地实行社会改革，以改善工人的劳动条件和生活条件，借以改变工人阶级的教养和心理状态，从而缓解劳资矛盾。（2）对社会保障最早的经济研究应当归功于旧福利经济学的创始人庇古。庇古之所以提出经济福利思想，是为了缓解当时的劳资矛盾，维系社会安全。在其理论中，将社会福利与国民收入联系在一起，又将社会保障发展与国民经济发展联系在一起，从而使充分就业、经济安全等福利国家的目标具有了全社会的性质。（3）凯恩斯的有效需求不足与国家干预理论，认为社会保障具有减缓经济波动的“减震器”的作用。（4）介于民主社会主义与新自由主义之间的中间道路理论，十分强调社会稳定和秩序，认为稳定与秩序是全部社会生活的基础，而不公平和贫穷不仅剥夺了个人的自由和保障权利，而且对国家和社会的稳定构成了威胁和挑战，因此国家的主要责任应当是保障社会的稳定和维护社会秩序。概括讲，各个国家建立社会保障制度的目的是，通过利益的再分配保障公民的基本生活需求，缓解社会矛盾，维持社会稳定，为社会经济发展提供安定的社会环境。④

---

① ［德］乌尔里希贝克：《风险社会》，何博闻译，译林出版社 2004 年版，第 21、113 页。

② 褚福灵主编：《社会保障国际比较》，中国劳动社会保障出版社 2006 年版，第 7 页。

③ 黎建飞主编：《社会保障法》，中国人民大学出版社 2008 年版，第 4 页。

④ 褚福灵：《社会保障国际比较》，中国劳动社会保障出版社 2006 年版，第 40 ~ 55 页。

社会保障对安全与秩序的保护并没有因现代科学技术的进步而没落。不论科学技术有多进步，人所面临的生老病死等问题根本上并没有解决，反而因科技进步带来了经济社会的转变，使得原本可借家族或社会间互助合作解决的经济不安全问题，必须由个人或家庭完全承担，相对地减低了风险吸收的能力，而暴露在更大的危险之下。①

社会保险是保障人们能够比较体面和有尊严地生活的，保障的是生活的安全，而非危急，虽然危急也是不安全，但它是最严重的不安全，社会保险保障的不是最严重的不安全，而是一般的不安全。“仓廪实而知礼节”，社会保障（社会保险）通过对以尊严为基础的基本生活安全的保护，解决了公民基本的物质生活的需要，为满足公民更高层次的物质和精神需要确立了基本的物质基础，为社会秩序的建立奠定了良好的社会基础。

笔者重点分析上述目的，并不意味着其他目的对社会保险来说完全不重要，而是认为其他目的不具有优先性。在社会保险领域，效率问题虽然没有这么明显，但依然是一个应当考虑的问题。社会保险中的效率问题不应在于，在社会保险和经济发展之间，应该优先选择谁的问题；而应当是，在假定社会保险待遇的供给不变的情况下，如何提高制度的可持续性发展的问题。

前者，在中国社会应当是没有争议的问题。因此，无论是公开或变相实行所谓的“社保优惠”（允许用人单位不缴或少缴社会保险费），都是对法律和正义的公然挑衅。

在制度自身的效率性方面，社会保险仍有很多值得改进的地方。比如，社保机构的整合、社会保险费征缴、稽核、监察、待遇支付，社会保险的协议管理，社会保险机构对行政争议的统一应对，都是节约社会资源，增进社保制度效率必须考虑的方面。

关于社会保险的效率问题，笔者想简单谈一下激励机制的必要性。前面在分析“逃票乘客”问题时，已经阐述了我国公民对法律和义务的文化态度。在这种背景下，如果没有较好的激励机制，很难实现社会保险理想的法治状态。(1）激励与权益挂钩。如果社保政策所追求的目的，如“应收尽收”（指应当收缴的社会保险费全部收缴了），没有与参保人员的个人利益直接挂钩，因而不能得到参保人员的全力支持，这一目的不可能完全实现。如养老保险关系在可以自由转移前，因为存在不能获得养老保障的可能性，很多人对督促用人单位缴纳社保费的积极性并不高。因此，在我国推进社保制度的良好发展，

① 曾妙慧：《社会安全与社会保险》，台北华泰文化事业股份有限公司2002年版，第9页。

必须充分调动参保人员的积极性。从这个意义上，必须坚持养老金的缴纳及缴纳基数与养老金挂钩的政策；必须坚持乃至加大从用人单位缴费中划入医保个人账户中的比例；坚持缴费年限与失业保险金挂钩的原则，并考虑缴费基数与失业保险金是否一定不具有相关性的问题；工伤保险应当实行有效的浮动费率；生育保险的报销或支付比例，要考虑针对不同医院、不同支出的水平。（2）对公民维护社保权利的奖励。对举报属实者进行奖励，进一步扩大社保违法行为监督途径和实施更为有效的监督方式。（3）建立更具有强制性和有效性的社保法律争议处理机制。应当建立社保职能部门（行政机关和经办机构）的违法责任追究制度，特别是对失职的直接责任人员和负有领导责任的人员的责任追究。短期来看，不缴费、少缴费会有利于个别企业和个人人员，但长远来说，会降低社保制度的有效性，增加政府的责任。如关闭破产企业退休人员的社保权利未得到有效保障，最终是政府埋单，即使不是全部埋单的话。

三、社会保险法目的的分类

社会保险法的目的是多样的，笔者在上述内容重点讨论了社会保险法的终极目的或根本目的，而实际中，某一社会保险法律规则，以及立法者所希望达到的目的可能完全不相同，有些可能具有正当性，有些不具有正当性。很多法的目的仍然是进行法的目的评价的对象。在这种目的再评价的过程中，不仅可能导致具体法律规则的修改、废止与维持，还将促进法律思想、法律精神、法律伦理的变化与发展。对法的目的进行进一步的分类与研究，应当成为法的目的研究的重要内容。

（一）法的目的与社会目的

笔者坚持，就现代法，尤其是建构性法律体系来说，法是具有目的性的，即存在意欲实现的、可预期的事项。社会目的并非指作为抽象存在的社会之目的，而是指社会中各种意识主体所具有的目的，但笔者更愿意将其归结为社会中主流意识形态所主张和意欲实现之目的。法的目的，是一种社会目的，通常情况下，它是社会中主流意识形态所主张和意欲实现之目的，但并不完全如此。比如，保守的法官可能拒绝主流意识形态观念，亦可能“从谏如流”。

法的目的与社会目的之间的相互关系，表现出融贯性与非融贯性交错的关系。融贯性体现在，两者之间的相互作用与相互影响，如雇主违反劳动法律法规现象之普遍（如不签订劳动合同），影响了社会的和谐与稳定，需要令雇主承担更大的责任以保证雇主趋向于确立守法动机，《劳动合同法》则顺应了这一要求；由于地方政府的不当干预，社会保险的覆盖面及征缴率与立法（规范性文件）要求相去甚远，这一法律现实迫使党政部门对社保责任的强化。非融贯性体现为，两者之间的排斥与对立，社会民众要求劳动仲裁及司法机构受理社会保险争议，而实践则坚决予以排斥；再如公积金争议。融贯性与非融贯性不是截然分离的，而是辩证统一的。如档案争议，在相当长的时间内一直不为劳动仲裁及法院所接受，而《劳动合同法》等法律法规对此予以了明确，并已为司法实践所逐步接受。

哈耶克认为，法律目的不太可能了解社会的目的，并在立法中予以体现。不同的个人所追求的特定目的必定在很大程度上是那些制定规则或实施规则的人所不知道的。人们也不可能就大多数特定目的达成共识，因为除了那些追求这些特定目的的人以外，其他的人并不了解这些目的（如果人们知道他们有关特定利益的决策会造成的最终影响，那么他们就更不可能达成这类共识了）。大社会中盛行的行为规则，其目的并不在于为特定的人提供特定且可预见的利益。①哈耶克同时承认，人们可以就达成特定目的之手段达成共识。“在大社会中，人们之所以有可能保有和平和达成共识”，实是只须“就那些有助益于各种各样的目的之实现且能够有助益于每个人实现自己的目的的手段达成共识”，“人们之所以有可能达成这种共识，实乃是因这样一个事实所致，即这种共识所会产生的特定结果是无法预见的。正是由于我们无力预见采用某项特定规则所会产生的实际结果，我们才能够假定它会平等地增进每个人的机会。因此，正是对于未来结果的无知，才使得人们有可能就那些作为实现多种目的之共同工具的规则达成共识”。哈耶克显然过于保守了。从现实来看，行为规则以最显著的法律规则而论，也并不完全只是实现多种目的之手段或工具，而恰恰表现了某种利益（即使不是全部规则），如诚实信用。用哈耶克的观点来看，不讲诚信的人是不可能就这一原则或规则达成共识的。但如果是这样的话，恐怕是不可能就任何法律规则达成一致的。“无知之幕”的伟大之处在于为正义原则提供了理论支撑，这种正义原则是大多数人能够接受或认可的一种利益、一种更为崇高的利益，即便在现实中有很多人不接受这一原则。

社会科学虽然不像自然科学那样，可以经受严格的实验室论证，但这并不意味着社会科学不能成为一门科学，也不意味着社会科学一定不能接受试验证明。“的确存在一个真实的世界，我们以它为参照并检查我们的直觉从而逐步

---

① ［英］弗里德里希·冯·哈耶克：《法律、立法与自由》（第二、三卷），邓正来等译，中国大百科全书出版社2000年版，第6页。

逼近真理。”①

区分法的目的与社会目的的融贯性与非融贯性的意义在于，探寻在何种情形下，法律应当坚守自己的阵地，以及又在何种情形下，法律应当融入社会。

（二）立法目的与法的目的

立法目的一般是指立法者的目的，即立法者希冀通过立法所实现或追求的目的。法的目的则是指法作为一种规范实存（包括概念和原则）所具有的目的。在它们的相互关系上，笔者认同拉伦茨的观点：“法律解释的最终目标只能是：探求法律在今日法秩序的标准意义（其今日的规范性意义），而只有同时考虑历史上的立法者的规定意向及其具体的规范想法，而不是完全忽视它，如此才能确定法律在法秩序上的标准意义。”②

比如，工伤保险的立法目的应在于，通过实施工伤保险制度，使参加工伤保险的职工在因工作遭受事故伤害或者患职业病时，获得医疗救治和经济补偿，促进工伤预防和职业康复，分散用人单位的工伤风险。按照这一目的，发生工伤事故时已经参加了工伤保险的，由工伤保险基金承担；没有参加工伤保险的，工伤保险基金不承担责任。原《工伤保险条例》第60条作了明确规定：“未参加工伤保险期间用人单位职工发生工伤的，由该用人单位按照本条例规定的工伤保险待遇项目和标准支付费用。”这一规定不符合工伤保险的根本目的。修订后的《工伤保险条例》规定，用人单位来参保时，也可由基金先行支付待遇。一方面，所有的雇佣劳动者都应当纳入工伤保险体系，由此存在的责任问题与劳动者无关，即实际上有没有纳入，与劳动者没有关系，其责任在征缴主体。另一方面，既然在理论上或制度设计上，所有的雇佣劳动者都应当获得工伤保险的保障，那么未参保人员的工伤保险待遇由工伤保险基金承担就是正当的；而且，没有缴费的责任在征缴部门，与待遇支付部门具有紧密联系，应在它们之间分配和处置，由劳动者承担并不正当。相类似的情形是，不管有没有缴费，每一个公民都有同等的权利要求警察等公共服务部门的服务。

再如临时工的视同缴费年限问题。我国在计划经济时期，招用了大量的“临时工”，当时此项政策并不涉及“临时工”的社会保障问题。但随着养老保险制度的改革，“临时工”的养老保险权益问题必须解决。劳动保障部办公

① ［美］戴维·迈尔斯：《心理学》，黄希庭等译，人民邮电出版社2006年版，第44页。

② ［德］卡尔·拉伦茨：《法学方法论》，陈爱娥译，商务印书馆2003年版，第199页。

厅《关于劳动合同制职工工龄计算问题的复函》（劳社厅函〔2002〕323号）："对按照有关规定招用的临时工，转为企业劳动合同制工人的，其最后一次在本企业从事临时工的工作时间与被招收为劳动合同制工人后的工作时间可合并计算为连续工龄。在当地实行养老保险社会统筹前的临时工期间的连续工龄，可视同缴费年限；在当地实行养老保险社会统筹后的临时工期间的连续工龄，要按规定缴纳养老保险费，计算缴费年限，没有缴纳养老保险费的，不能计算视同缴费年限或缴费年限。"至少在目前，根据养老保险法的目的，应当解决历史时期的"临时工"的养老保险权益问题。

（三）根本目的与直接目的

法的根本目的是指法的终极目的，其外延要窄于法的目的；法的直接目的主要指在现行法秩序下法律的规范目的。同样，后者应当服从于前者，并以前者为理念和精神指向。在理想状态下，法的直接目的或法的规范目的与法的根本目的是一致的。在通常的语境下，保障参加养老保险的人员的养老保险权益，符合公平正义之法律根本目的要求。但这并不表明，所有打着保障养老保险权益名义的"法律"的直接目的都是符合法的根本目的的，如实行种族、性别、年龄等歧视规定的立法。

（四）法律体系目的与法条目的

法条的目的主要体现在法的适用中，即如果法律规则（条文）表述不够明确，需要探求该规则之目的而为解释。法条目的应当服从法律体系目的。

《工伤保险条例》规定，工伤职工工伤复发，确认需要治疗的，享受工伤治疗待遇、配置辅助器具的待遇和停工留薪期待遇规定的工伤待遇。那么，是否包括退休人员？条例虽然没有明确规定退休人员旧伤复发也享受这一待遇，但从工伤保险的保障目的，即保障遭受工作伤害的职工及时获得治疗，填补其因工作伤害而遭受的经济损失来看，退休人员因曾经的工伤旧伤复发而产生的救治等费用，与非退休人员（包括仍在工作的职工）因曾经的工伤旧伤复发而产生的救治等费用，性质是完全相同的，基于"相同事实应为相同处置"的原则，退休人员工伤旧伤复发住院治疗的，也应当与在职职工一样，享受相应的工伤治疗及补助待遇。

法律条文可以修改、废止，但法律目的长存。"文字可以僵死，但精神却永葆生机。"①

---

① 吴经熊：《法律哲学研究》，清华大学出版社2005年版，第297页。

第三章　社会保险法的法益

法律的主要作用之一就是调整及调和“种种相互冲突的利益，无论是个人的利益还是社会的利益。这在某种程度上必须通过颁布一些评价各种利益的重要性和提供调整各种利益冲突标准的一般性规则方能实现”。[①] 社会保险法同样要恪守这一范式。

在社会保险法中，所涉及的利益是多样的，主要是经济利益，如各项保险金（社会保险待遇）的获得，也存在精神利益和人格利益，如平等的人格之尊重（国家正在草拟关于农民工的养老保险办法，其因可能具有的歧视性而受到广泛的批评）。有个体利益，如主张多调整养老金（特别是针对某一群体如离休人员调整养老金时，往往会引起其他群体如新中国成立前老工人的意见）；有公共利益，如各项社会保险待遇之间的公平性；有政府利益与团体利益，如关于费率的争执。有正当的利益诉求，如异地接续社会保险关系，有不正当的利益诉求，如长时间在经济欠发达地区参保，临退休时在经济发达地区参保，而全部按经济发达地区基数计算养老金。在所有这些利益中，并非所有的利益都是社会保险法所要保护的；如何衡量要保护的利益，以及如何确定保护的方式和程度，就需要确定一定的标准。

从主体来看，利益分为个人利益、国家利益、公共利益，可以说这些不同主体的利益都是社会保险法所要保护的。对个人利益的保护是显而易见的，无须论证。按照通说，社会保险属于二次分配，国家要承担包括财政在内的主体责任。我国关于社会保险的一个共识是，社会保险的水平应当是适度的，这实际指的是社会保险的财政支出在整个财政分配中的合理位置。不恰当的社会保险支出，会影响人们的消费模式、国家其他公共事业如国防的发展，因而对国家利益也是具有重要意义的。社会保险追求对公民保护的公平与平等，是实现社会和谐的重要保障。因此，国家利益和公共利益都是社会保险法的保护客体。但不同主体间利益保护的侧重点如何，对于社会保险法法律规范的生成与

---

① ［美］E. 博登海默：《法理学：法律哲学与法律方法》，邓正来译，中国政法大学出版社2004年版，第413页。

获得具有非同寻常的意义。厘定各种利益，对于社会保险法的制定及其适用，都是非常必要的。

“所有的法都是保护法益的。”① 相较于利益的不确定性，法益是一个较为确定的概念。确定社会保险法的法益，具有使社会保险立法目的合理化、权利义务配置科学化、更好地解释社会保险法规范的功能。

要确定法益，首先必须明了利益及与其相关概念——权利、义务、制裁之关系，个体利益、国家利益、公共利益、集体利益、社会利益等“不同”利益间的关系及实质。

第一节 利益的概念及其特性

一、利益的通俗概念

利益，《现代汉语词典》解释为“好处”。② 在日常生活中，这个概念是非常清晰明了的。当然这种认识可能是有局限的，所谓“一叶障目，不见泰山”是可能发生的。比如，一个发不出工资的国企改制，给职工两个方案选择：解除劳动合同，给经济补偿；继续留在企业，享受很低的生活费。选择前者，可能会因此后企业效益变得非常好而觉得吃亏了；选择后者，可能会因企业倒闭（没有经济补偿）而觉得还是拿经济补偿更合适。且不管以后的现实，就当下的选择来说，每个理性的人都是按照自己的利益最大化进行选择的（这里只是指一般的、普通的社会人，而非指个别的品德特别高尚、专门利人、毫不利己的“圣人”）。正是在这一意义上，“每个人都是自己利益的最好守护者”。

人类的生存和发展，是以利益为基础的。③ 爱尔维修有一句名言：“河水不会向河源倒流，人们不会逆着利益的浪头走。”④ 马克思主义利益理论认为，任何一个社会首先必须满足人们的物质生活需要，满足人们的物质要求，即满足人们的物质利益。利益是社会发展的基础、前提和动力因素。⑤ 对利益的争取是人类社会发展的内在动力。利益是人类活动的内驱力，是社会存在和发展

① 张明楷：《法益初论》，中国政法大学出版社 2003 年版，第 176 页。

② 《现代汉语词典》，商务印书馆 2005 年版，第 841 页。

③ 王继军：《公法与私法的现代诠释》，法律出版社 2008 年版，第 20 页。

④ 付子堂：“对利益问题的法律解释”，载《法学家》2001 年第 2 期。

⑤ 王伟光：《利益论》，人民出版社 2001 年版，第 73、74 页。

的根据，是社会变革的原因，是上层建筑形成和发展的基础。① “追求利益是人类最一般、最基础的心理特征和行为规律，是一切创造性活动的源泉和动力”②，对利益的争夺则是纷争产生的直接根源，在一定意义上，这正是法律产生的原因。“利益是法律的原因，法主要规范着利益斗争。”③

二、利益的理论概念

然而在理论中，对于利益的概念并非没有争议：

学者关于利益的定义有几个共性：（1）指出了利益是一种需要；（2）认为利益是客观规律制约，由生产关系所决定；（3）认为利益是满足生存和发展需要的。笔者认为，第一个认识无疑是正确的，后两种认识则有失偏颇。一些主观性很强的利益，如同性恋之性取向满足的需求怎么体现客观规律呢？与生产关系何关？又如追求崇高的爱情与追求没有爱情的物质婚姻，哪一种是受客观规律制约，由生产关系所决定的呢？人的需求是具有多样性的，很多需求和欲望是截然相反或对立的，而且这些截然相反或对立的利益允许或受法律保护。如果说一种利益是受客观规律职业限制，由生产关系所决定，能满足生存和发展需要，那么，又如何解释与之截然相反或对立的利益也是受客观规律职业所限，由生产关系所决定，能满足生存和发展需要的呢？这在逻辑上是一个悖论。经济基础决定上层建筑，这在宏观层面上无疑是正确的。但是人的价值认识并不完全由经济基础所决定，无论经济或社会状况如何改变，一些观念是永远不会或不应当改变的。从经济基础或社会关系作为出发点来界定利益，无法解释很多的利益类型，其根本错误在于：实质是从客观性来界定利益，忽视了利益的主观性。

关于利益的本质有四种观点④：（1）主观利益说，认为是否是利益，是否具有好处，是由人们的主观意志决定的。利益不过是人的主观情欲要求。满足人的主观欲求就是利益所在。“利益是意识的属性，是人们对于满足一定需要的意志指向。”⑤ “离开人的需要，离开人的生命活动对客体的追求状态，就不会有所谓的利益。”⑥ 庞德认为，“利益可以看作是人们——不管是单独地还是

---

① 谭培文：《马克思主义的利益理论：当代历史唯物主义的重构》，人民出版社 2002 年版，第 175 ~ 180 页。

② 张文显：《法哲学范畴研究》，中国政法大学出版社 2001 年版，第 220 页。

③ 付子堂：“对利益问题的法律解释”，载《法学家》2001 年第 2 期。

④ 王伟光：《利益论》，人民出版社 2001 年版，第 73、74 页。

⑤ 孙国华主编：《法理学教程》，中国人民大学出版社 1994 年版，第 83 页。

⑥ 王新艳：“公共利益诠释”，载《云南大学学报》（法学版）2006 年第 5 期。

在群体或社团中或其关联中——寻求满足的需求、欲望或期望”。① 这也属于主观说。（2）客观利益说，认为利益就是实物的东西、物质的东西、客观的不以人的主观为转移的存在。“利益是意识、意志之外的客观存在”②，“我们认为利益是个客观现象、客观范畴”③，“这也是马克思主义哲学所认为的利益的最大特性，即客体对主体的意义是真实存在的，是客观的，是不以人的意志为转移的”。④ 利益是由生产活动创造出来的物质生活条件，是指人类赖以生存发展的物质生活条件。⑤（3）主客观统一说。认为利益的内容是客观的，表现形式是主观的。（4）社会关系说。认为利益是一种关系，是物质关系、经济关系、社会关系的体现。

在评析这些论点之前，我们必须明确，确定概念是进行思维所必需的，这种思维不是仅仅封闭在一小撮人或学术界之内的。思想是要在社会之内进行交流的，要能够为社会公众所理解和接受。法学研究最基本的对象是法和法律现象，是适用所有社会公民的，其所确定和采用的概念必须与社会观念或认识相一致，即使含义不完全相同。理论概念包括法学中的概念，如果背离社会生活中的概念和认识，很可能就是“指鹿为马”。津津乐道于臆造的概念内涵，而完全背离公民的基本认识与感情，虽然自认为很“博学”、很“精深”，实无异于痴人说梦。法学或法律的定义，在于使日常生活中所使用的概念更加精确，更便于区分某事物是否属于此概念。“有些人会经常地感觉到有标明界限的需要，因为这些人虽然精通词汇的日积月累而成的用法，却不能阐明或解释他们已经意识到的那些使一种事物与其他事物区别开来的差别。”⑥ 无论怎么解释或定义，如果将时间确定为空间，那就很荒谬了。因为这对于一个正常的社会公民来说，是无法理喻的。就拿利益来说，如果将其定义为不利，认为不

① ［美］罗斯科·庞德：《法理学》（第三卷），廖德宇译，法律出版社2007年版，第14页。

② 孙国华主编：《法理学教程》，中国人民大学出版社1994年版，第83页。

③ 孙国华主编：《马克思主义法理学研究：关于法的概念和本质的原理：兼论法是“理”与“力”的结合，“理”是基本的，“力”是必要的》，群众出版社2007年版，第237页。

④ 胡锦光、王锴：“论公共利益概念的界定”，载《法学论坛》2005年第1期；“论我国宪法中‘公共利益’的界定”，载《中国法学》2005年第1期。

⑤ 谭培文：《马克思主义的利益理论：当代历史唯物主义的重构》，人民出版社2002年版，第90~96页。

⑥ ［英］哈特：《法律的概念》，张文显等译，中国大百科全书出版社1996年版，第15页。

利也是利益，同样是荒谬的。当然，要反击这样的定义是轻而易举的，因为只有圣人才能做到毫不利己，专门利人，这些定义者不是圣人，因而具有很强的自利心，不可能把自己的财产分给芸芸众生；按照他们的定义，利益包括不利，因此对于他们来说，追求不利，如把自己的财产分给芸芸众生，也就应当是他们追求的目标。这两者是自相矛盾的，事实上他们永远也不可能把自己的财产分给与他们毫不相识的人，这种“利益”是他们永远也不想追求的。基于此，《现代汉语词典》对利益的解释可谓经典。但在法律或法学上，将利益仅仅定义为“好处”是远远不够的。如同性恋之满足，对于同性恋者来说，不可否认其为“好处”，但对于非同性恋者来说，不仅不是好处，而是痛苦和坏处了。这就涉及评价的主体和标准问题，是需要更为精确地界定的。

在确立了这样的分析基础之后，我们先来看后两种观点。主客观统一说主张：“利益的内容是客观的，利益的形式是主观的，利益具有二重特性。利益的内容、形成、实现，既有主观因素，具有主观形式，又有客观性，受客观因素的制约。利益是主观和客观两种因素的辩证统一体，具有二重性。当然必须把利益的客观性、实物性、物质性、社会性摆在第一位，它是实质性的，而其主体性、主观性是第二位的，是形式上。”① 该观点有积极意义，如抽象地说利益的二重性是没有问题的。但具体分析，问题就出现了：（1）“主客观统一”这样的词是我们所惯用的，但其具体意旨为何？统一有两个含义：部分联成整体，分歧归于一致；一致的、整体的、单一的。② 主客观统一说采用的应该是第二种意义，即主客观一致的。可是这意味着什么呢？利益的主观性（利益主体对利益的认可）与利益的客观性（非利益主体对利益的认可）虽然在大多数时候是一致的，但也存在完全对立、不可调和的情形。在这种状况下，利益怎么达到一致或主客观统一呢？按照这种观点，同性恋之性取向的满足，究竟是不是一种利益呢？（2）“内容是客观的，形式是主观的”，似乎指的是，究竟什么是利益，是客观存在的，不以行为人主观意志为转移；但这种客观利益对于个别人来说，究竟能不能成其为一种利益，就要由个人的主观来决定。但是，“客观存在的”以什么标准来判定？由谁来判定？同性恋之性取向的满足，对于同性恋者来说，毫无疑问是一种利益，但怎么能确定或证明这是一种客观利益呢？从人类繁衍的生物学观点及人类历史发展的现实来看，这都不是一种客观存在的利益，更不能说其内容是客观的。（3）利益实际上是一种价值观的体现，不一定具有客观性、实物性、物质性、社会性。利益作为

① 王伟光：《利益论》，人民出版社 2001 年版，第 73 页。

② 《现代汉语词典》，商务印书馆 2005 年版，第 1371 页。

个人追求的一种价值，虽然与社会环境、文化背景有密切关联，但最终体现为个人的一种价值认识。将利益理解为纯粹的经济利益和物质利益过于狭隘。事实上对个别人来说，精神利益是更大的利益。“生命诚可贵，爱情价更高，若为自由故，两者皆可抛”，生命、爱情、自由，都不是物质利益，后两者更是无形的精神利益，而无数志士仁人为革命事业抛头颅洒热血，有谁是为了物质性、实物性利益的？马克斯·韦伯主张：科学不能为价值判断的正确性提供说明。[①] 这一说法虽有些极端，却道出了利益的主观性及个体差异性之特质。

社会关系说认为：利益是主体对于客体的需要的满足，体现了主体与客体之间的关系。但将其归结为物质关系、经济关系、社会关系，同样过于片面，也无法体现利益的本质。一方面，物质关系仅仅是与物质利益对应的，经济关系也只与经济利益对应，无法体现崇高的精神利益。社会关系的一般解释是“人们在共同活动的过程中彼此间结成的关系”[②]。即使在现代社会，“隐士”也并非绝对没有，与世隔绝、终老一生的人虽然极少，还是有可能出现的，他们在与世隔绝状态下的生活，依然不能否认其利益之存在。另一方面，利益总归是满足人们需要的，关系能满足人们的需要吗？多发工资是劳动者的一种利益，可是你说，劳资之间的权利义务关系是劳动者的一种利益，恐怕没有劳动者能明白和接受。

学者认为，“主观说实际上否认了利益的客观性，使利益成为不确定的现象，从而导致否定社会发展的客观性、必然性和规律性”，客观说使“利益成为完全独立于人的意识之外的一种客观存在”，因此主张采用折中说，“利益是指在一定的社会形式中满足社会成员生存、发展的客体对象”[③]，“所谓利益，就是指在一定的社会形式中由人的活动实现的满足主体需要的一定数量的客体对象”[④]。

我国学者在利益概念的确定上最容易犯的错误有两点：一是确定的概念与现实严重脱节，不能概括事实上存在的利益类型，这样的研究是没有生命力的；二是缺乏逻辑一致性，在对人格主体的实际适用中会产生背离，产生自相矛盾。这种错误的根源在于：

第一，利益概念与利益主体的分离。任何利益都是一定主体的利益，而这

① ［德］卡尔·拉伦茨：《法学方法论》，陈爱娥译，商务印书馆2003年版，第3页。

② 《现代汉语词典》，商务印书馆2005年版，第1204页。

③ 张明楷：《法益初论》，中国政法大学出版社2003年版，第168、169页。

④ 苏宏章：《利益论》，辽宁大学出版社1991年版，第21页。

个主体最重要的就是人，是活生生的自然人。在本质上，离开了自然人，也就没有利益存在。像在月球，除非针对人来说，否则我们很难确认那里存在利益。

第二，忽视了人的多样性。现代文明的重要特征便是尊重个人的自我选择，只要这种选择不对他人造成损害，谁也无权干涉。正是在此意义上，夫妻在家看“黄片”，不受法律或权力的干涉，也不能否认其利益的存在。可以说，有多少人便有多少种利益。

第三，利益不存在对和错，只存在正当与否，传统研究未能揭示出此点。对和错的评价主体可以是外在的，也可以是内在的，正当与否的评价主体则主要是外在的。在社会看来不正当的利益，其主体则完全可能持不同意见。错的不一定是不正当的。对和错，更多的是一种道德评价；而正当与否则首先体现为法律判断。在文明社会，任何主体都可以犯错，可以选择错误行为，只要这种行为和选择没有影响到他人，就难以认为其是不正当的。传统研究的错误在于，没有确定判断的标准。

第四，利益的主体性提供了两个重要意义：为法律限制利益提供了基本前提；为评价利益提供了基础。由于利益的主体性和多样性，这种利益可能是不正当的，可能会妨碍其他人的利益，因此需要法律予以禁止或限制。由于利益具有主体性和多样性，一个人的利益并不代表其他人的利益，不一定合乎大多数人的利益，甚至有可能损害其他人的利益，阻碍人类文明的发展。对于这种利益的价值和意义，需要引进其他标准予以评判，从而证实了法律和道德存在的必要性。认识不到这一点，就会掉入将法律和道德的客观性与其评价及规范对象的主观性混淆在一起，最终形成“剪不断，理还乱”的杂乱境地。

总体上说，传统利益概念过于注重意识形态立场，与利益现实过于疏离，没有基于对具体利益的研究进行抽象和概括，存在不可避免的矛盾和错误，也过于复杂和“玄乎”了。

关于利益最为经典的概念，莫过于耶林、黑克和庞德的定义了。

耶林强调，用处、财货、价值、享受、利益等概念绝对不是仅指经济上的概念而已：亦即仅指金钱及金钱价值而已；财产并不是人类必须被确保的唯一权利，在这些财产之上还有其他更高伦理形式的利益，如人格、自由、名誉、家庭关系，没有这些利益，外部可见的利益将根本毫无价值。① 利益与享受——这些人类生活所依附者，不仅是单纯感官的、物质上的性质，同时也是

① 转引自吴从周：“从概念法学到利益法学：以耶林（R. v. Jhering）对海克（Ph. Heck）之影响为线索开展”，博士论文，第65页。

非物质的、理想上的性质，他们包括了所有人类奋斗与努力的一切目标：名誉、爱、工作、教育、宗教、艺术、科学。①

耶林在此对“利益”一词的广义用法——利益不仅限于经济上之利益，深深影响了后来黑克对“利益”一词的理解，也为利益法学的核心思想作了奠基。② 利益法学宗师黑克强调③，“应该以尽可能广义或者说最广义的方式，来理解‘利益’这个概念”，“我们谈利益，不只在财产利益上谈它，也在理想利益上谈它。我们谈伦理的、宗教的、道德的利益，谈正义的利益，横平的利益等等，谈人类的最高利益”，“对黑克而言，利益是一种‘生活需求’，是一种法律共同体中存在的‘渴望与渴望的趋向’或‘渴望与渴望的意向’”，“申言之，这个最广义的利益包括任何一种潜在的与现实的、实质的与理想的渴望，物质的财物与生活上的理想，对任何一种文化上的渴望等等，完全不考虑渴望的客体为何。同样地，利益这个概念也完全不考虑主体为何，私人利益、团体利益、法律共同体利益、整体利益、公共利益或国家利益，甚至全人类利益都包括在内”。这一概念最大的问题在于，混淆了评价客体与评价标准。这种“广泛利益概念”，有着极大的不确定性，也早已隐含着评价对象与评价标准混淆的危机，事实上不够精确，也欠缺进一步的细分，利益概念在个别的规范领域是有进一步特殊化与具体化之必要的，或者说是需要一个内在的先后秩序的。④

20世纪享有世界盛誉的著名法学家罗斯科·庞德认为，利益，也就是人类社会中的个人提出的请求、需求或需要。⑤ 庞德的利益概念显然继承了耶林等人的思想。

笔者认为，这种经典概念是可取的，尚无可以否定的充分理由。这一点可以从利益法学和价值法学（评价法学）学说地位中得到体认。前述见解乃是

---

① 转引自吴从周：“从概念法学到利益法学：以耶林（R. v. Jhering）对海克（Ph. Heck）之影响为线索开展”，博士论文，第78页。

② 吴从周：“从概念法学到利益法学：以耶林（R. v. Jhering）对海克（Ph. Heck）之影响为线索开展”，博士论文，第65页。

③ 笔者注：原文译为海克，这里采大陆地区的通用译法“黑克”。

④ 吴从周：“从概念法学到利益法学：以耶林（R. v. Jhering）对海克（Ph. Heck）之影响为线索开展”，博士论文，第140~254页。

⑤ ［美］罗斯科·庞德：《法理学》（第三卷），廖德宇译，法律出版社2007年版，第18页。

一种“评价法学”，时至今日，已无人再争议其正当性，司法裁判尤为认可。[①]在法学方法论的思潮由利益法学发展至价值法学后，价值法学很快地在利益法学已经奠立的稳固思想根基上，取得当今法学的支配地位。[②]

三、利益具有主观性

利益的本质是有利性，是一种好处。这种判断首先必须从自己的角度进行判断，其判断主体只能是利益主体。承认利益的主观性，即是承认人的主观性，承认人的需求的多样性，承认主体的人格尊严。这也是法律对利益进行调整的前提，即尊重人的个别性和多样性。只要人的这种需求没有妨碍其他的权利，没有妨碍其他人的发展，即使这种需求在一般人看来是偏执的、无法接受的，法律也应当接受和认可。正所谓私密之境，法律不能进，公权力更不能进。这也是法律和道德范畴的界限所在。法律的调整范畴远比道德的范畴窄，相当多的利益诉求可以诉诸道德的评价和约束，但不能委之以法律规制。即使是道德，也不能要求所有人都喜欢一种颜色、一种式样。多样化的利益需求才真正是发展尤其是创新的动力。比如享受养老金，这是一般人认可的利益，法律应当保护；但也有个别人不愿意享受养老金，而愿意一直缴费（直至去世），这种不愿退休并享受养老金的需求也应当尊重。利益的本性是盲目的、非理性的东西，[③] 这个说法不完全成立，但却是有道理的。任何人都是感性和理性的复合体，其所确立的利益在绝大多数情形下，都是感性和理性评判的结果。但人与人之间的感性和理性是有差别的，人与人之间对于价值的认识完全可能是迥然而异的，盲目、非理性的利益需求也是普遍存在的。盲目、非理性并不代表背离法律和道德：第一，盲目的不一定是非理性的，也有可能是经过行为人深思熟虑的；第二，盲目、非理性的行为，可以是行为人愿意承受的。私法自治的真正含义是，在没有为法律所规制的领域，行为人可以自由的选择，不是选择的结果，而是选择本身。一些乡镇政府强迫农民种植经济作物，农民非常反感，一旦亏损了，更是义愤填膺。很多人买彩票，绝大多数人都没有“中彩”的机会，经年累月，付出当然也不少，不满者鲜见，最多只是抱

① ［德］卡尔·拉伦茨：《法学方法论》，陈爱娥译，商务印书馆2003年版，第2页。

② 吴从周：“从概念法学到利益法学：以耶林（R. v. Jhering）对海克（Ph. Heck）之影响为线索开展”博士论文，第245页。

③ 谭培文：《马克思主义的利益理论：当代历史唯物主义的重构》，人民出版社2002年版，第37页。

怨自己运气不佳。“利益首先表现为主观的事实性利益，即特定主体与特定客体之间的实在关联性。这种利益的程度、范围以及有关主体的评价于主体，特别是主体的要求、活动范围和判断能力。这种事实利益很有可能是错误的。”①但作为具有完全行为能力的人，任何选择都应当由其自行作出，以行为主体或公民缺乏分辨能力，而代其作出选择，只是暴虐和强权的体现。正是基于这一现代治理理念，我国在推行城镇居民医保时，实行完全自愿的原则。

正由于利益具有非理性的特征，即产生冲动、非正当的行动，才需要法律对利益进行选择，也才需要公共利益对其的限制。在欲望、冲动、盲目和感性的作用下，行为人难免会突破“私密”的范畴，损及他人的自由与利益，这种利益冲突，正是利益法学认识到的法律规范形成的基础：每一个法律诫命都决定了一个利益冲突，每一个法律诫命都以在一个相互对立的利益为基础，仿佛叙说着这种冲突利益角力的结果。② 利益法学所提出的司法审判之方法是以这样一个前提为基础的，即法律规范构成了立法者为解决种种利益冲突而制定的原则和原理。③ 法是立法者为解决各种利益冲突问题而制定的原则。④

功利主义认为，所有导致快乐的原因并非给所有人都带来同样的快乐，所有导致痛苦的原因并不总是导致每一个人都同样痛苦，这就是所谓的感受性的差异。⑤ 利益的主观性也正源于这种感受性的差异。

利益的主观性是从利益主体来说的，是利益的本质属性，是作为评价对象的利益。

四、利益的客观性

客观事物对大多数人来说是利益，但对特定人来说也可能意味着不利。如法治之秩序，对于芸芸众生来说，都是必不可少的一种利益，但对于黑社会等犯罪分子来说，却是最大的不利。比如生命，虽然有个别人在一定的情况下（如对他人而言）并不认为生命是一种利益，如以杀人为“爱好”的杀人狂。

---

① ［德］汉斯·J. 沃尔夫、奥托·巴霍夫、罗尔夫·施托贝尔：《行政法》（第一卷），高家伟译，商务印书馆 2002 年版，第 325 页。

② 转引自吴从周：“从概念法学到利益法学：以耶林（R. v. Jhering）对海克（Ph. Heck）之影响为线索开展”，博士论文，第 139 页。

③ ［美］E. 博登海默：《法理学——法律哲学与法律方法》，邓正来译，中国政法大学出版社 2004 年版，第 151 页。

④ 《中国大百科全书·法学》，中国大百科全书出版社 2006 年版，第 318 页。

⑤ ［英］边沁：《立法理论》，李贵方等译，中国人民公安大学出版社 2004 年版，第 44 页。

但绝大多数人均会认同生命是一种确定无疑的利益，即使对于自己放弃生命的人来说，多数情况也是如此，他们中的很多人是热爱生命、热爱亲人的，但他们遭受了如此多的艰难与黑暗，生命的利益已无法承担如此之重担，而不得已放弃了这一巨大的利益。行为主体虽然不承认这种利益，但就一般的社会主体来看，其仍然是一种利益，对行为主体是有益的。利益的客观性表明利益在一定程度上是可以与主体感受相分离的。

利益的客观性体现在利益的社会性上。在多数对象或客体上，是否具有利益，人们的认识是基本一致的，这是利益的客观性产生的根源。人类社会的发展正是依靠这样的利益来推动的。“一个有害的行为，从其本身来看，也许是有益的，或者没有造成有害的结果。同样，一个有益的行为，从其本身来看，也许是有害的，或者没有造成有益的结果。”① 前者如自愿入狱者，其行为在其自身被认为是有益的，在其他人看来则是不利益的；对于强制戒毒者来说，如果完全是被迫戒毒的，其本身会认为是有害的，但在其他人看来，则是有益的。“客观确定的现实利益，其存在和价值大小与主观的事实性利益的存在和大小没有关系。在这里，（物质或者精神）客体并非（像主观利益那样）取决于特定的事实，而是取决于被规定的权利、目的和目标，以及以此为根据作出的正确判断。为了查明客观利益，需要按照客观的标准即‘本质属性’——例如‘个性的自由发展和培养’——判断权利、目的和目标。”②

利益不一定是满足成员生存、发展的客体对象，但凡是能满足成员生存、发展的客体对象，就利益的客观性或社会性而言都是利益。有认为“利益必须是能够满足社会成员生存、发展需要的客体对象。如果不能够满足生活成员生存、发展的需要，就不可能成为利益”。③这是以利益的客观性乃至以法律所保护的利益（法益）来取代利益，实质上仍然是否定利益的主观性。奴隶制曾经是法律所保护的利益，当然这种利益只是奴隶主阶级的利益，对于广大的奴隶来说，是残酷的不利益。这种利益也不是满足社会成员生存、发展所必需的，尤其不是奴隶们生存发展所必需。但并不妨碍其成为奴隶主的利益，也不妨碍它曾经是法律所发展的重要利益。类似的还有种族隔离制度。事实上，只要是为现代民主法律制度所抛弃的“利益”，其中相当多并非社会成员生存和

① ［英］约翰·奥斯丁：《法理学的范围》，刘星译，中国法制出版社2002年版，第49页。

② ［德］汉斯·J. 沃尔夫、奥托·巴霍夫、罗尔夫·施托贝尔：《行政法》（第一卷），高家伟译，商务印书馆2002年版，第325页。

③ 张明楷：《法益初论》，中国政法大学出版社2003年版，第169页。

发展所必需，起码从人类文明发展来说，不是人类社会生存和发展所必须的。就相当多的主观利益来说，其通常也非社会成员生存和发展所必需，如同性恋，但它仍然是一种利益，不仅是主观利益，而且在相当程度上已经是一种客观利益，且得到法律的承认和保护。从这一意义上说，“利益是由生产活动创造出来的物质生活条件，是指人类赖以生存发展的物质生活条件”是不准确的。“所谓利益，就是指一个人应该享有的和可以享有的有利于、有益于自己的物质的或精神的事物。这其中，又有两个层面的内容：‘应该享有’是从应然的、道德的角度，也即人权的角度而言的；而‘可以享有的’是从实然的、法律的角度，也即可以实现的法定权利的角度而言的。”① 这种看法的错误亦同上述，实际是把利益限定为正当的、合法的、合理的范畴，因为只有从这个角度来说，利益才是可以享受或应当享受的，其实质还是完全采纳的客观性标准，而没有考虑主观性利益或事实性利益。

利益的客观性为利益的主观性提供了评价标准。现代社会是政治社会，是由人的合作所组成的社会。在这个社会中需要确定一定的伦理标准作为规范、评价、引导人类行为和思想的依据和准绳。从尊重人的多样性出发，我们不能用个人的喜好厌恶、是非感、情绪、观念和价值来对别人评头论足，但社会一般人的认识则可以提供标准性来源。虽然多数人的观念也不一定正确，虽然真理可能只掌握在少数人手里，但在通常、多数情况下，这一标准是正当的。而且我们应当认识到，这一评价标准并不是唯一的，它只是对主观利益进行评价和限制的标准之一。

利益的客观性和主观性是两个不同的范畴，前者是由社会存在、社会传统所决定的，后者则是主体差异所决定的。两者实际上是分离的，利益的客观性并不能取消和否定利益的主观性，异性之间的性取向的满足作为一种客观利益，并不能否认同性恋作为一种主观利益的存在。需要指出的，在我国目前，前者作为客观利益是既存事实，似乎还没有遭受太多的质疑。无论是刑法规定的强奸罪、强制猥亵罪，还是一般的性骚扰，都是异性之间性自由的侵害。女性不能成为此类违法犯罪行为的独立主体。同样，利益的主观性也不能取消和否定利益的客观性，舍此，公平与正义将荡然无存。在相当多的时候，两者是一致的；但在很多的时候，两者是不一致的，甚至是对立和冲突的。当利益的主观性和客观性一致时，社会表现为自然和谐；当利益的主观性和客观性不一致时，只要没有突出法律的界限，社会依然是平稳的，如果是在道德容忍范围内，则社会依然是和谐的。利益主观性和客观性的不一致、冲突和对立，并不

① 刘作翔：“权利冲突的几个理论问题”，载《中国法学》2002年第2期。

一定导致社会的不和谐。作为利益保护和规范利益冲突的法律，核心即在于选择和确定所要保护的利益，或需要优先保护的利益，划定权力规制和个体自由的界限。利益的客观性，确立了法律的评价标准；利益的主观性，确立了法律边界的考量界限。

坚持利益的主观性而抹杀利益的客观性，会混淆是非善恶，不利于多数利益、公共利益的保护，也不利于社会的发展；坚持利益的客观性而否认利益的主观性，会扼杀人的多样性，损害人的尊严，侵害人的自由，严重者会导致暴虐和权力专横，妨碍甚至剥夺个人的基本权利，亦不利于社会的进步，甚至会摧毁社会文明。只有在充分尊重利益的主观性的前提下，以利益的客观性作为衡量利益正当性的客观标准，即通过正当程序由法律或道德规则对主观利益进行限制，在维护社会基本善或正义的基础上，最大限度地保护主观需求，才能最大限度地促进社会福利和个人幸福。

我国推进社会保险制度建设，需要认真对待利益的客观性和主观性，事实上在实践中已经有所体现。比如，正在推行的城镇居民医保和新农保、新农合制度，从客观性角度而言，应当是一种利益；受其主观性影响，个人是否一定认同其为利益，并非没有疑义，因此选择自愿原则是必须的。而对于新农保基础性养老金，由于对个人只有收益而无支出，因此它必定是一种利益，客观性和主观性在此是一致的，因此强制推行并不存在疑义，它不可能对个人利益造成损害。

五、利益的历史性

利益标示着主体对客体的价值判断。这种价值判断因为个人的价值观的不同而有差异，随着历史情势的演变，这种价值认识也会发展变化。“价值判断具有历史性，在不同的社会发展时期，价值判断的标准不可能完全相同，必然会存在差异，因此，利益的内容必然随着国家和社会的发展而有所不同，呈现出不确定性与多面性。”① “客体对主体的有意义并非一成不变，而是为当时的社会客观事实所左右，过去有意义，并不代表现在也一定有意义；现在没有意义，也不代表着将来就一定没有意义。”②

利益的历史性根源于利益的客观性。利益的客观性体现在利益的社会性上，社会对利益的认同，在不同的时代有着非常大的差异。这种差异，首先导

① 王新艳：“公共利益诠释”，载《云南大学学报法学版》2006 年第 5 期。

② 胡锦光、王锴：“论公共利益概念的界定”，载《法学论坛》2005 年第 1 期；“论我国宪法中‘公共利益’的界定”，载《中国法学》2005 年第 1 期。

源于生产关系和经济基础的不同。在奴隶制社会，对奴隶的占有、使用和法律关系的处置，被认为是符合“上天的旨意”的，是受法律保护的利益。在封建社会，专制王权是“天定”的，也是法律保护的利益。

六、法律不仅仅是利益体现

法律的根本作用在于解决利益冲突。了解共同体的真正利益是什么，乃立法科学使命之所在。[①] 在利益法学看来，法律是体现和保护利益的。存在不同层次的利益，以及在某些情况下不同的利益是不能相容的。美德是为了一个较大的利益牺牲一个较小的利益，为了一个持久的利益牺牲一个暂时的利益，为了一个确定的利益牺牲一个可疑的利益。[②]

利益法学派认为，法是立法者为解决各种利益冲突问题而制定的原则，因而法只表明某一社会集团的利益胜过另一集团的利益，或双方的利益都应服从第三个集团或整个社会的利益。[③] 这表明：第一，法律可能仅仅是某一社会集团或某一社会群体的利益的表现，且不代表整个社会的利益，甚至与整个社会利益相悖。比如解放前国民党政府所制定的法律，仅仅是以四大家族为代表的垄断资产阶级的利益的反映，不用说广大民众，就是民族资产阶级的利益也很难得到反映。在法西斯统治的国家，其所制定的法律多数是一小撮法西斯分子的利益表现，而不可能是整个国家社会利益的表现。第二，利益具有历史性，某一时代的立法者认为当时的法律是代表整个社会利益的，但从历史的发展来看，这样的法律恰恰可能是违背社会利益的。比如清朝实行的闭关锁国及海禁政策。第三，在很多情形下，法律是利益平衡的产物，它可能仅仅考虑一种或数种利益，而且其最终的文本很难体现所考虑的全部利益，其最终文本所体现的利益很难说一定是社会利益。如禁止或同意同性恋的法律，废止死刑与允许死刑。

法是利益的体现，但不仅仅体现利益。法的形成与主权者的意志、民族传统、文化背景、立法者乃至法官的法感情和法认识、逻辑都有关联。“法是利

---

① ［英］边沁：《立法理论》，李贵方等译，中国人民公安大学出版社2004年版，第1页。

② ［英］边沁：《立法理论》，李贵方等译，中国人民公安大学出版社2004年版，第21页。

③ 《中国大百科全书·法学》，中国大百科全书出版社2006年版，第318页；中国社会科学院法学研究所法律词典编委会编：《法律词典》，法律出版社2003年版，第859页。

益的规律，但我们的正义感情，又要求它是利益的公正的规律。”①

法律的目的之一在于保护所选择的利益，或给予某些利益以优先保护。立法者应当根据一般人的认识与意志，选择值得保护的利益作为法的保护目标。② 庞德认为，法律对利益进行分类，认可其中一定数量的利益，并尽力保护选定的利益。③

法律保护的利益是以客观性利益为主的，对主观利益也在一定范围上予以保护。“法所保护的利益的概念，也不问为其保护目的的各个人主观感情之认为有利益与否，如果在社会一般的认识上，认其为有价值，那纵使受其保护的个人，主观上不感其价值，而在法的见地上，作为其人的利益而被保护。”④

由此可见，法律所保护的利益本质上是个人利益。法律也保护集体利益、国家利益和公共利益，但如后所论，集体利益、国家利益和公共利益最后归根结底，都要体现为个人利益，包括部分个人利益、绝大多数个人利益，在理论意义上也可以是全体个人的利益。

法律所保护的个人利益，通常是作为社会公共利益的个人利益，而不可能单纯是个人利益。“法律应该是社会共同的、由一定的物质生产方式所产生的利益和需要的表现，而不是单个的个人恣意横行。”⑤ 宣布为权利的利益不能仅是纯粹个人的利益，而应被视为能够普遍享有的、获得广泛关注的，即可能相互冲突并可竞争的利益，或可以平等地适用于同一群体或社会成员的利益。⑥

“通过法制的效用，确定了利害关系人之间的权利义务关系，并使其在法律关系中确定的利益——法定权益、受法律保护的利益，或简单地称为权利——得到了保证。”⑦

需要指出的是，法律由利益所决定，其根本目的在于保护所选择的利益，这一包括利益法学派在内的社会学法学派的经典理论，指出了法律的重要特

---

① ［日］矶谷幸次郎、美浓部达吉：《法学通论与法之本质》，王国维、林纪东译，中国政法大学出版社2006年版，第181页。

② 张明楷：《法益初论》，中国政法大学出版社2003年版，第176页。

③ ［美］罗斯科·庞德：《法理学》（第三卷），廖德宇译，法律出版社2007年版，第17页。

④ ［日］矶谷幸次郎、美浓部达吉：《法学通论与法之本质》，王国维、林纪东译，中国政法大学出版社2006年版，第43页。

⑤ 《马克思恩格斯全集》（第六卷），人民出版社1961年版，第291、292页。

⑥ 张文显：《法哲学范畴研究》，中国政法大学出版社2001年版，第307页。

⑦ ［德］奥托·迈耶：《德国行政法》，刘飞译，商务印书馆2002年版，第109页。

征，但这并非法律的唯一或必备的特征。法律并不必然是被制定的，在适用法律的时候，也不必然考虑利益问题。换言之，利益并非法律生成的唯一且必备的因素，也不是法律适用的唯一且必备的因素。

如新农保制度，并非基于农村居民对于社会保障，尤其是普惠待遇的基础养老金的诉求而实施的，这一制度的实施与其说是为了保护农村居民的利益、解决农村居民与某一群体的利益冲突，毋宁说是出于对公平正义的追求。正义、平等等人类追求的永恒价值，作为法律基础的意义并未过时。《劳动争议调解仲裁法》明确规定，劳动者与用人单位之间的社会保险争议属于劳动争议范畴，但在实践中，这一规定在相当程度上成了“橡皮图章”。一些劳动争议仲裁委员会、法院甚至高级法院明确将此类争议排除出劳动争议范畴，而要求劳动者寻求行政救济途径。这一司法适用，事实上并不存在利益之争的问题。作为利益对立方的劳动者和用人单位，如果不是基于个案冲突，在选择何种处理程序上并无对立。

第二节　利益的种类及相互关系

根据利益的不同主体，可以分为个体利益、国家利益、集体（集团）利益和公共利益。对于利益种类的认识，有助于进一步了解社会保险法所要保护的利益，确定社会保险法的核心价值观，合理分配权利义务内容。

一、关于庞德利益分类学说的分析

庞德将利益分为个人利益、公共利益和社会利益，是一种对利益的经典的分类。

个人利益就是那些直接涉及个人生活和从个人生活的立场看待的请求、需求和欲望——严格说，是指以个人生活的名义提出的。庞德认为，个人利益包括：人身利益（如生命权、健康权、自由权）、精神利益（精神自由）、尊严和荣誉、隐私与情感、信仰与思想；婚姻、家庭与亲属权利；财产等经济利益、结社自由、就业稳定。①

公共利益是那些由有关的个人提出或从政治生活——有组织的政治社会的生活的立场提出的请求、需求和要求，它们以该组织的名义提出，因此把它们看作是作为法律实体的有组织的政治社会的请求是适宜的。庞德进一步将其限

① ［美］罗斯科·庞德：《法理学》（第三卷），廖德宇译，法律出版社2007年版，第18～179页。

定为国家利益，公共利益“即以有组织的政治社会的名义提出的主张，简单地说，就是国家”。社会利益，尽管从其他方面看，包含了前述的一些内容，但它是指从社会生活的角度考虑，被归结为社会集团的请求的需求、要求和请求。它们是事关社会维持、社会活动和社会功能的请求，是以社会生活的名义提出、从文明社会的社会生活的角度看待的更为宽泛的需求与要求。其内容包括公共安全、社会制度安全、公共道德、保护社会资源、公共发展、个人生活。①

有学者认为，这或许是庞德最伟大的贡献。社会利益思想是庞德法学理论的核心。②

但庞德的社会利益理论存在诸多缺陷。在对公共利益的定义中，庞德一方面将公共利益限定为政治利益，另一方面又将公共利益限定为国家利益。这在逻辑上也是不太合适的。作为法律实体的有组织的政治社会，最大的是国家，同时也包括大大小小的各种政治组织，如各政党、各种工会组织、雇主组织，妇联、共青团组织及参与国家及社会政治活动的非政府组织，如劳动学会、社会保险学会、医疗保险研究会、环境组织等。国家提出的利益主张与其他政治组织提出的利益主张，都是基于社会的政治生活提出的，将前者限定为公共利益，而将后者排除出公共利益，不具合理性，也不符合公共利益的字面含义。且从公共利益的字面含义看，将其仅限定为政治利益，也不具合理性。在中石化“天价吊灯”事件中，中石化出面澄清价格后，也并没有取得公众的谅解，质疑之声依旧不绝于耳。这一件事折射出公众对大型国企的信任危机。国资委负责人说：“国企搞了半天，它是国家的，也是人民的。”③ 这或许只是一个经济问题，可它引起了全社会的关注，它事关的不是公共利益吗？④

庞德利益划分理论最大的缺陷是其个人利益、公共利益、社会利益之间缺乏明显的界限，相互交叉和重叠，随意性较大，缺乏较严密的科学性。庞德的利益，有“太多的含混不清。而且，它丝毫也不意味着经过科学研究，证明确实存在着这些利益类型”。⑤

---

① ［美］罗斯科·庞德：《法理学》（第三卷），廖德宇译，法律出版社 2007 年版，第 18～245 页。

② 何勤华主编：《西方法律思想史》，复旦大学出版社 2005 年版，第 273 页。

③ 载 http：//news. xinmin. cn/rollnews/2009/07/22/2273607. html 。

④ 可能有人会说，这是社会利益。笔者将在下文进一步分析，从广义上讲，社会利益只是公共利益的一部分；从狭义上讲，社会利益就是公共利益。

⑤ ［英］丹尼斯·劳埃德著，M. D. A. 弗里曼修订：《法理学》，许章润译，法律出版社 2007 年版，第 274 页。

庞德拒绝就评价上述利益的严格标准的问题进行表态。① 从庞德的概念中可以明显看出，其分类比较混乱，即其社会利益无一不是个人利益，而个人利益，只要是合理和正当的，无一不是其所称的社会利益（其上述概念已经将个人生活方面的利益纳入了社会利益的范畴）。如一般安全利益，如良好的治安，这不是个人的利益又是什么呢？当然这是正当的个人利益，对于犯罪分子的非正当利益而言，良好的治安恰恰是他们的不利益。但不可能以此来否认此类正当社会利益的个人利益属性。正如不能否定正当个人利益的社会利益属性。庞德没有明确其三类利益的区别和不同，将社会利益作为一种独立的利益类型，并认为属于社会的利益，是不能成立的，也与其对作为属概念的利益（也就是人类社会中的个人提出的请求、需求或需要）的定义自相矛盾。所有的利益，都归属于一定的利益主体，都是由一定的主体所提出的请求、需求或需要，并且归根结底都体现为个人利益，没有不属于个人利益的利益类型。“最大的”、“最正当”的公共利益或社会利益，如果没有一个人认为这是他的“利益”，这样的公共利益或社会利益又怎能存在？

社会利益并非一个有着精确内涵的标准，相反却是一个非常主观的价值判断，缺少相应制度和原则的约束和规范。当以所谓的社会利益作为裁判的依据，并阻止法律原则和法律规则的适用时，可预测性的标准将不复存在，法治将荡然无存，专权与枉法之门将洞开。这样的教训在人类历史上并非没有发生过。盖世太保的所作所为多半也是打着维护“社会利益”或“国家利益”的幌子。一个无私的父亲处死了一个罪行累累的儿子，我们不能以“社会利益”为理由认为其无罪，我们宁愿承认其有罪，虽然我们愿意支持他、敬仰他。唯有如此，这个社会才是安全的、有序的，包括被害人和加害人在内，其权利才能得到法律的保障。当法律成为一纸空文的时候，社会的安全也就岌岌可危了，骚乱与动荡将伴随而生。

庞德继承耶林的广义利益概念，试图阐释和厘清各种利益的类型，凡此利益均为现代民主社会所认可，这似乎对于既存的法律以实现既有的权利为基础这一点视而不见。② 庞德试图扩大法官的自由裁量权，以法官法取代制定法，这与其所处时代背景有一定的关联。庞德提出的社会学法学思想，是与20世纪初美国经济、政治和社会状况的变化密切相关的，即分析法学占主流，只注

---

① ［美］E. 博登海默：《法理学——法律哲学与法律方法》，邓正来译，中国政法大学出版社2004年版，第156页。

② ［英］丹尼斯·劳埃德著，M. D. A. 弗里曼修订：《法理学》，许章润译，法律出版社2007年版，第273页。

重在法条分析评论的基础上建立严密封闭的法律体系，不关心法律对社会状况变化的适应性和对经济发展的推动作用。庞德认为，法官在司法活动中不应当僵化地适用法律，而可以凭借自己的司法知识的积累，进行法律的自由发现。在庞德看来，法律，只不过是立法者关于法的一种意见，这种意见在司法活动中并不占据绝对优势，在法官审理案件的过程中，自由裁量是必须的，立法文件则仅仅是一些参考资料而已。[①] 这样的观点并不能为新分析实证法学派所接受。而在法治状况不佳的发展中国家，有明确的法律规定都可以不遵守，而且这样的法律规定是得到人民和政府支持的，如果成文法仅仅是一种“参考资料”，司法必将成为法官“恣意横行”的产物，人民的利益也将荡然无存。在庞德看来，法律反映了整个社会的意识，所描述的社会是一种同质、静滞而整合有序的社会，人们分享着共同的价值、传统和对于现实的体认，这肯定不属于美国，英国社会也不属于这一模式。[②]

庞德是一位彻头彻尾的实用主义者，他的法律哲学是“不问原初事物(first thing)、原则、‘范畴’和假定的必要条件的态度，只关注最终事物、成果、结果、事实的态度”的具体表现。[③] 在庞德那里，社会利益是判断一切利益的最终标准，是衡量个案诉求正当性的最高法则，然而对于何谓社会利益，由谁来判定社会利益，如何保证这种判定的合法性和正当性，他并未给予充分论证，其所谓的社会利益具有极大的虚伪性，所维护的不过是垄断资产阶级的利益而已。庞德的这一观点其实并非他首创。功利主义坚持，最大多数人的幸福是人类的根本追求，为了促进最大多数人的幸福，可以牺牲少数人的幸福。比如一个企业拖欠了多名职工的工资、社保费，如果纠正这个违法企业的违法行为，这个违法企业会倒闭，更多的工人会失业，国家或地方政府会丧失一定的税收，“危害”轻一点的，这个企业会搬走或终止投资，那么我们应该制裁这个违法企业，维护被侵害工人们的权利吗？按照社会利益论，回答似乎是否定的。如此一来，法律在多大的程度上还有存在的必要？这一观点正是现今众多地方当局容忍甚至鼓励用人单位少缴、不缴社会保险费的理论基础。当代最杰出的政治哲学家约翰·罗尔斯指出，“正义是社会制度的首要价值，正像真理是思想体系的首要价值一样。一种理论，无论它多么精致和简洁，只要它不真实，就必须加以拒绝和修正；同样，某些法律和制度，不管它们如何有效率

---

① 何勤华主编：《西方法律思想史》，复旦大学出版社 2005 年版，第 274～276 页。

② ［英］丹尼斯·劳埃德，M. D. A. 弗里曼修订：《法理学》，许章润译，法律出版社 2007 年版，第 276 页。

③ 吴经熊：《法律哲学研究》，清华大学出版社 2005 年版，第 289 页。

和有条理，只要它们不正义，就必须加以改造或废除”，“正义否认为了一些人分享更大利益而剥夺另一些人的自由是正当的，不承认许多人享受的较大利益能绰绰有余地补偿强加于少数人的牺牲”①。以美国对越南的侵略战争来说，如果适用庞德的社会利益理论，反对越战者，拒绝服兵役者都应当被绳之以法。这么做的结果实际上是为掌握政权的资产阶级服务的，不仅扼杀正义，在根本上也是不符合美国人民的利益的。罗尔斯正确地指出：“一个人可能在良心上拒绝服从参加一场特殊战争中的武装部队的义务，理由是有关冲突的目的是不正义的。战争所追求的目标也许是经济利益和国家权力。国家不能为了这些目的来干涉公民的基本自由。而且，为了这些目的而攻击其他社会的自由当然也是不正义的，并且是违背国际法的。因此，在此并不存在发动战争的一种正义理由，一个公民拒绝履行他的法律义务显然是正当的。国际法和他的社会的正义原则在这方面都支持他。”② 在越战期间，美国人民的反战思潮汹涌澎湃，民众频频违反《征兵法》。在是否追究违反《征兵法》人员刑事责任的问题上，美国当代著名法理学家罗纳德·德沃金提出了“善良违法”问题。德沃金说：“在我们的社会里，一个人有时确实享有强硬意义上的不服从法律的权利。”德沃金主张：“我们对出于良知而违反征兵法的那些人有一种责任；我们可能需要不对他们起诉，而且需要改变我们的法律。”③

二、个人利益

关于庞德上述个人利益定义，笔者认为可以明确以下两点：

第一，人是社会中的人，在通常情况下，人的生活是与其他人或社会主体不可分割的，虽然存在“直接涉及个人生活”的“请求、需求和欲望”，但更多的是间接涉及个人生活的，或者说，很少有只涉及个人生活，而不涉及其他人或社会主体生活的“请求、需求和欲望”。当“躲猫猫”事件发生时，表面上看利益直接受损的是受害人自己，其实不然，法律的权威受到公然挑衅与践踏，其他人的权利亦将因此而受到损害，这也是社会为何对此反应极其强烈之故。当个人维护自己权利之时，他并不是仅仅在争取或维护自己的利益，更为

① ［美］约翰·罗尔斯：《正义论》，何怀宏等译，中国社会科学出版社 1988 年版，第 3、4 页。

② ［美］约翰·罗尔斯：《正义论》，何怀宏等译，中国社会科学出版社 1988 年版，第 381、382 页。

③ ［美］罗纳德·德沃金：《认真对待权利》，信春鹰、吴玉章译，中国大百科全书出版社 1998 年版，第 253～293 页。

重要的，他是在维护法律的权利和法律所保护的利益，是在实现法律，这对任何一个善良的人来说都是有利的和必要的。

第二，在庞德所界定的这些利益里，有些现在已非常明确属于政治利益，如结社权、言论表达自由，以及其所认定的人身利益、精神利益这些个人利益，属于公认的公共利益或社会利益。这已经属于常识性认知，笔者认为是无须进一步论证的。正如某些学者所论，公法是保护公共利益的，典型的公法是行政法、刑法，而庞德所论的人身利益（如生命权、健康权、自由权）、尊严和荣誉、隐私与情感、信仰与思想，婚姻、家庭与亲属权利都属于行政法和刑法的保护对象，这从一个角度表明，这些个人利益同时就是公共利益或社会利益。

比较而言，边沁的定义显然更容易理解。"当一个事物倾向于增大一个人的快乐总和时，或同义地说倾向于减小其痛苦总和时，它就被说成促进了这个人的利益，或为了这个人的利益。"①

"私人利益指的是单个社会主体的利益。"② 不仅指作为自然人的个人利益（当然这是最为主要的），还包括作为法人的拟制的个体利益。人是万物的主宰，一切个体、一切组织的行动，最终目的都是为了人自身的存在（不同于生存，我们应当尊重多样性的人性存在，只要这种存在不妨碍其他人的权利）和发展，自然人的个体利益是社会存在的基础和根本。在本书没有特别指明的地方，笔者所用的"个人利益"都是指自然人的个体利益。

提倡与尊崇个人利益，在我国计划经济时期被认为是资本主义的毒草，是无政府主义的象征，会导致完全的自由放任，是会损害人民利益的。事实上，即使在最经典的自由主义大师看来，自由恰恰意味着拘束。"每个人既然事实上都生活在社会中，每人对于其余人也就必得遵守某种行为准绳，这是必不可少的。这种行为，首先是彼此互不损害利益，彼此互不损害或在法律明文中或在默喻中应当认作权利的某些相当确定的利益。"③

个人利益的含义是广义的。与广义的利益概念相适应，个人利益不仅包括物质利益，也包括精神利益。一切利益，无论是国家利益，如国防、公共品的生产和供给，公共利益如保持良好、可持续发展的自然环境，还是集体利益，

---

① ［英］边沁：《道德与立法原理导论》，时殷弘译，商务印书馆2000年版，第58页。

② 范进学："定义'公共利益'的方法论及概念诠释"，载《法学论坛》2005年第1期。

③ ［英］约翰·密尔：《论自由》，许宝骙译，商务印书馆1959年版，第89页。

如村集体经济组织对经济利益的追求，最终都必然要体现为个人利益。正因为如此，对于腐败政府签订的丧权辱国的条约，人民会群起而攻之。当然，这些利益类型并非对所有的个人来说，都是其个人利益。准确地说，它们只是部分人的个人利益。事实上，由利益的主观性所决定，很难有利益是为每一个人都认可的利益，不敢说绝对没有，但必定是极其罕见的。这可以由这一事实所决定：在实行全民公决的时候，似乎没有一次是全体国民都参加的，即使在参加表决的公民中，也没有全部投赞成票的。但可以肯定的是，任何利益如果都不体现为个人利益，与个人利益无关甚至相左，这样的利益是无法存在的，甚至将引发严重的社会问题，如混乱和暴力。个人利益的判断主体是个人，是主观性的利益。个人利益是个人的需求或需要，其他任何主体包括个人、国家、社会认可的利益都不一定体现为个人的需求或需要，甚至可能与个人的需求或需要相对立。个人利益是个人主观愿望的体现，可能与社会主流观念、道德相吻合，也可能相背离。在一个民主和尊重人的多样化发展的社会里，应当允许个人利益百花齐放，不能将其他人、国家或社会认可的利益强加为个人的利益。允许个人利益的多样化存在和发展，并不等于纵容或鼓励个人利益的无限制膨胀和主张，个人利益的满足以不损害他人为限度。这种限度首先体现为法律的限制。法律在衡量诸种利益后，以权利和义务的形式，确定了所要保护的利益，限制了个人利益的边界。超越了这个边界，就是违法的，要追究法律责任、进行制裁。在这个意义上，个人利益之间的冲突是法律生成的根本原因之一。

对个人利益的限制的另外一种形式是道德。通过这种社会伦理规则，个人利益主张和诉求受到批评、谴责、否定和鄙视，对行为人构成心理和行为压力，从而迫使行为人压缩或更改自己的利益要求。对利益进行法律或道德限制的目的是更好地发展个人利益。利益的过度膨胀最终必然会损害自己的利益，这种损害可以是直接损害，如直接冲突的利益诉求，不加限制必然是相互受损；可以是间接损害，如背信弃义的行为不能得到约束，社会诚信体系就无法建立，追求或希冀诚信的人的愿望就无从实现。由于认识及知识的局限，个人所追求和主张的利益可能是错误的，或者只是短期利益、局部利益、更微小的利益，但对于芸芸众生来说，谁也未必比别人更聪明，而且，聪明者的利益未必就比愚蠢者的利益更具有利益性。个人利益最好的守护者只能是自己，但这并不意味着所有最终都体现为个人利益的利益行为都要由个人去实施，这在现代社会是根本无法实现的，所以需要有代表和代理人。利益是人类社会发展的动力，更本质地说，个人利益是人类社会发展最根本的动力。一切利益追求，最终都体现为个人的利益追求；一切组织的行动，最终都体现为个人的行动。

没有个人的行动，没有个人的利益追求，包括对利己利益、利他利益的追求，就没有社会的发展和进步，或者说，就没有所谓的社会。

三、公共利益

公共利益一词的使用是非常广泛的，无论是在法律中还是实践生活中。但其含义并不统一。我国法律在语词使用上主要有两种：一种是直接使用“公共利益”。如《宪法》第 10 条第 3 款规定：“国家为了公共利益的需要，可以依照法律规定对土地实行征收或者征用并给予补偿。”第 13 条第 3 款规定：“国家为了公共利益的需要，可以依照法律规定对公民的私有财产实行征收或者征用并给予补偿。”《刑法》第 20 条规定：“为了使国家、公共利益、本人或者他人的人身、财产和其他权利免受正在进行的不法侵害，而采取的制止不法侵害的行为，对不法侵害人造成损害的，属于正当防卫，不负刑事责任。”第 21 条规定：“为了使国家、公共利益、本人或者他人的人身、财产和其他权利免受正在发生的危险，不得已采取的紧急避险行为，造成损害的，不负刑事责任。”《物权法》第 7 条规定：“物权的取得和行使，应当遵守法律，尊重社会公德，不得损害公共利益和他人合法权益。”《行政许可法》第 1 条将立法目的规定为：“为了规范行政许可的设定和实施，保护公民、法人和其他组织的合法权益，维护公共利益和社会秩序。”《行政处罚法》第 1 条规定立法目的为：“为了规范行政处罚的设定和实施，保障和监督行政机关有效实施行政管理，维护公共利益和社会秩序。”

另一种是使用“社会公共利益”。如《民法通则》第 7 条规定：“民事活动应当尊重社会公德，不得损害社会公共利益，破坏国家经济计划，扰乱社会经济秩序。第 49 条规定：企业法人“从事法律禁止的其他活动，损害国家利益或者社会公共利益的”，除法人承担责任外，对法定代表人可以给予行政处分、罚款，构成犯罪的，依法追究刑事责任。第 55 条规定：民事法律行为应当“不违反法律或者社会公共利益”。第 58 条规定：“违反法律或者社会公共利益的”民事行为无效。第 150 条规定：“依照本章规定适用外国法律或者国际惯例的，不得违背中华人民共和国的社会公共利益。”《行政诉讼法》第 44 条使用的是“社会公共利益”。《合同法》第 7 条使用“社会公共利益”，第 52 条、第 127 条将国家利益、社会公共利益并列。《民事诉讼法》第 217 条、第 260 条采用“社会公共利益”，第 262 条、第 268 条将国家主权、安全和社会公共利益并列。

在社会中则经常使用社会利益一词。但所有这些立法及实践均未对公共利益的含义，或者说什么是公共利益作出规定。公共利益的模糊性成为困扰理论与实务的重大法律难题之一："有可能把几乎任何一种利益都称为普遍利益"，"共同利益或公益（the common welfare or the public good）这两个术语直到今天仍是最难给出明确定义的概念，因此，有统治集团的利益所指向的几乎任何内容，都有可能被塞到这些概念当中去"。①

（一）公共利益是什么

不可置疑的是，"公共利益"这个词看似明白，但要真正确定哪种利益是公共利益，实在是一件非常困难的事情。有人认为，公共利益包括：（1）公共秩序的和平与安全；（2）经济秩序的健康、安全及效率化；（3）社会资源与机会的合理保存与利用；（4）社会弱者利益的保障；（5）公共道德的维护；（6）人类朝文明方向发展的条件等方面。② 这些"公共利益"一定是没有争议的吗？

关于公共利益的范畴有不同的界定，主要有以下观点：

公共利益等同于国家利益。公共利益"即以有组织的政治社会的名义提出的主张，简单地说，就是国家"③。"受委任者掌管国家事务，是为国家的利益——公共利益——而进行。"④ 公共利益表现为社会利益或国家利益。⑤"公共利益往往表现为国家利益。政府常常成为公共利益的代表，公共利益实际上也就成了国家利益。"⑥"就国家利益和社会公共利益而言，有时很难找出它们的区别，因为在我国社会主义条件下，国家利益和社会公共利益从根本上来讲是一致的。"⑦ 由于国家利益的含义有广义有狭义，广义上的国家利益一般是指一国范围的整体或普遍利益，基本等同于以一国范围的社会（公共）利益。狭义上的国家利益则是指国家为主体所直接享有的利益，这是通常意义上的国家利益，在此意义上，国家利益是社会（公共）利益的下位概念。

公共利益与社会利益、社会公共利益含义相同，是指社会整体利益、社会普遍利益。公共利益、社会利益、社会公共利益等在本质上并无根本的区别，

---

① ［英］弗里德里希·冯·哈耶克：《法律、立法与自由》（第二、三卷），邓正来等译，中国大百科全书出版社 2000 年版，第 2 页。

② 孙笑侠："论法律与社会利益"，载《中国法学》1995 年第 4 期。

③ ［美］罗斯科·庞德：《法理学》（第三卷），廖德宇译，法律出版社 2007 年版，第 180 页。

④ ［德］奥托·迈耶：《德国行政法》，刘飞译，商务印书馆 2002 年版，第 114 页。

⑤ 赵震江主编：《法律社会学》，北京大学出版社 1998 年版，第 181 页。

⑥ 董保华等：《社会保障的法学观》，北京大学出版社 2005 年版，第 58 页。

⑦ 李昌麒主编：《经济法学》，法律出版社 2008 年版，第 80 页。

其基本含义均为全社会全体成员的共同的、整体的利益。[①] 这样的定义属于一般人所理解的公共利益，从表面上看似乎简单明白，但实际上依然非常模糊和含混。首先，有没有全社会全体成员（即每一个人）共同接受的利益，很值得怀疑。就以国家安全来说，反对外国侵略，恐怕没有哪一种公共利益比这一种更"公共"了，可是无论在哪一个时代，当国家面临这种情况时，都存在"汉奸"和"卖国贼"。保卫国家安全、反对侵略、维护领土与主权完整，是"汉奸"和"卖国贼"的不利益。在大社会中，社会成员一般都互不相识，所以他们不可能就他们各自的目的所具有的相对重要性达成任何共识。如果人们必须就应当优先考虑哪些特定利益的问题达成共识，那么不同利益群体之间就会失去和谐，并发生公开的冲突。[②] 我们不得不承认的是，社会（公共）利益是不可能为每个人所接受的，在"真理只掌握在少数人手里"的意义上，甚至不为很多人所接受。即使退一步，用多数人利益来界定也不无问题。事实上，多数人利益虽然简单明确，但也可能侵犯少数人利益，多数人利益也可能违背社会（公共）利益。

功利主义认为，"公共利益"不是别的，其实就是私人利益的总和。共同体的利益"是组成共同体的若干成员的利益总和"。[③] 所谓公共利益者，即这些人民，共同地过着安全幸福的生活的意思，是社会一般人的共通利益。[④]"公共利益体现为不特定第三人的利益，就是我们说的广大人民群众的利益，每个人的利益。"[⑤] 而反对者则认为，公共利益虽然存在于个人利益之中，且它的真实性的确离不开个人利益的实现，但它确实不是个人利益的简单总和，不可能完全归结和还原为具体的个人利益；公共利益是个人利益的有机总和，这种总和既过滤掉了个人利益中的任意性、偶然性和特殊性的因素，同时又综合并放大了其中的合理性、必然性和普遍性的成分，使某种普遍合理的利益得

---

① 李友根："社会整体利益代表机制研究——兼论公益诉讼的理论基础"，载《南京大学学报》（哲学·人文科学·社会科学）2002 年第 2 期。

② ［英］弗里德里希·冯·哈耶克：《法律、立法与自由》（第二、三卷），邓正来等译，中国大百科全书出版社 2000 年版，第 4 页。

③ ［英］边沁：《道德与立法原理导论》，时殷弘译，商务印书馆 2000 年版，第 58 页。

④ ［日］矶谷幸次郎、美浓部达吉：《法学通论与法之本质》，王国维、林纪东译，中国政法大学出版社 2006 年版，第 182、183 页。

⑤ 郭明瑞主编：《中华人民共和国物权法释义》，中国法制出版社 2007 年版，第 21 页。

以生成和延续。① 既区别于社会成员个体的利益，也不是社会个体成员利益的简单加总，也与国家利益相区别。② 这样的分析有太多的含混，并不能解决人们的疑惑。生命、健康、防止环境污染、维护社会稳定是公共利益，也是个人利益（当然只能是大多数人的个人利益，而非犯罪分子、污染企业主的个人利益），怎么体现“个人利益的总和”呢？如垄断资本主义时期先污染后治理，怎么滤掉个人利益中的任意性、偶然性和特殊性，又怎么放大其合理性、必然性和普遍性呢？公共利益是一个历史的过程，是由主观到客观的过程，也是认识加深的过程，如依法行政观念的确立。与这种含混不清的反对意见完全不同，哈耶克一针见血地指出功利主义的这一愿望虽然美好，但是无法做到：政府所应当旨在达致的那种普遍利益不可能是由分立的个人所得到的特定满足的总和构成的。道理很简单，因为作为决定因素的那些情势，绝不是政府或任何其他人所可能完全知道的。即使在现代的福利社会里，大众所具有的绝大多数且最为重要的日常需求也是经由一系列进程的展开而得到满足的，而对于这些进程的细节，政府并不知道，也不可能知道。③ 哈耶克的批判虽然有些绝对，但还是很有道理的。比如个人账户的问题，它是社会公共利益的要求吗？只要实施这一制度的政府必然都持肯定意见，但没有实施这一制度的政府也全都声称是公共利益的要求。即使在同一政府内容，也可能实行不同的做法。社会保险的提供，就其现代客观性而言，是面向所有人；但就其主观性而言，并不是为了所有人的利益，即并不是每一个人都需要的，而是为了某些群体的保障（虽然是绝大多数）。一些亿万富豪不需要也不希望享受基本养老保障。智者能较为准确地判断不同利益的大小和预测远期的利益，而庸人则只顾眼前蝇头小利而不知有后患。人们对自己个人的利益判断尚不容易，正确判断公共利益就更难了。难度在于：（1）影响利益变化的因素不好把握；（2）利益本身的不一致性；（3）政策制定者难以获得较为全面判断公共利益所需的信息；（4）难以达成共识，有偏好。④ 对公共利益的无知性是一个必然的存在。我们可以越来越了解公共利益之所在（在这里也同样适用辩证法，即对公共利益的了解总体上也是螺旋式的进展过程，在一定特定的时期，对公共利益的了解

① 杨通进：“爱尔维修与霍尔巴赫论个人利益与社会利益”，载《中国青年政治学院学报》1998 年第 4 期。

② 李友根：“社会整体利益代表机制研究——兼论公益诉讼的理论基础”，载《南京大学学报》（哲学·人文科学·社会科学）2002 年第 2 期。

③ ［英］弗里德里希·冯·哈耶克：《法律、立法与自由》（第二、三卷），邓正来等译，中国大百科全书出版社 2000 年版，第 2 页。

④ 阎学通：《中国国家利益分析 》，天津人民出版社 1996 年版，第 40 页。

是不全面的，甚至是很狭窄和偏执的），但很难完全了解全部公共利益，起码在人类发展到今天，这个问题尚未解决，在相当长的历史时期内，也不可能完全解决。

公共利益的难以界定，除了对利益本身的界定不清以外，更源于“公共性”界定的困难。公共利益“具有相当程度的模糊性和不确定性，更有学者认为它是个缥缈不定的东西，迄今为止无人对之加以精确的界定”。[①]“公共利益的不确定性主要就表现在‘公共’的不确定性和‘利益’的不确定性。”[②]公共的确定有两种标准。一是地域标准，即相关空间内的大多数人。地区内的大多数人的利益，就足以形成公共利益；地区内的少数人之利益，则称为个别利益。二是根据人数标准，以受益人之多寡的方法决定，只要大多数的不确定数目的利益人存在，即属于公共利益。[③] 由此，公共的判断应当至少具备两个标准：（1）非隔离性；（2）数量上须达一定程度的多数。[④] 定义公共，首先要确定一个范围，其次是这个范围内的大多数人构成公共，其余的少数构成个别。公共利益是针对某一共同体内的少数人而言的，客体对该共同体内的大多数人有意义。[⑤] 对于每一个共同体而言，都可以存在独特的公共利益，如企业文化所表征的利益需求。一个小群体的“公共利益”在一个大群体中可能只是个别利益。笔者认为，小群体的公共利益可以用集体（集团）利益来表达，因此本书所主张的公共利益，是指一个国家范围的公共利益。

罗尔斯认为公共利益具有两个特点，即不可分性和公共性。亦即，有许多个人（可以说他们构成了一个共同体）要求或多或少的公共利益，但是如果他们都想享有它，那么每个人就必须享有同样的一份。[⑥] 罗尔斯这里主要指的

---

① 范进学：“定义‘公共利益’的方法论及概念诠释”，载《法学论坛》2005年第1期。

② 胡锦光、王锴：“论公共利益概念的界定”，载《法学论坛》2005年第1期；“论我国宪法中‘公共利益’的界定”，载《中国法学》2005年第1期。

③ 陈新民：《德国公法学基础理论》（上），山东人民出版社2001年版，第184～186页。

④ 城仲模：《行政法之一般法律原则》（二），三民书局1997年版，第158页，转引自胡锦光、王锴：“论公共利益概念的界定”，载《法学论坛》2005年第1期；“论我国宪法中‘公共利益’的界定”，载《中国法学》2005年第1期。

⑤ 胡锦光、王锴：“论公共利益概念的界定”，载《法学论坛》2005年第1期；“论我国宪法中‘公共利益’的界定”，载《中国法学》2005年第1期。

⑥ ［美］约翰·罗尔斯：《正义论》，何怀宏等译，中国社会科学出版社1988年版，第266、267页。

是公共产品，具有这两个特点的都属于公共利益，但不具有这两个特点的未必不属于公共利益。比如对拆迁，对于一个国家的公民来说，他们对于某一项拆迁所具有的利益肯定是不同的，有的甚至根本就不存在利益。

鉴于公共利益界定的不确定性，有学者提出通过从反面排除非公共利益的方式来甄别公共利益。政府自身的利益、商业利益、特定利益集团的利益都可以排除出公共利益的范畴。[①] 但这样的排除依然存在很大的不确定性。政府自身的利益往往打着“公共利益”的幌子，具有一定的欺骗性和隐蔽性，而且可能和“公共利益”交织在一起，要分清是否属于“公共利益”具有一定的难度，而且在此情形下，更重要的是谁来担当中立裁判者？如各地普遍地规划建设新城区，政府各部门也都在新城区建有办公楼。这里当然是有政府的自身利益的，但该整体行为不具有“公共利益”吗？公共产品的市场化供给是比较普遍的，这里面也必然存在商业利益和特定利益集团的利益，如将社保基金委托给基金公司打理，对基金公司来说必然具有商业利益。在实践中不包含丝毫公共利益的情形是罕见的，排除法适用上将是十分困难的，最值得探讨的就是商业利益的排除问题，商业利益在某些情况下也纳入了公共利益的范畴，商业利益并非绝对与公共利益不发生联系。[②]

笔者没有能力给出公共利益的精确界定，但赞同这样一个观点：经由正当程序确定的利益，通常属于公共利益。鉴于公共利益精确界定的艰难，很多学者已经放弃了探讨公共利益是什么的问题，而寻求如何确定公共利益。

笔者原则上同意上述第二种观点，这种社会整体或普遍利益观，本质上并没有精确界定究竟什么是公共利益，而是指出了公共利益的界定方向。公共利益应当说是一种具有正当性，在最低标准上，是符合社会主流意识形态或道德观念要求的个人利益。

由于这种社会整体利益、普遍利益观并不能确定哪些利益属于公共利益，因此还需要进一步进行限定。

1. 公共利益在通常情况下是符合社会大多数人利益需求的。无论是从地域标准，还是从人数标准出发，公共利益的首要含义都是指不特定多数人的利益。享有或认同人数的多寡是确定公共利益的首要因素。作为法律考虑的公共利益，主要是以国家作为边界的，即一国范围内多数人享有或认同的利益。

在理论上，一个共同体内的公共利益代表着该共同体内的全部人的利益，是有可能的。如生命、健康对每一个人来说都是必需的。但在现实中，不可能

① 刘连泰：“‘公共利益’的解释困境及其突围”，载《文史哲》2006 年第 2 期。

② 王利明：“论征收制度中的公共利益”，载《政法论坛》2009 年第 2 期。

有代表全体成员的公共利益，否则，就没有违反法律、违反道德行为之发生了。“在大多数情况下，‘公共利益’仅仅代表着社会多数人的利益，因而未必充分照顾到少数人的利益。”① 这实际上源于两个原因：一是公共利益主要是一种客观利益，首先是大多数人所认可的利益，主要来源于经验。不可能涵盖所有的主观利益要求，因而必然与个别人的主要欲望不相吻合。二是公共利益仍具有历史的局限性，与人类的认知能力相关联，只要在一定历史阶段，人类无法完全掌握社会发展之规律，就不可能发现始终正确无误的公共利益。

但是，“真理往往只掌握在少数人手里”，真正的公共利益也有可能只掌握在少数人的手里。当改革者需要破除一项陋习或腐败制度时，这一情况即可能发生。

2. 公共利益必须具有正当性，即与当时的社会道德相吻合，符合最低标准的正义要求。这种要求主要是形式正义的要求，不一定符合实质正义的精神。比如处死苏格拉底，其程序符合当时的法律要求，也得到大多数人拥护，处以其死刑是具有正当性的。这也正是苏格拉底拒绝潜逃而愿意接受这一结果的原因：一视同仁的恶法，也比追求完全公平但时时变化的善法更能为人接受。既然认为司法权神圣不可侵犯，那么就要接受司法审判的结果，即使某一审判结果可能是很不公正的。正义的程序可能会使有罪的人无罪释放，即使现在辛普森自己承认有罪，也不能再追究他的刑事责任，单个的实质正义没有实现，但这无妨社会正义的实现，也能为普通人所接受。而一味追求实质正义，随意更改审判结果，数审而不决，结果只能使正义荡然无存，法律成了儿戏，最终损害了法律的权威，损害了社会的稳定。

3. 公共利益不一定符合实质正义，但正义则是根本的公共利益。由于公共利益界定的艰难，因此界定公共利益只能通过两种形式：由人民自己或人民代表确定；由特定的司法制度如违宪审查委员会确定。

由人民自己决定公共利益是其应有之义，但如果人民必须事必躬亲，则根本无法实现，因此有人民代表反映民意决定是否属于公共利益，既为合法又为正当。后一种制度则是公共利益的历史性和正义性所决定的。

公共利益不一定是正义的，不一定是正确的，也不一定符合发展规律。它首先是一个历史概念。比如奴隶制度，它当然是一种不正义的制度，在一个奴隶制社会，追求奴隶与主人的平等，肯定不是这个社会的公共利益。再如在我国“以阶段斗争为纲”的社会，反对一切私有制，“割资本主义的尾巴”，那

① 张千帆：“‘公共利益’是什么？——社会功利主义的定义及其宪法上的局限性”，载《法学论坛》2005 年第 1 期。

么“斗资批修”不能不说是当时的公共利益，但这种公共利益已为我国实践所证明，是不符合社会主义和我国社会发展规律与要求的。

4. 公共利益是利益的客观性的体现。公共利益的确定源于：民主决定制；正义原则的派生；习惯与道德的要求。第一个来源体现了公共利益的社会性，是主观性的统一，也是客观性的一种表现；第二个来源则是真正的公共利益，它与现实社会中的个人利益，包括多数人的利益不一定有直接的关联，不一定表现为多数人的利益需求，可能与第一个来源的公共利益相冲突，最具有客观性；习惯与道德要求则体现了历史的延续性，是已经得到现实社会认同而无须证成的客观利益。

5. 公共利益具有历史性。公共利益是一个历史性概念，在不同的历史阶段具有不同的内容和表现。特定历史时期的总环境决定了主流意识对公共利益的价值选择，唯有以当时的眼光才能客观诠释公共利益含义。[①] 今天人们公认的社会公共利益，明天可能不再属于社会公共利益。公共利益之所以会呈现出变动的状态，主要原因在于，公共利益本身也是一个历史的范畴，必然与特定的社会形态相联系；社会的不断发展，导致社会主体利益诉求的不断变化，公共利益作为利益的一个属概念，其反映了特定历史时期中审核的需要和人们的认识，随着社会的变迁，公共利益的内容也不断发展变化。[②] 公共利益具有历史性的根本原因在于，作为公共利益主要来源的第一个来源，是与公民的主观利益需求密切关联的，现实利益需求的主观性决定了第一来源的公共利益的历史性。作为第三来源公共利益的习惯和道德，虽然其变化的过程比较缓慢，但在人类历史的长河中也有很大的变迁，也具有历史性。

6. 公共利益的冲突性。公共利益的来源的多样化，必然会导致相互间的冲突。基于正义原则确定的公共利益与其他两个来源的公共利益均可能发生冲突；同一来源的利益的多样性，如同一政府追求的公共利益纷繁复杂，也会导致利益的冲突，在实践中实际往往是以牺牲某一甚至某些更为重要的公共利益为代价的。“虽然一个社会是一种为了相互利益的合作冒险，它却同时具有利益冲突和利益一致的特色。”[③] 利益具有一致性与冲突性，其下位概念公共利益也概莫能外。

---

① 胡鸿高：“论公共利益的法律界定——从要素解释的路径”，载《中国法学》2008年第4期。

② 王利明：“论征收制度中的公共利益”，载《政法论坛》2009年第2期。

③ ［美］约翰·罗尔斯：《正义论》，何怀宏等译，中国社会科学出版社1988年版，第126页。

7. 公共利益是有分量的。公共利益的多样性，即存在多种多样的公共利益，这一点是确定无疑的。多样性的利益之间并不完全一致，存在必然的冲突，这一点也是可以确定的。那么接下来便是，当面临多样化的利益冲突时，我们应当优先保护何种利益？或者说利益之间有无顺位？这就涉及利益的衡量问题。这是价值法学或评价法学的重要课题。多样化的公共利益其重要性或分量是不同的，这也是进行利益衡量的一个重要前设。

公共利益的分量的确定，应当根据具体情况来决定，主要在于它的决定形式。但宪法所确定的基本人权无疑是最值得借鉴的版本，无论在何种情况下，生命都是最重要的公共利益，“国家的最高利益就是去保护公民的生命”①，无论什么样的公共利益，包括其他更多的生命，也无权剥夺一个人的生命。

（二）公共利益是什么——一个个案

河北省承德市某电石厂始建于1970年，原属于国营企业某铜矿，是由该矿职工家属组织的“五七综合厂”演变而来。在1985年之前，电石厂均由坟铜矿作为主管部门出具手续，核发营业执照，办理税务登记。1988年，承德市人民政府下发《关于某某电石厂若干问题的通知》进一步明确，电石厂虽未经主管部门批准为集体企业，但已按照集体企业核发营业执照和办理税务登记，在经济上独立核算，在法律上具有法人地位，应按集体企业对待；职工待遇可参照集体企业的办法处理；在企业归属上，电石厂仍由铜矿领导较为适宜，电石厂应接受坟铜矿的管理。

1991年，凡男年满60周岁，女年满50周岁，连续工作已满10年的相继离岗，离岗人员每月享受离岗费为原工资标准的65%，另享受副食、肉食、粮价等各项补贴和洗理费、医药费等合计为100元左右，高的不超过115元。目前，他们中年龄最小的为65岁，年龄大的有80多岁，近1/3的人员独自生活。

从20世纪90年中后期开始，他们多次找铜矿、后来的破产清算组以及上级主管部门，要求享受退休待遇，补发工资。河北省中央企业和矿山破产领导小组在2003年曾作过答复，称“家属工问题仍按原办法继续执行，生活确有困难，符合条件可按规定申请城镇居民最低生活保障”。

其后，他们经过劳动争议仲裁、诉讼及再审，最终法院以原企业已经破产终结，裁定不予受理。司法程序无功而返。

这一案例首先表现的是一个个案，是几十位老人的利益之争，因此它首先

① ［美］约翰·法比安·维特：《事故共和国——残疾的工人、贫穷的寡妇与美国法的重构》，田雷译，上海三联书店2008年版，第118页。

属于个人利益。但是这个案子是具有普遍性的：家属工是中国的一个历史概念，其遗留下来的问题至今尚未得到解决。其深层次的问题是：家属工属于职工吗？家属工与用人单位之间的关系属于劳动关系吗？家属工享受养老等社会保障的权利吗？这些问题涉及的绝不仅仅是个人利益，而是涉及法律本身的定义与实现，涉及社会保障的性质与含义，涉及社会的公平与正义。《劳动法》虽然是1995年才实施的，但作为企业的长期雇佣劳动者，其应当获得老年生活保障，在新中国至少可以追溯到《劳动保险条例》。工作了十几、二十多年的长期雇佣劳动者居然不应当获得养老保障（只是应当而不一定是实际获得），这个社会一定是不公平的，也是不正义的。

这样养老保障的诉求，已经远远超过了纯粹个人利益的范畴，而属于分量很重的公共利益的范畴——关系到一国社会保障体系的健全，关系到一个社会的公平和正义。

同时我们看到，这种公共利益并非从来就有的，而是人类社会发展到现代社会，中国社会发展到建立覆盖全体公民的社会保障体系的现状之后才生成的。

（三）公共利益是否独立

答案无非有两种：独立的和非独立的。

独立说强调公共利益与个人利益的分离，是超越于个人利益之上的利益。公共利益是和私人利益相对应的范畴，是相分离的。① 所谓公共利益是超越于个体利益之上的独立利益，是代表整个共同体的超越性利益。② 问题是，有这样的超越性利益吗？事实上，主张独立说的学者从未提出一种超越性的“公共利益”却不属于个人利益的。公共利益只可能有两种生存状态：属于多数人的个人利益，符合多数人的利益需求；符合少数人的利益需求，属于少数人的利益（这种情形有两种可能：打着“公共利益”幌子的个别人或个别群体的利益；属于真正的公共利益而只得到少数人认定的利益，尚未得到大多数人的认同）。但无论如何，不存在不属于个人利益的公共利益。

公共利益与私人利益是相对独立的，公共利益能为个体寻求自己的私人利益提供社会制度和物质的基础。③ 撇开公共利益与个体（私人）利益是否是相对独立的不论，这一论点颠倒了公共利益与个体利益的先后关系。个人是先于

① 王利明：“论征收制度中的公共利益”，载《政法论坛》2009年第2期。

② 杨立华：“公共利益、公共交易和公共政策——由‘定海古城被毁事件’谈开去”，载《行政论坛》2004年第1期。

③ 詹世友：“公共领域·公共利益·公共性”，载《社会科学》2005年第7期。

社会（特别是作为一个政治社会而言）而存在的，“个体利益应先于公共利益而存在，公共利益是实现个体利益的手段”。①

在公共利益独立说中，最突出地表现为这样一种观点，即个人利益应该服从于公共利益（或社会利益，在这一表述中，这两个概念是同一的），当个人利益与公共利益相冲突时，应该牺牲个人利益，即所谓“牺牲小我，顾全大我”。我们所受的传统教育即是如此，其最高尚的表达就是“亏了我一人，幸福十亿人”。这种观点暗含了两个预判：一是公共利益与个人利益是相互独立的，而且在很多的情况下会相互冲突；二是只要是公共利益的需要，个人就应当牺牲自己的利益。在公共利益独立的观点中，从来没有说出这种利益是什么样的利益，具体由哪些利益组成。

事实上，所有列举出来的公共利益（社会利益）都属于个人利益，或者更为准确地说，是个人的正当利益！没有任何一种公共利益是不属于个人利益的，个人利益是唯一真实的利益。城邦幸福和个人幸福究属相同还是相异？这个问题可作明确的答复：大家全都认为两者相同。②

为了公共利益而牺牲个人利益，是圣贤人的品质，是高尚而崇高的，我们应当敬仰和尊敬。但普通人不可能做到这一点。而且需要特别指出的是，对于具有特殊身份的人来说，是其职责要求，并不具有高尚性，如军人在战场上应当冲锋陷阵，警察面对持刀歹徒应当勇往直前，公务员应当公开自己的财产等隐私，这是他们的义务。如果军人临阵脱逃要被送上军事法庭，甚至会被当场击毙；警察面对歹徒而退缩，属于渎职，均应当被追究法律责任。在这种情境中，根本谈上不个人利益服从公共利益的问题，而是合法与违法之分，是是否具有基本道德（职业道德）的问题。

非独立说则主张公共利益并非是独立的一种利益形态，实际上也是个人利益，但不是完全个人性的自私自利的个人利益，而是得到普遍认同、符合某种基本规则要求的个人利益。“公共利益不是与个人利益相对立、存在于个人利益之外的抽象物。”③“既然公共是由个体构成的，公共利益也是个人利益的某种组合，并最终体现于个人利益——国防之所以是一国的‘公共利益’，并不是因为抽象的‘国家’从中得益了，而正是在于这个国家的每一个实际存在

---

① 苏振华、郁建兴：“公众参与、程序正当性与主体间攻势——论公共利益的合法性来源”，载《哲学研究》2005年第11期。

② ［英］边沁：《立法理论》，李贵方等译，中国人民公安大学出版社2004年版，第177页。

③ 王新艳：“公共利益诠释”，载《云南大学学报法学版》2006年第5期。

的人都得益了。就和不存在超越个人的社会或国家一样，超越个人的‘公共利益’也同样是不存在的。”① 公共利益说到底关系到不特定的社会成员的个体利益，如果私人利益不能获得充分保护，公共利益也难以全面实现。② 所有的公共利益都是个体的利益，不存在不属于个体利益的公共利益；所有正当的个体利益都应当得到法律的保护，都属于公共利益，没有与私人利益相分离的公共利益。“公共利益和私人利益并不是在本质上完全不同的两个概念，两者之间也不存在一道清晰的概念鸿沟。如果保护居民的生命安全是一种受到承认的公共利益，那么繁荣本地经济的措施也未尝不可被如此认为。”③ 公共利益的本质和最终价值不是虚无缥缈的和虚幻的乌托邦理想，而是事实上确实能够为社会所有成员体验和感同身受到的一种益处。公共利益不是目的，它仅仅是人实现其权利和自由的手段。④ “公共利益源于个体利益，同时为个体利益的实现服务。”⑤

公共利益就是正当的个人利益，个人利益只要是正当的、合理的，就是公共利益。公共利益就是大多数人的利益，要求为了公共利益牺牲个人利益，要求普通公民牺牲个人利益以服从公共利益，缺乏正当性，亦不符合法治要求。减少一些人的所有以便其他人可以发展——这可能是策略的，但不是正义的。⑥

对个人利益的限制，应当有正当的理由，如法律的要求、道德的要求。前者如相邻关系。任何人不能为了自己的装修，而随意制造噪声。如果行为人违反了这一要求，也将会遭到法律的追究。后者如不得于深夜在居民楼里吵架。这些情境下虽然符合为公共利益而牺牲个人利益之说辞，但事实上很少有人这么说，而通常代之以“讲点公德行不”。无论是公德，还是用“公共利益”这一表述，都不是独立的，而就是绝大多数人的个人利益，从利益的客观性来说，就是所有人的个人利益。

---

① 张千帆：“‘公共利益’是什么？——社会功利主义的定义及其宪法上的局限性”，载《法学论坛》2005 年第 1 期。

② 王利明：“论征收制度中的公共利益”，载《政法论坛》2009 年第 2 期。

③ 张千帆：“‘公共利益’的困境与出路——美国公用征收条款的宪法解释及其对中国的启示”，载《中国法学》2005 年第 1 期。

④ 范进学：“定义‘公共利益’的方法论及概念诠释”，载《法学论坛》2005 年第 1 期。

⑤ 韩大元：“宪法文本中‘公共利益’的规范分析”，《法学论坛》2005 年第 1 期。

⑥ ［美］约翰·罗尔斯：《正义论》，何怀宏等译，中国社会科学出版社 1988 年版，第 15 页。

但是公共利益与一般的个人利益还是有区别的，否则我们便无法解释个人利益与公共利益的冲突这样一个命题，或者只能说这是一个伪命题。利益是存在冲突的，个人利益之间，包括一个人的个人利益之间也会存在冲突，从此点当然也可以导出个人利益可以与公共利益发生冲突。但此点无法说明这一问题：为什么在个人利益与公共利益发生冲突时，需要个人利益作出让步呢？

公共利益是“反映在个人利益之中的最一般的、相对稳定的、不断重复的东西，是人的最强大的利益基础”。[①] 公共利益与其他个人利益的区分是否一定如此，这是不无疑义的。有的时候区别二者很简单：多数人决定的就是公共利益，反之则不是。很难确定多数人决定的就一定是“最一般的”、“相对稳定的”、“不断重复的”。而且如何判定“最一般的”、“相对稳定的”、“不断重复的”也是难于“上青天”的。

（四）谁来代表公共利益

在一般意义上，公共利益代表着多数人的利益。由于人数的不确定性和众多性，不可能由所有的人来主张公共利益；同时由于公共利益一般并不表现为直接的个人的经济利益，个人可能不愿意去主张公共利益。如滥采矿产资源，虽然对国家和社会的可持续发展是不利的，因而也会间接地影响公众的长远利益，但对一个普通公民来说，这并不对其产生直接的不利影响，甚至还有一点利益，如在矿区开个小饭馆等，普通公民通常不会提出制止乱采乱伐的利益要求。这样就会产生公共利益主张者的缺位。

一般的价值取向和法律适用原则是，当和公共利益发生冲突时，个人利益要让位。因此代表或确定公共利益对个人利益的影响是巨大的，稍有不慎，就会侵害个人权益，从而在根本上损害公共利益。在今天的政治思想中，一般已把“多数的暴虐”这一点列入社会所须警防的诸种灾祸之内了。[②] 而在很多时候，假借“多数的（公共的）”的名义，行私人或个别群体的暴虐已不鲜见。

一般认为，公共利益的代表者首先是国家机关即政府机构，包括行政机关和事业单位。公共利益，换一个抽象的词就是“人民大众”的利益，作为人民的政府，无论从政治性还是从法律性来说，都是公共利益或人民利益的首选代表。不能维护人民利益的政府在政治上不具有合法性；不能维护人民利益的政府在法律上也难以持续。但是，“政府会用这种手段去为特定的利益群体提供服务”，“在许多情形中，对某些特定群体之集体利益的满足，实是与社会

① 颜运秋：《公益诉讼理念研究》，中国检察出版社2002年版，第34页。

② ［英］约翰·密尔：《论自由》，许宝骙译，商务印书馆1959年版，第4页。

普遍利益相背离的”。[①] “政府作为民意支撑的组织是公共利益的最主要的提供者、代表者和维护者，但在规范机制缺位时也是公共利益最大的潜在侵害者。”[②]

政府代表利益与公共利益发生偏离的主要原因在于：（1）利益的冲突，这是本质的，也是偏离产生的内在动机与根源。政府有着自己的利益（部门利益或集团利益），作为政府执行人员的政府官员也有自己的利益，政府利益与政府官员的利益在很多时候并不属于公共利益，甚至完全与公共利益相冲突。政府官员利益不等于政府利益，政府部门利益不等于政府利益，政府利益不一定总是代表人民利益，政府利益不完全等同于国家利益，政府利益不一定代表公共利益。[③] 从心理学理论看，这也是一个必然的选择趋向。公共利益虽然也是个人利益，但不一定是代表政府官员的个人利益；即使是代表者政府官员的个人利益，也只是其个人利益的一种，而且通常也不是最具有诱惑力的那种个人利益，而是一种间接的、较高层次的利益需求，更多的属于自我实现的利益。根据需要层次理论，只有较低层次的利益需要得到满足时，行为者才可能选择较高层次的利益。那么对于芸芸众生中的一员的政府官员，通常是不可能首先选择作为自我实现利益的公共利益的；通常首先是满足自己直接的、低级的利益需求，其后才可能选择较高层次的间接的利益需求，最后才可能选择作为自我实现利益的公共利益；而有的只会选择满足自己的利益，而不考虑公共利益。（2）认识的偏差。有的时候，作为公共利益代表的政府和政府官员，确实是想实现公共利益，如造某个工程、要求村民种植某种经济作物（不是形象工程，不是为了自己的升官发财，而是真正想为民造福），但由于认识错误，决定不符合社会或经济发展要求，而错误代表了公共利益。历史唯物主义承认，在特定阶段，人的认识是有限的。政府及政府官员代表公共利益的行为都发生在特定历史阶段，其不能完全代表公共利益，这才是符合唯物主义的认识论的。虽然想代表和维护公共利益，却没能认识到并维护公共利益，这样的经验教训比比皆是，如当年的“围湖造田”。功利主义的鼻祖边沁曾指出，“经常有这种情况，一个心浮气躁的家伙被国王委任负责某些事务，从此就以

① ［英］弗里德里希·冯·哈耶克：《法律、立法与自由》（第一、二、三卷），邓正来等译，中国大百科全书出版社2000年版，第9页。

② 胡鸿高：“论公共利益的法律界定——从要素解释的路径”，载《中国法学》2008年第4期。

③ 杨立华：“公共利益、公共交易和公共政策——由‘定海古城被毁事件’谈开去”，载《行政论坛》2004年第1期。

为他自己的渺小灵魂的需要就是国家的需要”。① 只有时刻明白认识的局限性，作为公共利益的代表者才能戒骄戒躁，才能更好地履行代表职责。（3）权力缺乏制约。这是代表利益与公共利益偏离的制度原因。权力的背后就是利益，权力的行使应当是为了公共利益，而不是为了个人或者个别群体的特殊利益。但当权力缺乏制约的时候，权力必然会倾向于保护行权者的个人私利、集团利益，放弃甚至阻挠对公共利益的保护。

各类公益组织或非政府组织也是公共利益的代表。由于这类组织具有独立性，通常不属于某个利益集团，因而能够代表或促进公共利益，如绿色和平组织。自治性团体“有助于克服个人主义，培养公共精神”，如果说国家代表着普遍的利益，个人追求的是私人利益，那么自治性团体维护的则是特殊的利益（黑格尔有时称为特殊的公共利益）。② 但这类组织并不一定比政府更可靠。这类主体同样有着自身的利益需求，因而具有双重性，“既可能成为公共利益的主张者，也可能成为个别利益（私益）的主张者”③。另外，这类组织的认知能力也不一定超越政府。这类组织虽然没有权力，但也有可能通过其影响力影响某种公共利益的实现。如在一个贫困的、饥饿的国家，动物保护组织反对捕捞等杀生行为，其对一种公共利益的维护，可能危害另一种公共利益。

其他组织和个人也可以成为公共利益的代表者。如以个人名义提出的公益诉讼，在个案中，这些个人都是公共利益的代表者。

从社会现实来看，公共利益的最主要代表者只能是政府，尚没有更好的组织和个人可以取而代之。公民代表或人民代表主要是通过会议决议的方式来行使权力，其代表本身不能直接行使国家权力，而且会议决议的方式具有天然缺陷，不能作为日常的管理方式，因而由其来直接代表公共利益，往往是心有余而力不足。特别是在我国，政府的行政权力是也是人民授予的，在本质上与人大的决议和公共利益应当是一致的，只是最为重要的是，必须防范政府权力偏离公共利益的轨道，政府必须依法行政。

另外，也应当肯定其他组织和个人可以成为公共利益的代表者，同时要求这些组织和个人行为必须在法律特别是宪法的框架下实施，并不得与人大特别是全国人大的决定相抗衡。

---

① ［英］边沁：《立法理论》，李贵方等译，中国人民公安大学出版社 2004 年版，第 154 页。

② 沈敏荣：《市民社会与法律精神：人的品格与制度变迁》，法律出版社 2008 年版，第 87 页。

③ 胡锦光、王锴：“论公共利益概念的界定”，载《法学论坛》2005 年第 1 期。

（五）谁来界定公共利益

公共利益的代表者和界定者是两个不同的概念。当两者重合而又得不到有效约束的时候，公共利益则无法实现。这也正像拆迁之类，施政者和执法者以公共利益名义实施的行为却无法得到公共利益的享受者——广大人民的认同的直接原因。无论是政府、非政府组织、其他公共利益代表者，当同时由他们界定公共利益时，将不可避免地出现公共利益的非公共化。将公共利益的代表者与公共利益的界定者分离，是真正实现公共利益的必由之路。

关于公共利益的界定者，有三种意见：

第一种意见认为，由权力机关以“一事一议”方式界定。民主制度和“公共利益”的选择有着本质上的一致性，都是体现多数利益，因而用民主（代议）的方式界定“公共利益”才可能具有最充分的正当性。①

第二种意见认为，由司法机关来最终判断。“公共利益限制基本权利的问题的最终判断，应由司法机关来完成。”②“法院确立的判断公共利益的司法标准在平息纷争中具有最终的法律效力。”③ 当公共利益发生争议后，应当通过司法机关来进行认定。司法机关对公共利益予以界定属于其职权范围；公共利益作为不确定概念需要法官作出价值判断。④

第三种意见认为，由立法机关在法律中以列举式详加规定，“鉴于公共利益是一个十分抽象与高度概括的语词，所以对公共利益的理解与把握较为可行的办法就是通过法律对公共利益作一具体的列举和概括”。⑤“我国必须采取列举立法方式界定‘公共利益’。在我国现行权力体制下，如果不依靠中央立法对公共利益的界定作硬性规定，依靠地方政府的自律解决不了‘共利利益’的滥用，依靠司法裁判也解决不了‘公共利益’的滥用，只有全国人大立法方式才是切实可行的。”⑥

---

① 张千帆：“‘公共利益’是什么？——社会功利主义的定义及其宪法上的局限性”，载《法学论坛》2005年第1期；“‘公共利益’的困境与出路——美国公用征收条款的宪法解释及其对中国的启示”，载《中国法学》2005年第5期。

② 张翔：“公共利益限制基本权利的逻辑”，载《法学论坛》2005年第1期。

③ 郑贤君：“‘公共利益’的界定是一个宪法分权问题”，载《法学论坛》2005年第1期。

④ 王利明：“论征收制度中的公共利益”，载《政法论坛》2009年第2期。

⑤ 范进学：“定义‘公共利益’的方法论及概念诠释”，载《法学论坛》2005年第1期。

⑥ 唐忠民、温泽彬：“关于‘公共利益’的界定模式”，载《现代法学》2006年第5期。

学者认为，由人大“一事一议”确定公共利益，在我国现行体制下事实上是不可行的。而司法裁判，由于法官也不可能成为严格中立的“旁观者”，也不具有上帝般的能力洞悉社会的整体利益需求，司法最终审定“公共利益”，会“导致司法权对抗民主，以法官的统治代替人民的统治”；“对‘公共利益’的界定，应该是民主政治的产物，法官并不是人民意志的直接代言人，法官作‘公共利益’的解释者，实质是以法官的意志替代人民的意志，是司法对人民主权的僭越，是一种法官专制，没有合法性”。① 如果采用“司法决定论”，可能得出公民的诉求是不符合公共利益的。比如在一个区建立一个私立医院（相应地需要进行拆迁，从而影响被拆迁人的财产权利），是否属于公共利益，不仅要从这个区的整体状况来判断，还需要从更广泛的范围来判定，这超出了区法院的法官们的能力。从中国的现实来看，法院在相当长的时间内也很难担负起这一重任。而在更为本质的原因上，利益作为主观评价的范畴，可能因评价主体的不同而存在差异；主体不同，利益自然就有差异。② 在当下的中国，贫富差距扩大是不争的事实。在这一背景下，又有哪一个人比公众对自己的利益更为了解呢？以民主方式（或人大决议的方式）判定公共利益是唯一的选择。另外，公共利益的判定不同于善良风俗的判断。后者可以委由法官决断，而前者却不行。其根源在于，善良风俗是以一般人的认识作为衡量标准的，完全是一个客观标准，不完全是由大多数人的观点所决定；而公共利益虽然具有客观性，但不可能完全脱离主观性，委由个人行使决断权更具合理性。如父亲杀死为非作歹的儿子，如果投票表决，笔者认为结论将是父亲无罪，这一结果不符合善良风俗（在一个文明社会，一个人的生命是不能由个人决定的），但我们却很难认为投票结果不符合公共利益。简言之，“公共利益”不能简单地根据“一般人”理论确定，而只能委由民主制解决。

由谁界定“公共利益”这个问题“不应该由法官决定，更不应该由行政官来决定，而应该由人民代表来决定，因为他们是‘公共利益’的最可靠的保障者”。③ 同时，公共利益的确定必须遵循严格的程序。“确认公共利益合法性的必要条件是：认定公共利益须有程序的合法性，须有公众广泛参与下形成

---

① 唐忠民、温泽彬：“关于‘公共利益’的界定模式”，载《现代法学》2006 年第 5 期。

② 王利明：“论征收制度中的公共利益”，载《政法论坛》2009 年第 2 期。

③ 张千帆：“‘公共利益’的困境与出路——美国公用征收条款的宪法解释及其对中国的启示”，载《中国法学》2005 年第 5 期。

法保障，又怎能保护“老有所养、病有所医”的公民社会保障利益呢？

个人利益与社会公共利益往往是密不可分的，二者构成了某种交互影响的利益链条；在现实生活中，我们根本不可能把二者割裂开来。[①] 社会利益或公共利益的内容是可以发展的，同样具有历史性。如果以当时的社会主流观念作为社会利益的基础（在若干年后看来恰恰是损害社会利益的）限制个人利益及个人诉求，不仅会侵害个人的基本权利，在根本上也损害整个社会的发展，归根结底，也损害了人民的福祉。

社会公共利益最终都体现为个人利益，或者说与个人利益是一致的。

国家利益与个人利益是一致的（如果出现对立现象，那必然有两个可能，一是所谓国家利益不是真正的国家利益，而只是统治者的利益，二是个人利益是不合理的），没有个人利益就没有国家利益；而没有国家利益，个人利益也无法自保。国家利益与个人利益是互为基础的，所以，它们是同等重要的，强调任何一方比另一方重要都只是政治上的需要，而不是对两者关系的客观描述。[②] 每个个体在追求自己利益最大化的过程中最大限度地促进了公益。[③]

随着经济社会的发展，社会阶层的分化，出现了越来越多的利益群体和利益主张。主体多元化和利益多元化是社会进步的表现，正所谓“百花齐放”。“凡此多元利益已经成为中国社会进步的杠杆，也是综合国力的有机构成因素，尊重和保护它们就是对于国家利益的捍卫”，“毕竟，国家的安全以人民免于恐惧为前提，国家的权力来自人民的同意和全体公民权利的积极实现，国家的财富不得违忤人民的普遍福祉，正如公正、健全而有效的法制就是国家利益本身”。[④]

八、利益衡量及其对法律的影响

利益主体的分化和利益的多元化，必然导致利益之间的矛盾和冲突。不同种类的利益相互之间“存在不可避免的冲突和矛盾”。[⑤] 利益矛盾是现阶段我国社会矛盾的主要表现，具体表现为：干群矛盾、劳资矛盾、贫富矛盾、城乡

---

① 杨通进：“爱尔维修与霍尔巴赫论个人利益与社会利益”，载《中国青年政治学院学报》1998 年第 4 期。

② 阎学通：《中国国家利益分析》，天津人民出版社 1996 年版，第 301 页。

③ 刘连泰：《〈国际人权宪章〉与我国宪法的比较研究》，法律出版社 2006 年版，第 229 页。

④ 许章润：“多元社会利益的正当性与表达的合法化——关于‘群体性事件’的一种宪政主义法权解决思路”，载《清华大学学报》（哲学社会科学版）2008 年第 4 期。

⑤ 周旺生：《法理探索》，人民出版社 2005 年版，第 97 页。

矛盾、区域矛盾。①

利益的矛盾和冲突需要一种调处机制将其约束在社会可容忍的范围之内，并尽可能使其和平共处。法律是其中最为重要的调处机制。“法律的主要作用之一就是调整及调和上述种种相互冲突的利益，无论是个人利益还是社会利益。”② “法律规范是以利益整合之后的形态出现的”，“法律是社会多样化利益整合的结果”。③

进行利益调整首先要进行利益衡量。待处案件中存在不同的法律确认并保护的利益，但法律未对此规定利益的优先位阶，需要司法者根据各种条件作出衡量和分配，进行价值判断，确定保护何种利益。利益衡量的依据限定在一定的社会需求、社会舆论、社会价值、社会效果上，同时以实质判断加上法律依据作为其操作规则。④

利益衡量也就是对利益进行评价、比较、取舍或限制。利益衡量的前提是要确定利益的评价标准。“人的确不可能凭据哲学方法对那些应当得到法律承认和保护的利益做出一种普遍有效的权威性的位序安排。然而，这并不意味着任何质的评价都是行不通的。例如，生命的利益是保护其他利益（尤其是所有的个人利益）的正当前提条件，因此它就应当被宣称为高于财产方面的利益”，“一个时代的某种特定的历史偶然性或社会偶然性，可能会确定或强行设定社会利益之间的特定的位序安排，即使试图为法律制度确立一种长期有效的或刚性的价值等级序列并没有什么助益”。⑤ 确实，利益的评价标准并非完全确定，亦缺乏自然科学那样的精确性，但也并非不可捉摸。要根据法的不同目的进行利益衡量。其次，要考虑对立法者的自我利益进行限制。在中国部门立法倾向较为严重的背景下，尤其要考虑这一方面，立法者的自我利益的主张，表现为统治意志；另一方面，社会一般道德价值、社会客观关系的精神化又作为理性而对统治意志进行制约。⑥ 最后，社会利益不是利益保护的终极基础。社会保障立法对残疾人和受供养人保护的根本基础在于人格观念和自然权

---

① 郭建宁主编：《利益协调与社会和谐》，天津人民出版社2008年版，第28～31页。

② ［美］E. 博登海默：《法理学：法律哲学与法律方法》，邓正来译，中国政法大学出版社2004年版，第413页。

③ 马新福等：《立法论：一种法社会学视角》，吉林人民出版社2005年版，第346页。

④ 苏晓宏：《法理学基本问题》，法律出版社2006年版，第242页。

⑤ ［美］E. 博登海默：《法理学：法律哲学与法律方法》，邓正来译，中国政法大学出版社2004年版，第415页。

⑥ 周永坤：《论自由的法律》，山东人民出版社2006年版，第105页。

利观念。

第三节　社会保险法保护之利益

一般认为，社会保障保障的是被保障人的基本生活的维持与延续。"社会保障的直接目的是保障社会弱势群体的基本生活，维持他们作为人的基本尊严。"① 一方面，正如笔者在本书第一章所论，社会保障的对象并不完全是弱势群体，甚至多数不是；另一方面，基本生活主要是指经济生活利益，亦包括健康利益。

一、社会保险法保护之利益内容

（一）生存权/生存利益

在社会保障法或社会保险法所保护的利益中，很多使用生存权这一概念。这是一种自然权利意义上的利益。笔者认为，首先，作为一种自然权利，生存权的内涵具有不确定性，在我国宪法明确规定"国家尊重和保障人权"的情况看，应当纳入人权的范畴。其次，生存权之内涵应不仅指最低限度的温饱问题，还应包括体面生活和有质量的生存之意旨。如此，其内容实即社会保障的内容，因此在我国以社会保障权代之，更具明确性和通俗性；在社会保险法的框架下，生存权或生存利益之表述都不尽妥当。

根据日本学者大须贺明的研究，生存权在世界上首次受到宪法明文保障的是德国的《魏玛宪法》（1919 年），其第 151 条第 1 款规定："经济生活之组织，应与公平之原则及人类生存维持之目的相适应。"②

如果从字面含义来看，只要为保障自然人之生存所必需，就都为生存权之内容。因此不仅经济的生存保障，人身的生存保障亦为该权利之内容。而就通常所论生存权内容而言，后者显然并不在其范围之内。社会保障法宗旨即在于当社会成员出现生活困难时，国家和社会有义务对其进行物质帮助，生存权保障成为现代社会保障立法的起点和归宿。③ 社会福利立法原来旨趣在于实现国民的生存权保障，即通过社会的保险，对儿童、母子、老人、残疾人的生活与

① 童星主编：《社会保障理论与制度》，凤凰出版传媒集团、江苏教育出版社 2008 年版，第 11 页。

② ［日］大须贺明：《生存权论》，林浩译，法律出版社 2001 年版，第 3 页。

③ 林嘉：《社会保障法的理念、实践与创新》，中国人民大学出版社 2002 年版，第 43 页。

工作等进行扶助或救援，在一定的程度上，救济他们因失业、伤病、老年、死亡事故等带来的生活的贫困化，以改变国民生活中的不平等和不公正状态，实现实质上的平等。①《经济、社会和文化权利国际公约》第11条第1款规定："人人有权为他自己和家庭获得相当的生活水准，包括足够的食物、衣着和住房，并能不断改进生活条件。"如果以此作为生存权之内容，这实际属于社会保障的内涵之一。亦即从语义来说，现有关于生存权之论述，是在社会权即社会保障权意义上展开的。

经济的生存利益，是社会保障法应予保障的利益类型之一，但并非全部社会保障法所保障的全部利益。事实上，只有社会救助是最贴近经济的生存利益的保障的。生存权和发展权是现代社会公民的基本权利，社会救助是居民生存权的基本保障。②

社会救助体现了对人们生存权利的一种尊重，目的是保障公民享有最低生活水平，包括：（1）绝对意义上的最低生活水平，就是保证维持生命所需最低限度的饮食和居住条件，不致受冻挨饿；（2）相对意义上的最低生活水平，是指享有当时当地生产力水平下相对来讲属于数量最少的消费资料和服务。其目标至少包括：（1）反贫穷目标；（2）生存权目标；（3）积极救助目标。③而其他社会保障项目，并非或者主要不是对生存权之保障。

另外，生存权之保障理念亦非社会保障从来就有。在社会保障理论中，对生存权的考虑并不是主要的。社会民主主义者认为资本主义的各种弊端需要通过国家干预来缓解或克服，国家有责任提供市场不能提供的公共物品，有责任为有特殊困难的个人提供必要的私益物品和服务。④这可归为对生存权理念之提倡，而此理论只是晚近产生的社会保障理论之一。

将生存权作为法律上的一种权利提出，则是福利国家以后的事了。福利国家出现以后，才逐渐在社会福利提供和递送上开始有了一些基本共识：一是政府有责任帮助社会成员抵御社会风险可能带来的危机；二是国民有权利从国家和社会那里获得基本生活保障。⑤

从本质上讲，社会保障的理论演变和实践探索主要是围绕再分配领域的两

---

① ［日］大须贺明：《生存权论》，林浩译，法律出版社2001年版，第31页。

② 王卫平等：《社会就助学》，群言出版社2007年版，第33页。

③ 乐章编著：《社会就助学》，北京大学出版社2008年版，第12、50页。

④ 张广利主编：《社会保障理论教程》，华东理工大学出版社2008年版，第77页。

⑤ 张广利主编：《社会保障理论教程》，华东理工大学出版社2008年版，第166页。

个问题展开：如何划分政府和市场的责任、如何处理公平和效率的关系。[①] 但没有疑问的是，在现代社会，生存权已经成为社会保障的理论根基，尤其是作为法律制度的权利理论基础。“社会保障的目标是发展变化的。”[②] 生存权理念已经内化了人权的基本内容而对社会保障政策及其立法产生深远的影响。

（二）最低生活利益

在笔者看来，作为经济的生存利益的“生存权”实即为人之最低生活利益。“通过相应的制度安排来解除国民的生存危机是社会保障的一个基本目标，也是最低追求目标。”[③]

社会保障权利作为一项经济权利，使得生活困难者有权利从国家和社会获得物质帮助；作为一项社会权利，所有社会成员，包括老人、妇女、儿童、残疾人等特殊群体，都可以在规定范围内获得关系和帮助，并且不损害公民的名誉和荣誉。[④] 贝弗里奇报告提出，“社会保险应当以提供保障人们基本生活的最低收入为目标”。[⑤] “选择以维生水准作为保险给付水准的做法，也意味着，保险给付和那些设计来保障未纳入社会保险者的资产调查‘安全网’的给付，实际上的差别极为有限。随着时间演进，我们发现要分辨社会保险和社会救助的差异是越来越难”，进而导致“贝弗里奇模式的社会安全是脆弱且无效能的”。[⑥] 贝弗里奇模式是以国民保险为特征的，在相当程度上与我国的社会救助、社会优抚存在交叉。

最低生活利益首先是一种经济利益，是一种物质利益，其标的物包括金钱、粮食、衣物、水（如云南旱灾时水的极度匮乏）等能够保障人的存活的物质性因素。

最低生活利益是一种个人利益，对个人而言是一种好处，是对个人的有利性，是个人的冀求或期待。在现代社会，最低生活利益亦是一种公共利益。现代文明的表征是爱和互助，“朱门酒肉臭，路有冻死骨”是公共道德所否弃和批判的，“只顾自己享受，哪管他人死活”与现代人道主义观念格格不入。践

---

① 李珍主编：《社会保障理论》，中国劳动社会保障出版社 2007 年版，第 140 页。

② 郑功成主编：《社会保障学》，中国劳动社会保障出版社 2005 年版，第 35 页。

③ 郑功成编著：《社会保障》，高等教育出版社 2007 年版，第 19 页。

④ 张思锋、温海红主编：《社会保障学》，西安交通大学出版社 2007 年版，第 291 页。

⑤ 劳动保障部社会保险研究所组织翻译：《贝弗里奇报告——社会保险和相关服务》，中国劳动社会保障出版社 2004 年版，第 12 页。

⑥ 郭明政主编：《社会保险之改革与展望》，台北国立政治大学法学院劳动法与社会法研究中心 2006 年版，第 55、56 页。

踏他人人格、视人命为草蚁，实质是对自身人格利益的否定。“老吾老以及人之老，幼吾幼以及人之幼”作为现代社会保障理念已经成为公众观念的一部分。保障独立人格之最低生活利益已成为人之为人的必然需求，是“每个人都享有或都应该享有的权利”①。“作为共同体生活的一项原则，伙伴身份要求每个成员不能对其他成员漠不关心，并要在需要时提供力所能及的帮助。”②对于每个公民的最低生活利益的实现，即是对社会公共利益的实现。

最低生活利益是基本人权或“最低限度标准的人权”的体现。不能以任何借口和理由，剥夺每个公民的最低生活利益。在最低生活利益与其他利益如政府部门利益等发生冲突时，只能取前者而舍后者。即便是为了一个最低生活利益而剥夺其他的最低生活利益，亦不能认为是正当的和不受谴责的，除非它是自愿放弃的。

在社会保障法中，最低生活利益是由社会救助和部分慈善事业所保障的，而非社会保险法的保护利益。仅仅提供最低生活保障，并不符合我国现实。在我国，不能将最低社会保障作为我国社会保障制度的特征。（1）我国社会保障至少包括了3个层次：①社会救助与最低生活保障；②社会保险；③社会福利。最低生活保障是相对较小的部分；占主体的社会保险覆盖了大量人口，并且，养老保险、医疗保险、生育保险都有全民覆盖的趋势，而社会保险的保障水平是“适度的”，如城镇职工基本养老保险的理论替代率为60%，要远远超过最低生活保障水平；公共卫生、健身等设施的建设，也将进一步提升公民的生活质量。无论是就现实或者是发展规划来说，中国的社会保障的保障水平不是维持生活的最低水平，而是一个适度的水平。“社会保障的目的主要是为社会成员的基本生活提供物质保障。”③

最低生活利益之保护并非社会保障法之特有内容，劳动法亦保障最低生活利益。劳动法主要通过劳动基准法（如最低工资、最低劳动条件、安全防护设施等）保障劳动者及其家庭的最低生活利益。但两者还是有区别，劳动法所保护之最低利益，是针对雇佣劳动者的，存在身份的限制，而社会保障法所保护之最低生活利益则不限于此；劳动法所保护之最低生活利益，是针对劳动义务的对待给付，社会保障法所保护之最低生活利益则属于社会给付，不以对

---

① 夏勇：《人权概念起源》，中国政法大学出版社2001年版，导言第Ⅳ页。

② [英] A. J. M. 米尔恩：《人的权利与人的多样性——人权哲学》，夏勇、张志铭译，中国大百科全书出版社1995年版，第165页。

③ 郑功成：《社会保障学——理念、制度、实践和思辨》，商务印书馆2000年版，第388页。

待义务之履行为对价。简言之，两者的受益主体和利益给付方式不同。

民法中也存在最低生活利益之保护，比如民事法律责任多以过错责任为主，但在无法确定过错主体，且不分担责任将致受害人损害无法填补，尤其是其基本生存无法保障时，将适用公平原则进行责任分配；在强制执行时，亦要为被执行人保留最基本之生活资料，如基本生活费及简单住屋。民法中的最低生活利益系以法定或承诺义务之存在为前提，社会保障法中的最低生活利益则以人格之存在而当然享有；民法中的最低生活利益系在特定当事人间进行分配，而社会保障法中的最低生活利益则在不特定的社会主体之间进行分配。

（三）基本生活利益

1. 基本之生活利益保障。在我国的社会保障体系中，最低生活保障、社会救助、部分慈善事业扮演着最低层次的保障角色，是在没有其他稳定的生活来源而生活又难以为继时提供的保障项目。作为我国社会保障体系核心内容的社会保险，虽然其名之曰基本养老保险、基本医疗保险，虽然保障原则一般被称之为“低水平、广覆盖”，但经过连续数年调整，其保障水平已经有了较大改变。2009 年主要工伤保险待遇标准均有较大幅度提高，超过了同期 GDP 增速。见下表。修订后的《工伤保险条例》所确定的工伤保险待遇绝对不能说是低水平的。

2009 年主要工伤待遇标准 单位：元

	一次性伤残补助金	月人均伤残津贴	月人均生活护理费	一次性工亡补助金	平均丧葬补助金	月人均供养亲属抚恤金
全国平均	12540	1420	785	102393	13167	772
增加	1678	138	94	14356	2342	64
增长	15%	11%	14%	16%	22%	9%

以养老保险来说，我国养老金的理论替代率为 60%，参照人身损害赔偿的相关统计，个人收入中有 25% ~30% 用于个人消费，我国养老金的理论替代率水平和目前的实际水平（无论是与最低生活保障标准相比，还是与在岗职工平均工资水平相比）均能保障个人的基本生活。当然，并不能因此说我国的养老金水平就是高的。一个很重要的因素就是我国整体的工资水平是不高的，在 GDP 中的比例较低。

以工伤保险来说，其待遇水平相对要更高些。伤残津贴的最低领取比例，四级伤残为本人工资的 75%，亦即其最低替代率为 75%；月人均供养亲属抚恤金的替代率主要是 30%，因此整体水平也是较高的。

基本医疗保险待遇在降低起付线、提高支付比例方面也有所动作，虽然其目前的保障水平还不能令人满意，不过其努力的方向是对的。

失业保险金目前水平是按照介于最低生活保障标准和最低工资标准确定的，由于其需要考虑对就业的激励作用，因而标准不宜过高。

生育保险的保障水平目前也得到很大的提高，尤其是在沿海经济发达地区。

总体来说，我国社会保险的保障水平更多的体现是“适度”，从定性描述的角度来看，其对物质的需求和期待要远远高于最低生活利益。

同样，基本生活利益也首先是个人利益，是每一个参保人员或适龄人员满足个人需求或期待的物质利益。损害了个人的社会保险权益，自然会遭致个人的激烈反对。同时，基本生活利益的满足，不仅是维护个人作为人之独立生存主体的必要保障，有利于实现人的自由与自立，亦有利于维护社会保障、促进社会和谐，推进国家的可持续发展，因而也是莫大的公共利益。同样，对于基本生活利益，除非待遇享受人丧失了享受该利益的必要性，否则不能以任何公共利益为借口剥夺公民的基本生活利益。即便是犯罪人，其出狱后也有权继续享受养老金（其在监服刑期间，基本生活有国家保障，因此不应享受养老金）。

我国从20世纪50年代便确立了这样一条规则：劳动者被开除，或者被追究刑事责任的，其连续工龄不予认可。该规则一直延续至今。由于在我国基本养老保险中，特定人员的连续工龄（如公务员的工作年限）要作为视同缴费年限计发养老金，或者直接作为养老金（退休工资）的计发依据，对连续工龄的否定，实即剥夺视同缴费年限，相应工作年限不能再计发养老金。无论是被追究刑事责任，还是被开除，行为人已为其错误行为付出了代价，并承担了相应的法律责任，再进一步剥夺其维持基本生活之权利，与保障人格之独立存在相去甚远，无异于“赶尽杀绝”。此条规则与维护基本生活利益之原理不相符合。应予废止。

2. 基本生活利益不唯最低，亦非最好，以维持基本而体面的生活为要义。从缴费标准亦可看出此点。社会保险缴费有上下限之限制，下限通常为社平工资的60%，上限则为社平工资的300%。该限制的直接目的是避免养老金过低和过高，以发挥再分配功能促进社会的真正平等。“老农保”有的养老金每月只有几块钱，在目前的生活水平下，这是没有任何意义的，连最低生活利益也无法保障，不符合社会保障的目的，也不符合养老保险的要求。

3. 新农保对基本生活利益之保障。城镇企业职工基本养老保险对基本生活利益之保障是比较明确的，那么新农保呢？新农保目前最低的基础养老金只有55元/月，很多人只能拿这个基础养老金，这个标准够得上基本生活利益吗？单纯以该标准衡量，答案是否定的。但是，(1)农民毕竟还有土地，在国家实施农业补贴政策的背景下，土地不仅事实上对农民具有保障功能，亦体现了国家的保障性；(2)这是一个历史性的开端，以后必然会进行调整，有的地方已经超过了这一标准；(3)个人账户养老金还是要占“大头”的。据测算，按新农保最低缴费档次100元缴费，正常缴费15年，月个人账户养老金可达93元，正常缴费30年，可达246元；如果按500元缴费，分别可达213元和967元。如此，基本生活利益之保障目的几可达致。

4. 医疗、工伤、失业、生育保险对基本生活利益之保障。1952年国际劳工组织通过的第102号国际劳工公约《社会保障最低标准公约》涉及医疗护理、疾病津贴、失业津贴、老年津贴、工伤津贴、家庭津贴、生育津贴、残疾津贴和遗属津贴9个部分。我国亦普遍认为社会保障是对“发生生活困难的社会成员给予的物质帮助和经济扶助”①。养老保险之外的这四险是否也都体现了基本生活利益呢?

失业保险因其保障水平在最低生活保险标准与最低工资标准之间，而且是与就业促进、职业技能培训等保障政策相联结，后者的根本目的亦在于使失业人员获取稳定就业并进而获取生活来源，属于基本生活利益之保障。

医疗、工伤、失业、生育保险的保险待遇主要包括两类：对于被保险人的支出之替代；对被保险人生活便利性（生活质量）之提升，如康复服务。基本医疗等待遇支出，不仅可以由雇主承担一定责任，亦可以通过医疗救助、慈善捐赠等方式提供最基本救助，社会保险提供的不是最低保障，而是与社会一般生活相适应的基本保障。而后者，亦属于生活利益之范畴。亦即，生活利益首先是经济利益，但并不完全是。举凡在一般人看来，均有利于生活者，皆得为生活利益。社会保障的直接目标应当是提供适当的生活基础，以保证人有尊严之基本生活。

5.《经济、社会和文化权利国际公约》第12条规定：“本公约缔约各国承认人人有权享有能达到的最高的体质和心理健康的标准”，为此而追求的“减低死胎率和婴儿死亡率，使儿童得到健康的发育”、“改善环境卫生和工业卫生的各个方面”、“预防、治疗和控制传染病、风土病、职业病以及其他的疾病”、“创造保证人人在患病时能得到医疗照顾的条件”。这些或许在将来可以作为基本生活利益，但目前还只能作为较高的生活利益，伴随着中国经济的高速发展，再加上政府对社会保障日益重视，以及社会保障总支出的增加又具

① 《中国大百科全书·法学》，中国大百科全书出版社2006年版，第442页。

有惯性，进入21世纪以来，我国的社会保障总支出还是逐年增加，因而社会保障水平也是逐年提高。[①] 社会保障是保障人们的基本生活适合当前的社会特征，要做到随社会经济发展，维持人们基本的物质精神需求，保证及逐步提高保障对象的生活质量。[②] “满足国民的生活保障需求，不断改善和增进国民的福利，是社会保障更高层次的追求目标。”[③]

（四）人格利益及其他利益

人的利益需求是多样化的，良好的经济与物质条件是很多人追求的，但并非公民追求的全部内容，亦非每个人都是如此。保持人的尊严与独立，促进人的全面发展，是现代文明应有之义，这也是作为社会权利的社会保障权的应有之义。“仓廪实而知礼节”，社会保障通过为公民提供经济基础，而间接促进公民完善人格之形成。社会保障观念、制度运行之人性化，更有直接保障人格尊严与独立之功。而社会保障包括社会保险，在生活的便利性等方面为被参保人提供了更好地融入和回归社会的方式，对于维护人的尊严与独立，促进人的全面发展亦有直接作用。社会保障立法以尊重人、尊重人的价值、尊重人的基本需要的合理性为起点，其权利规定在努力向人权和人道主义靠拢。[④]

如关于教育权，尤其是义务教育，对于人格的尊严、独立与发展，显然是不可缺少的。正如《经济、社会和文化权利国际公约》第13条所宣称，“人人有受教育的权利。它们同意，教育应鼓励人的个性和尊严的充分发展，加强对人权和基本自由的尊重，并应使所有的人能有效地参加自由社会，促进各民族之间和各种族、人种或宗教团体之间的了解、容忍和友谊”。

关于社会保障之喻称“安全阀”、“安全网”等，亦彰显了社会保障对安全等利益的追求与维护。

二、社会保险法保护之利益主体

在社会保险法律关系中，权利义务并不是完全对等的，比如医疗救助的获得，不需要履行对价性的义务，虽然被救助人仍然需要履行一定的义务，如证明自己的财务及医疗支出状况，但这种义务与其获得的利益相比，显然是不对

---

① 童星主编：《社会保障理论与制度》，凤凰出版传媒集团、江苏教育出版社2008年版，第190页。

② 张思锋、温海红主编：《社会保障学》，西安交通大学出版社2007年版，第292页。

③ 郑功成编著：《社会保障》，高等教育出版社2007年版，第19页。

④ 张思锋、温海红主编：《社会保障学》，西安交通大学出版社2007年版，第291页。

等的。通俗地说就是，所得大于所付。这一情形在社会保险法律关系中比比皆是。与私法中法律对私法关系当事人进行平等保护不同，在社会保险法律关系中，法律不应对当事人进行平等保护。因为前者的权利义务是平等的、对等的；而后者，对于被保险人来说，其是授益对象，是社会保险存在的根源，只能以被保险人的利益作为法律保护的着重点和侧重点。社会保险法的这一特征也和其他公法关系有所区别，其他公法关系主要着眼于对公权力的规范和控制，对相对人的保护在相当程度上也是围绕这一目的而展开的。如现代刑法理念强调对犯罪嫌疑人及犯罪人权益的保护，但这并非其首要的目的。“我国刑法的任务就是保护人民、打击敌人、惩治犯罪、服务四化。”① 同时，正当程序理念也逐渐接受，出于对公权力可能产生的恣意妄为而侵害人民权利，现代刑事法律亦非常注重对公权力的制衡与制约，作为其一个重要表现就是刑事案中律师权利的保障。这些都不是社会保险法所保护的利益之特征。

社会保险法律关系所涉之各方主体，均存在利益诉求，因而都属于利益主体。但其与利益的关系，及其诉求利益之内容存在很大差异，在制定具体法律规则时需要根据这种差异确定不同的权利义务。

（一）受益主体是社会保险的覆盖对象

就广义来说，凡有利益诉求者皆得为利益主体，凡可受有利益者皆得为受益主体。在这个意义上，社会保险关系的所有参加者或可得参加者，皆为利益主体。如负有监管职责的政府部门，举凡出现社会保险基金挪用问题，其均要遭受社会舆论的谴责及主管部门的问责，故其亦为利益主体。

社会给付是社会保险法规范的核心内容，社会保险法规范的权利义务都是围绕这一核心内容展开的。社会给付是社会保险保障对象最主要的利益，社会保险权利义务在本质上都是围绕这一核心利益而构建的。只有能够保障这一核心利益的权利义务才具有正当性，否则不具有正当性。亦即享有社会给付之利益者，在社会保险法中具有特别重要之意义，笔者将其限定为受益主体；相应地，赋予这一利益者，则为授益主体。

将受益主体等同于利益主体是不妥当的，即将广义的受益主体与狭义的受益主体相混同，不利于法律规则的构建，不利于权利义务的恰当分配。社会保险关系并非平权型的法律关系，受益主体与其他主体间的权利义务关系是不对等的，需要对受益主体的权利与其他主体的义务作出特别分配。

受益主体，就公共利益的客观性而言，是社会中的每一个人；就公共利益

① 高铭暄主编：《刑法学原理》（第一卷），中国人民大学出版社1993年版，第106页。

的主观性而言，是社会中的多数人。就具体的社会保险来说，其受益主体是不完全相同的。城镇企业职工基本养老保险，其受益主体是所有具有劳动关系的职工；在灵活就业人员及其他人员可以参加的情况下，包括这些人员。如农村户籍人员（农村居民）可以参加，实践中不让他们参加，就是剥夺了他们的参保权利。工伤保险只限于有雇佣劳动关系的人员，包括事业编制及部分行政编制人员。

受益主体具有开放性。社会保险的覆盖人群并非一成不变，随着社会的发展和社会保险自身的发展，其覆盖人群呈现出日益扩大的趋势。在已有的覆盖人群中，公民只要符合享有社会保险的条件，便应当参加或直接享有社会保险。具体到每一个公民，只要其符合一定的条件，均可进入社会保险体系。

受益主体具有平等性。不管是现实的，还是潜在的社会保险的受益主体，其权利义务应当是平等的。如以户籍区分同类受益主体的权利义务，因调动与中断劳动（行政事业编制）而变动统筹区导致的同类受益主体之权利义务不同（前者可以计算视同缴费年限，而后者不可以），都与此相悖。

（二）利益的归属主体之分析

“就传统公法来说，只有抽象的、广泛的收益人，而不存在具体的、直接的受益人。”① 这是对公法的误解。因为公法关系并不仅仅是抽象的法律关系，它更涉及具体的法律关系，在具体的法律中，必然存在具体的、直接的受益人。如行政给付的相对人、行政许可的相对人及利益关系人，都是具体的、直接的受益人。

利益归属主体“有时可以是义务主体，例如，在养老基金缴纳关系中，劳动者是受益主体，同时也是义务主体。然而，在社会法的研究领域中，最具特征的是，利益归属主体有时可以既不是权利主体，也不是义务主体，而只是关系人。例如，对于工伤保险费、生育保险费的缴纳，按我国现行规定，劳动者既不享有权利，也不承担义务”。② 这段论述与我国社会保障实践不相符合。

第一，在我国的社会保险实践中，不存在养老基金缴纳关系。养老保险基金主要是由养老保险缴费构成的，用人单位和劳动者缴纳的是社会保险费（其中包括养老保险费），只有社会保险费（其中包括养老保险费）缴纳（准确地说是“征缴”）关系。

第二，“养老基金缴纳关系”这一说法，也说明对我国社会保障（保险）基金的属性缺乏了解。我国社会保障（保险）基金并不完全是由缴费构成的，

① 董保华等：《社会保障的法学观》，北京大学出版社2005年版，第64页。

② 董保华等：《社会保障的法学观》，北京大学出版社2005年版，第68、69页。

在一定意义上，甚至完全不是由缴费构成的。以失业保险来说，根据《失业保险条例》第5条规定：“失业保险基金由下列各项构成：（一）城镇企业事业单位、城镇企业事业单位职工缴纳的失业保险费；（二）失业保险基金的利息；（三）财政补贴；（四）依法纳入失业保障基金的其他资金。”第10条规定了失业保险基金支出项目：“失业保险基金用于下列支出：（一）失业保险金；（二）领取失业保险金期间的医疗补助金；（三）领取失业保险金期间死亡的失业人员的丧葬补助金和其供养的配偶、直系亲属的抚恤金；（四）领取失业保险金期间接受职业培训、职业介绍的补贴，补贴的办法和标准由省、自治区、直辖市人民政府规定；（五）国务院规定或者批准的与失业保险有关的其他费用。”在实践中从未使用社会保险基金的缴纳这样的说法，类似含义使用的是“社会保险基金的归集（筹集）”，而且这是从宏观意义上讲的，非论者所指的微观意义。

第三，“对于工伤保险费、生育保险费的缴纳，按我国现行规定，劳动者既不享有权利，也不承担义务”，按照该表述的逻辑含义，社会保险费的缴纳是一种权利了，缴费是一种权利吗？如果是一种权利，为什么那么多的企业包括众多高校乃至一些赫赫有名的事业单位、政府机关都不给属于劳动关系的职工缴纳社保费？劳动保障行政部门查处，这些逃费者也是千方百计地逃避缴费？如果将什么是权利、什么是义务完全颠倒了，法律还能成为法律吗，只能是个人意志的暴力工具。

第四，认为利益归属主体可以是权利主体、义务主体或者非权利、义务主体的关系人是不正确的。（1）在养老保险费的征缴关系中，认为劳动者是受益主体，是不恰当的。利益关系在分析立法目的，法律制度的政治价值和社会取向时是有意义的，也是必不可少的，但不能主要用来分析法律关系，甚至根本就不能用来分析法律关系。法律关系就是权利义务关系，不可能为利益关系所取代，也不可能用利益关系来分析法律关系。在养老保险费的征缴关系中，用人单位及其职工，或者是灵活就业人员（这是社会保险实务中的概念，并不表示这些人员真的是灵活就业了）是缴费义务主体，社保机构或税务机构是征收权利主体，这里谈不上什么受益主体的问题。没有谁直接从养老保险费的征缴中获利，如果非要说有，那首先应当是征缴机构，因为他们完成了征缴任务，会受到上级部门的表扬或奖励，包括职务的提升。其次可以说是用人单位，因为他们不再需要对劳动者的养老保障承担责任。再次可能就是政府了。以广东等地发生的大规模的退保潮来说，劳动者没有任何受益，养老保险（还有医疗保险）统筹基金获益良多，政府的基金保障责任相应减轻甚多。无论如何，绝不可能首先是劳动者。劳动者是否获益实际是不确定的。即使以劳动者获取养老金来说，这也是以养老保险关系来论的，而不是单凭养老保险费征缴关系决定的。养老保险费的征缴只是养老金保障目的实现起始的一个条件，远不是全部条件。其他社会保险费的征缴作用也是同样如此。(2) 利益归属主体可以是权利主体，也可以是义务主体，这样的表述无甚意义，因为两者不是同一个层次的概念。就像说中国人可以是男人，也可以是女人一样。(3) 对利益缺乏准确界定是导致该论述矛盾重重、含混不清的主要原因。(4) 缺乏对法律关系的分析是导致该种错误的根本原因。

第五，利益归属主体的表述是不准确的，遮掩了诉求的真正政治目的。利益主体作为传统的经典表述，在分析法律制度的利益格局时是其他概念所无法取代的。而作为具体法律关系，受益人的表述是更为清晰和准确。

第六，而且，“对于工伤保险费、生育保险费的缴纳”，劳动者是享有权利的。两费的缴纳，是劳动者享受工伤保险待遇、生育保险待遇的前提和基础。即在工伤保险法律关系、生育保险法律关系中，缴费义务和享受保险权利是对应的，无此义务即无此权利。该种法律关系，不像双务民事法律关系那样，只存在两方当事人，而是存在多方当事人，至少包括：（行政）经办机构、用人单位和劳动者。无论是用人单位复议或起诉（行政）经办机构，还是劳动者复议或起诉（行政）经办机构，通常均要将另一方当事人作为第三人，即是明证。最简单的论证就是，如果用人单位不缴纳，劳动者有权利要求用人单位缴纳，亦有权利要求行政机关或经办机构进行查处，这是确定无疑的法律权利，又怎能予以否认呢？

在间接的角度上，劳动者对此也是负有义务的。雇主为雇员缴纳各项社会保险费，不是孤立的一个行为，而是劳动法律关系的一个内容，是劳动关系中雇主应当负担的法定义务，同时是劳动者享有的一项法定权利。如果没有劳动关系的存在，没有雇员应当履行的相应的劳动义务之存在，雇主亦无此等义务。劳动者虽无缴费之义务，但却不能认为对缴费行为没有义务。如在买卖关系中，卖方有交付物品之义务，买方没有交付该物品之义务，但不能认为买方对卖方交付物品这一义务行为没有义务，在法律上买方有支付对价的义务。在保险关系中，这一特点体现得更为明确：缴费人、被保险人和受益人可能不是同一人，在此情况下，受益人对缴费人之缴费是否有权利？保险法教科书的回答应该是很明确的。

（三）授益主体主要是政府

在我国，社会保险是由政府组织实施的，从整体制度的架构，到具体实施步骤，再到具体的组织实施，都是由政府及其部门负责的。社会保险实施的组织机构、人员及办公经费，是由政府列入财政预算的；财政为社会保险待遇提供了相当大的支出，承担了社会保险最后的风险责任。这些都是由社会保险的行政及经办机构的行政职责所决定的，在社会保险关系中，政府承担了授益性的主体责任。从这一特征出发，就要对行政及经办机构的权力和义务，尤其是义务，作出明确细致的规定，哪些是允许行政权力的裁量以及裁量的边际在哪里，违反义务的法律责任是什么，都要有明确的规定。如核准退休，是否需要劳动者或用人单位申请，在什么时候申请，核准的时限是多少，从何时发放养老金，延迟的责任应如何确定和追究，延迟期间劳动者是否享有工资或生活待遇，都应当有具体规定，否则，争议难以避免，受益主体的权利难以保障，社会保险的目的、价值、形象均要遭受不良影响。

（四）雇主的授益主体与受益主体的双重性

在社会保险关系中，雇主的利益诉求是复杂的。从宏观角度来说，我国历史上长期存在着雇主责任制，用人单位承担全部劳动保险责任。从这个角度来说，企业责任向社会责任的演变，减轻了用人单位的负担，具有受益性。

在现代社会保险关系中，雇主的受益性是明确的，其中尤以工伤保险最为明显，《工伤保险条例》中就明确规定工伤保险的宗旨之一就是“分散用人单位的风险”。随着社会保险支付范围的扩大，雇主的支付范围将会得到进一步的限缩，由此，雇主对社会保险的发展存在积极的利益诉求。社会保险待遇标准的提高虽然直接受益人是劳动者，但劳动者待遇的提高，亦有助于提升其精神与心理状态，促进劳动关系和谐，因而对雇主亦有间接助益。

同时，劳动者的社会保险利益，很大程度上来自于雇主的缴费。甚至可以说，在现收现付的状态下，雇主承担了大部分的社会保险供款义务，以致我国社保缴费在国际上处于偏高的境地。雇主的授益主体地位也是明确的。这一特征的存在，导致雇主缴费的道德自觉性不足，多半是依靠强制力推行。完全依靠强制力量，并不能保证全覆盖的实现，这也是我国政府不得不将社会保险的扩面作为每年首要的社会保险工作的症结所在。非道德自觉性也导致社会的矛盾和不满。

雇主对于社会保险利益有双重诉求：减少缴费和扩大支付范围、提高支付标准。尊重和保护雇主的利益诉求，对于完善社会保险制度，促进社会保障的可持续发展。

（五）其他社会主体的利益

医疗机构、康复机构、药店、特定社会中介机构如预防评估机构、敬老院、职业培训机构，乃至药厂、医疗康复器具生产企业等，要么作为社会保关系的参与人，要么是社保关系的利害关系人，都存在自己的利益诉求。

这些组织或单位共同的特征是，都希望从社保这块“大蛋糕”中分得一杯羹，为自己的存在与发展争取经济资源。第一，它们或许并不都追求利益最大化，但毫无疑问的是，其中相当多数是追求利益最大化的，否则就不会出现“天价”医疗费的现象了；即便不是追求利益最大化，也有极强的利益动机。第二，它们都是社会保险给付或相关服务的生产者或提供者，与社会保险经办机构存在购买关系。第三，它们都是非常专业的机构，拥有高度专业化的技能人员，很多拥有更深厚的经济与社会资源，与社会保险受益主体之间存在信息不对称、实力差距大等特点，分散的社会保险受益主体很难与其抗衡。

上述利益主体及其利益诉求的特点，决定了作为广大参保人或被保险人社会保险利益的授益主体，应当保证广大参保人或被保险人利益的最大化，同时限制、约束其他社会主体的利益诉求。

（六）第三部门之利益

“在社会领域，最基本、最重要的活动主体就是以维护社会利益为己任的社会组织，第三部门社会组织是社会利益的代表。”① 笔者不知道为什么第三部门社会组织就是以维护社会利益为己任的，这绝对不是一个不证自明的真理。第一，从我国的历史经验来看，作为一个组织，只有中国共产党真正代表了最广大的中国人民的利益，其他任何一个组织都没有这样。至少到目前为止，尚没有哪个组织的先进性可以和中国共产党相比。作为最具有独立性的学者及其组织，按照人民的集体批判，能够代表人民利益的，并不是很多，很多是为利益集团代言的，这在当代中国社会是一个不争的事实。第二，社会组织各自具有自身的利益诉求，完全可能为了自己“小集团”的利益而损害更大多数人的利益。关于事业单位养老制度改革风波已经充分说明了这一点。第三，社会组织之间的利益诉求不同，利益争斗从未停止，只要不能使所有的社会组织利益都得到满足，争斗永远就不会停止。第四，政府都有可能不代表社会公共利益，又怎能保证社会组织一定代表社会利益呢？在政府内部，公务员既可以基于公益动机而工作，就像人们理性化认识的那样；又可以基于私益动机而工作，就像公共选择理论对公共制的假设那样。② 在我国，已有学者提出了权力部门化、权力私有化的警示。人们开始反思，所谓的国家或政府，其实不过是一些官员与一般公务员的组织而已，他们就是我们身边的人，他们追求

---

① 董保华等：《社会保障的法学观》，北京大学出版社2005年版，第41页。

② 陶传进：《社会公益供给——NPO、公共部门与市场》，清华大学出版社2005年版，第23页。

私益的本性使之难以承担其公益事业的重托。[①] 政府尚且如此，没有“人民”二字的社会组织，又如何保证其公益性？第五，绝大多数社会组织都是区域性的、群体性的，最多只能代表区域性的、群体性的利益，基本上没有可能代表全社会的利益以及全国人民的利益。第六，社会组织的监督与控制不足。人们更多关注的是公权力对公民权利的侵害，每一次“躲猫猫”、“俯卧撑”等事件的发生，都是对公权力行使的非法性的声讨，并展现了沸腾的民意。然而对于NGO组织存在或可能存在的不当乃至不法行为，却很少能进入公众的视线，也不存在那么多的制度上的制衡与制约。

行动者理性、自利的行为很可能会使政府行为别离我们原来期望政府实现的目标，如公共政府或公共利益等，即政府失灵。[②] 在自私动机驱使下，在制度和文化的默许下甚至鼓励下，个人在公共领域也开始不再以公民角色而是以市民的角色出现，其言论再也不是基于对公共事务的关注，而只是受对自身利益欲望的驱使，也就是说，个人在公共领域与在市场领域一样按经济人假设行事。[③]在公共领域，这一现象同样普遍。“社会的国家化与国家的社会化是同步的，正是这一辩证关系逐渐破坏了资产阶级公共领域的基础，即国家与社会分离。从两者之间，同时也从两者内部，产生一个重新政治化的社会领域，这一领域摆脱了‘公’和‘私’的区别。它也消除了私人领域中那一特定的部分，即自由主义公共领域，在这里，私人集合成为公众，管理私人交往中的共同事务。”[④] 一方面，认为这一公共领域完全摆脱了“公”和“私”的作用，即使不说是错误的，起码在现阶段还很难实现。这首先归因于行政权力的膨胀和扩大。完全脱离公权力影响的公共领域，起码在现在的中国是不存在的。以“作为一种培育人性和理性的‘公共领域’——大学来说，从学校、专业、学位设置，到校长任命、教师的管理，无一不置于行政权力的庇荫之下”[⑤]。另一方面，第三部门能否担当代表和发展公共利益或社会利益的重任，不仅在中国受到质疑，不信任者甚众。“作为当代西方社会公共领域主要行动者的那些利益团体，一方面常常与国家之间、或者彼此之间达成幕后交易，另一方面常

① 陶传进：《社会公益供给——NPO、公共部门与市场》，清华大学出版社2005年版，第4页。

② 金自宁：《公法/私法二元区分的反思》，北京大学出版社2007年版，第95页。

③ 金自宁：《公法/私法二元区分的反思》，北京大学出版社2007年版，第105页。

④ ［德］哈贝马斯：《公共领域的结构转型》，曹卫东等译，学林出版社1999年版，第171页。

⑤ 童世骏：“公与私：划界问题的归属问题”，载黄俊杰、江宜桦编：《公私领域新探：东亚与西方观点之比较》，华东师范大学出版社2008年版，第141页。

常通过对一种表演性的公共性的运用而确保至少有一种平民支持。”①

在社会保险法的利益衡量中，绝不能因为打着NGO组织的旗号便放松对该类组织及其行为的制度性规范。如在工伤康复的发展中，对职业能力的评价无疑将要众多具有第三部门性质的中介或机构提供服务，而它们很难避免对社会保险基金的利益追求。

（七）权利主体与利益主体是同一的

在社会保障领域，关于利益还存在一种非常荒谬的错误认识，即认为利益主体与权利主体不是同一的，利益主体可能没有权利，权利主体亦可能没有利益诉求，甚至认为享受利益便意味着承担义务。身为受益主体却要承担义务，这是不成立的，亦与道德自洽性相违背，结果只能导致义务的不履行。即便是在高强力的压制下，违反者亦将众。这亦是典型的“权力自治”的体现。

“被保险人、受教育者虽然是受益人，但并不一定是权利人，不能随意改变或放弃自己的利益，用人单位所承担的义务是对国家的义务，即所谓公法上的义务。”论者显然混淆了不同的概念，且未能全面认识该类法律关系的内容和特质。第一，任何受益人对于自己的利益都是可以放弃的。法律可以强制行为人履行义务，却不能强制要求行为人接受利益。权利亦是如此。天大的利益是生命利益，天大的权利是生命权利，除个别宗教之外，很少有人认为自杀是犯罪，应当遭受谴责。对于绝大多数人来说，并不认为自杀人不能放弃自己的生命。对利益或权利主体来说，连天大的利益和权利都可以放弃，社保、受教育的权利和利益为什么不能放弃呢？第二，放弃义务要受到法律的限制或禁止。在社会保险法或社会保障法领域，很多受益行为或权利行为同时也是义务行为。当两者同一的时候，行为人依然必须为一定行为。行为人之所以必须为此行为，并非因为该行为是受益行为或权利行为，而只是因为它是义务行为。如受教育的行为，既是一个权利行为，也是一个义务行为（2006年修订的《义务教育法》第4条明确规定：“凡具有中华人民共和国国籍的适龄儿童、少年，不分性别、民族、种族、家庭财产状况、宗教信仰等，依法享有平等接受义务教育的权利，并履行接受义务教育的义务”）。行为人可以放弃权利或利益，但不能放弃义务。将权利与义务相混淆是错误发生的根源。第三，违背义务应当受到一定的制裁，制裁的设定和实施，不得侵犯更大的权利或利益。如《义务教育法》第58条规定：“适龄儿童、少年的父母或者其他法定监护人无正当理由未依照本法规定送适龄儿童、少年入学接受义务教育的，由当地

① 童世骏：“公与私：划界问题的归属问题”，载黄俊杰、江宜桦编：《公私领域新探：东亚与西方观点之比较》，华东师范大学出版社2008年版，第140页。

乡镇人民政府或者县级人民政府教育行政部门给予批评教育，责令限期改正。”简单地说，如果适龄儿童、少年拒不接受义务教育，除了批评教育（实际是道德义务的法律化），法律别无他法，不能将未成年人“扭送”到学校接受教育。第四，受益人虽可放弃自己的利益，但不能“放弃”或改变其他法律主体的义务。受益人“不能随意改变或放弃自己的利益”与“用人单位所承担的义务是对国家的义务，即所谓公法上的义务”两者之间无法律上的因果联系。任何人只能处置自己的权利，不能干涉别人的权利，更不能妨碍别人履行义务。受益人虽可放弃自己的利益或权利，但不能干涉其他任何主体如用人单位对其他主体的权利和义务，包括对国家的义务、对第三人的义务。

在社会保险关系中，义务主体与权利主体或利益主体是有可能分离，但利益主体和权利主体则是同一的，不可能分离。以养老保险为例，职工个人和用人单位均需缴纳养老保险费，符合一定的条件后，职工退休可以享受基本养老金。这是一个多方法律关系，主体涉及用人单位、个人和政府机关或相关机构。在这一多方法律关系中，主要存在两个子法律关系：缴费关系和养老金支付关系。在缴费关系中，职工和用人单位均是义务主体，征缴机构则是权利（力）主体，职工不能免除自己的义务（不利益）。在养老金支付关系中，义务主体是社保机构，权利主体则是退休人员，退休人员对其养老金权利当然是可以放弃的，如拒绝领取养老金。无论是社保机构或行政机关，甚至法院，均无权强制将养老金交付个人，如将养老金强行放置于其家中，则可能侵犯其“家居权”。虽然现实中很少有退休人员这样做，但还是有的（通常是对退休或养老金有异议），起码我们不能否定这一事实发生的可能性，那么就应当尊重当事人的权利。再以工伤保险来说，职工是不负有缴费义务的，其直接作为权利主体可以享受工伤保险待遇（这同时也是利益主体），用人单位则是缴费义务主体。工伤职工对于其利益（工伤保险待遇）是可以放弃的，就像不领取养老金一样拒绝领取工伤保险待遇（在实践中，这样的事例很多，一些是不合法的，如私了；很多是合法的，如在劳动争议仲裁或诉讼中，经过调解，工伤职工放弃部分待遇主张。这通常是无奈的选择，因为坚持法律，最后很可能什么也得不到。我们要研究的不是他们能不能放弃待遇的问题，而是如何保障其待遇实现的问题）。

其根本原因在于，社会保险的首要目的在于使劳动者个人在遭受社会或自然风险丧失经济上的基本生活能力时，保障其基本生活能力，其法律性质为公法性，强调公权力的干预。因此，受保障对象没有履行义务时，未必不能获得保障（利益或权利）。但如果公民作为受益人，要求享受利益时，必须具有权利基础，即其向义务人要求给付利益，必须具有请求权基础，否则其不能提出法律请求，被请求人亦可完全不予理睬。同时，在立法上赋予其权利时，必以其存在客观上之利益为基础，否则就不能认为是权利，而只能认为是专权。

利益的放弃法律不应干涉，但权利的放弃需要受到法律的监督。如养老权利、工伤权利。

用人单位可以从参加社会保险中获益，如免除支付保险待遇的责任，相应地，他们就应当可以作为权利主体要求参保，并要求社会保险行政部门及经办机构承担义务。立法应当在利益衡量的基础上，构建相应的权利与义务。

第四章　社会保险法的原则

第一节　法律原则的含义与作用

一、作为法律体系组成内容之法律原则

（一）法律原则是法律行为的权威性指引

“原则”是日常生活和法律语言中都经常使用的一个词。两者的语义是相通的，但在界定上有很大差别。

原则是观察问题、处理问题的准绳，[①] 是说话或行事所依据的法则或标准。[②] 日常语词没有区分作为原则的行为依据与其他行为依据，而这恰恰是法律原则所要着力解决的。

法律原则“是可以作为众多法律规则之基础或本源的综合性、稳定性的原理和准则”。[③] 这是广义的法律原则。我国法理学界基本上都是采用这一广义的定义。

广义的法律原则有其合理性和正当性，但是在某些边缘地带，界定并不明晰。“法律原则既没有规定确定的事实状态，也没有规定具体的法律后果”[④]，“法律原则既不设定其具体适用的任何确定而具体的事实状态，也不设定任何具体的以法律权利和法律义务为内容的行为模式，同样也不设定任何具体的以法律责任为内容的法律后果”。[⑤] 以致有人认为法律原则具有模糊性。[⑥] 这样的判断是不准确的。法律原则没有规定具体的权利、义务以及法律后果，其明确性低于具体的法律规范，但并不等于就是模糊性的、不确定的。如果根据一

---

① 《辞海》，上海辞书出版社 2002 年缩印本，第 2100 页。

② 《现代汉语词典》，商务印书馆 2003 年版，第 755 页。

③ 张文显主编：《法理学》，法律出版社 2007 年版，第 121 页。

④ 沈宗灵主编：《法理学》，北京大学出版社 2009 年版，第 32 页。

⑤ 姚建宗编著：《法理学：一般法律科学》，中国政法大学出版社 2006 年版，第 87 页。

⑥ 赖达清主编：《社会保障法——保障公民生存权利的法律形式》，四川人民出版社 2003 年版，第 102、103 页。

项“原则”，行为的对与错、正当与否难以判断，这样的“原则”又怎能作为行为的评价标准，发挥对行为的规范作用呢？由此可以说，模糊性与规范性是相冲突的。

笔者认为，如果一方面将法律原则确定为法的要素之一，是法律体系的组成内容；另一方面又采用广义的法律原则概念，之间存在矛盾。如果采用广义的定义，“人人享有社会保障”，是可以确定为法律原则的。但如果将这一“原则”作为法的组成部分，即作为裁判依据，就出现问题了。我们考察一个案例。某人员在20世纪80年代初作为邮政工作人员因私拆信件被开除。20多年之后，也就是到21世纪（在此期间，他未参加基本养老保险），他到了“退休”年龄，因为没有养老保障，于是将邮政局告上法庭。法院一、二审直接判决邮政局给其发放养老金，并明确判决了养老金的数额。这个案子的错误是非常明显的：没有了劳动关系，何来的养老保险责任？法院直接充当了社会保险经办机构。虽然判决没有说，但其背后的实质理由或许正是基于“人人享有社会保障”这一原理。在一个法治社会，法院是不可能依据这一原理要求几十年前的用人单位承担养老责任的。事实上，即便在作出这样的判决的法院，这只是一个极不寻常的判决而已，绝大多数对类似情形的判决结果都必然是截然相反的。换言之，这一广义的法律原则是不能作为法的组成部分即裁判依据的。

“法治国”可以是一项原则，但不是作为法律体系组成内容之法律原则。仅仅根据“法治国”原则，在很多情况下，无法在法律上对一个具体的行为作出肯定或否定的评价。笔者认为，作为法律组成要素的法律原则，即笔者在本章所称的法律原则，是狭义的，即能够作为法律行为权威性指引（裁判依据）的、可以作为“法律规则之基础或本源的综合性、稳定性的原理和准则”。“在大多数情况下，我总是概括地使用‘原则’这个词汇，用以指法律规则之外的其他准则的总体。但是，有时候，我也会更精确一些……把这样的一个准则称为一个‘原则’，它应该得到遵守，并不是因为它将促进或者保证被认为合乎需要的经济、政治或者社会形势，而是因为它是公平、正义的要求，或者是其他道德层面的要求。”① 法律原则只有是可遵守和适用的，才能作为法体系的组成部分。

不能直接作为法院判案依据的“原则”，至多只是法律原理，可以说明法院的判决依据，但不能直接作为判决依据。法律原则与法律原理是有区别的。

① ［美］罗纳德·德沃金：《认真对待权利》，中国大百科全书出版社1998年版，第40、41页。

法律原则是“被确认为法律规范内容的基础性原理和价值准则，作为由法律明文规定的基本原则，其本身是成文法法律渊源的组成部分，可以作为审判案件的明确依据”。[①]

法律原则是法律的渊源，它和原理性的、其他可以法律规则之基础的道德、宗教等观念在本质上完全不同。“诸如命令、劝告以及道德的、伦理的或者宗教的法典或者行为规则之间，存在着甚深联系。”[②] 例如，作为法律原则的公平与道德社会的公平有重要的联系，随着道德社会的公平观念的演进，相应社会的公平之法律原则的内涵也会有所变化。但如果没有作为法律原则的公平，或者有明确规则指引时，就不能适用公平的道德观念作为判案依据。南京的彭宇案，造成了非常深远的社会影响。法院最后是调解结案。[③] 该案的判决进一步恶化了社会道德：人们再也不敢贸然相助；要相助，就要先找两个证明人。正像媒体中市民所说的，“给人造成的阴影非常大，最大的阴影就是，我不知道怎么教育小孩，这是很可怕的一个问题”，“好事做不得”。扶危济困的道德根基遭受打击。为什么从建筑物中抛掷物品或者从建筑物上坠落的物品造成他人损害，难以确定具体侵权人的，除能够证明自己不是侵权人的外，可能加害的建筑物使用人都要承担补偿责任，这也是公平责任的体现。为什么物件致人损害可以适用公平原则，而一般的侵权损害不能适用公平原则？因为后者是明确实行过错责任的，在有明确的法律规则的前提下，法律原则及道德观念均无适用之余地。普通法中的严格责任与此类似。严格责任只针对很少的侵权类型，多数侵权责任是不能适用严格责任的，即便受害人受害后果非常严重，非常值得同情和帮助，也不能要求一个无辜的人（即便他非常富有）承担法律责任，此种保障应当通过其他途径实现。

当然不是所有的法律原则都一定由法律条文明确规定出来。某些法律原则虽然没有规定，但依然可以直接作为案件裁判依据。例如，社会保险待遇统一规定从2010年1月1日起调整，某人要求在此之前就享受调整的待遇，当然不能得到支持，“法不溯及既往”就可以直接作为裁判依据，因而它是一项法律原则。当然，有些在法律条文中没有表现出来的法律原则，与法律原理的界限就很难分清了。[④] 法律原则的出现经历了长期演变的过程，是法律发展到一

① 朱景文主编：《法理学》，中国人民大学出版社2008年版，第148页。

② ［英］丹尼斯·劳埃德著，M. D. A. 弗里曼修订：《法理学》，许章润译，法律出版社2007年版，第13页。

③ 载 http://news.sohu.com/20080506/n256678921.shtml。

④ 朱景文主编：《法理学》，中国人民大学出版社2008年版，第148、149页。

定阶段的产物，是法学认识深化的结果。①另外，与司法实践也有密切关联。

（二）法律原则与法律规则之关系

《布莱克法律词典》对法律原则的解释是："法律的基础性真理或原理，为其他规则提供基础性或本源的综合性规则或原理，是法律行为、法律程序、法律决定的决定性规则。"

同作为法的要素，法律原则与法律规则、法律概念存在联系，尤其是与法律规则的关系更为密切，在某些情形还很难区分。

按照学者的研究，法律原则与法律规则的区别主要是，规则更为具体，原则具有抽象性和一般性。一方面，规则是以要么有效要么无效的方式适用的，如果它们适用于一种情况，它们就限定了它的价值。相反，当原则适用的时候，它们并不必然限定一种估价。另一方面，因为原则不是以要么有效要么无效的方式适用，并且原则可能互相冲突，所以，原则有"分量"。就是说，互相冲突的原则必须互相衡量或平衡，有些原则比另一些有较大的分量。因为规则是以要么有效要么无效的方式适用的，所以，它们并不必须互相衡量或平衡。② 原则是规则之外的观察和处理问题更为一般的依据。事实上，法律规则本身就具有一般性，它与法律原则在此方面的区别在于一般性的程度不同。规则是人们观察问题、处理问题的具体依据。法律规则为人类行为提供理由，从而指引人们的行为，通过这些规则，法律促成了"各种正当目标的实现"。③如果说原则是法律规范中的基础性规定，那么规则就是法律规范中关于人们行为的直接指南部分。④ 如果更一般的规范被认为是作为事务指导的一个合理的、切实的或正当的、可欲的价值，那么，人们就可正确地将更一般的规范称为原则。⑤ 原则是有分量的，相互冲突的原则必须相互衡量或平衡，有些原则比另一些原则有较大的分量，而规则则不必互相衡量或平衡。规则通常是由原则证成的，原则"通常用来评价比较具体的原则或规则，虽然它们也能够被直接用来评价个别的行为或判决"。⑥ 每一个法律规则都是由一系列的政策和

---

① 公丕祥主编：《法理学》，复旦大学出版社2002年版，第337页。

② ［美］迈克尔·D. 贝勒斯：《法律的原则》，中国大百科全书出版社1996年版，第12、13页。

③ ［美］朱尔斯·L. 科尔曼：《原则的实践》，法律出版社2006年版，第173页。

④ 谢晖、陈金钊：《法理学》，高等教育出版社2005年版，第89页。

⑤ 王夏昊：《法律规则与法律原则的抵触之解决》，中国政法大学出版社2009年版，第80页。

⑥ ［美］迈克尔·D. 贝勒斯：《法律的原则》，中国大百科全书出版社1996年版，第13页。

原则所支持，并假定由这些政策和原则来证明其正当理由的，而法律规则则应当推进这些政策，尊重这些原则。①

一个原则乃是一个初始观念，它构成了一个思想体系的基础或第一步。形象地说，它是一个支柱，一条链索的第一环就固定在这个支柱之上。② 正是有了法律原则，法律规则之间才能具有更强的融贯性，才能组合成法体系。

（三）法律原则不同于法律精神或法律理念

法律原则不同于法律的理念。如果从一般性的程度来区分，大致可以说，法律原则的一般性高于法律规则，而法律理念的一般性则更高于法律原则。笔者这里将法律理念、法律精神、法律原理视为同一含义。法律原理是“对法律上之事理所作的具有说服力的权威性阐述，是法律的公理或法律的教义、信条。法律原理不是正式的法律规范，大体可构成法的非正式渊源，只有被实在法接受为法律规范内容的法律原理，才属于法律原则”，“法律原则则没有这种不确定性，一般它们是直接表现在法律中的”。③

法律理念可能有很多种，不同的思想流派都可能得出观念。在著名的“洞穴奇案”中，富勒和萨伯“杜撰”了15位大法官的意见，可以说都是不同的法律理念的体现。显然，这些不同的法律理念不能都成为法律原则。但完全可以确定这样一条法律原则：非经法定程序，任何人的生命皆不得剥夺。依此，四位被告是有罪的。如果这起假想公案发生在我国，被告也是要被判有罪的。

法律理念与社会意识形态有密切关联，社会的共同意识往往决定着法律理念的形成和发展，而这种共同意识未必是符合正义的，例如，当年的种族隔离。而法律原则更多的体现了法律的核心价值观，通常是可以由正义等法的终极价值证成的。

法律理念是指导性的，司法机关在思考之后，可以采用也可以不采用，没有约束力，即便是权威的、正当的法律理念没有被采纳，也不能说案件的判决结果就是错误的；而法律原则则是规范性的，对司法权力是具有约束性的，应当采用的法律原则没有采用，或者说案件的判决结果违背了法律原则，那么这个案件的判决结果就是错误的。

---

① ［美］罗纳德·德沃金：《认真对待权利》，信春鹰、吴玉章译，中国大百科全书出版社1998年版，第286页。

② ［英］边沁：《立法理论》，李贵方等译，中国人民公安大学出版社2004年版，第3页。

③ 朱景文主编：《法理学》，中国人民大学出版社2008年版，第148、149页。

（四）法律原则是法体系的统帅

法律原则在法体系中具有统摄功能和指导价值，具有纲领性、融贯性、号令性。法律原则是法律规则的向导，它既是法律的具体规则得以产生的向导，同时也是人们依法行动的向导。① “近、现代立法经验表明，法律原则在防止和消弭法律制度内部矛盾和增强法制统一方面，具有突出作用”，“法律原则是法律制度内部协调统一的重要保障”。②

法律原则对于最大限度地实现法体系的统一，消除法律规则之间、法律规范与法律原则之间的矛盾，促进法体系的发展具有不可代替的作用。

（五）法律原则是法律目的的体现

法律原则在相当程度上产生于法律的目的并受法律目的节制和约束。

法的目的是法律的灵魂，目的不同，法体系的整体价值取向自然不同。法的目的更为抽象，更具理念性，不可能将每一法律规则都衡诸法律目的考量，事实上，我们很难判定一项具体的规则是不是符合正义或公平的要求。法律原则为法体系之统帅，在法律原则符合法目的之前提下，能够较好地保证法体系对于法目的之贯彻与实现。例如，根据前面的论证，社会保险法是非效率优先的，应当以公平为优先追求的目的。那么，效率优先、公平与效率并重，甚至所谓“公平优先、兼顾效率”（这是一个自相矛盾的，自古难全的命题，兼顾者往往成了优先者；优先者往往根本就不予考虑了）的原则，都是违背社会保险法之公平目的的。而公平原则则是公平正义之法律目的之体现，唯有实行公平原则才能实现公平之目的。

（六）违反法律原则要承担法律责任

作为法律体系组成内容之法律原则，一个重要的表现即是，没有违反法律规则，但是违反了法律原则的，仍然要承担法律责任，乃至承担损害赔偿责任。

我国《宪法》第14条第4项规定：“国家建立健全同经济发展水平相适应的社会保障制度。”这可以称为一项法律原则。但是它不是法律体系组成内容之法律原则，不能作为法院的裁判依据，它实际上更类似于指导思想。与经济发展水平相适应，但政府没有实施时，不存在司法管辖权。

---

① 谢晖、陈金钊：《法理学》，高等教育出版社2005年版，第68~70页。

② 张文显主编：《法理学》，法律出版社2007年版，第123页。

二、法律原则的作用

（一）对行为具有规范、评价、指引和制约之功能

这个结论是理所当然的。因为此功能为法之功能，而原则既为法之要素或组成内容之一，自然也就具有这一功能。与法律规则的此种作用略有区别，法律原则的规范功能更多地已经内化为人们的行为理念、心理观念，法律规则通常是以合法、非法，有效、无效，有责任、无责任的方式发挥其规范作用；而法律原则则是以正当、不正当，合理、不合理的方式发挥其规范作用的。例如，对于到达退休年龄后能否继续缴费的问题。但人们要求继续缴费时，并不考虑具体规则是怎样的，事实上规则是禁止的，只是这个禁止性的规则是几十年之前的。人们考虑的是，我为什么不能继续缴费？我拿养老金是因为我缴费了，我养老金拿得多是因为我缴费缴得多，我早一天退休，国家就要多发一天的养老金（生存年限是相同的），这些认识是由法律规则或原则所确定了的，并且如此的广为人知，因而已经成为常识，并成为推知其他养老保险知识的基础。既然如此，那么我晚退休，国家就会少发养老金，为什么不可以呢？如果这样的要求是正当和合理的，那么社会保险行政部门及经办机构不同意这么做就是不正当的、不合理的，因而也是非法的。至于一些地方只允许本地户籍人员继续缴费，而不允许外地户籍人员继续缴费，则属于歧视了，是违背“在法律面前一律平等”这一基本原则的，是违反宪法的。

随着立法越来越多，法律规则越来越庞杂，普通公民是很难熟知每条具体的法律规则的。在很大程度上，它是通过法律原则来发挥规范作用的。法律原则是法律目的的体现，在相当程度上，它和这个社会的主流观念是一致的，也是社会基本道德规范的统一。每一个社会公民，只要他用一个善良公民的秉性或道德义务来要求自己，那么他的行为通常都是符合法律原则的，因而也是符合法律规则的。法律原则通过道德义务作为纽带，发挥出很强的规范功能。

（二）对具体规则的制定和理解具有指导功能

法律原则为具体规则的制定和理解提供了基本的依据和准绳。法律原则“指导着法律规范的创制和适用，也对法律具体内容的未来发展设定了方向”，[①] 其对规则的具体作用主要体现在四个方面：

1. 对制定规则的指导作用。法律规则的制定虽然总是力求完美，但由于规范对象的复杂性和人类认识的局限性，以及社会的发展性，挂一漏万的现象对法律规则来说是难以绝对避免的。既然人类认知不可能是尽善尽美的，那

---

① 公丕祥主编：《法理学》，复旦大学出版社2002年版，第338页。

么，以其为根据所制定的法律也就不可能是完美无缺的。[①] 对我国的劳动能力鉴定制度来说，这一问题再正常不过了。虽然其在我国的历史发展可以追溯到半个世纪前，虽然鉴定标准的历史也已超过10个年头，但由于缺乏理论研究，实务发展也不容乐观，相关规定仍很缺失。就鉴定的法律规则来说，仍很不健全。如回避制度，《工伤保险条例》仅有一条原则规定，而对如何提出回避申请，如何作出回避决定，未遵守回避规则的效力和后果如何，并无详细规定，根本无法实施。在这一状况下，鉴定的公正性就很难得到保证。在确立平等、公平等法律原则后，必然要求完善有关回避制度。

2. 对修改规则的指导作用。社会变化导致规则的不相适应性，这时就必须对规则进行修改。对规则的修改，不仅要考虑变化的客观情况和规范对象，还要在原则的指导下进行，这样才能保证规则的统一性和规则体系的和谐性。当最高法院推翻一个先例，命令学校不得搞种族隔离，或宣布几十年来警察一直运用、法院一直承认的程序为非法时，法院一般会提出理由——它不援引法规，但它确实求助于正义原则和政策。[②]“原则”在维持法律连续性的同时，也促进了法律变更。[③] 尽管所有有益的改进在很大程度上讲都必定是以点滴的方式取得的，但是需要指出的是，如果这些分立的步骤不为前后一贯的原则体系所指导，那么其结果就仍可能是对个人自由的一种压制。[④] 在目前的劳动能力鉴定中，致残等级的确定主要是以器官缺损、功能障碍、医疗依赖、护理依赖、心理障碍五项指标为依据的，在个别情况考虑年龄、性别等因素。随着工伤保险制度建设的发展和鉴定体系的完善，劳动能力鉴定内容扩展，新的内容如职业、年龄、性别等有可能进一步被纳入标准之中。

3. 有利于进一步理解规则。不仅原则可能相互冲突，规则也可能存在冲突。法律在主体交往中无所不在，也就难保法律不出现冲突。法律规则的冲突所引发的不仅是规则系统自身的问题，由于规则总是关联着人们的行为模式，因此，规则的冲突必然意味着在它规制下的主体行为的冲突，并进而危及社会的有序。[⑤] 根据原则能够对冲突规则的理解和适用更符合立法本意。法律原则

---

① 谢晖、陈金钊：《法理学》，高等教育出版社2005年版，第80页。

② ［美］罗纳德·德沃金：《认真对待权利》，信春鹰、吴玉章译，中国大百科全书出版社1998年版，第17页。

③ ［美］诺内特、塞尔兹尼克：《转变中的法律与社会》，张志铭译，中国政法大学出版社2004年版，第89、90页。

④ ［英］弗里德里希·冯·哈耶克：《法律、立法与自由》（第一、二、三卷），邓正来等译，中国大百科全书出版社2000年版，第88、89页。

⑤ 谢晖、陈金钊：《法理学》，高等教育出版社2005年版，第81页。

是决定冲突的法律规则之适用的基本依据。对于并不存在冲突的一般规则而言，原则提供了规则存在的意义和目的，也有利于加深对规则的理解。

4. 有助于更准确地适用规则。这和对规则的深入了解有直接关系。在具体规则的适用中，可能会存在一些疑义或分歧，遵从原则的指导，可以选择正确的适用方向。在处理具体问题时，我们一般并不直接适用原则，而主要是适用规则。但原则体现了整个制度的精神、价值和理念，植根于主体的思维深处。当主体适用具体规则时，往往会潜移默化地受到原则的影响。正确反映事物的客观规律的原则有助于对规则更准确的适用。

（三）直接作为处理问题的依据

如前所述，法律规则是难免存在疏漏的。在劳动能力鉴定制度中，目前的规则是比较粗泛的，有的在实践中还难以适用。如回避制度，对医疗专家的选聘管理制度，再比如省级劳动能力鉴定委员会进行鉴定的实体和程序规定，均比较缺乏，在实践中对其鉴定过程难以进行有效制约。但具体规则的缺乏，并不意味着就不进行鉴定，相反，鉴定仍必须进行。在这种情况下，只能依据原则进行处置。如对回避的具体处理应遵从客观、公开、独立的原则要求，如果具体处理不符合这些原则要求，那么这样的处理就是不正当的，如果可能影响到鉴定结论的客观性，就应当重新进行处理。

（四）一般（基本）原则对具体原则具有指导作用

原则有大小之分，如法律面前人人平等是大原则，而同工同酬则是小原则。大原则统率小原则，小原则应当服从和体现大原则。大原则为一般原则或基本原则，是适用整个法律制度或某个法律领域的一般性原则；小原则是具体原则，是整个法律制度中某个具体制度的原则，它并不适用于整个法律制度，只是某个具体制度的基础或本源，只适用于对具体制度的指导。一般原则对具体原则有指导作用，具体原则应服从和体现一般原则。如在劳动能力鉴定制度中，客观原则、独立原则是一般原则，而“鉴定人员与当事人有利害关系或可能影响鉴定结论的客观性的，应当回避”则是具体原则。回避的具体原则和规则应当服从和体现客观原则和独立原则。

第二节　社会保险法原则研究之评述

一、生存权保障（保护）原则

“生存权的保障是社会保障法的最基本原则。”① 社会保障立法必须从保障公民的生存权出发，确保人们能过上健康而又具有文化性的最低限度的生活。② 生存权即为维持人的生存所必不可少的权利，包括生命权、健康权和物质享受权等内容。生存权作为一种自然的、不可剥夺的权利，它需要通过国家立法将其法定化，使其变成法定的保障社会成员的权利，这种法定的权利首先规定于宪法之中，而作为具体保障公民生存权的法律部门社会保障法理应将其作为原则贯穿于社会保障法的始终，并对社会保障的具体的法律规范起根本性的指导作用。③

1. 生存权是基本权利，尚不具有可诉性

在现代社会，生存权被公认为基本权利。一般认为生存权可以分为广义与狭义两说。广义说由一般国民着眼，谓生存权系以保障国民生存为内容之权利，或国民可要求保障其生存之权利，国家非仅消极的不加侵害而已，且应积极地为各种行为，使国民均能享健康与文化之最低生活。狭义说则专由一部分社会上之弱者着眼，谓生存权系无力生活者，请求国家予以扶助之权利，亦即老弱孤贫残废等社会之弱者，得请求国家予以扶助，维持其生活之权利。④ 生存权是生命权的构成部分，也是生命权的必然要求，包括生命延续的权利和生命不被剥夺的权利。生存权优先于人的其他一切权利，国家没有任何理由可以危及任何个人的生存，非但如此，所有的国家都有义务保障个人生存权的实现。⑤ 在现代社会，人们已经认识到，人的生存不仅仅是自己的事情（其实在原始社会就是这样生活的），人的生存也不仅仅是生命的简单延续，“人应当像人那样的生活”。生存权基于人类的生存本能而产生，是一种自然权利，或

---

① 林嘉：《社会保障法的理念、实践与创新》，中国人民大学出版社 2002 年版，第 43 页。

② 邓大松等：《社会保障理论与实践发展研究》，人民出版社 2007 年版，第 200 页。

③ 赖达清主编：《社会保障法——保障公民生存权利的法律形式》，四川人民出版社 2003 年版，第 106 页。

④ 郭明政主编：《社会保险之改革与展望》，台北国立政治大学法学院劳动法与社会法研究中心 2006 年版，第 164 页。

⑤ 卓泽渊：《法理学》，法律出版社 2009 年版，第 116、117 页。

者说是一种法前权利，即伴随人的出生而自然产生，直至人的死亡而自然消灭的一种权利。①

但仍然要承认的是，即便在现代社会，也不是所有的国家都认为生存权是人的基本权利，是受宪法保障的。

在我国，生存权不能作为请求权基础。虽然有理论及实践认为，生存权是一种具体权利，是可诉的。生存权是基本人权，存在宪法对国家实施某种作为的委任，当国家不作为的时候，包括立法的不作为、行政的不作为和司法的不作为，就“充分地存在着追究国家不作为行为违宪的可能性”。②

但如果就此认为中国也存在这样的生存权诉讼，是完全违背现实的。既然生存权作为社会成员赖以生存和发展的基本权利，那么与此相对应的是国家或社会的法定义务，当国家或社会没有尽到保障社会成员的法定义务时，社会成员可依据该原则请求行政或司法机构予以救济，行政机构或司法机构须依此原则进行裁夺。③ 依据作者的逻辑以及人尽皆知的现实，我国必然还有很多的生存权利没有得到保障。那么依据作者的观点，这些人都可以寻求行政或司法救济了。首先遇到的是主体问题，起诉谁？向哪个主体寻求救济？直接起诉国务院？还是地方政府？其次就是法律适用问题了，依据什么法律起诉？作者似乎应该回答，就是依据生存权原则，即宪法规定的内容。但是，（1）我国还没有把生存权明确为一项法定原则，我国不是判例法国家，不能单纯依据法律原则起诉，法院根本不可能受理。（2）《宪法》第14条第4款规定：“国家建立健全同经济发展水平相适应的社会保障制度。”并没有说一定要保障公民的生存，尤其是在任何状态下的生存。温家宝总理向白血病儿童捐款的事例就充分说明了，在我国，生存权是不能作为诉讼的请求权基础的。如果用作者的观点，那么，政府和社会对那么多的白血病患者（推而广之，应包括所有看不起病的患者家庭）就不仅负有社会责任了，而且也负有法律责任；难道那么多看不起病的患者没有获得保障，他们以及他们的监护人都是“放弃”自己的权利了，政府和社会都是违法的？政府应当承担违法责任，首当其冲，就应当是国务院承担法律责任了？至于社会怎么承担法律责任，笔者不知道。虽然对于“看病难”、“看病贵”，人们认为政府是有责任的，但进一步认为政府负有法律责任，如政府官员应当免职，支付相关赔偿或补偿，乃至追究刑事责

① 方乐华编著：《社会保障法论》，世界图书出版公司1999年版，第28页。

② ［日］大须贺明：《生存权论》，林浩译，法律出版社2001年版，第69~112页。

③ 赖达清主编：《社会保障法——保障公民生存权利的法律形式》，四川人民出版社2003年版，第106页。

任，恐怕没多少人能够认可。

2. 生存权不仅包括最低限度的生活

生命的延续不仅要满足最低的物质需求，还包括生命和健康的权利。虽然最低限度的生活会影响生命和健康，但生命和健康权利要远远大于最低限度的经济生活的权利。如果将生存权保护作为社会保障法的基本原则，那么其他很多部门法都应如此，如消费者权益保护法、环境保护法，尤其是刑法、侵权责任法涉及的首先是对生命和健康的保护。而现实却并非如此，刑法、侵权责任法中并没有保护生命权或生存权的原则。而且我们还必须特别注意，社会保障是要包括社会福利的，社会保障法自然也包括社会福利法，按照我国学者的通常见解，社会福利与保障生存之间似乎还有一定的距离。

3. 保障生存权是法律理念而非法律原则

实际上，生存权法律原则论者混淆了法律责任与道德责任，混淆了法与道德，混淆了法律规范与道德规范，混淆了自然权利与实然权利，混淆了理念与原则的关系。保障生存权是社会保障法的理念，但不是社会保障法的原则。人们可以依据生存权理念追问政府和社会的责任，但不可能依据生存权理念要求政府、社会或者个人（包括政府首脑、地方官员、资本家）承担法律责任，更不可能因此对政府、社会和个人（包括政府首脑、地方官员、资本家）实施制裁。我们依据生存权理念设计和改进社会保障项目和方案，但在法的适用上不能依据生存权理念直接否定社会保障项目的合理性。如对最低生活保障标准（假设为300元），我们可以认为现行标准不符合保障生存权理念，要提高标准，但法官不能依据生存权理念直接废弃该标准，径行提高为400元。如果法官这么做了，按照中国的法律体系，他就违法了，其判决结果是无效的。

保障生存权是一种理念而非原则。恩格斯在批判机械进化论“生存斗争是动物界的正常状态”这一观念时指出，“只有一个有计划地从事生产和分配的自觉的社会生产组织，才能在社会方面把人从其余的动物中提升出来，正像生产一般曾经在物种方面把人从其余动物中提升出来一样”。① 生存是一个不断发展的理念，从最低的物质依赖到体面的生活，再到有价值的生活（自我实现的人），生存的内涵是不断延展的。在现代社会，生存权包括了发展权。法律原则没有法律规则的具体性，作为法律适用依据时法律原则必须是相对稳定和确定的，而生存权不断发展的现状也决定了它只能作为一种法律理念，而不能作为法律原则。例如，新农保可以认为是生存权理念的体现（虽然好像

① 恩格斯：“自然辩证法”，载中共中央马克思恩格斯列宁斯大林著作编译局编：《马克思恩格斯选集》（第四卷），人民出版社1995年版，第275页。

还没有学者这么总结，政府的制度说明也没有显示出此点，但该制度确确实实在一定程度上保障了农村居民的基本生活，提高了农村居民的生活水准，这是符合生存权保障要求的），但在国家实施该制度以前，农民可以依据生存权要求国家给他发钱吗？即便最终他因为贫穷和饥饿而死。显然是不同的。

理念是指导性的，而原则是规范性的。生存权是我们发展新的社会保障项目，完善社会保障体系必须考虑的出发点和重要因素，对于实践、制度构建乃至立法，都具有指导意义；它也是社会主义社会道德应有的内涵之一，对于违背生存权、不能保障生存权的法律制度，人们可以依据生存权理念给予否定性评价。但生存权并不具有法律的规范性，至少在我国相当长的历史时期内，不会存在必须对生存权进行保障的法律命令，以及保障该命令得以实现的法律义务与法律制裁。

二、强制保险原则①

强制保险原则也是贝弗里奇报告主张的一项原则。“社会保险方案的第二个基本原则是强制保险，要求每一个参保人及其雇主以统一费率缴费，而不考虑其经济状况。”② 社会保险保障的是大多数人的利益、安全与健康等，虽然会减少个人的所得，但是基于社会整体的福祉，采用强制原则乃是必要的，如强制纳保、强制交保费等，如此才能维持社会保险制度，发挥社会保险的功能。③ 强制保险，其目的“一方面在避免保险产生‘逆选择’的情形，形成‘弱体保险’现象，一方面则借此达到‘危险分摊’以及‘所得重分配’的理想”。④

在当下的中国，强制保险原则或曰强制性，依然是诸多社会保险险种的一项原则。但正如笔者在第一章中详细阐述的那样，强制性已经不完全是社会保险的特征，也不完全是社会保险法的基本原则。随着社会保险的发展，它已远远超出了当初的雇主责任保险的限制。新农合、新农保、城镇居民医保，灵活就业人员养老保险，在本质上是自愿性的。在发达国家，自愿性的社会保险制

① 柯木兴：《社会保险》，台北社会保险学会 2001 年版，第 77 页；钟秉正：《社会保险法论》，台北三民书局股份有限公司 2005 年版，第 132 页；梁宪初、冉永萍：《社会保险》，台北五南图书出版公司 2000 年版，第 5 页；郑功成：《社会保障学——理念、制度、实践和思辨》，商务印书馆 2000 年版，第 262 页。

② 劳动保障部社会保险研究所组织翻译：《贝弗里奇报告——社会保险和相关服务》，中国劳动社会保障出版社 2004 年版，第 136 页。

③ 梁宪初、冉永萍：《社会保险》，台北五南图书出版公司 2000 年版，第 6 页。

④ 钟秉正：《社会保险法论》，台北三民书局股份有限公司 2005 年版，第 133 页。

度也很常见。如德国《国家保险法》第545条规定："非依法律或章程保险之人员得自愿参加保险。"①

三、兼顾公平与效率、公平与效率相结合原则②

"公平如不能促进效率，甚至成为制约经济发展的负担，那么这种公平也难以为人接受。"③ 为了论证社会保障必须实行兼顾公平与效率或者公平与效率相结合的原则，论者往往列举福利国家所产生的问题。由于福利国家社会保障的项目多，待遇标准太高，使人们即使不劳动也能得到不低的生活水平。特别是失业补助金给付期长、标准高，失业者的收入与在业者的收入相差不多，使失业者不愿从事新的工作，从而在劳动者中滋长依赖、懒惰情绪。高福利制度体现了形式上的"公平"，却牺牲了经济效率。而且高福利制度还导致由于社会保险和津贴标准高，提高了企业产品成本，进而影响了国家对外竞争力，同时也影响了企业的再投资，导致资金外移、科技人员外流等一些不利的后果。④

第一，效率和公平是天然的一对矛盾，根本无法将两者置于相同的位置。

所有的兼顾论或结合论，最终都实际沦为以效率为主，公平则成为第二甚至更次要的目标。

效率，意味着从一个给定的投入量中获得最大的产出。⑤ 公平则意味着主体之间的付出、获得、权利的行使和享有是平等的，最起码差异是能够为人们所接受的。平等的意蕴与最大的获得是格格不入的。效率首先意味着不平等，意味着差异；其次，效率的最终目标是利益最大化，至于过程，则不一定顾及，由此导致不择手段、对于人伦极限的挑战。兼顾论者、结合论者从来不能举出两者相得益彰、共同实现的实例。

---

① 黄越钦、王惠玲、张其恒：《职灾补偿论——中美英德日五国比较》，台北五南图书出版公司1995年版，第214页。

② 林嘉：《社会保障法的理念、实践与创新》，中国人民大学出版社2002年版，第45页；赖达清主编：《社会保障法——保障公民生存权利的法律形式》，四川人民出版社2003年版，第110～113页；黎建飞主编：《社会保障法》，中国人民大学出版社2008年版，第16页；章明亮、钟刚主编：《社会保障法》，中国政法大学出版社2007年版，第57页；邓大松等：《社会保障理论与实践发展研究》，人民出版社2007年版，第202、203页。

③ 林嘉：《社会保障法的理念、实践与创新》，中国人民大学出版社2002年版，第45页。

④ 黎建飞主编：《社会保障法》，中国人民大学出版社2008年版，第16页。

⑤ ［美］阿瑟奥肯：《平等与效率》，王奔洲等译，华夏出版社1999年版，第2页。

以社会保险的缴费基数来说，通常限定在统筹地区水平的3倍与60%之间。之所以作此限制，是为了使养老金差距不致过大，实现社会公平。有些学者可能会说，这正是兼顾公平与效率的范例。一方面，限制了养老金水平的差距，实现了公平之目的；另一方面，仍然允许有差距，鼓励多缴费、多领取养老金，体现了效率原则。确实，经济学的常识告诉我们，如果财富非常集中，往往效率很高，正所谓“集中优势兵力”好办事。例如，一本书售价为50元，如果将100元平均分配给两人，扣除必要的生活成本，谁也买不起书；如果将100元完全分配给1人，他就可以买下这本书，不仅使得交换得以产生，而且可以进一步提高他的人力资源素质，从而产生更多的财富。平均分配往往意味着效率低下。对于养老金缴费基数的限制，以及对于养老金下限的规定(通常以当地最低工资为下限)，正是公平原则的体现。那么这一限制是否意味着对效率原则的体现呢？笔者认为恰恰相反，这正是对效率的限制，这是由上下限含义所得出的必然结论。而且从现实来说，并没有起到激励人们多缴费的作用，从少缴费是非常普遍的现象便可明知。至于多缴费以致多领取养老金，客观上有利于提高退休以后的购买力，这比平均主义的养老金更有效率，这并非效率原则的体现。事实上，公平与平等，绝不意味着一模一样，绝不意味着没有区别，绝不意味着完全扼杀效率，它只是否定以效率作为行为的出发点和主要目标。在这个意义上，公平优先的原则①是正确的。在社会保障中处于主导地位的是公平，而效率则要退居于从属的兼顾地位。社会保障的根本出发点是平等地、公平地对待每一个社会成员，即不论其贫富，也不论其承担义务多少，向所有社会成员提供其应该享有的公民权益；社会保障的分配行为，显然与工资分配不同，它属于二次分配，即属于国民收入再分配范畴，一次分配讲效率，因此也会带来负效应，人们的收入差距会明显增大，社会的分配会更加不公，因而需要二次分配。②

第二，因为追求公平而不能实现高效率时，这种公平一定不能为人接受吗？相反的模式一定能为人们接受吗？

现在的高房价是非常高效率的，曾经的住房体制是否一定不能为人所接受呢？好像没有这样的调查。不过从社会矛盾的反映来看，曾经低效而公平的住房制度并没有引发社会的普遍反感和对立；相反，现在的高效率与其伴随的高房价已经成为社会不稳定的重要根源，人们的社会心理反映亦即接受程度或可

---

① 郑功成：《社会保障学——理念、制度、实践和思辨》，商务印书馆2000年版，第384页。

② 郭士征编著：《社会保障研究》，上海财经大学出版社2005年版，第54、55页。

见一斑。将公平与效率并列为追求目标，如何结合、如何兼顾事实上是很难实现的，最终可能是以牺牲一方为代价。

第三，福利病与公平无关。福利国家的问题多与高福利有关，并且和人口出生率有关。人口出生率低及由此导致社会保险供款能力不足、经济环境恶化（当本国经济保持较快发展时，财政支撑能力强；反之，财政支撑能力弱，就会影响社会保险财务的可持续性）。首先，高福利与公平无关，两者并不具有内在的相关性。保障水平低并不意味着就一定有公平性；保障水平高也不意味着就一定没有公平性。虽然保障水平高可能要比低水平保障更具有公平性，但现实很可能完全相反。其次，即便是考虑到财政支撑能力的不足等社会风险，也不能因此就刻意压低保障水平，更不意味着就可以背弃公平原则。例如，长期以来，一方面我国社会保险基金有大量结余；另一方面社会保险待遇偏低，社会反应最为强烈的莫过于基本医疗保险了。这一现状的形成原因，正是以防御风险为名，而刻意压力保障水平所致，以致该保障的没有能够得到保障，这恰恰是不公平的。可喜的是，这一现状已经逐步得以扭转。

第四，追求效率不符合法治的要求。如果说在立法阶段还需要照顾效率的话，即对公平目标的实现存在多种方案，而各种方案的效率不同时，应当选择更具有效率的方案。而在执法和司法阶段，应当严格执行法律规定，最大限度地追寻法律目标的实现，同样不能以效率作为首要的追求目标。以事实为依据，以法律为准绳是我国法律适用的基本要求。所谓“从重从快”，已经受到学者几乎一致的反对。只有在不妨碍法治的实现的前提下，才能考虑效率问题。

四、保障水准（社会保障水平）与经济（生产力）发展相适应原则①

在确定社会保障水准法律制度时，同样要考虑经济发展水平，只有建立在经济发展水平基础上的社会保障水准才能既有利于经济发展，又能更好地保障社会成员生存权的实现。② 经济发展决定着社会保障的发展水平。由于社会保

① 林嘉：《社会保障法的理念、实践与创新》，中国人民大学出版社2002年版，第44页；黎建飞主编：《社会保障法》，中国人民大学出版社2008年版，第15页；赖达清主编：《社会保障法——保障公民生存权利的法律形式》，四川人民出版社2003年版，第115页；邓大松等：《社会保障理论与实践发展研究》，人民出版社2007年版，第201页；郑功成：《社会保障学——理念、制度、实践和思辨》，商务印书馆2000年版，第383页。

② 赖达清主编：《社会保障法——保障公民生存权利的法律形式》，四川人民出版社2003年版，第115、116页。

障发展要以经济发展创造的可供进行再分配的巨额社会财富作经济后盾，如果没有雄厚的财力与资金积累，社会保障事业就不可能得到发展。越是经济发达的国家，财力越雄厚，社会保障的发展水平亦越高，反之亦然。① 社会保障的发展必须与经济发展水平相适应，超前或滞后都是有害的，都会影响经济的发展。② 世界各国的社会保障制度，都不是凭空建立起来的，立法所确定的社会保障对象、社会保障项目、社会保障待遇水平，无一不受到本国社会经济发展阶段和经济发展水平的制约与影响。各国的社会保障制度都随着本国经济的发展，呈现出社会保障对象的范围由窄到宽、社会保障项目由少到多、社会保障标准由低到高的共同特点。社会保障的发展水平应建立在既能保障公民的基本生活，又能促进国民经济的健康发展；既能保证社会稳定，又能激励社会成员积极劳动，提高社会成员的素质，促进社会进步。在确定社会保险水平时，必须体现社会保险水平与社会生产力发展水平相适应的原则。只有当生产力发展到一定水平，社会财富较为丰富时，国家才有能力承担巨额的社会保险费。同时，社会生产力的发展水平还制约着社会保险的水平。③ 有关社会保障的项目及标准立法时，必须从国家发展的实际情况出发，考虑国家、社会及社会成员能够承担的财力和物力。④

有人将社会保险水平作了拓宽解释，不仅指待遇水平，而且指社会保险覆盖面的宽窄及社会保险费率高低。该原则主要要求：（1）总体上的社会保险水平要与我国社会生产力水平及各方面的能力相适应。（2）要在保障基本水平的前提下，在经济发展的基础上逐步提高社会保险水平。（3）由于经济发展的不平衡性，社会保险的推行应该从实际出发、因地制宜，采取不同模式，实行多层次、多元化的发展。⑤

第一，将社会保险水平确定为包括待遇水平、费率水平和覆盖面，是不当的。（1）在我国社会保险领域，社会保险水平通常即指社会保险待遇水平。对一个概念下定义的任何企图，必须要将表示该概念的这个词的通常用法当做

---

① 覃有土、樊启荣编著：《社会保障法》，法律出版社 1997 年版，第 102、103 页。

② 邓大松等：《社会保障理论与实践发展研究》，人民出版社 2007 年版，第 201 页。

③ 黎建飞主编：《社会保障法》，中国人民大学出版社 2008 年版，第 15、16、42 页。

④ 孙光德、董克用主编：《社会保障概论》，中国人民大学出版社 2008 年版，第 111 页。

⑤ 章明亮、钟刚主编：《社会保障法》，中国政法大学出版社 2007 年版，第 55、56 页。

它的出发点。[①]（2）对于社会保险待遇，我们可以说水平高或低；而社会保险覆盖面广，或者说覆盖率高，就一定意味着社会保险水平高吗？用水平高或低来言说费率及覆盖面，并不准确。说某一事情水平高，通常表明它更发达、更完善，将此词用在覆盖率尤其是费率上，不符合此含义。定义是利用一个独立的词来给出语言上的界说，它主要是一个表明界限或使一种事物与其他事物区分开来的问题。[②]（3）如果仅仅用高低来衡量，三个内容是不一致的。待遇水平高和覆盖率高，都是有积极意义的；而费率水平高，意义则相反。如果社会保险水平包括三方面内容，那么社会保险水平高，表明该状态下的社会保险究竟是好还是不好呢？社会保险水平应当就是指社会保险的待遇水平。

第二，经济发展水平是客观的，而社会保障水平则具有主观性。在同一经济发展水平下，社会保障水平可以有很大差异。经济发展水平在一定时期内并不会有太大的变化，稳定性更强，不是人为（包括国家）的简单努力在短期内就能改变的。但社会保障水平并非如此。即便是总供给（财政收入）不变，仅仅是改变支出结构，就可以导致社会保障水平质的变化。例如，是投向基础建设、政府消费，还是社会保障，结果大相径庭；是给公务员涨工资，还是提高社会保险待遇，或者将蛋糕一分为二，结果也很不相同。

第三，确定社会保障待遇结构和水平首要的原则是平等和公平，经济发展水平并不是首要的决定性因素。例如，我国经济发展的水平虽然有所提高，但距离发达国家还有相当距离，这一现实在短期内并不会有根本改变。但我国关于社会保险在内的社会保障发展战略已经发生了巨大变化，已经确立了全面覆盖的目标。社会保险的这一发展现实足以推翻这一原则。

对于新农保，国家计划用10年实现全覆盖，这正是与经济发展水平相适应这一观念的体现。但是如果真的用10年才能全覆盖，就意味着有的公民可以早拿10年的待遇，而有的公民则要晚拿10年的待遇，其中很多人没有来得及享受新农保的阳光就离开了这个世界。他们凭什么要晚这么多年才能享受这一待遇，谁有权利来选择是他们，而不是别人呢？因此，越是尽快实现全覆盖，就越是符合公平原则，否则则相反。至于现有经济发展水平能不能达到，答案是显然的。事实上，在一些经济较为发达的省份，2010年已经能够基本实现全覆盖了。

---

① ［奥］凯尔森：《法与国家的一般理论》，沈宗灵译，中国大百科全书出版社1996年版，第4页。

② ［英］哈特：《法律的概念》，张文显等译，中国大百科全书出版社1996年版，第14页。

第四，该原则至多只是社会保障待遇确定的一个方面，而非全部，不涉及整个社会保险制度，更与法律的适用无关。待遇的确定并不贯穿社会保险法的全部，只能作为确定社会保险待遇水平的一项原则，而不能以此作为社会保险法的基本原则。作为一部法律，待遇水平的确定只是万里长征走完了第一步。整个社会保险制度的实施，如覆盖对象、各方的权利义务、法律责任、救济途径，特别是程序问题，都与此原则无关。这在相关法律制度同样如此。如侵权损害赔偿中待遇标准的确定。不能将确定人身损害赔偿待遇标准的原则，作为人身损害赔偿制度的原则，更不能作为整个侵权损害赔偿制度的原则，也就更不能作为民法的原则了。

第五，那么，取消这一原则，是否就意味着社会保险待遇水平就不受限制了呢？是否就意味着可以违背社会经济发展状况恣意而为呢？例如，新农保的基础性养老金不是确定为最低每人每月 55 元（不同地方可以增加），而是确定为 5000 元，并且要 1 年之内全部实现呢？如果是这样的话，一名农民 1 年的基础性养老金要 6 万元，假设有 1000 万人享受，1 年此项待遇就要支付 6000 亿元。由此，（1）绝大多数缴费者享受的基本养老金都不可能达到这个标准，他们绝不会同意这么做。（2）恐怕中央财政是不可能一下子支出这么多的，导致财务的不可持续性，制度无法维持，最后连 55 元都无法拿到。（3）谁可能决定采取这样的方案呢？根本不存在这样的主体。

在本质上，公平原则可以涵盖这一原则。社会保障水平与经济（生产力）发展相适应要求的正当的内核可以在公平和平等原则中体现。因为：（1）一夜暴富是不符合公平原则的，渐进式发展更符合公平原则，由此决定社会保险待遇不应当暴涨，也不应当暴落。（2）公平原则不仅要考虑当下的舒适性和幸福感，还要考虑代际公平。（3）公平原则决定了确定社会保险待遇不仅要考虑社会保险体系内的平衡，还要考虑社会保障体系内的平衡，更进一步地，必须考虑整体法律制度的平衡。

新修订的《工伤保险条例》规定，一次性工亡补助金标准调整为按全国上一年度城镇居民人均可支配收入的 20 倍计算。2009 年全国城镇居民人均可支配收入为 17175 元，20 倍就是 34 万元多。而在我国部分欠发达地区，同期一次性工亡补助金只有 5 万元左右，从 5 万元一下子到 35 万元，用“巨幅增加”来描述一点也不为过；在北京、上海等发达地区，新标准大概是原标准的 2 倍，增幅也可谓不低。该巨幅调整也反映出，根据经济发展确定待遇水平，只能作为一种指导思想，而无法衡量某一待遇标准究竟是否得当，不应作为法律原则。

五、社会保险权利与义务相统一原则

该原则也是很多学者所主张的。

社会保险制度的运行和发展在很大程度上取决于社会保险基金的建立，而社会保险基金的建立不是由某一组织或少部分人能够承担责任的，而是由国家、用人单位和劳动者共担责任的。因此，承担社会保险责任的用人单位和劳动者个人，必须首先尽到缴纳社会保险费的义务，才能以此作为享受社会保险待遇的权利。① 只有坚持权利和义务相统一的原则，才能打破职工完全依赖国家和企业的传统观念，增强自我保障意识，从而推动社会保险失业的发展。② "社会保障立法应当摒弃以往那种单纯强调被保障者的权利而忽略其义务的做法，代之以权利与义务相结合，如在社会保险法制中强调劳动者承担相应的供款义务。"③

贝弗里奇报告也主张该原则。社会保险实行权利与义务相一致的原则，社会保险待遇应当是缴费的回报，而不是政府提供的"免费午餐"。④

一些学者指出这种"一致"只是大致的一致。当然，不能把权利与义务一致仅仅理解为劳动者享受社会保险的权利要与应尽的义务完全一致。有些人尽到的义务很少，然而，国家却有义务供养这些人，使他们充分享有生存的权利。⑤ 著名的依达姨妈，即依达梅福勒小姐，美国第一个享受养老金的人，1975 年 1 月 27 日，100 岁的依达姨妈逝世，她获得了超过 2 万美元的养老社会保险给付，但她为养老保险制度支付的所有供款仅为 22 美元。依达姨妈 1940 年退休时，42 个工人养一个退休人员，而在她去世的时候，3.2 个工人就要负担一个老人。⑥

笔者认为，这一原则不能作为社会保险法的基本原则。

第一，权益与义务对等原则是社会保险学自商业人身保险而升华为自身遵

① 黎建飞主编：《社会保障法》，中国人民大学出版社 2008 年版，第 42、43 页。

② 章明亮、钟刚主编：《社会保障法》，中国政法大学出版社 2007 年版，第 56、57 页。

③ 郑功成：《社会保障学——理念、制度、实践和思辨》，商务印书馆 2000 年版，第 383 页。

④ 劳动保障部社会保险研究所组织翻译：《贝弗里奇报告——社会保险和相关服务》，中国劳动社会保障出版社 2004 年版，第 9 页。

⑤ 侯文若、孔泾源主编：《社会保险》，中国人民大学出版社 2008 年版，第 27 页。

⑥ ［美］马歇尔·N. 卡特、威廉·N. 希普曼：《信守诺言——美国养老社会保险制度改革思路》，李珍等译，中国劳动社会保障出版社 2003 年版，第 19、20 页。

从的一项原则。先行投保，且投保达到一定长度的年限，这就是社会保险历来遵循的权益与义务对等原则的内涵。要享受社保权益，必须尽投保的义务，而且，一般来说，二者呈正相关，即投保期越长，投保费越多，可享受到的权益也越多。就个别投保人而言，权益与义务的不对称毕竟可能发生。① 该认识存在很多错误。

社会保险与商业保险有着本质的区别。(1) 目的不同。社会保险是为了保障公民的基本权利，实现人“能够像人一样地生活”，是非营利性的，国家和政府要承担主要责任。而商业保险则是营利性的，政府基本上不承担财政责任。(2) 实施的手段与方法不同。社会保险具有很强的强制性，非契约行为，不实行意思自治。商业保险属于契约行为，贯彻意思自治。(3) 覆盖范围不同。社会保险可以覆盖全体公民或大部分公民，或者在保障范围内全覆盖。而商业保险则不可能达到如此广的覆盖率。(4) 约束机制不同。除了法律和道德约束机制以外，社会保险更多的受政治约束，而商业保险主要受市场经济的约束。(5) 管理体制不同。社会保险多为国家机构或特定机构承担，商业保险则主要由商业保险公司承担。(6) 承保的风险不同。前者属于社会风险，从概率论来说是无法避免的，必然要发生的；商业保险承保的风险具有偶发性。必然发生的风险，商业保险是不承保的。(7) 法律基础不同。社会保险由社会保险法律政策规范，商业保险则主要由《保险法》规范。(8) 救济程序不同。社会保险争议很多通过行政复议和行政诉讼程序解决；而商业保险则通过民事诉讼、仲裁程序解决。(9) 法律性质不同。社会保险法主要助于公法，而商业保险法具有更多的私法属性。

社会保险是从保险发展而来，依然适用了保险的缴费与保障相适应的方式，因此，在社会保险中主张权利与义务对应是有道理的。但是，如果在社会保障中也强调权利与义务相统一，如认为社会保障关系的实质是一种权利与义务的关系，社会保障法律制度的立法必须贯彻权利与义务相统一、相一致的原则②，则是不适当的。如对社会救助，享受权利并不需要履行义务，更不可能与权利相统一。

这种权利和义务的关系对于社会成员个人而言，只能是一种对应关系而不是完全对等的，其并不意味着所享有的权利和所应承担的义务恰好相等，也并不意味着缴费者必然享受社会保险待遇。③

---

① 侯文若编著：《社会保险》，中国劳动社会保障出版社 2005 年版，第 20 页。

② 邓大松等：《社会保障理论与实践发展研究》，人民出版社 2007 年版，第 202 页。

③ 章明亮、钟刚主编：《社会保障法》，中国政法大学出版社 2007 年版，第 55 页。

第二，个别情形下享受社会保险待遇不需要履行缴费义务，“免费午餐”是存在的。最为典型的体现是工伤保险。

新农保在一定程度上就是“免费午餐”。虽然一些地方附加了全家参保的要求，但即便如此，仍有一些孤寡老人只享受新农保基础养老金。“‘免费午餐’不仅是社会保障制度安排的必要内容，而且是整个社会稳定、协调发展的必要机制。”①

第二，社会保险不一定需要先行缴费。我国台湾地区“职业灾害劳工保护法”第9条规定：未加入劳工保险之劳工，于本法施行后遭遇职业灾害，符合前条第一项各款情形之一者，得申请补助。《社会保险法》规定工伤保险实行先行赔付，即便没有参加工伤保险，工伤职工亦可获得工伤保险基本的支付，工伤保险基金支付后可向责任人或用人单位追偿。这种做法是符合工伤保险发展的本质要求的。首先，工伤保险的首要目的是对劳动者的工伤权益予以保障，工伤保险基金先行支付符合工伤保险的这一宗旨和精神。其次，劳动者没能及时参保，社保部门是具有一定责任的。不管是监察机构，还是社会保险的经办机构，应当通过日常巡查、抽查等手段要求用人单位及时参加包括工伤保险在内的各项社会保险，用人单位没有参保，即使不说社保部门失职，起码也是工作没做好。由此导致工伤职工自己承担全部或部分工伤责任（如果用人单位没有支付能力，则由工伤职工承担全部责任；即使用人单位有支付能力，职工在申请工伤认定、劳动能力鉴定、要求支付待遇时通常会遭遇很多麻烦，实际上职工承担了部分责任），不尽合理。最后，工伤保险基金先行支付后，可以通过要求补缴、征收滞纳金等方式达到正常缴费时的状态。工伤保险基金并无损失，或损失在可控范围内。需要注意的是，实施工伤保险基金先行支付制度，是以工伤保险已普遍覆盖为前提的。在此前提下，工伤保险基金始终具有承受能力。否则工伤保险基金可能有难以维系之虞，会损害工伤保险制度的安全性，最终受损的是广大工伤职工的权益。

第三，社会保险缴费不完全需要较长时间，即等待期。如工伤保险、城镇居民基本医疗保险，以及大多数情形下的城镇职工基本医疗保险、生育保险，并不需要等待期，本月参保，次月即可享受待遇。特别是工伤保险，当天参加工伤保险，次日发生工伤保险事故，也一样可以享受工伤保险待遇。

第四，社会保险待遇不完全与缴费成正比关系。这主要体现在城镇职工基本医疗保险、城镇居民基本医疗保险、新型农村合作医疗以及生育保险上。工

---

① 郑功成：《社会保障学——理念、制度、实践和思辨》，商务印书馆2000年版，第270页。

伤保险和失业保险在一定程度上也具有这一特征。如根据《失业保险条例》第17条规定，"累计缴费时间10年以上的，领取失业保险金的期限最长为24个月"。累计缴费超过10年的，领取失业保险金的期限和标准是相同的，与缴费的多少及长短无直接关系。工伤保险中护理费、丧葬补助金、一次性工亡补助金都是按照统筹地区的职工平均工资确定的，与缴费多少及长短没有关系。

六、社会保险一体化和社会化相统一的原则

社会保险制度应当实行一体化原则，即统一社会保险的项目、统一社会保险或基本社会保险的标准、统一社会保险的管理与实施机制等。社会保险管理的社会化也是社会保险自身的客观要求，应当把各部门、各单位分散管理的形式，逐步转为统一的社会化管理，将用人单位承担的社会保险方面的事务性工作转为社会化服务，逐步健全社会统一的社会化服务组织。长期以来，我国社会保险改革和立法的不统一，多头分散的管理体制，不仅为经济体制改革带来了困难，而且与市场经济体制严重背离。① 统一性原则要求基本社会保障制度必须实现全国统一，只有统一的社会保障制度才是公平的制度。统一的社会保障制度可以确保公民享有并实现平等的社会保障权，有利于促进和维护全国统一的劳动力市场，防止区域分割和城乡分割，促进社会流动和社会团结与融合，才是真正高效的制度，便于推行标准化的管理，减少协调成本，提高社会保障制度运行和管理的效率。工业化国家的发展实践表明，制度的多元化虽然是一定时期不可避免的，但多元化的制度安排通常是不公平的制度安排，必然会留下不良的后遗症。②

统一性原则早在贝弗里奇报告中便已提出，包括待遇标准的统一、费率的统一、行政管理职责的统一。③

我国社会保险的碎片化是很明显的，针对不同人群实施有差别化的保障项目，而且至少在目前缺少衔接规定，在衔接中存在权益流失。一体化有利于解决碎片化问题。但是，一方面，在相当长的历史时期内，实行完全统一的社会保险制度必然是一种空想。例如，企业职工的基本养老保险虽然缴费总额较

---

① 黎建飞主编：《社会保障法》，中国人民大学出版社2008年版，第43页。

② 郑功成主笔：《中国社会保障改革与发展战略——理念、目标与行动方案》，人民出版社2008年版，第22页。

③ 劳动保障部社会保险研究所组织翻译：《贝弗里奇报告——社会保险和相关服务》，中国劳动社会保障出版社2004年版，第136页。

高，但多数是由用人单位缴纳，个人承担的部分实际并不多。如果让农民个人及城镇无稳定就业人群也按该标准缴费，对他们来说是难以承受之重。例如，一些省份，仅仅养老保险费 1 年就要缴纳 5000 多元，可是临近退休的 1 名公民，他（她）1 年才能挣多少钱呢？区别化是正当的，但是区别化并不一定导致碎片化。我国社会保险只是没有解决好后一问题。

更为本质的，社会保险的一体化和社会化实际是社会保险的管理问题。即便在组织管理方面，实行一体化和社会化是必要的，该原则并不涉及待遇标准和程序，例如，一次性工亡补助金应当增加多少是适当的？养老金替代率应该是多少？公务员的退休工资与企业职工的养老金应当有多大的差距？退休核准、特殊工种退休许可、工伤认定、劳动能力鉴定制度，相应的司法审查制度，是否合理？该原则根本无力回答，因此，其不应作为社会保险法的原则，只能作为社会保险行政管理的一项原则。

七、建立起多层次的社会保险制度的原则

这个多层次的社会保险制度包括：以社会保险基金为主渠道的社会保险；用人单位补充保险；储蓄性保险。① 作者引述的法条依据是《劳动法》第 75 条规定："国家鼓励用人单位根据本单位实际情况为劳动者建立补充保险。国家提倡劳动者个人进行储蓄性保险。"《劳动法》的这一表述是不恰当的。实际上这种保障模式主要是指养老保险制度，俗称三条支柱。《国务院关于深化企业职工养老保险制度改革的通知》（国发〔1995〕6 号）规定："国家在建立基本养老保险、保障离退休人员基本生活的同时，鼓励建立企业补充养老保险和个人储蓄性养老保险。"《国务院关于建立统一的企业职工基本养老保险制度的决定》（国发〔1997〕26 号）规定："资金来源多渠道、保障方式多层次养老保险体系"。对于医疗保险、生育保险来说，在一定程度上也是存在的，如大病统筹及商业医疗保险等，储蓄虽然对医疗保障的作用也存在，但一般不提储蓄保险的说法。事实上，个人的储蓄性社会保障功能，如教育、养老、医疗，以及对于个人遭遇的一切风险和损失都有保障作用，这种"保障"与社会保险、社会保障没有任何关系。非要将个人自己的收入视为社会保险、社会保障的一种方式或模式，是很荒谬的。失业保险可以确定是不存在补充保险的，工伤对于相当多职业来说，也是不存在补充的问题的。该原则自然也不能作为社会保险法的原则。

---

① 黎建飞主编：《社会保障法》，中国人民大学出版社 2008 年版，第 44 页。

八、保障功能与激励机制相结合的原则

社会保险实质上不是超越劳动者自身行为以外的恩赐，它是全体劳动者参与和获取的社会群体行为。社会保险需要每个劳动者的投入，与每个劳动者的切身利益挂钩。社会保险的保障功能与激励机制相结合原则要求劳动者不能只存在依赖，不存在动力；只讲权利，不讲义务，缺乏自我保障的意识。① 不仅在基本生活补贴和工资之间保持差距有利于提高工作积极性，而且通过补贴享有的设定条件避免懒惰，并把参加培训计划作为享有补贴的条件。② 但是，一方面，保障功能与激励功能的结合都是对于具体待遇的确定、条件的设定，对于主体的选择和确定。例如，对于雇主应该不应该参加社会保险，参加了生育保险的男性职工的未参保的配偶能否享受生育保险待遇，大学生毕业即失业应否享受失业保险待遇，这些回答都无法作出。另一方面，保障功能与激励功能的结合对于科学的社会保险待遇体系的构建并没有太多的意义。例如，将一次性工亡补助金调整为上年度全国人均可支配收入的 20 倍，以及之前的统筹地区职工社平工资的 48～60 个月，与保障原则和激励原则都没有关联。社会保险待遇体系及待遇的具体标准，多数并不同时考虑保障与激励的结合。

九、普遍性原则

"普遍性原则的含义，就是指社会保障的实施范围应包括所有社会成员，强调一切社会成员享有社会保障的共同权利。"③ 对全体社会成员实行普遍的社会保障，不管其性别、年龄、职业、地位、信仰，只要是居住在法定范围内的公民，都有享受社会保障的权利。④ 这也是贝弗里奇报告确定了社会保障的三大原则之一：普遍性原则，社会保障的实施范围不限于社会的贫困阶层，应包括所有公民；政府统一管理原则；全面保障原则，即所谓"从摇篮到坟墓"的社会保障体系。

具体包括两层含义：一是指社会保障的对象具有普遍性，即所有社会成员均应当在社会保障法的覆盖范围之内；二是保障的范围上具有普遍性，即应包

① 黎建飞主编：《社会保障法》，中国人民大学出版社 2008 年版，第 44、45 页。

② ［英］内维尔·哈里斯等：《社会保障法》，李西霞、李凌译，北京大学出版社 2006 年版，第 97 页。

③ 林嘉：《社会保障法的理念、实践与创新》，中国人民大学出版社 2002 年版，第 43 页。

④ 章明亮、钟刚主编：《社会保障法》，中国政法大学出版社 2007 年版，第 16 页。

括人的生老病死等可能致贫的社会风险。第一，是对生存权保障原则的题中应有之义。威胁着社会成员生存权的社会风险是每一个社会成员都可能遇到的，正基于此，社会保障法理应覆盖所有社会成员，而不管其性别、年龄、职业、地位、信仰、民族、肤色，只要居住在法定范围内的社会成员均有权享受该国或该地区的社会保障。第二，覆盖全体社会成员，涵盖更多的社会风险是大数法则的客观要求，这样有助于分散社会成员的风险，更好地为社会成员提供保障。①

有的学者进一步指出，社会保险在坚持普遍性的同时，也实行选择性或差别性原则，并不是所有的公民都需要纳入社会保险保障体系的。普遍性补贴是向社会全体支付的一项补贴，而选择性补贴则仅向被认为有需要的人支付。②普遍性原则体现的是公民平等的社会保障权利，实现的方式是让公民普遍地从这一制度中受惠。从中国的实际出发，普遍性原则的实现只能分阶段推进，即从一般意义上的普惠向公平的普惠发展。第一阶段，推行有差别的普惠，确保人人享有基本的社会保障，但是允许因地区差距、城乡差距及群体差距的客观存在而具体的保障形式及待遇水平上有所差别。第二阶段，逐步做到公平的普惠，确保人人平等地享有相应的社会保障。③

第一，《世界人权宣言》和《经济、社会、文化权利国际公约》均规定人人有权享受社会保障。我国也确立了社会保障的战略发展目标，我国《宪法》规定的基本含义也是人人得享受社会保险。但是显然，并不是所有的保险每个人都能享受。例如工伤保险，发生的概率毕竟是小的，绝大多数人并不会遭受工伤伤害，并不会享受工伤保险待遇；亦有人不会享受生育保险和失业保险。即便是养老保险，可能也有人不享受。一些企业家，可以终身工作并缴纳社会保险费，他们并不一定要领取养老金。社会保险具有普遍性，但不一定真的会惠及每一个公民。

第二，从每个人可以享受的角度来说，社会保险的普遍性准确地应当是

---

① 赖达清主编：《社会保障法——保障公民生存权利的法律形式》，四川人民出版社2003年版，第113、114页；邓大松等：《社会保障理论与实践发展研究》，人民出版社2007年版，第200页；张思锋、温海红主编：《社会保障学》，西安交通大学出版社2007年版，第291页。

② ［英］罗伯特·伊斯特：《社会保障法》，周长征等译，中国劳动社会保障出版社2003年版，第182页；孙光德、董克用主编：《社会保障概论》，中国人民大学出版社2008年版，第112页。

③ 郑功成主笔：《中国社会保障改革与发展战略——理念、目标与行动方案》，人民出版社2008年版，第21、22页。

指，每一个符合条件和资格的公民都可以享受。比较而言，刑法、民法、行政法的条件和资格要求更低。每一个在中国的人，不管他是否具有中国国籍，他的人身安全都受中国法律的保护，在人身遭受危险时，都可以拨打110求救，110都应当施以援救。如果要说普遍性，这些部门法的普遍性更强，而他们却没有宣称自己具有普遍性。

第三，在执法和法律适用上，基本不可能适用。普遍性不可能成为违宪审查的法律基础，即人们不可能依据普遍性原则，要求国家实施某一种类的社会保险。即便将来实施违宪审查制度，也只能依据宪法的基本权利规定，而不是普遍性原则。在个案中，如果一名公民应当享受某一社会保险（参加并享受待遇），他也不可能依据普遍性原则提起诉讼。例如，对于退休人员很多的用人单位，医保经办机构拒绝其参保，或者要求用人单位为退休人员缴纳一定的医保费用。这两种做法都是违法的，导致该企业职工及其退休人员要么无法享受医保待遇，要么不平等地享受医保待遇。但是，该企业、职工、退休人员能依据普遍性原则起诉吗？如果法院处理这个案件，它依据的应当是合法性原则，即医保经办机构的具体行政行为，前者为不作为，后者为错误作为，都违背了法律规定，因而是违法的。在其他个案的适用中，该原则不能作为诉权之基础的，是不具有可诉的，法院也不能依此裁判案件。该原则有指导性而无规范性，是法律理念而非法律原则。

作为法律理念，社会保险的普遍性主要适用于两个方面：一是制度覆盖度，在构建社会保险具体制度时，应当努力扩大其覆盖面，不要不合理地设置准入“门槛”。例如，适龄人员应当都可以进行养老保险，工伤保险至少应当扩及非劳动关系性质的雇佣人员。二是在适用，应当在制度的覆盖框架内，推进所有人员参保，不应当厚此薄彼、嫌贫爱富。

第四，普遍性强调社会保障的可得性，平等及公平原则完全可以覆盖。法的适用都是普遍的；一个具体法律规则可能会限定一定的条件，但这个条件是非歧视性的。事实上对于任何一个国家来说，社会保险都有一定的条件，即便是在福利国家，一名短期造访的外国游客也不可能获得养老保障。换句话说，即便在福利国家，社会保障（尤其是社会保险）通常也是以国籍为条件的（某些项目可能会例外）。条件的设置本身应当是合理的，社会保险的准入与待遇享受、救济程序如果实现了平等和公平原则，那么普遍性也就自然得以实现，反之则不必然。

十、其他原则

1. 权利保障原则。将获得保障视为公民权利和国家义务，生存权保障成为社会保障立法的最基本原则。

2. 社会共同责任原则。以立法的行事逐步明确国家、企业和个人的责任，促进社会保障主体的多元化、筹资渠道的多样化、保障形式的多层次化，为建立多支柱社会保障法律体系奠定基础。①

3. 互助共济原则。社会保障制度实质上是一种加入了福利成分的风险分摊和互助共济机制，无互助即无共济，无互助也不会形成风险分担与分摊。②实行有条件的社会共同责任的原则。伴随人类社会工业化进程而出现的伤残、职业病、失业、破产以及人口老龄化等社会风险，完全靠个人来承担其后果不仅是不可能的，而且对于社会成员中的弱者也是不公平的。这就要求全体社会成员互相帮助，有条件地共同分担社会风险。即通过强制性的立法建立社会共同责任机制，使社会风险在一定条件下由全体社会成员共同承担。通过对部分社会成员的特别保护，达到对全体社会成员的共同保障，从而维护正常的社会秩序，促进社会的顺利发展和进步。③

4. 可持续发展原则。可持续发展日益成为各国建设与改革社会保障制度的重要原则。从社会保障目标来看，应从生存型保障向发展型保障发展，最后进入到生活质量型保障；从社会保障层次来看，应当遵循从基本保障到补充保障的原则；从社会保障覆盖范围来看，应当首先建立起没有遗漏的、多元化制度体系，在实现覆盖全体国民之后，再及时推进制度整合，建立城乡一体、全国统一的社会保障制度。从低水平起步，从允许差别性开始，确保人人享有低水平但又有差别的社会保障，然后再逐步缩小不同社会群体之间的社会保障差距。

5. 以人为本与弱者优先原则。以人为本是社会保障制度追求宗旨的直接体现，它强调发展为了人民、发展依靠人民、发展成果由人民共享。在资源稀缺和财力有限的情况下，社会保障制度以人为本原则应当突出地体现在对社会弱势群体的保障上，从而应当遵循弱者优先的规则。

6. 政府主导与责任分担原则。无论社会保障制度如何变革，政府都不可能推卸自己的主导责任。④

---

① 孙光德、董克用主编：《社会保障概论》，中国人民大学出版社 2008 年版，第 111 页。

② 郑功成主笔：《中国社会保障改革与发展战略——理念、目标与行动方案》，人民出版社 2008 年版，第 23 页。

③ 黎建飞主编：《社会保障法》，中国人民大学出版社 2008 年版，第 14、15 页。

④ 郑功成主笔：《中国社会保障改革与发展战略——理念、目标与行动方案》，人民出版社 2008 年版，第 24、25 页。

这些所谓的原则都是理念而已，而且有的只涉及社会保险的某一方面，最为显著的特征是不能作为人们行为的指南，更不能作为司法适用的依据。以“可持续发展”为例，有多少具体制度的构建和发展是遵循这一所谓的“原则”呢？养老金“剪刀差”这么严重，这是“可持续”的吗？如果校正了“剪刀差”，又是“不可持续”的吗？人们能以“可持续发展”为依据起诉地方政府，法院能以“可持续发展”为依据判决政府不得实施这些工业项目吗？这不仅在中国是不可能的，恐怕这样的想法本身就是很“荒谬的”，即便是在法治非常健全的发达国家，法院恐怕也不可能这么做。因此，这些作为政策的指导思想是可以的，但无法作为法律原则。

第三节　我国社会保险法之基本原则

一、社会保险法律原则的特征

社会保障法原则贯穿于社会保障法从制定到实施的全过程，体现在立法、守法、执法和司法诸环节之中，它既是立法者在制定社会保障法的各种具体法律规范必须参照的标准，也是社会保障法律关系参与者必须遵循的基本准则，同时也是执法和司法活动所依据的准绳。①

社会保险法的基本原则必须具有概括性和安定性。越概括，越稳定；越具体，越具有变异性。法的安定指法的安全与稳定，即法律内容和法秩序的稳定以及行为与法律后果结合的确定性。法的安定不仅包括立法行为，也包括行政行为和司法行为对法律的尊重及行为的确定性。主要包括三个方面：（1）健康的法律体系，要求法律的适度稳定性、发展的连续性和法律内部秩序的维系。大面积、发展过程的中断将有损法律的健康。大面积废止法律、大量的应急立法、立法缺乏一以贯之的精神都将危及法的安定。（2）法的适用的合法性（确定性）。（3）民众的广泛认同与强大的调控能力。法的安定是法治的必要前提，是有效维持法益的需要，是人权保障的需要。② 法的生命不在于暴力。哈特指出，法律和强盗的命令在本质上是不同的。仅仅依靠暴力而迫使人们遵守和服从的法律，绝不是好的法律，甚至就是恶法，对于这种法律，新自然法学派认为人们有权利去违反这种法律，并且有权利要求变革这种法律。法

---

① 赖达清主编：《社会保障法——保障公民生存权利的法律形式》，四川人民出版社2003年版，第104页。

② 周永坤：《论自由的法律》，山东人民出版社2006年版，第259～261页。

律的生命在于人们对于法律的忠诚和信仰。而要实现这一点，法律必须具有安定性。但不可置疑的是，法律也是多变的，法律的变化是经常的。法律规则的变化，是已经发生或将要发生的。法律的变化和安定，是法律规则和法律原则的不同使命。法律原则告诉人们，通常只要是因为工作而发生的伤害，就属于工伤，就应当获得工伤保障；而法律规则则告诉人们，什么特殊的个别情形不属于工伤。不同的分工，既保证了法的安定性，又保证了法的进步和完善，使法律进一步向良善之法演进。

社会保险原则不等于社会保险法的原则。社会保险从其实体来说，是一种公共产品，是具有物质性的利益，其所针对的对象当然不一定及于全体公民。亦因为如此，从供给与需求的角度而言，存在供需矛盾，因而可以从效率的角度进行控制和规整。由于观念、历史背景的不同，不同时代的社会保险与社会保障存在较大差异，甚至数年间社会保险项目便有重大变化，因而社会保险原则具有较大的变异性。“上述原则亦非固定不变，常因时空及需要的改变而须加以修正。”① 一旦将社会保险法律化而形成社会保险法之后，一切都应当按照法律的规律处置，甚至是不以制度设计者的主观意志为转移的。在法治社会，司法审查将主动或被动地介入其中，并对整个制度产生深远的影响。社会保险法必然要服从整个法体系的目的、原则和调整的规律性要求。与法体系的历史相比，社会保险法非常年轻。而在数千年的法律史演进中，法的核心目的、原则、价值已经为世人所公认，并成为社会运行的基本方式。接受和顺应法的规律性，才能形成比较和谐的社会保险法体系，才能有利于顺利实现既定的战略目标，才能有利于建设社会主义和谐社会。

二、平等原则

（一）平等原则的含义

作为法律原则的平等和公平，与作为法律目的、理念、价值的平等和公平是不同的，前者是后者的体现和具体化。

社会保障中的公平是指平等地对待每一个国民并保障满足其基本生活需求，普遍性地增进国民的福利，不因身份、性别、民族、地域等差异而歧视或者排斥任何人。核心是创造并保证国民生存与发展的起点公平和维护过程公平，同时促进结果公平或者尽可能合理缩小结果的不公平。社会保障制度设计必须确保公民社会保障权利平等，并积极追求公民经济社会竞争过程的机会公

① 柯木兴：《社会保险》，台北社会保险学会2001年版，第76页。

平，促进分配结果的公平。① 论者这里所称的公平实际指的就是平等。法律上平等原则和公平原则在政治哲学中是一个含义，在法哲学中都可以为正义所涵摄。虽然其终极价值和目的是相同的，但在法律原则中将其分开，并赋予不同的含义，是由法律原则的特征及其意义所决定的。

社会保险法中的平等原则是指，社会保险法律主体享有平等、独立的人格，在具体的社会保险法律关系中应当同等地享受权利、履行义务。平等原则的核心意蕴是“同样事实，同样处置”。平等原则亦即非歧视原则，意味着反对特权和歧视，反对身份立法。“当是给付行政时，不用说依据公行政形式的给付，就是依据私法形式的给付，由于其是依据国家等行政主体的公的义务作用，所以当然适用平等原则。”②

1. 平等原则意味着法律人格的平等。“现代的法律不是或起码不应该是身份法律，其调整的主要立足点不是人的身份，即不是调整不同人的集团的关系，而是调整个体间关系。法律必须将每一个人设定为独立、平等的个人作为法律关注的基本单位。”③ 这是现代法律最为重要的特征。虽然在特定的法律关系中，法律主体之间存在一定的隶属、管理与被管理的关系，但每个人都享有独立的人格和尊严，在法律上无高低贵贱、无尊荣卑下。无论是谁，举凡是有损人格尊严的行为都会受到法律的否定和社会道德的谴责。

社会保险法中的平等原则，不同于民事法律制度的平等原则。民事法律中的平等原则更多的是指民事法律主体的法律地位的平等，主体间互不隶属。而社会保险法律关系中，多数是有隶属关系，如雇主与雇员；行政主体与行政相对人。民事法律中的平等原则强调主体间的权利平等，即甲有的权利，乙也有；乙有的义务，甲也有。在社会保险法律关系中，社会保险法律主体的法律地位并不完全平等，雇主对雇员存在管理、照顾以及指令权，行政主体对行政相对人存在管理和约束的优势和强权地位，当事人之间在实体上是不平等的。但这种实体上的不平等，并不能否认当事人之间的人格平等。一方面，对于超越工作或管理范畴的事项，当事人有权拒绝，管理与指令权并不是漫无边际的；另一方面，即便是属于工作或管理范畴，雇主或行政主体也不能侵犯雇员或行政相对人的独立人格，例如采用体罚的管理方式。《企业职工奖惩条例》

① 郑功成主笔：《中国社会保障改革与发展战略——理念、目标与行动方案》，人民出版社 2008 年版，第 18 页。

② ［韩］金东熙，《行政法Ⅱ》，赵峰译，中国人民大学出版社 2008 年版，第 187、188 页。

③ 周永坤：《论自由的法律》，山东人民出版社 2006 年版，第 105 页。

的废除以及开除、除名等解除职工劳动合同的方式随之被扫入历史故纸堆，便体现了劳资管理方式的进步。

2. 对相同事实应为相同处置。社会保险法律主体实体地位的不平等，决定了如果没有法律的严格规制，人格平等只能流为空话。“作为权利主体的‘人’的出现，产生了法律人格平等的观念。但是，这种平等本来就只是形式上的平等。如果实质上的平等没有得到保障却主张形式上的平等，结果就会造成弱肉强食的局面。”①“当能力差异被弃置一旁时，每个公民仅仅被视为是为了过上正常生活而需要资源的人。他得到与其他人同等的获得资源的权力。”②平等原则的核心即在于相同事实为相同处置，凡是违背这一核心原则的规制都是不正当的，都是对受到不正当对待的人的平等权利的侵犯。

例如，有关部门曾经准备颁行“农民工养老保险办法”，对农民工实施特殊的养老保险政策；现在，在一些地方对农民工实施较低的缴费基数，如城镇职工最低养老保险缴费基数为社平工资的60%，而农民工则为40%。缴费基数的降低，实即意味着用人单位缴费义务的减少，最终导致农民工的养老权益的降低。这一政策出台的基本观点是，农民工的工资较低，他们“希望”少缴社会保险费，以获得较高的当期工资收入。这一观点是不能成立的，原因在于：（1）这真的是农民工们的真实愿望吗？依此类推，即便是更低的养老保险，他们也不愿意缴。为什么不免除全部缴费义务呢？而且这种推论缺乏权威性调查依据。（2）与现实认识并不完全相同。现在已经有非常多的农民工在辞职或被辞退之后，选择投诉等方式，要求用人单位补缴各项社会保险费。这一现实与该观点基础是背道而驰的。（3）即便很多乃至多数农民工是持此想法，但显然的是，也有不少农民工愿意缴纳更多的养老保险费，以便将来获得更多的养老金。因为很多乃至多数农民工的意愿，而限制乃至剥夺部分农民工的正当权利，是不正义的，也是对这部分农民工基本权利的侵犯。（4）即便很多乃至多数农民工是持此想法，说明他们的社会保险意识不强，可能更说明政府相关部门工作的不足，为什么没有令劳动者树立起更强的社会保险意识呢？除非是急需用这部分个人缴费，否则任何一个正常的人都能明白多缴费的无损失性及受益性。（5）也说明我们社会保障制度存在缺陷。为什么会有很多人急用这点养老钱呢？为什么有那么多人想退保呢？（6）个人少缴费时，

① ［日］大村敦志：《民法总论》，江溯、张立艳译，北京大学出版社2004年版，第45页。

② ［美］詹姆斯·戈德雷：《私法的基础：财产、侵权、合同和不当得利》，张家勇译，法律出版社2007年版，第45页。

用人单位更多地少缴费了。这是违反很多的上位性法律规定的。

在本质上，这类规定是违反平等原则的。“农民工”这一概念本身在法律上并不成立，本身就是一个歧视性日常用语。他们在劳动的供给类型、质量、数量、劳动过程等方面，与“城市工”并无本质差别，不同的是，他们更吃苦耐劳、更勤奋，这如果不能成为他们获得更多受益的理由（如艰苦津贴），起码不应该成为他们遭受歧视的理由。

为相同处置的前提是事实应相同。而实际上，世界上几乎没有两个完全相同的事物，也没有完全相同的两个人。所谓事实相同，只是人与事物的核心特征相同，而不是指任何方面都必须相同。换言之，在确定相同人与事物的过程中，必然要舍弃某些特征。至于哪些特征是应当考虑，哪些特征是不应当考虑的，除了要根据具体情况予以考量外，根据人类历史发展的经验以及公认的基本权利的演绎，某些特征是不应当考虑的。如果这些不应当考虑的特征构成区别性对待的理据，则属于歧视。

3. 反对各种特权和歧视。“平等是特权和歧视的对立物。”① 社会保险法的平等原则意味着反对各种歧视。“在一个国家里，所有公民人人享有社会保障权利，而不得有诸如种族、民族、肤色、性别、语言、宗教信仰等方面的任何歧视和限制。这是国际人权公约也是各国立法共同奉行的平等性原则。”②

欧盟社会保障立法的着重点主要是保证成员国的社会保障制度互相协调，最后实现个人从一个成员国流动到另一个成员国的时候，不会在社会保障领域领取资格方面受到惩罚。欧盟法“试图协调各国社会保障制度，以确保不会因为自由流动权而产生社会保障方面的不利影响”。③

在中国社会保险法中，户籍等身份歧视是非常突出的问题。户籍限制、根据工作年限而限制待遇享受都是违背平等原则的，剥夺了当事人的机会平等。

《劳动保障部办公厅关于劳动合同制职工工龄计算问题的复函》（劳社厅函〔2002〕323号）：“对按照有关规定招用的临时工，转为企业劳动合同制工人的，其最后一次在本企业从事临时工的工作时间与被招收为劳动合同制工人后的工作时间可合并计算为连续工龄。在当地实行养老保险社会统筹前的临时工期间的连续工龄，可视同缴费年限；在当地实行养老保险社会统筹后的临时工期间的连续工龄，要按规定缴纳养老保险费，计算缴费年限，没有缴纳养

① 徐国栋：《民法基本原则解释》，中国政法大学出版社2004年版，第44页。

② 史探径：《社会法学》，中国劳动社会保障出版社2007年版，第179页。

③ ［英］罗伯特·伊斯特：《社会保障法》，周长征等译，中国劳动社会保障出版社2003年版，第53～59页。

老保险费的，不能计算视同缴费年限或缴费年限。”实践中区分计划内临时工和计划外临时工，前者是指经过劳动行政部门批准招用的“临时工”，后者则是指未经劳动行政部门批准，由用人单位自行招用的“临时工”。当初之所以区分两种不同的“临时工”，主要在于前者的工资等“人头费”可以纳入预算或拨款，后者只能由用人单位自行解决。对计划内临时工的工作年限，可以视同缴费年限；而计划外临时工，则不能视同缴费年限。此种做法有违平等原则。

须注意的是，即便是现代民主形式，亦可能存在多数人的歧视，即“多数决定”在考虑多数人利益的情形下，很可能剥夺了少数人的权利。“由‘多数决定’原则支配的西方现代自由民主制度在最好情况下也仅仅是实现了‘多数人’的愿望，同时也意味着‘少数人’的善和价值在某种程度上注定被忽视甚至被剥夺。”①

（二）关于平等原则的论证

笔者认为，平等是不需要论证的，主张平等，这不需要根据。平等是以同样的方式对待每一个人，所以任何人都没有理由抱怨自己受到了不公平的对待。主张不平等，或者反对平等，则需要根据，因为不平等意味着以一种方式对待某些人，以另外一种方式对待另一些人。这种对待包含了对某些人的歧视，而受到歧视的人则有理由抱怨自己受到了不公平的对待。② 笔者只是简单地指出：

第一，平等原则是法律面前人人平等这一宪法规定的原则的延伸和具体化，但不是简单等同。

第二，平等原则是现代法治的基本精神，是现代社会最为核心的价值观。社会保险法奉行平等原则只是这一精神与价值观的必然要求。

第三，平等原则是人人享有社会保障这一理念的具体体现与要求。社会福利的概念建立在个人福利基础之上，社会福利的理念包含对所有个人平等关怀的基本内涵。③

（三）平等原则的意义

1. 有利于社会保险法律体系的建立与完善。社会保障制度是符合正义原

① 姚大志：《何谓正义：当代西方政治哲学研究》，人民出版社 2007 年版，第 101 页。

② 姚大志：《何谓正义：当代西方政治哲学研究》，人民出版社 2007 年版，第 111 页。

③ ［美］路易斯·卡普洛、斯蒂文·沙维尔：《公平还是福利》，冯玉军译，法律出版社 2007 年版，第 27 页。

则的合理分享，是当代社会文明进步的表现和法律正义、分配正义的具体体现。[①] 社会保障的发展史其实就是一条从慈悲到正义之路。[②] 没有平等也就没有正义。平等原则是我国社会保险乃至社会保障制度建设的关键，是构建一个正义的社会保险法体系的基础。

2. 有利于化解社会矛盾，促进社会稳定与和谐。平等是人之为人的基本权利，充分尊重每一个人，使每一个人获得其应当获得的权利，是实现个体之间融洽的共同生活的前提和基础，是消除社会矛盾和对立的必然要求。

3. 是其他法律原则的基础。平等意味着一致，但并不意味着完全一致，平等允许差别，是差别中的一致，是不同中的统一。只有在确立了什么必须是一致的，才能确定什么可以有差别，什么必须有差别。只有确立了平等原则，其他法律原则才能真正实现其价值。

三、公平原则

(一) 促进与实现社会公平是社会保障的天然使命

历史经验表明，严重的社会不公，明显的两极分化，势必导致社会成员、社会群体和社会阶层之间的剧烈利益冲突，甚至出现暴力冲突和政治对抗，使社会和谐失去制度的保障。[③] 社会公平要求社会以公正的态度对待每一个社会成员，并将这种公正主要体现在社会成员的收益分配与生活状况上。通过社会保障，使社会成员能够在基本生活得到保障的前提下参与社会的竞争，不至于因先天不足或生活无保障而生存困难，失去平等参与社会公平竞争的机会，在一定程度上起到了消除社会发展过程中因意外灾害、竞争失败及疾病工伤等因素导致的社会不公平现象的作用。社会保障法通过对社会成员收入再分配，在一定程度上缩小了社会分配上的差异。在总体上形成社会成员强者义务多于权利，弱者权利多于义务的结果，客观上起到了缩小贫富差别，实现社会公平的作用。[④]

社会保障的根本原则就是社会公平。[⑤] 所谓社会公平，是指社会以公正公

---

① 郑功成主笔：《中国社会保障改革与发展战略——理念、目标与行动方案》，人民出版社2008年版，第19页。

② 郑功成："从慈悲到正义之路"，载《社会保障制度》2002年第1期。

③ 刘子操：《城市化进程中的社会保障问题》，人民出版社2006年版，第29页。

④ 黎建飞主编：《社会保障法》，中国人民大学出版社2008年版，第10、11页。

⑤ 孙光德、董克用主编：《社会保障概论》，中国人民大学出版社2008年版，第111页；刘子操：《城市化进程中的社会保障问题》，人民出版社2006年版，第30页。

平、不偏不倚的态度对待每一个社会成员。① 社会公平不等于绝对平等，事实上在很多时候仍然是不平等，不平等不表示必然不公平。如果不平等有正当的理由，仍然是公平的，甚至是公平的应有之义。中国社会保险制度公平性缺失的原因：(1) 中国社会保险制度从建制开始就有差别对待的趋向，迄今没有真正确立起“人人有权”的主体平等的理念。这种权利应当是无条件的，或者说其唯一的条件就是“生而为人”。它并不排斥根据主体的不同情况（包括不同的社会保险需求）采用不同的制度或方式来实现这种权利。(2) 对效率与公平关系的认识偏差。从人们对我国收入分配差距扩大的认同感远低于美国等一些基尼系数也很高的国家的现象出发，须质疑我国近期的政策处置是否能带来真正的经济效率。市场规律、市场竞争必然会把效率置于公平之上，市场在褒扬效率的同时，恰恰是损害弱者的利器。故有赖国家介入才可能得以实现的，恰恰是与效率相对的公平。(3) 公平性问题主要关系到弱势阶层、弱势群体利益的保护。这个问题没有解决好的根源，正在于他们缺少捍卫自己权利和利益的手段，即制定法律和公共政策时的话语权、创制权、表决权，亦即参与国家和公共事务决策与管理的民主权利。②

（二）公平法律原则之含义

“公平是各国社会保险制度最基本的价值目标和核心理念，并在立法上体现为社会保险法的基本原则。”从法学的角度言之，公平是指“权利义务分配的合理性与正当性”。③“纠正社会不平等和改善最差者的处境应该是任何一个正义社会的应有之义。”④ 这也正是公平原则发挥作用之所在。

社会保险法律中的公平原则是指立法主体应本着社会公认的公平观念构建社会保险体系、设置相应的社会保险权利与义务，社会保险法律主体应本着公平观念从事社会保险法律活动，司法机关对社会保险纠纷行使裁判权时，也要体现社会主义及公共道德的要求。

公平原则的具体表现：(1) 社会保险制度的设计、社会保险权利义务的设置，应当考虑公平观念，均衡考虑。既要有助于社会保险法的目的和社会保障发展目标的实现，又要有助于促进社会更加公平与和谐。(2) 社会保险法

---

① 郭士征编著：《社会保障研究》，上海财经大学出版社 2005 年版，第 25 页。

② 李运华：“中国社会保险制度之公平性问题研究”，载邹海林主编：《社会保险改革与法制发展》，社会科学文献出版社 2005 年版，第 18～23 页。

③ 李运华：“中国社会保险制度之公平性问题研究”，载邹海林主编：《社会保险改革与法制发展》，社会科学文献出版社 2005 年版，第 12、13 页。

④ 姚大志：《何谓正义：当代西方政治哲学研究》，人民出版社 2007 年版，第 111 页。

律主体有同等机会参与社会保险活动，行使和实现自己合法的社会保险权益。(3) 社会保险法律主体享有的权利和承担的义务具有对应性，不得显失公平，更不能强调对等性。(4) 社会保险法律主体合理承担法律责任，社会保险责任主体应以严格责任为主，在存在过错的情况下，应当承担更多的责任。

（三）公平与平等之关系

在哲学意义上，公平和平等是不可分的。平等允许差别，差别必须公平；公平的目的在于平等，在于追求真正意义上的平等。没有平等就没有公平，没有公平也就没有平等。如果某些主体因为各种所谓原因被不平等地排斥于一国社会保险制度之外，则根本就谈不上在制度内如何分配保险权利与义务，以便达到合理与正当的问题了。从社会整体的角度来看，则使社会保险制度失去了作为一种通过财富再分配方式使整个社会在利益与负担或权利与义务的配置上趋于合理与正当的工具的价值。因而，可以说这是最大的不公平。① 同样，如果不区分主体的经济状况，不管他是亿万富翁，还是卧宿街头的穷光蛋，都一律每月发 300 元生活费，这也并非真的平等，恰恰是不平等。

不过作为两种法律原则，平等与公平还是有很大差别的。平等解决的是相等或一致的问题，而公平解决的则是差别问题，即差别何以发生及其限度之问题；平等解决的是“原则性”、“本质性” 的问题，公平则解决的是程度性的问题；违反平等原则的，通常都是无效的，违反公平原则的，通常并不一定完全无效，而是可改进和优化的；平等原则更为稳定，而公平原则所依凭的公平观念，在不同的时代有不同的内涵。

能够加以平等分配的东西都应该平等地分配，而不能够平等分配的东西的不平等分配应该有利于每一个人，特别是最不利者。收入和财富做不到人人平等，那么根据差别原则，它们的不平等分配只有符合最不利者的利益，才能够是正义的。②

（四）公平与效率

公平与效率不能同时作为追求的目标。对公平与效率的同时追求最终必然会导致对效率的追求，必然会在一定程度上以公平的牺牲为代价。

在社会保障尤其是社会保险领域，当公平与效率发生矛盾的时候，应当以公平为优先目标，只要有碍于公平目标实现，无论它多么有效率，都不应当采

① 李运华：“中国社会保险制度之公平性问题研究”，载邹海林主编：《社会保险改革与法制发展》，社会科学文献出版社 2005 年版，第 14 页。

② 姚大志：《何谓正义：当代西方政治哲学研究》，人民出版社 2007 年版，第 25、26 页。

纳。必须突出强调的是，社会保障制度天然地追求公平，公平是社会保障制度追求的根本目标，是这一制度本质的体现，而效率则是帮助实现这一目标的必要手段。任何时候都不能将社会保障制度中的目标与手段关系颠倒，维护社会保障制度的公平是前提。① 而一旦发生冲突，那就应当选择公平而放弃效率。前辈早已论证，以效率为主要目标，必然会损害公平，因而是不正义，其最终必然会导致腐败、专权，以致侵害公民的基本权利。2010 年公安部紧急叫停侵犯违法犯罪嫌疑人的隐私等权利的行为正是这一进步观念的体现。

实行公平原则并不意味着一定要打压效率，事实上只要效率不和公平冲突，二者可以并存不怠。在此意义上，“在社会保障制度的管理及运行中，又需要努力提高其效率”②。“社会保障支出制度的设计和管理不当也会形成反激励作用并引起公平效率的损失。”③ 在保障公平目的实现的前提下，社会保险制度设计及管理，也应当考虑效率。

（五）公平原则之体现与要求

适度的社会保障水平是公平原则的应有含义。高福利、高补贴的各种社会保障给付，虽然缩短了普通劳动者和高收入阶层的收入差距，但过高的给付水平也导致了一部分人滋生依赖社会保障不愿劳动的心理。④ 过高的社保待遇，对于工作积极性可能存在打击，这与公平原则不相适应。强调放松对劳动市场的管制，认为需要一种低工资的经济，以便和那些经济对手进行竞争，社会保障被认为太容易取得，或者支付水平太高以至于失业者缺乏动力去接受低工资的工作，这样的社会保障补贴是不能接受的。⑤

1. 代内公平。国际社会保障专家对中国医疗保障制度改革的建议：尽快覆盖全民；缩小各项医疗保险待遇之间的差距；提高待遇支付水平到 80%。“在强调保障社会成员基本生活的前提下，必须加大社会成员个人对社会保障资金的供给份额，建立社会保障资金的获取及其获取份额的多少，与其缴纳的社会保障金及其多少有关的机制，缴纳社会保障费与工资挂钩，也与社会保障

---

① 郑功成主笔：《中国社会保障改革与发展战略——理念、目标与行动方案》，人民出版社 2008 年版，第 27 页。

② 郑功成主笔：《中国社会保障改革与发展战略——理念、目标与行动方案》，人民出版社 2008 年版，第 27、28 页。

③ 李珍主编：《社会保障理论》，中国劳动社会保障出版社 2007 年版，第 54 页。

④ 郭士征编著：《社会保障研究》，上海财经大学出版社 2005 年版，第 4 页。

⑤ ［英］罗伯特·伊斯特：《社会保障法》，周长征等译，中国劳动社会保障出版社 2003 年版，第 44 页。

金的发放程度的高低挂钩，体现多劳动、多贡献，社会保障待遇就高的分配方针。”①

2. 代际公平。在德国，正常情况下赡养比为3∶1，现在降到了2.3∶1，预计20年后会降到1.3∶1，差不多1个工人就要养活1个退休人员。② 在缺乏前瞻性统筹规划时，这很容易导致代际的不公平。社会保险的实际价值在下降。相对于他们缴纳的税负，今天工作的一代人从社会保险制度得到的给付，将少于他们的父母和祖父母所得到的。而未来一代所获得的给付将进一步减少，远远少于联邦政府今天所许诺的数字。如果我们无所作为或做出不当的反应——通过增税或降低给付来解决问题，其结果会引致父子、母女反目成仇的代际矛盾。③

3. 权利公平、机会公平和结果公平三种类型。（1）权利公平。在任何一项制度下，每一个人享有的权利是相同的，不允许存在任何人享受任何的特权，同时也不允许存在歧视等。（2）机会公平。每一个人在机会的获得上是公平的，即在机会的获得上不应该具有限制条件，唯一影响机会获得的因素是随机概率。（3）结果公平。每一个人所获得的最终结果是公平的，如每一个因身体不适或生病的人都能够得到相应的医疗服务，每一个失业者都能够按照有关社会保障的规定领取失业救济金等。权利公平、机会公平和结果公平有时是相互矛盾的。社会保障的一般公平原则是指以权利公平为基础，以机会公平为准则，以结果公平为标志的公平原则。在社会保障研究或保障方案设计中，将公平状态的衡量分为纵向公平和横向公平。纵向公平就是按照某一分配要素排列，分配结果使每一个人得到相同的分配效率或分配效果，即个人分配效率的无差异曲线。横向公平是按照某一分配要素排列，使每一个人得到相同的分配状态或分配结果，即个人分配结果的无差异曲线。社会保障促进社会的横向公平是社会保障第一公平目标或基本公平目标。在保证第一公平目标实现的基础上适当兼顾纵向公平。产生了两个基本概念，一是社会倾斜。社会保障部强调义务和权益的对应关系，而以向社会贫困人口倾斜为原则。社会贫困人口有可能在社会保障上支付的费用最少，而实际获益最大。二是基本需求。社会保

① 黎建飞主编：《社会保障法》，中国人民大学出版社2008年版，第17页。

② 褚福灵：《社会保障国际比较》，中国劳动社会保障出版社2006年版，第281页。

③ ［美］马歇尔·N. 卡特、威廉·N. 希普曼：《信守诺言——美国养老社会保险制度改革思路》，李珍等译，中国劳动社会保障出版社2003年版，第4页。

障满足人们的基本需求，而不是全部需求。[①] 社会保障的公平性体现在：(1) 保障范围的公平性。社会保障法通常不会对保障对象的性别、职业、民族、地位等方面的身份有所限制，全民保障实现的是全体国民社会保障权益的公平性，选择保障实现的亦是覆盖范围内的所有社会成员在社会保障权益方面的公平性。(2) 保障待遇的公平性，即社会保障一般只为国民提供基本生活保障，超过基本生活保障之上的需求通常不能从社会保障途径获得解决。(3) 保障过程的公平性。[②] 因此，以上的分类方法是不正确的，不是对作为法律原则的公平原则之阐述，而是对作为哲学观念的公平概念之阐释。三种公平实际是三种平等。

4. 体系性公平。指在社会保险、社会保障体系内，行政给付或者社会给付的获得具有公平性。(1) 制度的融贯性。即某一具体制度本身是协调和平衡的。例如，一方面要求加强大学生的实习工作，提高其实践技能；另一方面实习大学生的工作风险，完全由实习单位承担，两者脱节，对实习单位不公平。一方面希望延长退休时间，另一方面对于达到现行退休年龄但希望继续参保缴费的人员强制退休或“退保”，也不公平。(2) 不同主体间的公平。主体的实质条件相同，但对待不一致，不符合公平原则。职工工亡时其已达到退休年龄的近亲属可以享受供养亲属抚恤金，而其时未达退休年龄的近亲属，即便以后达到退休年龄也不能享受供养亲属抚恤金。(3) 不同待遇间的公平。例如一次性工亡补助金为 36 万元，而最重的一级伤残职工其一次性伤残补助金只有 5 万元，亦显失公平。(4) 不同程序间的公平。例如，同样是对社会保险违法行为的查处，投诉（自己的社保权利受侵害）、举报（他人的社保权利受侵害），监察机构与稽核机构在查处程序、处罚上存在较大差别，不能赋予同样的救济程序，如投诉可以进行行政复议和行政诉讼，而举报则不可以，也是不公平的。

四、合法性原则

合法性原则或依法行政原则是行政法的基本原则之一，[③] 具体包括法律优

---

① 褚福灵：《社会保障国际比较》，中国劳动社会保障出版社 2006 年版，第 51、52 页。

② 赖达清主编：《社会保障法——保障公民生存权利的法律形式》，四川人民出版社 2003 年版，第 113 页。

③ 熊文钊：《现代行政法原理》，法律出版社 2000 年版，第 6 页；朱新力、金伟峰、唐明良：《行政法学》，清华大学出版社 2005 年版，第 59 页；杨海坤、章志远：《中国行政法基本理论研究》，北京大学出版社 2004 年版，第 113 页。

先（优位）原则、法律保留原则。

在中国，社会保险是由政府推进、组织和实施的，政府不仅负有组织者、管理者、实施者、监管者的责任，而且是重要的供款人。在我国所有的社会保险关系中，政府机构都是主体之一，都涉及具体行政行为，行政行为在社会保险制度构建、组织实施、监督管理中发挥着重要作用。社会保险给付是典型的行政给付。如果说社会给付尚具有自愿性质的话，那么行政给付则完全是法定的。“普通保险是一种契约行为，社会保险并不存在此契约关系，原则上被保险者、保险费及保险给付等皆由法律定之，因此又称‘法定保险’。”① 社会保险给付系属一种法定的权利（statutory right），并非契约的权利（contractual right），被保险人与保险人双方当事人并无正式订定保险契约，全依赖立法方式的运作，依法律规定执行其保险业务。应依据法律强制规定承保范围，依法律订定给付标准。”②

根据行政行为在社会保险中的作用和行政给付的性质，社会保险法亦应适用合法性或曰依法行政原则。

（一）法律优先（优位）原则

法律优先（优位）原则，指一切行政权之作用或行使，不论其为权力的或非权力的作用，应受先行法律的拘束，不得有违反法律的行为。即法律相对于行政机关及其获得具有优越地位。法律优先，意味着行政不得违反法律、越权无效。法律优先原则并没有禁止行政机关在没有法律时的活动和行为，它只是要求行政机关在有法律、法规规定时，按照法律、法规行事。③ 由于给付行政也不能违法，这里也当然适用法律的优位原则，对此没有不同观点。④

根据法律优位原则，抽象法律规范与上位阶的法律规范冲突的，原则上无效；具体的国家行为与现行有效的法律规范——其中包括行政机关自己制定法律规范——冲突的，构成违法。具体来说包括：

1. 禁止违反现行有效的法律规范：（1）遵守一般的和特殊的法律原则，特别是平等性要求、禁止违反社会道德、禁止偏见、禁止任意。（2）行政程序应当简单、符合目的和及时。（3）提供法律安定性说要求的信赖保护，接

---

① 曾妙慧：《社会安全与社会保险》，台北华泰文化事业股份有限公司 2002 年版，第 39 页。

② 柯木兴：《社会保险》，台北社会保险学会 2001 年版，第 54～63 页。

③ 应松年主编：《当代中国行政法（上）》，中国方正出版社 2005 年版，第 86～89 页。

④ ［韩］金东熙：《行政法Ⅱ》，赵峰译，中国人民大学出版社 2008 年版，第 186 页。

受“禁止反言”的限制。(4) 行政活动具有明确性。(5) 遵守比例原则的要求，即适合性、必要性和禁止过度等要求。 (6) 维护宪法性基本决定。(7) 维护基本权利，特别是为法治原则所要求的平等性。为此，应当接受同等情况同样对待的自我约束，以及基本权利自由的约束。 (8) 禁止违法。(9) 遵守预算计划和预算原则。在制定和执行预算过程中应当遵守经济原则和节约原则。(10) 禁止赠送给付。(11) 禁止将无关的对待给付作为实施高权措施的条件。(12) 禁止滥用垄断地位。(13) 禁止在执行公务过程中为个人或者第三人捞取好处，即禁止腐败。

2. 禁止越权。(1) 禁止超越部门权限。(2) 禁止超越管辖权和一般机构权限。

3. 因执行特定任务而产生的约束。(1) 执行其法定职责，不得放弃行使职权。(2) 在法定权限之内促进主要客观公共利益方面的大众福祉。(3) 遵守客观的专业技术规程。(4) 不偏不倚。(5) 禁止违反目的。(6) 不是损害而是维护和促进本行业的利益。①

(二) 法律保留原则

积极的合宪性和合法性是指行政活动是否以及在多大范围之内需要法律依据。这是因为，立法机关的任务是为宪政国家及其国家形式提供一般的法律框架，将行政机关置于以法律的形式表达出来的人民意志的约束之下。② 社会保险的强制性必然会侵及人民的自由权以及财产权，所以必须接受“公益条款”“法律保留原则”以及“比例原则”的检验。③ 行政法学认为法律保留原则应该适用于国家的一切给付活动。④ 社会安全（即社会保障）应遵守法律保留之基本原则，所谓法律保留之原则乃指所有的社会给付务必有其法律之规定或依据。基于依法行政之基本原则，不只确保社会安全给付可免于恣意与擅断，也免除社会给付官僚化，甚至父权化的危机。⑤

也有学者对社会保险给付是否适用法律保留作了更为详细的分析。

---

① [德] 汉斯·J. 沃尔夫、奥托·巴霍夫、罗尔夫·施托贝尔：《行政法》（第1卷），高家伟译，商务印书馆2002年版，第336~341页。

② [德] 汉斯·J. 沃尔夫、奥托·巴霍夫、罗尔夫·施托贝尔：《行政法》（第1卷），高家伟译，商务印书馆2002年版，第343页。

③ 钟秉正：《社会保险法论》，台北三民书局股份有限公司2005年版，第132页。

④ [德] 奥托·迈耶：《德国行政法》，刘飞译，商务印书馆2002年版，代中文版序第5页。

⑤ 郭明政主编：《社会法：社会安全法规汇编》，台北元照出版有限公司2009年版，序言。

1. 在给付行政中，原则上不适用法律保留原则。但是在以下情况，适用法律保留原则，即（1）当有必要将接受给付的权利视为公权时（国民基础生活保障、医疗给予等）；（2）有必要规定利用者的利用强制或提供者的给付提供义务时；（3）与给付一起向对方赋课负担时；（4）有必要通过公法对给付的形式或给付主体的组织进行规范时。

2. 在给付行政中不需要法律根据，这并不意味着它是不受法律约束的行政领域，也受到平等原则、比例原则等作为不成文法原理的行政法一般原理的约束。

3. 当行政的一定给付只是以预算为根据进行时，原则上是不认可个人对该给付的积极请求权。但是，考虑到宪法上的幸福追求权或基本生活权利及与平等原则相关联，也并不能完全排除对相关人这种请求权的认可。①

就内地的现实来看，显然后者这种具体情况具体处理的模式更具有可能性。由于法律本身的不健全，通常是立法滞后，而不是相反，严格强调法律保留原则，我国社会保险就很难发展了。例如新农保，完全是由行政推动的，如果坚持先立法，先解决如何与城镇职工基本养老保险的衔接、转移等问题，那就不知是何时的事情了。

合法性原则首先就要求有法可依。根据该原则，政策大行其道是不合适的。由于缺乏法律的严格规制，常常导致政府行为规范失范，越到基层，失范状况越严重，损害公民社保权利的现象也越显现。

五、强制性与灵活性相结合原则

本书第一章已经指出，强制性已经不能完全作为社会保险的原则，更不能作为社会保障的原则。当代中国的社会保险呈现出强制性和灵活性（自愿性）相结合的原则。灵活就业人员的养老保障、新农保、新农合、居民医保、居民养老保障，均呈现出自愿性、灵活性的特征。是否参加、参加何种档次，均可由个人自由选择；各种社会保险项目，并不实行“一刀切”的模式，在相当程度上设有不同档次，享有不同待遇，具有相当的灵活性。虽然目前灵活性主要体现在养老保障上，但医疗保险上亦有实施。例如，城镇不具有劳动关系的居民，可以参加城镇居民医保，也可以参加城镇职工医保，在此基础上，部分地区居住在农村的农民，也可以选择参加这两种制度，而非仅仅局限于只能参加新农保。

社会保险的灵活性，并非仅仅是我国的特有现象。社会保险经历了从强制

① ［韩］金东熙：《行政法Ⅱ》，赵峰译，中国人民大学出版社2008年版，第187页。

性向强制性与灵活性相结合的过程，现代趋向也是如此。在日本，“在国家基础年金制度方面，被保险人、自雇者与学生等，都被强迫要加入这个年金制度，可是他们的保费却不由收入直接扣除。由于广泛缺乏对于国家公共年金制之信任，大约有三分之一应该缴纳国家基础年金保费者，没有履行其义务”。①再如，失业保险和国家经营的补贴体系是分离的，是由互助组织或者工会管理，并且是自愿的而不是强制性的。美国和日本都很少有国家强制性的规定，两国都倾向于提供一个非常有限的社会保护体系，为“剩余贫穷”（the residual poor）提供最低水平的扶助。国家体系的作用也只在于对那些处于劳动市场边缘的人们提供一个非常有限的社会保护体系。②

社会保险的强制性和灵活性，不仅仅表现为某个险种的强制性或灵活性，相应地，权利义务的设计就完全不同。在法的适用中也有很大差别。例如，企业职工失业后，一些地方强制其续保，尤其是要办理退休时，如果不连续缴费，就不给办理退休。现在并没有立法对这个问题作出规定，在判定此类地方性文件的效力时，必须考虑该社会保险项目是否属于强制性。由此可见，强制性和灵活性相结合的原则，是贯穿于社会保险法从立法到执法、司法全过程的，应成为社会保险法的基本原则。

六、唯一性原则

对于社会保险的唯一性问题，贝弗里奇报告就曾规定：“不希望也不允许一个人同时以一种以上参保人的身份缴费。”③

社会保险的唯一性是指，对于相同性质的社会保险项目，每个公民只能享受一种项目。

社会保险的唯一性的理论根据在平等性。社会保险都体现了国家责任，都有国家财政（包括中央财政和地方财政）的支持。平等原则要求，任何公民都有权平等地获得国家的保护。当几名公民同时需要警察的保护时，警察不应厚此薄彼。国家领导人应受到特殊保护，这是得到社会公认的。但是一名县长和一名普通公民同时遭遇生命危险，警察优先保护县长，是不能得到社会道德

① 郭明政主编：《社会保险之改革与展望》，台北国立政治大学法学院劳动法与社会法研究中心 2006 年版，第 130 页。

② ［英］罗伯特·伊斯特：《社会保障法》，周长征等译，中国劳动社会保障出版社 2003 年版，第 46～48 页。

③ 劳动保障部社会保险研究所组织翻译：《贝弗里奇报告——社会保险和相关服务》中国劳动社会保障出版社 2004 年版，第 156 页。

认同的。这就如同，当船只发生危险的时候，船长应当是最后一个离开船只的人。这样的道理在社会保险及社会保障上都成立。作为国家的一种保障，平等原则绝不允许一个人可以获得两份保障，而另一个人只能获得一份。例如，一个人可以同时领取两份养老金，而另一个人则只能领取一份养老金；一个人既可以享受新农合待遇，也可以享受居民医保待遇，而另一个人只能享受新农合待遇。

唯一性不仅要求不能重复享受相同性质的社会保险待遇，亦要求不能重复参加相同性质的社会保险。由于待遇确定不能重复享受，只能确定享受其中一种而不能享受另一种，那么参加另一种社会保险也是没有意义的，只缴费却没有权利，既不符合权利与义务相对应的原则，也不符合公平原则。

工伤保险具有特殊性。根据国际惯例及其本身的特殊性，同时在不同用人单位工作的劳动者，各用人单位都应当为其缴纳工伤保险费，这样劳动者在任何一家用人单位发生工伤事故的，都可以享受工伤保险待遇。养老、医疗、失业、生育与用人单位没有必然的联系，其基本构成因素在于自身。如生育，只能是女职工自己生育，不管她是在哪一家单位，生育本身并非单位的事情，是不以单位为转移的。因此，只要有一家单位参加生育保险，她的生育问题就可以得到保障。而工伤则是以单位为转移的，一个单位的工伤不可能属于另一家单位的工伤，因此，一家用人单位的工伤保险不能对另一家用人单位的工伤事故发生保障作用。所有的用人单位都必须参加工伤保险。

社会保险的唯一性在全球范围内也同样成立。一位自然人在一个国家已经享受了社会保险待遇，其作为人的此项基本权利已经得到保障，其再享受其他国家的相同的社会保障待遇，也缺乏理论基础。所以，要有社会保险的双边或多边协定，以解决社会保险的重复保险问题。

唯一性与多层次的社会保险体系的构建并不矛盾。不同性质的社会保险项目，则可以重复参加，甚至鼓励重复参加。例如，城镇职工基本养老保险、城镇企业职工基本医疗保险、工伤保险、失业保险、生育保险，作为企业职工就必须同时参加。相同类型的社会保障项目可以是性质不同的。例如，基本养老保险与企业年金、商业保险可以并行不怠，同一公民可以同时参加。

七、权利与义务对应原则

在商业保险中，缴费和待遇是完全对等的，多缴费多享受待遇，少缴费则少享受待遇，不缴费则不享受待遇。“给付与对待给付相等原则是关于各国契约的纯保险费计算的原则。”① 社会保险则不实行此种原则，多缴费未必多享受待遇，例如，城镇职工基本医疗保险、工伤保险、失业保险、生育保险以工资作为缴费基数，工资高者需多缴费，除多缴费者的医疗保险个人账户会多划入部分金额，其他所有待遇都是相同的，权利与义务是完全不对等的。“社会预护的特征在于相对人必须有事先的保费缴交，或者类似的劳动付出行动，而这种事先的付出与事后的给付请求权之间有相当程度的‘对价性’。”② “权利与义务对等原则是我国社会医疗保险费需方支付的重要原则，是贯穿医疗保险的一条主线，谁参加了医疗保险，谁就享受相应的医疗保险待遇。谁缴费谁受益，早参保早享受。”③ 这些说法不符合目前的社会保险实践。不仅与城镇职工基本医疗保险的现实不相符合，与居民医保也不相符合；对于居民医保，困难人员可以不用自己缴费，而全部由财政代缴社会保险费。而且更为根本的，基本医疗保险是否必须缴费之后才能享受医保待遇？

从发达国家的经验来看，享受基本医疗保障，并不以缴费作为前提条件。基本医疗保障是公共必需品，其性质类似于警察对于治安的保障，不管公民有没有缴纳税费，都应当获得警察的保护；作为公民，也应当获得国家的基本医疗保障。从社会保险的长远发展来看，医疗保险、工伤保险都应当实行社保机构的预付制，即便劳动者没有参加医疗、工伤保险并缴费，社保机构也应当先行支付治疗费用，然后再向责任者追偿或要求补缴相关费用。《社会保险法》建立了现行支付和追偿制度，不过如果缺乏相应的制度保障，可能存在实施的困难。

从社会保险的根本目的公平和正义，以及基础目的——安全与秩序来看，强调权利与义务对等，不可能实现此等目的。因为毕竟有人没有缴费，有人终其一生也无缴费能力，因其先天等缺陷，而使其无法维持基本生活，很难认为这个社会是正义的。“在人生过程中，人类的消费行为将是永久存在的一种经济活动。由于具有永久消费行为，故亦须有永久所得才能维持其适当的生活水准。”④ 从权利义务对等而强调缴费义务，向以保障需求为目的即保障权利转化，已成为社会保险的发展趋势。“从保险给付须与保费等价趋向保险给付须

① 陈绫珊编著：《社会保险》，台北华立图书股份有限公司 2005 年版，第 45 页。
② 钟秉正：《社会保险法论》，台北三民书局股份有限公司 2005 年版，第 38 页。
③ 仇雨临主编：《医疗保险》，中国劳动社会保障出版社 2008 年版，第 20 页。
④ 柯木兴：《社会保险》，台北社会保险学会 2001 年版，第 163 页。

与社会处境相当。”①

社会保险制度本质上乃在提供规范的、程序的以及制度的合法保障，其尤其是以增进个人的实体法上地位为目标。社会保险“跨越社会风险的门槛与界限以调整个人的工作与所得情况，则巩固了生活关系的不平等”，“社会保险能够为差别对待，透过相应权利的建构则可防免此等情形，且其可被用以消弭既存的不平等。”②

虽然社会保险权利与社会保险义务不是对等的，但笔者主张，我国目前的社会保险法应当实行权利与义务对应原则。

权利与义务对应，是指社会保险权利与社会保险义务相适应，有权利必有义务，义务以权利为目的，没有完全独立的权利，也没有完全独立的义务。

第一，权利与义务相对应，实质是权利义务关系的必然反映。就法律关系而言，没有无权利的义务，也没有无义务的权利，两者是目的和手段的关系，相伴相依。

第二，权利人的权利与义务人的义务相对应。法律权利意味着在法律上对一定利益的获得和享受，这是需要其他主体履行一定义务才能实现。义务有积极义务和消极义务之分，社会保险在实体上是一种给付，必须有义务人的积极义务的履行才能实现。

第三，权利人享受权利也需要履行一定的义务。这种义务不仅指缴费义务，还包括受领义务等其他义务形式。

虽然社会保险待遇的享受与缴费义务不是对等的，但在绝大多数情况下，仍然需要履行一定的缴费义务，“社会保险实行权利与义务相一致的原则，社会保险待遇应当是缴费的回报，而不是政府提供的免费午餐”③。一般水准的生活保障，是超越国家基本经济安全保障水准以上的责任问题，已不纯是社会集体与互助的关系，亦含有个人的努力与企业的社会责任，而应由雇主及个人，在其工作期间，依其努力程度来共同达成，其给付水准应与工作所得有密切关联。④ 一方面，被保险人领受给付的权利通常与其所缴保险费或保险年资

---

① 郭明政主编：《社会保险之改革与展望》，台北国立政治大学法学院劳动法与社会法研究中心 2006 年版，第 4、5 页。

② 郭明政主编：《社会保险之改革与展望》，台北国立政治大学法学院劳动法与社会法研究中心 2006 年版，第 17 页。

③ 劳动保障部社会保险研究所组织翻译：《贝弗里奇报告——社会保险和相关服务》，中国劳动社会保障出版社 2004 年版，第 9 页。

④ 叶至诚：《社会福利概论》，台北扬智文化事业股份有限公司 2009 年版，第 249 页。

有关，即给付金额与保险费在受益人之间依照其投保薪资的高低而有所不同；另一方面，给付水准通常与其所缴纳的保险费并无直接的关系，并且对低所得者与扶养子女较多的被保险人有利，而形成所得的再分配。①

即便是“免费午餐”的享受者，也仍然需要履行一定的义务，如受领给付的义务、提供身份证明等申领社会保险待遇的义务。在失业保险中，被保险人还需承担参加培训等附随义务。简而言之，任何获得社会保险给付的人员，都需要履行一定的义务，虽然其不负对待给付义务，但依然属于义务。

权利与义务相对应，系法律关系的性质使然。将其列为社会保险法的一项基本原则，有助于社会保险义务的构建。例如，社会保险补贴是一项很重要的社会保险制度，通过失业保险基金或财政安排的再就业资金等，在一定时间内为失业人员缴纳社会保险费。城镇失业人员不承担对待给付的义务，但需要履行申请义务，需要提交各种证明或材料，这都属于法律义务，应当予以明确，否则无法或难以确定社会保险补贴支付等主体的行为是否合法或合理。而这种义务性规范的缺失，恰恰是我国目前社会保险以及社会保障领域存在的问题。由此决定了权利与义务相对应原则的必要性。

① 柯木兴：《社会保险》，台北社会保险学会2001年版，第53、54页。

第五章　社会保险法的本位

第一节　法的本位

一、法本位之概念

随着社会保障法学或曰社会法之兴起和发展，法本位也成了一个很“热”的话题。然而，法本位究竟指什么？很多学者却不甚明了。

有论者认为，本位是指“基本观念、基本目的或基本作用、基本任务”。[①]这个定义，似乎和对民法本位的认识有关。如“民法的基本观念，亦即民法的基本目的，或基本作用，或基本任务，学者称为民法的本位”。[②] 按照这种定义，社会本位就是指“社会利益（社会整体利益、社会公共利益）作为基本观念、基本目的或基本作用、基本任务”。可是，“社会利益作为观念”、“社会利益作为目的”、“社会利益作为作用”、“社会利益作为任务”，究竟是什么意思？我们常说，社会保障要以人为本，以人为本是社会保障的基本观念或理念。我们绝不会说，“人是社会保障的基本观念”。我们可以说“你的基本任务是阻击敌人”，但如果说“你的任务是敌人”，就让人摸不着头脑了。

根据童之伟教授的研究，“我国的法本位研究的历史，至少可追溯至1904年前后，到20世纪三四十年代，法本位已是法学者大都关注的话题，有关论著产生过相当大的影响”。[③]“我国法律界，最不幸者，则私法部分全付阙如之一事也。罗马法所以能依被千祀，擅世界一流法系之名誉者，其优秀之点不一，而最有价值者，则私法之完备是也（其中债权法尤极完备，今世各国殆全体继受之）。故当今世之初，所谓文学复兴时代者，罗马法之研究，自其时始启端绪，而近世之文明，即于兹导源焉，其影响之大如此。近世各国法律不取义务本位说，而取权利本位说，实罗马法之感化力致之。夫既以权利为法律

---

① 董保华、郑少华：“社会法——对第三法域的探索”，载《法学论坛》1999年第1期。

② 梁慧星：《民法总论》，法律出版社2007年版，第39页。

③ 童之伟：“20世纪上半叶法本位研究之得失”，载《法商研究》2000年第6期。

之本位，则法律者，非徒以为限制人民自由之用，而实以保障人民权利之用”。①

早在20世纪30年代，那时的学者已较为合理地确定了法本位的含义，即“法律立足点之重心”或“法律之重心”。②“当研究权利义务之先，对法律立脚点之重心观念，不可不特别论及，即所谓法律之本位是也。”③法律之本位云者，法律之中心观念或法律之立足点也。依其演进言之：（1）义务本位时期。“首在牺牲小己，事事服从，于是形成义务之观念，法律遂以此义务观念为其中心观念”。（2）权利本位时期。“于此时期，一般通说均谓法律为规定权利之工具，而以法律学为权利之学”。（3）社会本位时期。法律最终之目的不在于权利之保护，而在于社会生活之安全与健全，法律之中心观念亦随之而变，此即所谓社会本位者是也。在社会本位的立法，亦不过在求权利与义务之衡平，借以确保社会之安定及健全，初非置权利与义务于不顾。④

即便从词义来看，“法律的立足点或重心”比之法的“基本观念、基本目的或基本作用、基本任务”亦更为准确和明晰，亦更符合语法结构，而非表述本身就是含混的。“这种法律的立足点或法律之重心，实际上就是特定时期国家法律的根本出发点、根本的基础或法律的基本取向，立足点或重心的不同，表明了法律的基本属性，特别是法律在处理国家与个人、国家与社会以及国家与其他主体之间关系的立场和态度的不同，体现法律在历史进程中的演进特征和进步程度的不同。”⑤

还有一些关于法本位的定义，如法律部门的本位思想是法律所立足的理念基点与价值追求，是法律所定位的保护目的与中心指引，是法律解决社会矛盾的基本立场。⑥“法律部门的本位思想是指体现在这个法律部门中的解决社会矛盾的基本立场。”⑦社会矛盾种类无法尽举，立场亦呈多样，进一步泛化了法本位之含义。

童之伟教授对我国20世纪上半叶关于法本位的研究总结后认为，“对法

① 梁启超：“论中国成文法编制之沿革得失”，载梁启超著，范忠信选编：《梁启超法学文集》，中国政法大学出版社2000年版，第174、175页。

② 童之伟：“20世纪上半叶法本位研究之得失”，载《法商研究》2000年第6期。

③ 欧阳谿著，陈颐勘校：《法学通论》，中国方正出版社2004年版，第241页。

④ 胡长清：《中国民法总论》，中国政法大学出版社1997年版，第43页。

⑤ 周晖国：《商法本位论》，法律出版社2010年版，第16、17页。

⑥ 李昌麒主编：《经济法学》，法律出版社2007年版，第78页。

⑦ 甘强：“经济法与社会法的法本位界分——经济法与社会法关系研究之视角”，载《理论界》2007年第5期。

本位的讨论几乎完全脱离法律生活实际，从来没人说清楚”。① 这样的评价多少有些偏颇。因为当年的研究还是指出了“权利本位”、“社会本位”等本位观在法律中的概括表现。这种表现虽然不是深入细致的，但绝不是“玄学”式的痴人说梦。但这一评价用于概括社会法中的本位观研究，恐怕却是非常适当的。以社会中主流的本位观——社会本位观之，社会法（尤其是具体的社会法法律规范）究竟是如何体现社会利益或社会利益占主导地位的，从未有人论述之。其根源恐怕还在于对“法本位”究竟为何，说不清、道不明，当然更无法在具体的法律规则中论述了。

本位是指“某种理论观点或做法的出发点”。② 而对于“出发点”，权威词典解释为“最根本的着眼的地方；动机”。③ 笔者认为，起自20世纪80年代末期的“权利本位”说及其所界定的法本位之含义是比较精准的。“‘法的本位’是关于在法这一定型化的权利和义务体系中，权利和义务何者为主导地位（起点、轴心、重点）的问题。”④

第一，法律本位是一个比较性的概念，是在多种对立的语言范畴内的选择和取舍。没有对立性的概念，就不存在法律本位的选择问题。以谁为本位，就意味着优先考虑谁、以谁为中心和根本价值。以谁为本位，就意味着与其相对立的概念范畴就是相对次要的，是非中心价值的。着眼于“如何规范俾期防患于未然并解决纠纷于已然”，提出行为本位和资源本位。“着眼于人类社会生活之行为者，是为行为本位，行为本位以人类之行为为规范之对象。着眼于人类社会生活之资源者，是为资源本位，资源本位以人类之生活资源为规范之对象，如调整异常利益（暴利行为、高利借贷）之规定及危险责任之原则。”⑤ 所谓的资源本位、行为本位，从语词角度就很难成立，因为缺乏与资源相对立的概念，当确定资源本位的时候，无法确定与之对立的相对次要的法律关注点。

第二，法律本位是法的目的和价值的体现，对法体系和法律规则均存在影响。“当我们说现代市场经济法律是以权利为本位的法律或以义务为本位、权力为本位的法律的时候，是在法律调整的目标和价值层面来说，也就是说，法

① 童之伟：“20世纪上半叶法本位研究之得失”，载《法商研究》2000年第6期。

② 《现代汉语词典》，商务印书馆2005年版，第65页。

③ 《现代汉语词典》，商务印书馆2005年版，第197页。

④ 张文显：“‘权利本位’之语义和意义分析——兼论社会主义法是新型的权利本位法”，载《中国法学》1990年第4期；张文显：《法哲学范畴研究》，中国政法大学出版社2001年版，第345页。

⑤ 曾世雄：《民法总则之现在与未来》，中国政法大学出版社2001年版，第6、7页。

律调整社会关系、规范人们的行为的目标是为了保护社会主体的权利，还是维护国家权力，抑或加诸社会主体更多的义务而言的。”① 维护和发展社会公共利益，是法的一个目标。如果认为这是法的主要目的和出发点，可以说“法以社会利益为本位”。但前辈圣贤所称的社会公共利益，其实就是个人利益，当然是正当的个人利益。维护正当的个人利益是法的主要目的和出发点，但不宜说“法以正当的个人利益为本位”。“法以个人利益为本位”这个说法是荒谬的，是对法律生态的臆想和编造，是不符合法律现实，包括法律史事实的。法的目的是法体系建构的最终依据和出发点，法本位不可能违背法的终极目的。但法本位不是法目的本身，而是法目的的具体体现。

第三，法的本位不仅对于立法，对于法的生成也具有重要作用，对于法的适用、法的权威性的形成都具有重要意义，法本位是对于实体法而言的，而非仅仅对立法而言。如在强制拆迁中，在拆迁方与被拆迁方未就拆迁达成一致，径直动用公权力支持拆迁方，实施强制甚至野蛮拆迁，这实际是对被拆迁方的财产所有权的侵犯，是强制被拆迁方履行义务，而拆迁方的义务则未履行。无论是什么样的法的本位，最终都要落实到法的运行，落实到权利义务范畴上，落实到权利义务的分配、选择和确定上。如果某一种“本位”不能对权利义务进行分配、选择和确定，那是不能作为法的本位的。而从对权利义务关系的处置来看，社会本位很多会演变为个人本位和义务本质，而且这很可能是一个无法遏制的演变趋势。这同样说明，从权利义务角度来设定和阐述法本位问题，是具有合理性和科学性。权利义务无本位或权利义务二元本位是不存在的，权利本位与社会本位亦不可能兼顾，不可能发生权利本位与社会本位的转换。②

二、法本位之意义

（一）法本位最大的意义在于促进法律思想、法律理念的形成

如果说法的目的法的更为根本的思想和理念，那么法本位理论则是更为直接的、表征的。不同的本位观，都出于对特定的法律目的的追求，都会形成不同的法律思想和理念。权利本位的实质在于对公平、平等与自由等根本价值观的追求。“‘义务本位’概括地表达了‘法是或应当是以义务为本位或重心’

---

① 刘旺洪、张智灵：“论法理学的核心范畴和基本范畴”，载《南京大学法律评论》2000年春季卷。

② 马俊驹、余延满：《民法原论》，法律出版社2007年版，第9页。

或'义务先定'的观念。"[①] "法治以人们普遍地对法律的忠诚、服从为维系","义务优位是法治社会的根本。"[②] 义务本位强调的是对法律的无条件的、绝对的服从,即以对秩序价值的追求为第一要务,其忽视了法本身可能存在的邪恶问题。其他如权力本位、国家本位,无一例外,均可在其背后发现更为根本的目的追求。各种本位观,将其致力追求的理想用非常简练的语言表达出来,更容易为公众所接受和理解,反过来又推动了其追求的法律价值的形成与发展。例如,教会法通过严格推行服从义务,对"异端"进行残酷镇压,使得教会法所维持的等级秩序和神学观念得到更为彻底的"皈依",虽然这可能只是表面上的。

(二)对于立法的作用

不同的本位观对立法的影响是比较直接的。当追求义务本位时,法律首先考虑的是如何限制人们的思想、行为之自由,实行整齐划一的行为模式,强调对主权者的绝对服从。而在权利本位下,首先要考虑的是哪些属于人之为人的权利,是自然权利或基本人权,如是则应予保障,如否则不予保障。如基本生活、基本养老、医疗是否属于基本权利,直接关系到生活、医疗救助。新农保基础养老金的实施,并没有任何先定的义务要求国家对每位超过60岁的农村居民发放不低于每月55元的新农保基础养老金。对于关闭破产企业(主要是国有企业)在职及退休人员医疗保障,亦是企业的法定义务,作为市场和法律的主体,如果企业未能履行此等法定义务,参加基本医疗保险并缴纳医疗保险费,亦无任何"先定"的义务,要求国家承担此等缴费责任。在义务本位下,国家当此将无所为,亦不应有所为。但在权利本位下,获得最低的及基本的生活保障,是现代公民的一项基本权利,对于这一基础利益的追求,必然要将其外化为法律权利,并通过完整的法律制度保障其在现实社会重点实现。

不同的本位观决定了不同的价值取向,在利益的衡量中发挥着重要作用。权利本位观必然要求对工作保险实行先行支付制度;而义务本位观则与此相反。

本位观对法律规范具有评价功能,不同的本位观对法律规范的生成与完善亦具有重要影响。除工伤保险外,社会保险禁止重复参保、重复缴费、重复享受社会保险待遇,是为社会保险唯一性原则。其原因在于,社会保险具有国家保障性,是基于人格之存在而给予的平等保护。同样符合条件的两位公民,却有一人不能获得保障;一人获得两份相同的保障,如领取两份养老金,都是违

① 张文显:《法哲学范畴研究》,中国政法大学出版社2001年版,第345页。
② 张恒山:《法理要论》,北京大学出版社2009年版,第339~341页。

反平等和公平原则的，都是不正义的。以养老保险，如果一人参加两个及以上的基本养老保险，现行的规定是，由参保人选择保留其中的一个个人账户，其他的个人账户合并入该账户，养老保险关系连续计算，取消其他的养老保险关系。简单地讲就是，个人账户合并，统筹“充公”。如果从义务本位来说，这一做法未为不当。因为是参保人违反了义务，应不允许其获得利益；用人单位参保缴费也是基于法定义务，亦不存在返还之问题；社保基金因此获利，可以更好地保障其他参保人的待遇。但如果从权利角度考察，结论就不同了。违背禁止重复参保原则的责任不仅在于参保人及用人单位，更主要的在于社保机构，即主要是因为社保机构履行职责的失误而导致重复参保，由此却将不利后果完全由参保人及其用人单位承担，不符合权利平等之原则；用人单位之所以参保缴费，直接的因素可能是法定义务，但仅有法定义务是不够的，更重要的是保护职工的养老权利，如果这一认识未能深入人心，就不可能做到全覆盖，就必然存在少缴、漏缴、不缴的情形，而这些情形在很多社会并不存在。以保护权利为出发点，遵奉平等原则，对重复参保应主要采用两种方式解决之，一是允许缴费基数叠加，即甲地缴费基数为2000元，乙地缴费基数也为2000元，在不超过上限的时候，则累加按4000元缴费基数确定；或者退还用人单位缴纳之统筹费用。

（三）对于法的适用的作用

法本位体现了对法的目的和价值的认识。不同的本位观体现了不同的目的论。目的的解释功能也就决定了本位观的解释功能。立法必有目的，立法是理性的活动，不可能在没有目的的意识下制定法律。① 法的目的是多样化的，目的论意味着对不同目的的比较、选择和取舍。由此确立的本位观也必然体现了不同的价值。虽然通常来说，具体的法律规范不一定是在某种本位观指导下制定的，因为，这个时候恐怕还没有形成某种本位观；但毫无疑问，就整体而言，它必然是在某种目的和价值观的指导下制定的，这即间接决定了法律规范与本位观之间的关联性，在一定程度上，最低限度是在潜意识中，法律规范对本位观是有所体现的。现代法学理论认为，在法律规范之外，或者在法体系之外，尚存在超越于法的评价标准。虽然多数决原则本身不能作为正当性的标准，然而，作为具体化法律思想、具体化社会生活中伦理原则观念的“法伦理”，预期可以获得社会的认同，法官只能遵守适用于该社会，多少生动地刻

① 胡玉鸿：《法律原理与技术》，中国政法大学出版社2002年版，第385页。

画社会成员之行止及判断的社会伦理。[1] 在此意义下，如果出现法律漏洞和法律冲突，法本位皆有适用之余地。如参保人能否随时要求社保机构打印对账单？

法本位对法的实现亦具有重要意义。法律义务，及与之相伴的法律责任和法律强制，是法律实现的重要保障。缺少了后者，法律就是“死法”。为什么我国目前有法不依的现象比较普遍，很大程度上即可归因于法律责任和法律强制的不足。要么违法所得大于违法所失，要么追究不足。但仅仅靠严刑重罚并不能完全解决法的实效性问题，此已为历史所证明。只有当义务内化为惯例，成为每个人，至少是绝大多数人的共识和内心的行动指南之后，人们才会发自内心的遵守和服从法律。如何做到这一点？只有在对人性，对人的基本权利充分尊重的基础上才能形成良好的法律和良好的法律秩序，才能促进法的真正实现。比如，社会保险费缴纳，是我国历年人力资源社会保障部门的首要任务，即便如此，征缴率依然未达到理想的状态（未缴、少缴者依然很多，这当然有很多客观的和主观的因素，而非可以一朝解决的），除了法律责任和法律强制不足是重要原因之外，对劳动者养老权利缺乏尊重是其更为深层的因素。由此可见，即便将拖欠社会保险费行为入罪后，只要后一法律观念或本位观尚未树立，这一问题依然不能彻底解决。

第二节　义务本位与社会本位

一、本位观之发展

在近世纪以前，法律是以义务为本位，人类处于封建专制政治之下，奉征调，供赋役，优游岁月，以衣以食，只知有义务，并不知有所谓权利。殆至工商业逐渐发达，封建式的义务本位之法律，已觉不适于人类之实际生活，于是“天赋人权”之思想，因之发生，而权利之观念，即已入于一般人类之脑海中矣，于是产生了权利本位的法。[2]

我国学者王伯琦先生对于法律本位的发展作了比较深刻的概括。法律之中心观念，在使各个人尽其特定身份上应尽之义务，是之谓义务本位之法律。嗣后民智渐开，社会进化，家族渐行解体，个人乃有自我之感觉，权利观念，亦

---

① ［德］卡尔·拉伦茨：《法学方法论》，陈爱娥译，商务印书馆2003年版，第7页。

② 张知本：《社会法律学》，上海法学编译社1932年版，第54页。

油然而生。法律之基本任务，亦即由使人尽其义务而转向保护权利，为使权利之内容得能实现，方有义务之履行，是之谓权利本位之法制。时至十九世纪之末，乃有峰回路转之势，契约之地位，一部又被身份占领。当今之各种社会立法，诸如最低工资之规定，最高工时之限制，耕地佃租之限制，耕地所有权之剥夺，无不为对于意思自由之限制，无不为对于权利观念之打击。义务之负担，不必尽由于义务人之意思，法律之任务，亦未必尽在保护个人之权利。为使社会共同生活之增进，法律即强使人负担特定之义务，限制或剥夺其某种权利。是之谓社会本位之法制。王伯琦先生同时指出，所谓社会本位之法制，亦惟权利本位法律之调整，绝非义务本位法律之复活。①

从义务本位到权利本位，一般没有疑义。而对于中国目前法律的本位，则多有争议。主流观点认为是权利本位，以张文显等教授为代表，亦有一定的反对声音。

随着社会保障法的发展，社会本位观甚嚣尘上。由于其强调社会利益，反对以个人利益为法律之重心和立足点，在忽视个人权益，重视“集体”利益的强大的传统文化背景下，非常能够蛊惑人心，因而在未加充分辨别、界定、论证的前提下，被人们下意识地加以接受，以致以讹传讹。

二、义务本位

我国学者当下所持的义务本位论是以义务先于权利或曰义务先定论为法哲学基础的。就权利产生依据而言，它有赖于社会的义务性规则的先行确定。当社会普遍性地确定“不应当损害他人”这一义务性规则之后，社会就有了一个进一步的、是否赞同他人行为的评价标准。从义务权利起源、产生的层面来考察义务权利的关系，其理论逻辑恰恰是：义务先于权利、义务是第一性的、权利是第二性的。②

笔者认为，这种观点是不成立的。第一，从目的论来说，为什么“不应当损害他人”?“不应当损害他人”是因为他人有相应的权利，亦即，义务的目的在于保护权利。但反过来很难成立：保护权利是因为要遵守义务。这从根本上涉及人的根本意义。人格存在的首要价值是遵守义务吗？这样的观念恐怕没有几个人能接受。第二，不符合社会对于权利义务的基本认知。人们对于义务的不遵守，首先在于对权利的不尊重，而非对义务的不遵守。人活着首先是要生存的，生存本身是权利而非义务。第三，论者认为生命权是社会同伴共同

① 王伯琦：《民法总则》，台北国立编译馆、正中书局1979年版，第32、33页。
② 张恒山：《法理要论》，北京大学出版社2009年版，第455、456页。

认定的，而非生命本身所具有的权利，并认为给予婴儿以生命权，是因为婴儿不会伤害他人。（1）从原始社会（群落）乃至动物世界来看，对原始生命的尊重最起码是一种本能，而根本不是其他伙伴所共同认定。在动物的世界里，或许并不认为有权利存在，但对于生命的尊重应该是没有疑义的。这种尊重，在人类社会就是自然权利。（2）之所以认为婴儿有生命权，即便对人类文明史的发展视而不见，那么做一个简单的民意调查或访问就知了。因为婴儿是人，是一个非常独立的人，也是一个缺乏自我保护能力的人，因而需要对其予以保护。即便历史可以预见，我们知道一个婴儿长大成人后是对人类十恶不赦的恶徒，我们也没有任何权利将这位婴儿毁灭。（3）论者认为甲级战犯不能主张自己有生命权，其实其所加的“被判处死刑”这一前提，已对其观点作了自我否定。在其被判处死刑之前，任何人可以随便侵害他的生命吗？即便他在被判处死刑以后，任何人可以随便、以任何方式，如“凌迟”的方式处死他吗？答案并无争议。即便对于残忍、凶恶的敌人，一旦他们投降了，不是也只能“优待俘虏”吗？即便我们感情上对其恨之入骨，恨不能处死他们一百遍。为什么必须经过正当的程序，经由合法的机构或人员，以合法的方式才能处死他们，即便他们无论是事实上或法律上都被判处死刑了？这不是生命权的内涵吗？第四，“不应当损害他人”并非先于权利而存在。比如对于动物保护，开始并无“不应损害动物”之义务观念（哪怕是道德上的）。现在已经立法禁止捕猎、伤害许多动物，随着时间的推移，这个范围会越来越扩大。在此立法之前，显然是不存在“不应当损害动物”的义务的。那么法律上的这种义务根源在何处？其实并不难推知，在人类进化的初始阶段，人们凭本能和经验认为不得伤害他人，因而这样会损害族群和自身的生存；在现代原始群落，“不应当损害他人”实际上也是以某种权利或权力的存在为前提的。如果详细地考察人类学及原始法，义务先定论是不符合史实的。第五，对于不作为义务与权利关系而言，或许还可以存在先有权利还是先有义务此种“先有鸡还是先有蛋”的问题，但如果进一步观察积极作为之义务，尤其是给付行政之发展，则“义务先定论”所谓“不应当损害他人”之先定义务并无适用余地。社会保险、最低生活保障等在很长的历史阶段根本就不存在，我国近几年实施的新生儿出生缺陷干预计划、中西部分娩计划，政府机构的此种责任和义务，在中国数千年文明史上，并无此等先定义务，亦无此等社会共识。该义务之发生或设定，实乃基于人之生存和基本生活权利观念之拓展，是以基本权利（或曰人权）为出发点、立足点和重心的。

义务本位论者认为，法治以人们普遍地对法律的忠诚、服从为维系。没有这种道德意义的绝对义务观念，或者社会没有普遍地接受这种道德绝对义务观念，如果人们普遍地以功利主义、机会主义的态度去看待和对待法律——有利于自己的规则判决就服从，不利于自己的规则判决就不服从——建设法治社会只会是梦想。论者还列举了苏格拉底以“服从法律”这一更深层的道德义务为由，拒绝逃亡，慨然赴死的事例，以证明义务本位之必要性。①

对此，笔者认为，这种观点与法律现实不相符合。第一，苏格拉底拒绝逃亡，慨然赴死的终极原因是“服从法律”吗？或者说仅仅因为是法律，苏格拉底就宁愿慨然赴死？事实恐非如此。苏格拉底认为，“哲学家既要满腔热忱地去追求一种富有灵魂的法律，为正义的法律而斗争，又要有成熟的政治家的务实品格，冷静而理智地服从一种现实的法律秩序”，“我苏格拉底是城邦的一员，而且参与了城邦法律的制定，也曾经享受过法律给予我的利益，我不能见好就上，见到危害就躲”。② 概言之，因为法律是正义的化身，是权利保障的根基。假设一下，如果雅典那时不是实行的民主体制，如果法律仅仅是个别主权者的恣意，如果人们普遍不认同这样的法律，或者说是非正义的法律，苏格拉底还会坚决服从乃至为之献身吗？

第二，为什么要服从法律？并非有先定的遵守义务之存在，而是舍此无以维护人的权利。为什么法律至上，因为舍此便无更能为人接受的游戏规则。游戏规则存在的目的，并非在于让游戏参与人遵守规则，这只是手段而已，其目的在于游戏。服从法律，绝不是为服从而服从。关于法治，亚里士多德早就指出，它是良法之治，不仅法律要得到普遍的服从，前提更是法律本身就是制定得良好的法律。没有良好的法律，何来普遍之服从？

第三，法律的权威首先来自于法本身的正当性。没有法本身的正当性，法律就是“死法”，更不可能有对法律的遵守。法的正当性，首先并不在于对于义务的“密而不疏”，而在于权利保护的充分性。不以权利为出发点和立足点，再严厉的法律都无法发挥有效之约束功能。而为了追求伦理意义上的正当性，无论是法的适用主体，还是适用对象，都可能不遵守法定之义务。比如，我国20世纪七八十年代规定，劳动者达到退休年龄后，就“应当”退休，并对延迟退休的条件、不符合条件延迟退休的法律责任作了明确规定，这样的规定一直延续至今，在很多地方依然适用。这种计划经济时代的、雇主责任制的退休模式，已与社会保险模式下的退休制度完全不相适应，不少地方尤其是沿海经济发达地区已经不再适用，或在很大程度上已经突破了这一僵化的、过时的法律规定。这种法律适用方面的变化的根本原因，在于对养老权利的维护。

① 张恒山：《法理要论》，北京大学出版社2009年版，第341页。

② 赵明：《正义的历史映像》，法律出版社2007年版，第163页。

对于法定义务及社会曾经达成共识的义务观念的放弃和不遵守，同样有力地否定了义务先定论。

第四，良心违法的正当性。雅典法学家已经证明，良心违法是道德的应然反映，是高尚而可贵的品质。当某人基于内心道德信仰而违反某一法律时，即便良心违法的道德根基在于对正义的追求。这种正义包括，对于人类和平之维护，对于平等价值之追求，对于基本人权之保护。良心违法是为了追寻一种更为基本的权利或与此相关，而不可能是为了“更为基本的义务”。良心违法的存在，进一步证明了在法律之外的，作为第一性、起因性的义务是不存在。

三、关于社会本位的不同认识

（一）社会本位更多只是作为社会法的观念而提出的

我国当下关于社会本位的讨论，主要是作为社会法的本位观而提出的。“私法以个人利益为本位；公法以国家利益为本位；社会法以社会利益为本位。”① 社会法“以社会为本位”。② 亦有将其作为经济法之本位。“就调整社会经济关系的法律部门的本位思想而言有三种情况：一是‘国家本位’，一般来讲，这是以国家利益为主导的行政法的本位思想。二是‘个体本位’，这是以当事人利益为主导的民法的本位思想。三是‘社会本位’，这是以维护社会公共利益为出发点的经济法的本位思想。”③

不管是作为社会保障法的社会法，还是作为其他实体意义上的社会法，都是我国法的一部分，都必须服从于我国法体系或法整体的规律性。如果我国法的本位观主张权利本位而非社会本位是成立的，那么社会法的社会本位就是不符合逻辑的。研究社会法的本位，必须对我国法的本位观进行详细的研究和总结，只有在此基础上提出的本位观才具有说服力之前提。事实上我国关于法的本位观，已有非常深入、权威之研究，并已成为我国法学思想和法律实践的理论渊源。而观之我国关于社会法之社会本位观，对此根本熟视无睹，亦未提出充分之论证。在此现状之下所得出的社会本位观，其可信性自不难想象。

（二）关于社会本位的不同认识

1. 对于权利之限制。如王伯琦先生指出的，法律即强迫人负担特定之义

① 董保华、郑少华：“社会法——对第三法域的探索”，载《法学论坛》1999 年第 1 期。

② 郑尚元、扈春海：“社会法的界定论”，载冯彦君主编：《和谐社会建设与社会法保障》，中国劳动社会保障出版社 2008 年版，第 45 页。

③ 甘强：“经济法与社会法的法本位界分——经济法与社会法关系研究之视角”，载《理论界》2007 年第 5 期。

务，限制或剥夺其某种权利，是之谓社会本位之法制。所谓社会本位的立法，其集中表现是：其一，契约自由的限制：对缔结契约加以公法的监督，注重保护经济上的弱者。其二，所有权绝对原则之限制：如魏玛宪法规定，所有权附加义务。各国法律明定权利滥用之禁止。所有权之行使亦应遵守诚实信用原则。其三，无过错责任原则之采用：法律明定，对于高度危险、产品责任、公害责任等实行无过错责任原则。[①]

2. 以社会责任为本位。经济法以社会责任为本位，表明经济法以维护广大消费者权益、社会整体利益、国家根本利益和人类可持续发展利益为最高行为准则的立场，与民法的个人权利本位和行政法的政府权力本位[②]皆有不同。[③] 按照论者所述，经济法以社会责任为本位，即要以积极履行法定义务为本位。这哪里是什么社会（责任）本位，显然就是义务本位嘛。“现代所谓义务本位者，其义务乃系于履行社会职责之义务，故又可称之为社会本位。”[④]

3. 以社会利益或社会公共利益为本位。这是关于当下社会本位的主流界说。

四、作为社会利益本位之社会本位

（一）社会本位与个人本位相对应

社会本位是和个人本位相对应的，其一般含义是指社会利益本位和个人利益本位。

（二）关于社会利益本位的界说

社会本位观是社会法本位的主要观点，“可以认为经济法和社会法的‘社会本位’在中国已成为一种地方性知识，即具有特定的语境含义——维护社会利益。”[⑤] 社会利益本位，又称为社会整体利益本位，或社会公共利益本位。

---

① 梁慧星：《民法总论》，法律出版社 2007 年版，第 42 页。

② 权力本位意味着以权力作为法的出发点和立足点，法律规则的建构、法律义务的设定是为了保障的权力的行使和运用，其深层的思想是“治民立法”。事实上，我国无论是行政法学界还是立法实践恐怕鲜有持此观点了。正如著名行政法学家应松年教授所指出的，经过最近 20 多年的发展，行政法观念和权利意识发生了翻天覆地的变化，权力本位观念逐渐被权利本位观念所取代。应松年主编：《当代中国行政法》（上），中国方正出版社 2005 年版，导言第 4 页。

③ 徐孟洲：《经济法原理与案例教程》，中国人民大学出版社 2006 年版，第 18 页。

④ 张知本：《社会法律学》，上海法学编译社 1932 年版，第 63 页。

⑤ 甘强：“经济法与社会法的法本位界分——经济法与社会法关系研究之视角”，载《理论界》2007 年第 5 期。

“经济法与社会法都具有社会整体利益本位”①。“私法以个人利益为本位；公法以国家利益为本位；社会法以社会利益为本位”，“以‘社会公共利益’为本位”②。社会本位就是以维护社会公共利益为出发点。③

以社会公共利益为出发点的具体含义不明。“以社会公共利益为出发点”为出发点，对于法律来说究竟是什么含义，在法律中如何体现？论者从未提供哪怕是丁点的具体分析。笔者认为，“以社会公共利益为出发点”或许当如此解析：(1) 当社会公共利益与其他利益形态发生冲突和矛盾时，只能选择社会公共利益，而舍弃其他利益形态；其他利益形态应当服从于社会公共利益。(2) 用我国的传统表述就是，实现社会公共利益最大化的法律就是正当的，否则是不正当的。比如，为了“一块钱”的诉讼，从行政监察、仲裁到诉讼，花费数年时间，耗费各社会主体无数时间、精力，这显然是违背社会公共利益最大化之原则的，依此原则是否应取消此类法律救济程序？(3) 法律权利义务之规设，应当以社会公共利益为依归。如信访制度，特别是一些标的很小的信访事由，依此原则是否有取消此类信访权利之必要？是否应当赋予劳动保障监察机构强制执行、责令停业等权利？(4) 法律适用应当追求社会公共利益的最大化。违背这一原则的司法是不正当的，也是不正义的。一个职工1年中有一半时间旷工，工作不负责任，玩忽职守，给用人单位造成重大经济损失，在不能要求职工赔偿的情况下，用人单位还需要支付未签订书面劳动合同的双倍工资吗？在追求社会公共利益最大化的原则下，是不是应当作出否定的回答？

通俗地说，就是社会本位以维护社会利益为己任，以追求社会公共利益最大化为目标。

然而，人所共知的是犯罪、腐败、缺乏诚信、恃强凌弱、道德沦丧无一不影响人类共同福祉、社会安全，妨碍社会可持续发展（在这种状况下，别说发展，维持现状都是很难的），预防、制裁违法犯罪，惩治贪污腐败，保护公民权利，维护交易安全，促进诚信社会的建设，是任何一部良法所应当具备的特点和功能，这是由法本身的目的和功能所决定的，而非社会法、社会保障法的主要功能体现，甚至主要不是由这个法律门类或法律部门所体现的。从法的整体来看，宪法奠定的是整个法治社会的基础，如果没有宪法，人的发展、社

① 郑尚元：“社会法的存在与社会法理论探索”，载《法律科学》2003年第3期。

② 董保华、郑少华：“社会法——对第三法域的探索”，载《法学论坛》1999年第1期。

③ 李昌麒主编：《经济法学》，法律出版社2007年版，第79页。

会安全就没有根基；刑法保护的是生命、健康、财产等安全，毫无疑问，让一位残忍的杀人犯逍遥法外，使无辜的公民被处以死刑，其社会危害性都远远超过对一位生活极端贫困的公民拒绝发放“低保”的违法行为；民法是市场经济社会的基石，没有民法，一位生活极端贫困的公民亦有可能无法保有其（应）获得的“低保”，其用微薄的财产可能无法换取面包等生活必需品。如果法有“分量”，这些法的“分量”都要超过社会保障法。安全、发展、秩序是所有法的一般目的，绝非社会法或社会保障法的特有目的。从法的一般目的和特征来解读所谓的社会本位，必然导致名不副实。

对社会公共利益的“不忽视”乃至重视，绝非社会公共利益本位之含义。“经济法将社会本位作为基本原则，就表明了经济法在对产业调节……等关系进行调控时，不能一味追求自身利益的最大化而忽视对社会公共利益的关注。”① 如果对社会公共利益的不忽视，就认为是以社会公共利益为本位，这恰恰是对“以社会公共利益为理念基点和价值追求”的背离。

上述错误理解，除了对其他法律部门了解不足以外，还在于对基本概念如利益、社会利益、社会整体利益、公共利益、社会公共利益、本位等缺乏精确界定。

（三）社会本位与个人本位之不成立

1. 社会本位论者首要的缺陷是没有准确界定什么是社会利益。

社会既非一个自然主体，亦非一个拟制主体，其自身并不存在什么期待、期望、要求或欲求，正如我们不知道对于月球或太阳来说，什么是它们的利益一样。我们所指称的社会，实际是人的聚合体，社会利益只有在人的利益上才是有意义的。所谓社会整体利益或社会公共利益，只能是所有人或大多数人的利益，只有在人类的意义上，利益才有存在之价值。离开了人类，对于纯粹的自然界来说，不存在利益评价之问题。社会整体利益或社会公共利益实际上就是所有人的或大多数人的利益，离开了个人利益，社会整体利益或社会公共利益都是不存在的。

正如学者所指出的，社会整体利益或社会公共利益，最准确的代表者在我国是全国人民代表大会。在以 GDP 为主要评价指标的管理体制下，地方各级国家机构、社会团体、个人都无法真正或完全代表社会整体利益或社会公共利益。那么社会利益本位是否就是以全国人民代表大会的利益为本位呢？不管如何，全国人大可以“自由”确定法律所保护的利益，而这种利益可以说是社会整体利益或社会公共利益。但这与社会本位观是不相符合的。因为本位观是

① 李昌麒主编：《经济法学》，法律出版社 2007 年版，第 79 页。

表明法律追求的方向，对于立法是要有指导作用的。全国人大对于社会整体利益或社会公共利益的代表，是结果而非过程。

2. 社会利益并非超然于个人利益之上而独立存在的利益形态。

社会本位论截然割裂了社会利益与个人利益之间的关系。个人利益是多样化的，存在相互冲突甚至相互敌对的状态，“追求个人利益最大化”究竟追求的是谁的利益最大化？哪一种个人利益是符合社会整体利益或社会公共利益的呢？现实常常无法回答。

个人利益与社会利益、国家利益在通常情况下一致的，而且作为法律所拟保护的三种利益，在理论上都是一致的。对于不符合社会利益、国家利益的个人利益，法律通常是予保护的；法律所保护的个人利益，通常是符合社会利益、国家利益的。在分别主张个人利益本位、国家利益本位、社会利益本位而非主张“混合本位”时，再强调个人利益、集体利益、国家利益是统一的，这是逻辑不一致的。

社会利益也是多样性的、多层次的，那么什么样的社会利益是最值得法律保障和维护的呢？毫无疑问，这一定是“最大多数人的最大利益”。党的政策也就是这种最该保护的利益的体现，作为党的政策的执行者，政府也应当是贯彻和体现该利益的。党和政府同时也代表着国家，自然也是国家利益的代表。这必然意味着在我国，国家利益、社会利益和个人利益是一致的。以个人利益为本位，也就意味着以国家利益或社会利益为本位；以国家利益为本位，也就意味着以个人利益或社会利益为本位；以社会利益为本位，也就意味着以国家利益和个人利益为本位。追求个人利益的最大化，也就意味着追求国家利益、社会利益的最大化。如果是这样，区分个人利益、社会利益和国家利益本位有意义吗？研究法本位有意义吗？

社会利益的多元性、多变性决定了社会作为本位是很难成立的。“不同的个人、不同的群体在社会生活中会产生不同的需要。同一个人、同一个群体在不同的时间、不同的地点，以及不同的境况下也会有不同的需要。而且一个人、一个群体也还可能在同一时间，同一情况下存在多种需要”。[①] 同样是因为这一因素，也不可能以个人利益为本位。

在本质上不存在与社会利益不同之法律所保护之个人利益。即便是封建帝王，他也认为自己（的法）所代表的是广大人民的利益，否则，他的统治就不具有合法性之基础了。

---

① 卓泽渊主编：《法理学》，法律出版社 2000 年版，第 307 页。

3. 三个法律部门分别保护三种利益，只是一种臆想。

“私法以个人利益为本位，通过市场调节机制追求个人利益最大化以及交易安全；公法以国家利益为本位，通过政府调节机制追求国家利益最大化以及国家安全；社会法以社会利益为本位，通过社会调节机制追求社会公共利益最大化以及社会安全”，“正是这种本位思想构成一个法律部门区别于另外一个法律部门的主要标志。法律为保护三个不同领域中三种不同利益而形成三种本位思想”。① 这是典型的社会本位观点。

笔者认为，这纯粹是一种臆想，是对法的历史和现实视而不见。曾经存在过纯粹追求个人利益最大化的法律吗？每个社会都是那么多的人，每个人的利益都要最大化怎么可能？国家利益是什么？它怎么就和个人利益、社会公共利益不一样呢？

“个人利益的过分张扬，往往会造成社会的不稳定，乃至整个社会经济秩序的破坏”。“法律的利益平衡功能表现在对于各种利益的重要性作出估量，并为协调利益冲突提供标准和方法，从而使利益得以重整”。② 在数千年法律发达史中，任何追求良法之治的社会，都不可能任由个人利益的过分张扬。如对于“赌博”、“赌球”等行为，可以纳入民法合同之范畴，在很多国家或地区也是允许的。而我国为什么禁止？不是为了社会公共利益又是为了什么？其实，对于我国民事法律的每一条法律规则、每一项法律原则，既非对非正当的个人利益之保护，亦非对正当之个人利益的过分保护。

个人利益、国家利益和社会利益的区分从来就没有明确过。民法的“社会化”，从根本上来说，维护的是社会利益。对公认的私法——民法，虽然有认为一般指侧重于保护个人或个体利益，③ 但似乎还从未有人认为其目的系追求个人利益的最大化。典型的公法范畴的行政法，其目的在于限制政府权力，保护公民社会和公民个人的权利。“人们的认识已趋于一致，认为行政法的主旨在于治吏、治权，要通过依法行政来“切实保障公民权利，提升公民价值。”④ “刑法是法律的面孔，反映着所有民众的个性、思想、情感、性情、热

① 董保华、郑少华：“社会法——对第三法域的探索”，载《法学论坛》1999 年第 1 期；董保华等：《社会法原论》，中国政法大学出版社 2001 年版，第 9、129 页；董保华等：《社会保障的法学观》，北京大学出版社 2005 年版，第 8、38 页。

② 董保华：“论经济法的国家观——从社会法的视角探索经济法的理论问题”，载《法律科学》2003 年第 2 期。

③ 张文显主编：《法理学》，法律出版社 2007 年版，第 300 页。

④ 应松年主编：《当代中国行政法》（上），中国方正出版社 2005 年版，导言第 3 页。

情、文明或者野蛮程度。”① 刑法的首要任务是保证无罪的人不受刑事追究，犯罪人应当受到合法的追究。其直接受益者是个人，其直接维护的就是个人的利益。现代刑法表现此点尤为明显。在我国多次发生的“杀人犯”最后发现是无辜者的案件背后，无不存在刑讯逼供的问题。有罪推定、刑讯逼供，都是严重侵害个人利益，在本质上也是侵害社会公共利益和国家利益的，但前者无疑是首要的。1997 年《刑法》实行“无罪推定”，中央严厉制止刑讯逼供，其首要的出发点亦在于维护个人利益。

国家利益、社会利益绝不是超然于个人利益之上的。我们提倡集体主义和奉献精神，我们一直鼓励为国家利益和社会利益奉献个人利益。不过绝大多数公民是无法做到这一点的。即使品德高尚的人能够做到这一点，也不意味着我们可以强制他们献身。我们不能因为国家利益和社会利益，剥夺一个公民的生命、健康与自由权利。“若以法律拥护个人权利之极端，而不顾及社会之利益，则所谓人权者，结果，即只有少数人之权，而多数人之权，必为此少数人之人权所剥夺”。② 在人类历史或许存在只保护个人利益的法律，如王产免予诉讼，而这也是极为罕见的，而且只是保护个别人的专制性的利益，绝对不会平等保护每一个公民的个人利益。

任何法律，至少在名义上都不可能只考虑个人利益，而不考虑其他人的利益，不考虑社会公共利益。所有法律都要考虑社会公共利益与个人利益的关系，纯粹考虑个人利益，而不考虑公共利益之法律是不存在的，至少在名义上是不存在的。即便在专制独裁社会，法律的实质上是君王或独裁者个人或集权群体利益的体现，但在名义上都会贴上人民利益或国家利益的标签。

“‘公益优位论’的危险是显而易见的，如果公共利益被看做是优先于个人权利的，公权力机关就可能以公益为名去随意限制公民的基本权利，个人权利的内涵就可能被彻底掏空。在优势的公共利益面前，个人权利可能就不只是被限制，而是被根本否定”。③ “掌握公权力的人可以利用‘公共’的名义，堂而皇之地做出伤天害理的事情而无须承担法律和道义的责任。因此，尽管‘公共利益’本来意味着所有人的权利，但如果解释不当，却可能受到‘异

① ［德］鲁道夫·冯·耶林：《罗马私法中的过错要素》，柯伟才译，中国法制出版社 2009 年版，第 4 页。

② 张知本：《社会法律学》，上海法学编译社 1932 年版，第 63 页。

③ 张翔：“公共利益限制基本权利的逻辑”，载《法学论坛》2005 年第 1 期。

化’而成为压迫每个人的工具。”① “公共利益证明是某个集体的私利。集体的私利来自于集体中唯一自然的因素亦即个人的私利”。② 当公共利益具有绝对优势地位时，即便它具有历史的正确性，也有可能充当不正义的帮凶。

4. 在现代立法中，对于社会公共利益、政府利益、集团利益、个人利益的考量，社会公共利益并非最主要的，亦非优先性的。

在一个确定的社会中，所有的立法都要根据宪法来制定，利益衡量要在宪法的框架内进行。利益的衡量实际在于对宪法规定的解释和运用。比如基础养老金、最低工资标准、最低生活保障标准，社会保险费的缴费基数存在较大差异，是否符合“法律面前一律平等”之宪法规则？平等并非意指完全平等，在什么情形下需要“平等”，什么情形下需要“不平等”，就需要对利益进行考量。平等不需要理由，不平等则需要理由，利益的比较是理由之一。但在这个过程中，利益的权衡并非一定是主要的。因为平等是最为根本的原则观念，通常所要做的便是依据平等原则进行分析和推论。在超过退休年龄是否允许继续补缴社会保险费（主要是养老保险费），一些地方允许本地户籍人员继续缴费，而不允许外地户籍参保人员继续缴费。这是对本地户籍人员的养老利益的保护，但对外地户籍参保人员的养老利益则不予保护。这种不平等保护的正当性或非正当性如何评价？其首先依据的便是平等原则。

在法律的适用中进行利益判断的意义就更小了。因为在法的适用中再进行利益权衡，等于说是用社会利益判断依据社会利益制定的规则，那么制定规则时的社会利益又有何意义？难道后一个社会利益与此前的社会利益不同？如果不同，则说明社会利益本身的矛盾或考虑不周延，如果相同，又何必重复考量？如果需要重复考量，那不可以第三次、第四次以至于无穷次地适用吗？如此，案件何来终结之日，法的适用中的利益分析，最为重要者在于法的漏洞之补充。在法的解释中，也需要探寻法的意思，其中亦包括法所欲保护的利益。

在实质上，利益是法的分配对象，但并非分配利益的主要评价标准和依据。对不同地区、不同人群养老利益的保护，对不同户籍人员养老利益的保护，对于机关事业单位人员与企业职工养老利益的不同保护，其评价的最终标准和依据都是平等原则。如果要追寻法律的出发点，那恐怕不是普通的社会利益，而是平等之原则。

---

① 张千帆：“‘公共利益’是什么？——社会功利主义的定义及其宪法上的局限性”，载《法学论坛》2005 年第 1 期。

② ［美］列奥·施特劳斯：《自然权利与历史》，彭刚译，生活·读书·新知三联书店 2003 年版，第 107 页。

归根结底，利益是无限多样而且很容易确定，但什么是社会的整体利益或社会公共利益，则很难确定。声称法律一定以维护和促进社会整体利益或社会公共利益为出发点或立足点，在很多时候是一件很难实现的事情，这也是很多国家将何谓社会公共利益的判断留给司法裁量的原因。社会整体利益或社会公共利益是由历史背景所决定的。在彼时代所认定的社会整体利益或社会公共利益会在此时代被抛弃，但其在彼时代仍不失为社会整体利益或社会公共利益。社会整体利益或社会公共利益最为真切的含义应当是人民所普遍认可的利益，简单地说就是为社会中绝大部分公民所认可的利益，当然，这种利益追求应当受到宪法规则的限制，否则民主也会成为侵害公民权利的手段，也可能会形成多数人的专政。

5. 权利是利益的表现形式，而不等同于利益本身。

所谓社会本位，无法解决利益与权利之关系。法律权利是规定或隐含在法律规范中，实现于法律关系中的，主体以相对自由的作为或不作为的方式获得利益的一种手段。① 利益因人而异，更具有主观性；权利相较于利益更具有客观性。权利观念是经过人类数千年社会发展实践检验，是经过无数志士仁人的追求和奉献，经过无数思想家殚精竭虑的思考和总结，而得以逐步形成的。人们对之已经或更容易达成共识。而利益因其主体性差异巨大，而且随着时代的不同，会不断产生新的、更加特立独行的利益需求。每个人有思想自由，不管一个人的想法多么反人类、反社会，只要他没有以客观的方式对社会表达出来，就不可能对社会造成不法影响。

权利是利益，但利益不一定是权利。利益有正当、不正当之分，有合法、不合法之分，权利则没有。所有的法律权利都是合法的，都应当得到法律的保护。权利是统治阶级的国家承认并予以保障的人们在一定范围内进行活动的一种合法手段。② 权利在其界限内，任何机构、组织和个人都不能剥夺，除非经过正当的法律程序。

社会本位如何考虑社会利益与权利的关系呢？如何处置法律中的权利与所谓的社会利益的冲突呢？社会本位论者未对此进行分析。从社会本位观的含义来看，其观点或许应当是：权利应当服从于社会利益，权利由社会利益所决定，当权利与社会利益冲突时，应当遵循社会利益而否定权利。

权利有两种：一种是伦理范畴的，作为自然权利的权利；另一种是由法律所确认的法律权利。自然权利是人之作为人所应享有的基本权利；离开了自然

① 张文显：《法哲学范畴研究》，中国政法大学出版社2001年版，第309页。

② 张文显：《二十世纪西方法哲学思潮研究》，法律出版社2006年版，第422页。

权利，人就不能成其为人，人就与其他禽兽没有区别。“每个个体的自然权利就是同样地属于每个人之作为人所应具有的权利。”[①] 对于平等、生命等自然权利，可以出于所谓的社会整体利益或社会公共利益的需要，而予以剥夺或限制吗？回答只能是否定的。虽然我国目前的事业单位养老保险改革处于停滞状态，其原因是广大的事业单位工作人员的激烈反对。反对之激烈已影响社会稳定，在稳定工作重于泰山的形势下，社会稳定无疑是非常重要的社会整体利益或社会公共利益。然而，一方面，事业单位工作反对改革的理由并非认为不应当改革，而是因为公务员仍实行特殊的、待遇更高的养老制度，制度的设计者没有实行平等的养老制度，凭什么要求别人实行平等的养老制度呢？另一方面，改革只是暂停，而不是取消。而从长远来看，机关事业单位与企业养老保险制度将会趋于统一。这是一个历史趋势。

那么，对于法律权利，社会利益能否发挥决定性作用呢？前已述及，法律权利的设定，首先依据的是宪法和基本权利。个体的权利不仅仅具有个体的意义，同时也有社会公益的逻辑内涵。法律赋予公民权利不仅仅是为了满足个人的利益，也是为保障和促进公共利益。[②] 在法律适用阶段，主要是法律解释和漏洞填补，通常也不会直接诉诸社会利益的考量，而是要根据法的目的、法的概念、法律原则，借助诸般法律方法而予以解决。

由于在现代社会，社会保障已成为人的基本权利（人权或自然权利），因而，一般情形下是不能以社会利益之名剥夺公民的社会保障权利。《社会保险法》显然采纳了这一理念。

6. 社会本位最终将导致义务本位。

从社会本位的含义来看，其强调社会利益对于个人利益的优先性，个人利益对于社会利益的服从。由于权利首先体现为个人权利，因而首先是个人利益的体现。主张社会本位，必然要强调对权利的约束、限制乃至剥夺，其结果必然是扩大义务的作用，强调对义务的遵守乃至无条件的遵守，其实质乃是义务本位。例如在拆迁中，公民的财产所有权形同虚设：无须经过法定程序，无须经由法定主体，无须承担法定（赔偿）责任，便可强制征用公民财产，强行剥夺公民的财产所有权。其实质乃是强调公民对“社会”管理、对行政主体的服从义务，实际推行的是权力本位和义务本位。权力本位和义务本位不仅将损害法律的尊严和权威，陷社会于动荡冲突之中，亦是历史的倒退。这和社会

---

① ［美］列奥·施特劳斯：《自然权利与历史》，彭刚译，生活·读书·新知三联书店2003年版，第15页。

② 张文显：《法哲学范畴研究》，中国政法大学出版社2001年版，第322、323页。

主义法治发展的实践和方向都是格格不入的。

强力者未必需要法律，弱势群体才是最需要法律的庇荫的，这也正是劳动法、社会保障法存在的根源之一。劳动法、社会保障法与权力本位、义务本位，进而与社会本位都是截然相左的。

第三节 权利本位的内容与意义

一、权利本位之历史渊源

权利的起源大概可追溯至罗马法。“考各国法典，除英美外，大都渊源于罗马法，即以英美而论，其法律之精神受罗马法之影响者，亦复不少，如英国普通法之契约原则、遗嘱制度、信托规则等，固均出自罗马法。而日本维新后所订之法典，亦以德法法典为蓝本，然德法法典固乃渊流于罗马法。”① “当今世界法律的一些基本原则，如法律面前人人平等，契约自由、私有产权不可侵犯等，其源流都在罗马法，尤其体现在万民法的发展过程中。”② “自罗马法以来，以至今日欧美各国，所谓权利者，实正义直道之意也。”③

权利并不等于权利本位，但权利观念的彰显则是权利本位的前提，而且只有基于人格之独立存在权利观念的彰显才能催生出权利本位。权利本位的思想是资产阶级学者首先提出来的，马克思主义的历史唯物论也为权利本位提供了真正的哲学依据。④

二、权利本位之含义

（一）权利本位最重要的是权利平等

权利平等是权利本位的要义之一。权利本位要求有一套平等待人的普遍规则，它不分民族、出身、性别、财产状况、宗教信仰和政治信念，而把各种基本的权利无差别地赋予每一个公民，只有按照法律的正当程序并在违法犯罪行为发生后（针对个体）或非常状态来临时（针对全体），才可以对这些权利予以一定限制和剥夺。⑤

任何非权利本位的本位观，最终都将导致权利的不平等。单纯地强调义务

---

① 陈朝壁：《罗马法原理》，法律出版社2006年版，第4～6页。

② 江平、米健：《罗马法基础》，中国政法大学出版社2004年版，第16页。

③ 王伯琦：《民法总则》，台北国立编译馆、正中书局1979年版，第19页。

④ 张文显：《法哲学范畴研究》，中国政法大学出版社2001年版，第356、357页。

⑤ 郑成良：“权利本位说”，载《中国法学》1991年第1期。

的第一性，使得义务的设置缺乏正当目的，最终结果必然导致特权者承担很少的义务而弱势群体要承担更多的义务。社会本位观事实上将导致公民权利的沦丧，更不可能实现权利的平等。

尊重权利，限制权利只有一个目的：为了保护权利。这正是禁止权利滥用原则存系之根基。人权原则要求法治以个人权利为核心价值，并通过对权利的确立和保护来确立和实现法律的权威。① 权利本位与平等等法律之终极目标价值是一致的，是后者的具体体现。追寻以平等等价值为终极目的的正义之法，只能实行权利本位。

（二）权利本位下权利与义务的关系

在整个法律体系中，应当以权利为起点、核心和主导。在权利与义务的关系中：权利是目的，义务是手段，法律设定义务的目的在于保障权利的实现；权利是第一性的因素，义务是第二性的因素，权利是义务存在的依据和意义；义务是权利的对象化，义务通过权利表现自己的价值，并处于受动的、待价的或待命的状态。②

关于权利与义务的对应关系，这主要是对法律权利而言的。凡有法律权利，必有相应的法律义务，不存在没有法律义务之法律权利。而作为权利本位之权利，并不仅仅是法律权利，还包括自然权利（就人之为人的权利而言）。从社会保险权入宪之时，它就是一项宪法权利（基本权利）了；而在此之前，随着关于社会保险制度的规范性法律文件的实施，社会保险即已成为一项法律权利。再向前追溯，它还不是一项法律权利。但根据国外的实践经验，根据我国的社会现实，亦已产生了通过社会保险的模式对劳动者的养老利益、工伤伤害进行保护的观念和意识，这种观念和意识可以前溯至新中国成立初期《劳动保险条例》阶段。《劳动保险条例》实际已经确立了劳动者的社会保险（当时称为劳动保险）权利。由于历史原因，社会保险权利由法律权利退化了，但其作为权利观念，依然是存在的，即便在20世纪80年代中后期我国实施社会保险制度改革时，主导思想并非是权利观念。但是，当时极具功利性的指导思想并未完全扼杀权利观念。法律权利和法律义务的建构，在相当意义上都是围绕自然权利而展开。在自然权利的意义上，法律义务的第二性特征尤为明显。

（三）权利本位下权利与权力的关系

关于权利与权力的关系，也是权利本位的重要内涵。“立党为公，执政为

---

① 夏勇：《人权概念起源》，中国政法大学出版社2001年版，第178页。

② 张文显：《二十世纪西方法哲学思潮研究》，法律出版社2006年版，第427页。

民”深刻地指出了权力的行使应当是为了人民。那么是为了人民的什么呢？答案只能有一个：人民的权利。“为了最广大人民的根本利益”，最终都要体现为权利，首先是法律权利，其次是自然权利。公民的基本权利是公民的基本利益的体现。如果公民的权利得不到尊重、保护和实现，公民的根本利益便无从实现。“公民的权利是国家权力的源泉，也是国家权力配置和运作的目的和界限，即国家权力的配置和运作，只有为了保障主体权利的实现，协调权利之间的冲突，制止权利之间的相互侵犯，维护和促进权利平衡，才是合法的和正当的。”① 权利本位要求，权利是权力的本质、目的、界限和内涵，没有权利，便没有权力的存在，权力的运用不是为了保障权利，权力便失去了合法性之基础。“在传统的经济体制和政治体制下，唯权、唯上意识占据主导地位。经过最近20多年的发展，这种行政法观念和权利意识发生了翻天覆地的变化，人们逐渐将过去被颠倒的权力、权利关系中心颠倒过来，权力本位观逐渐被权利本位观所取代；人们逐渐达成这样一种共识：权力为权利而生，为权利而存，为权利而息。”② “权力来源于权利，权力服务于权利，权力应以权利为界限，权力必须由权利制约。”③

权力为权利而谋。“既然政府是依据法律的授权而行使国家权力，那么这同时也就意味着政府必须忠诚地履行法律所赋予的职责，维护人民的利益和社会的公共秩序。”④ 是否应当授予一种权力，不应当出于社会管理的需要、便利，而应看是否为保护权利之必需。可有可无者、保护不足而弊端丛生者应当坚决取消。应当根据对权利的保护状况，对权力的必要性、应受限制性进行评价，以判断权力与它的目的是否一致，是否具有正当性之基础，从而作为权力存续及改进之基本依据。

有权力必有监督。权力虽然来源于权利，其目的亦是为了权利，但权力本身具有异化的倾向和能力，如果对权力没有严格的控制和约束，权力必然会偏离权利的方向，并将导致对权利的损害。“‘授权’与‘控权’是当代行政法基本问题的两个方面，它们是统一的、协调的整体。”⑤ “没有监督的权力是危

① 张文显：《二十世纪西方法哲学思潮研究》，法律出版社2006年版，第427页。

② 应松年主编：《当代中国行政法》（上），中国方正出版社2005年版，导言第3页。

③ 张文显：《法哲学范畴研究》，中国政法大学出版社2001年版，第396页。

④ 杨海坤、章志远：《中国行政法基本理论研究》，北京大学出版社2004年版，第88页。

⑤ 熊文钊：《现代行政法原理》，法律出版社2000年版，第133页。

险的权力”，“建设责任政府已成为人们的共识”。①

有权力必有救济。“智者千虑必有一失”，无论对权力控制多么严密，总会有疏忽的角落。权力损害，是一个必须防微杜渐却无法杜绝的现象，因而救济是必不可少的。“行政责任的重心是对相对人负责。”② “有行政权力的运行，就有权力被滥用的可能，行政相对人的权益就有被侵犯的可能。所以必须确立行政法上完善的救济制度。”③

（四）权利本位下权利与公共利益的关系

权利本位如何主张权利与公共利益的关系，是一个不得不面对的问题，这也是很多人攻击权利本位的重要方面。

第一，保护和实现权利，尤其是基本权利，是最大的公共利益。权利与公共利益在本质上是一致而非对立的。公共利益是有利于或应当有利于最大多数人的利益，自然权利及其体现的基本权利，正是其中最为重要的利益类型。一般的法律权利亦是如此。主张权利是第一性的，亦即主张“最广大人民的根本利益”。那为什么不能反过来说，坚持公共利益优位也就是保护广大公民的权利呢？原因在于，作为公共利益体现的权利，是经过严格、为人们所接受的法定程序所确定的，即是否体现公共利益，应否受到法律保护，进而应否规定为法律权利，是经过一套由数千年文明史所证明为正确的制度和程序所确认；而在此之外的利益是否是公共利益，除非亦经过同样严苛的审查，否则谁知道它真的是公共利益呢？

第二，权利本位不意味着不需要考虑公共利益，也不意味着权利凌驾于公共利益之上。权利是公共利益的体现，权利的实现通常即是公共利益的实现，一般来说对权利的追求与实现不可能损害公共利益，更不可能凌驾于公共利益之上。但权利与公共利益仍会存在一定的分离，主要表现为发展的非同步性。一方面，公共利益的具体表现形态更具多样化，比如修建道路，有无限多的道路将要修建，其中既有符合公共利益的，也有不符合公共利益的，单是符合公共利益的也是无限多的，法律不可能将每一条道路的修建都规定为权利，对公共利益的个案评判是一种主要的形式。另一方面，法律权利的形成，要经过严格的立法程序，是和法律本身的形成相一致的，这一过程不能完全适应对公共

① 应松年主编：《当代中国行政法》（上），中国方正出版社2005年版，导言第5页。

② 孙笑侠：《法律对行政的控制：现代行政法的法理解释》，山东人民出版社1999年版，第243页。

③ 湛中乐：《现代行政过程论》，北京大学出版社2005年版，第225、226页。

利益的保护需求。权利与公共利益一定程度的分离，表明在维护权利的时候需要对公共利益进行判断和权衡。

第三，公共利益可以限制而不能成为剥夺权利之借口。任何打着公共利益的名义而肆意剥夺公民权利的行为都是不正义的，是与法治相违背的。“民主和法治也是有宪法限度的，因为即使通过民主和法治的手段也不能剥夺任何人受宪法保护的基本权利。”① 更何况根本不是通过民主和法治的手段呢？在市场经济和权力分化的时代，政府的一切活动，必须优先保障公民个人的权利和利益，即使公共利益这种集体产品的提供或组织，也必须遵循个人权利或人权保障优位的原则。②

三、权利本位之批判与再批判

权利本位的批判者认为，权利本位就是个体利益本位，就像权力本位是公共利益本位一样。权利本位只是一个口号，难以在法律生活中把握这种本位。权利本位把权力看成一种“恶”，完全否定了权力的合法性、正当性和必要性。权利本位的法或法律制度的基本特征包括：（1）权利无边际；（2）权利万能；（3）权利至上；（4）权利大于法；（5）权利比权力天然合理；（6）权利无错；（7）权利有彻底摆脱权力约束的倾向；（8）个体所有权客体的无限广泛性和有权客体的十分优先性；（9）国家与公民等社会个体之间因财产所有权发生争议无法确定归属时，推定为社会的个体所有；（10）国家利益无条件服从个体利益。③

这些批判绝大多数是不成立的，是以假想的、完全虚构的对象来进行批判，是对权利本位的曲解和编造。“权利本位并不是个人利益至上”，“权利本位的呼声确实包含强调保护个人利益的意蕴，但是，个人并不是唯一的权利主体和利益主体。它所要求的仅仅是：任何权利主体的正当利益，无论是个人利益、团体利益还是公共利益，都必须受到社会的尊重和法律的保护。任何主体以非法形式侵害了其他主体的正当利益，都必须承担起相应的法律责任”。④上述观点之错误除了未对权利本位作哪怕是很简单的但很全面的观察之外，还

① 张千帆：“‘公共利益’是什么？——社会功利主义的定义及其宪法上的局限性”，载《法学论坛》2005 年第 1 期。

② 范进学：“定义‘公共利益’的方法论及概念诠释”，载《法学论坛》2005 年第 1 期。

③ 童之伟：“权利本为说再评议”，载《中国法学》2000 年第 6 期。

④ 郑成良：“权利本位说”，载《政治与法律》1989 年第 4 期。

应当来源于三个缺陷：对利益尤其是个人利益与公共利益之关系缺乏深入研究；对权利与利益之关系缺乏深入研究；对权利与法的关系亦未作深入分析。(1) 权利本位只是正当的利益本位，也可以说是正当的个人利益本位，而且也不宜在两者之间直接画上等号。事实证明，允许并鼓励个体充分行使法律权利，正是保障和促进公共利益，实现立法目标的必要途径之一。① 正当性的限制来源于社会共识、人类经验以及政治哲学的检验，绝非纯粹的个人利益本位。这种个人利益，实际上已经包含了公共利益、国家利益，考虑与权衡了各种集团利益。这种包含、考虑和权衡也主要是应然法意义上的。在实在法意义上，法律其实已经很少直接对个人利益或者其他利益类型进行考虑了，这时主要是分析法律权利与法律义务。利益论主要在法律解释和法律漏洞填补中尚有作用之余地。(2) 权利本位从未主张权利无边际、权利万能、权利无错等极端、片面、自相矛盾，也根本不符合法律实践的观点。(3) 法律权利是由法律所确定的，它不可能大于法，也不能小于法；自然权利是进行法律评价的标准和依据，但这并不意味着自然权利就大于法，就可以适用自然权利而“有法不依”。比如，生存权可以认定为一种自然权利，但在我国社会救济法实施以前，某个公民即便穷困潦倒，“吃了上顿愁下顿”，他也不能要求某个国家机关如民政局对其实施救济（作为义务之履行）。但我们可以根据这一权利要求国家实施社会救济，制定具体的法律规则。自然权利更多的是一种伦理观念、法律理念，它对于评价法律权利、法律义务的正当与否，对于推动法律的进步是不可缺少的。但无论如何，它不可能代替法律规范本身。

四、权利本位之意义

权利本位自然具有法本位之意义，其不同之处在于，权利本位的首要价值是尊重和保护权利。尊重和保护权利即是尊重和保护人，是国家进步、社会发展的基础。解放和发展生产力实质是解放人，通过人的潜能、智慧、积极性的保护和调动，即通过赋予主体各种权利和自由，并保证这些权利和自由及背后的利益的实现来达到，这与权利本位对法的理解相照应。② 社会主义法以权利为本位，有其巨大的社会作用和价值，是保护和开发社会生产力，发展社会主义经济的法律保障；是实现社会主义民主政治的保证；是培养和弘扬公民意识

① 张文显：《法哲学范畴研究》，中国政法大学出版社2001年版，第323页。
② 张文显：《法哲学范畴研究》，中国政法大学出版社2001年版，第386页。

的法律环境。[①] 主张权利本位，意在弘扬人的自主意识和主体精神，认可与扩充人们活动的自由空间；实现政治与经济、政府与企业、国家与市民社会的相对分离，彻底抛弃官本位、国家本位的封建遗迹，促进经济市场化、政治民主化、文化理性化和社会现代化。[②]

权利本位是社会的进步和人类文明的演进。人有追求幸福的权利，这也是人之本性和人类存在之目的。虽然不乏苦行僧，但这绝非人类普适的行为。为了最广大人民群众的根本利益，包括富裕、有尊严的生活、自由个性的发展和成长。“宁可坐在宝马车里哭，也不会坐在自行车后面笑”，这是扭曲的爱情观，其生成则与拜金主义泛滥及由此而形成的权钱交易和特权地位密切关联。其最终都体现为特权现象，都是对权利的背离乃至对权利的践踏。在这样一个社会，没有理想、没有梦想、没有崇高的精神追求，有的只是对金钱和物质的赤裸裸的崇拜和贪婪。为了钱，医生可以不救死扶伤；为了钱，教师可以不教书育人；为了钱，警察可以充当黑社会老大；为了钱，豆腐渣工程时有发生。其结果自然是人性扭曲、道德沦丧、人类文明的崩溃。对于权利的尊重和维护，是保障人格的尊严和独立，促进人性的自然发展，建立和延续社会道德的前提和基础。

权利本位对于法的形成和发展具有重要意义。本位观不同，对于法律尤其是法律规则的影响存在显著区别。但以权利为本位时，法律规则之设计，尽在实现权利，围绕权利而组织。权利本位对于法律适用亦具有重要意义。当相关法律规则不明确，或者存在冲突时，权利为先还是义务为先，会导致不同的法律适用结果。

五、权利滥用之禁止

权利本位从来不意味着“权利无限大”。“权利至上”其实并没有错，它并不意味着只要是行使权利就可以肆无忌惮：只要是驾驶自己的汽车，就可以醉酒、超速行使。吾人共处于社会，关系至为密切，一行一动，无不足以影响他人。各人行使其权利或防护自己之权利时，没可妨害他人之权利。[③] “权利并不意味着可以随心所欲，权利如同任何其他事物一样，也是有其限度的。拥

① 张文显：“从义务本位到权利本位是法的发展规律”，载《社会科学战线》1990年第3期。

② 张文显：《二十世纪西方法哲学思潮研究》，法律出版社2006年版，第427页。

③ 王伯琦：《民法总则》，台北国立编译馆、正中书局1979年版，第238页。

有了权利的同时，也就意味着拥有了限度，这也就是权利的相对性。”① 行使自己的权利不能妨碍他人的权利。任何权利都是有边界的，而非万能的。虽然一个穷困、被饥饿折磨得奄奄一息的人享有生命的权利，但他无权要求他的富有的邻居给他一碗饭吃。尽管他的邻居因此会被称为吝啬、冷漠、缺乏同情心，所有不道德的词汇皆可加于其身。“偷税漏税”、“贪污受贿”、“诈骗行窃”等极端利己主义社会现象和违法犯罪行为，与权利毫无联系。它们从来不具有正当性和合法性，它们根本不是行使权利的结果，而恰恰是对国家、社会、集体、个人的权利的蔑视和侵害。②

权利滥用，谓逸出权利的、社会的、经济的目的或社会所不容许的界限之权利行使。权利之行使，以加害于第三人之意思目的为之者，称为恶意的权利行使；违反公序良俗或权利人方面无正当的利益，或权利人因权利之行使所得利益极小，而于他人损害莫大，不能相比者，皆为权利滥用。包括欠缺正当利益之权利行使、为获取不当利益之权利行使、依侵权行为之权利行使、超过可忍受程度的损害之权利行使、所有权之滥用等。③ 权利之行使，应符合法律之客观目的，适合权利之客观任务。否则即属滥用权利，因之而致人遭受之损害，应负赔偿责任。④ 以“公共利益”作为控制私权行使的手段，适用之际，应予慎重，避免“滥用”，“私权的行使违反公共利益，多属间接，应严格认定”，“因公共利益而限制私权的行使，影响个人权益至巨，应由法律加以规范”。⑤

第四节　社会保险法之权利本位

社会保障法具有鲜明的以权利为本位的法的特征。社会保障法的首要任务是规定权利的享受和保障。权利是目标，权利是基础，权利处于基本的主导的地位。⑥

社会保险法规范的是社会保险，在某种意义上，社会保险法是促进社会保险事业发展的法，这样说其实是不恰当的。社会保险并非社会保险法最终的规

---

① 刘作翔：“权利冲突的几个理论问题”，载《中国法学》2002 年第 2 期。

② 张文显：《法哲学范畴研究》，中国政法大学出版社 2001 年版，第 323 页。

③ 史尚宽：《民法总论》，中国政法大学出版社 2000 年版，第 714 ~ 733 页。

④ 王伯琦：《民法总则》，台北国立编译馆、正中书局 1979 年版，第 240 页。

⑤ 王泽鉴：《民法总则》，中国政法大学出版社 2001 年版，第 554 页。

⑥ 史探径：《社会法学》，中国劳动社会保障出版社 2007 年版，第 179 页。

范对象，社会保险并非有自身价值的独立存在物。社会保险的目的在于满足公民在特定情形下的物质生活需要，舍此并无社会保险存在之意义。社会保险的核心在于满足主体的利益需求，而且是通过义务的配置来实现的，义务主体未履行义务要承担一定的责任。虽然这种责任尚未完全体现为法律责任，但这并不意味着它不应该体现为法律责任。例如，多重就业下工伤保险的参加，现实中几乎全部工伤保险经办机构都予以拒绝；困难企业未参保职工个人不让参加医保，或者企业退休人员众多，如果不给退休人员缴纳医保费，也不让参保，退休人员也无法享受医保待遇。根据目前的法律规定，社保经办机构这么做并不需要承担法律责任。但在这里是应当存在法律责任的。从这个关系分析，社会保险的核心即为社会保险权。《宪法》第 45 条规定："中华人民共和国公民在年老、疾病或者丧失劳动能力的情况下，有从国家和社会获得物质帮助的权利。国家发展为公民享受这些权利所需要的社会保险、社会救济和医疗卫生事业。"《劳动法》第 3 条规定："劳动者享有享受社会保险的权利。"社会保险是为社会保险权而存在，社会保险权是社会保险关系的核心。

一、社会保险权是基本人权

社会保险在一开始并不是作为一项人权提出来的。

作为社会保险的鼻祖，德国历史学派的社会改良思想为俾斯麦政府实施社会保险奠定了理论基础，这一理论主张是从社会安全角度出发的。该思想主张实施社会保险等一系列社会政策措施，自上而下地实行社会改革，以改善工人的劳动条件和生活条件，借以改变工人阶级的教养和心理状态，从而缓解劳资矛盾。对社会保障最早的经济研究应当归功于旧福利经济学的创始人庇古。庇古之所以提出经济福利思想，是为了缓解当时的劳资矛盾，维系社会安全。在其理论中，将社会福利与国民收入联系在一起，又将社会保障发展与国民经济发展联系在一起，从而使充分就业、经济安全等福利国家的目标具有了全社会的性质。凯恩斯的有效需求不足与国家干预理论，认为社会保障具有减缓经济波动的"减震器"的作用。①

在社会保险还不是一项基本人权的时候，并不是所有人甚至仅仅是少数人才能获得社会保险的庇荫。比如，工伤保险最早见于德国 1884 年《工伤保险法》。一方面，当年制定工伤保险法并非基于人权出发的。即便作为社会保险的一种，工伤保险的诞生是最早的，但其最初的目的不过是针对传统民事赔偿

① 褚福灵：《社会保障国际比较》，中国劳动社会保障出版社 2006 年版，第 40 ~ 45 页。

所导致的阶级对立状态以及社会之摩擦，以期解决劳资之严重对立。另一方面，当时很多人群并未涉及。1884 年的《工伤保险法》最初未超出雇用责任法的适用范围，即铁路、矿业和工厂；1911 年国家保险法制定颁布，才将农业、海上工伤保险纳入。① 目前，德国的国家保险法在理论上可以扩及所有人员，非依法律或章程保险之人员得自愿参加保险。

在非人权性的历史发展阶段，社会保险制度的构建，更多的是一种治国策略，政治上的考虑是极其重要的因素。对社会保险制度的内容及其实施，既难以作法律上的评价，也难以在道德上进行评判。

而发展到人权阶段，情形就完全不同了。社会保险权的实现状态及其完善程度，构成道德评判的基础，存在欠缺或失误时，政府及官员将受到公众和舆论的谴责，甚至会导致内阁成员引咎辞职。而且，它还构成法律评价的依据，相关义务主体因此将承担相应的法律责任。日本学者大须贺明认为，生存权是一种具体性的法的权利，而且以司法权为直接的承担对象；当然，为了使对生存权的侵害实际上能得到救济，必须要有赋予此种可能性的宪法诉讼制度的存在。② 申言之，人权性质下的社会保障（社会保险）权，不仅仅是一项具体的法律权利，而且是一项宪法基本权利，应当享受该权利而实际上却未享受到该权利时，甚至国家根本没有实施相关立法进而由此导致公民无法实际享受该权利时，均可以诉诸诉讼程序，寻求司法救济。救济的程序既包括一般的民事和行政法律程序，也包括宪法诉讼。

社会保险权是我国宪法所规定的基本权利。《宪法》第 45 条规定："中华人民共和国公民在年老、疾病或者丧失劳动能力的情况下，有从国家和社会获得物质帮助的权利。国家发展为公民享受这些权利所需要的社会保险、社会救济和医疗卫生事业。""基本权利的宪法规定是将抽象的道德意义上的权利实证化的表征，是获得法治国家承认和认可的那部分'人权'。"③ 社会保障不仅是当今世界众多国家正在实施的一项社会政策，也是社会发展到一定阶段公民应该享有的一项基本权利。④

在国际上，包含社会保险权在内的社会保障权是公认的人权之一。《世界

① 黄越钦、王惠玲、张其恒：《职灾补偿论——中美英德日五国比较》，台北五南图书出版公司 1995 年版，第 121 ~ 125 页。

② [日] 大须贺明：《生存权论》，林浩译，法律出版社 2001 年版，第 141 页。

③ 郑贤君：《基本权利研究》，中国民主法制出版社 2007 年版，第 4 页。

④ 褚福灵主编：《社会保障国际比较》，中国劳动社会保障出版社 2006 年版，第 7 页。

人权宣言》序言中说“对人类家庭所有成员的固有尊严及其平等的和不移的权利的承认，乃是世界自由、正义与和平的基础”。第22条规定“每个人、作为社会的一员，有权享受社会保障，并有权享受他的个人尊严和人格的自由发展所必需的经济、社会和文化方面各种权利的实现”。《经济、社会和文化权利国际公约》第9条规定：“本公约缔约各国承认人人有权享受社会保障，包括社会保险。”社会福利立法原来旨趣在于实现国民的生存权保障，即通过社会的保险，对儿童、母子、老人、残疾人的生活与工作等进行扶助或救援，在一定的程度上，救济他们因失业、伤病、老年、死亡事故等带来的生活的贫困化。生存权是在近代市民宪法所保障的人权宣言的体系中前所未有的崭新的基本人权。① 确认社会保障权为人权的基本内容，已成为社会保障制度中的重要原则。② 严格意义上的人权包括获得帮助权。作为共同体生活的一项原则，伙伴身份要求每个成员不能对其他任何成员漠不关心，并要在需要时提供力所能及的帮助。③

夏勇先生认为，人权主要有三个属性：第一，从人权的根据上看，人权是一种道德权利。人权在根本上是由道德而不是由法律来支持的权利。人权本身是不依赖法律而存在的。第二，从人权的主体和内容上看，人权是一种普遍权利。人权在理论上是不分种族、阶级、国籍、肤色、年龄、职位、身份等，由一切人享有的。第三，从人权概念产生的社会历史过程来看，人权是一种反抗权利。在观念上，人权诉求反映了人们反抗特权、反抗统治者压迫和剥削的愿望。④

任何东西只要违反了“人是目的”这个原则，都将变得毫无价值。⑤ 社会保障之目标正在于使人成为独立且有尊严之个人。人人享有社会保障已经成为我国的战略目标。一方面，国家通过法律的形式推进这一目标的实现。另一方面，政府正逐步加大对社会保障的投入，除了基本养老保险中央转移支付外，新农合、新农保、城镇居民医保的实施，对困难企业职工及退休人员参加养老保险、医疗保险，农村居民生育分娩的补助，从无到有、从少到多，政府的财政投入尤其是中央政府的财政投入是有目共睹的。社会保障已经成为一项道德

① ［日］大须贺明：《生存权论》，林浩译，法律出版社2001年版，第31页。

② 香伶：《养老社会保险与收入再分配》，社会科学文献出版社2008年版，第151页。

③ ［英］A. J. M. 米尔恩：《人的权利与人的多样性——人权哲学》，夏勇、张志铭译，中国大百科全书出版社1995年版，第171、165页。

④ 夏勇：《人权概念起源》，中国政法大学出版社2001年版，第169、170页。

⑤ 姚大志：《何谓正义：当代西方政治哲学研究》，人民出版社2007年版，第61页。

共识。如果一个企业没有承担社会保险义务，它在道德上是很难立住脚的。人人有追求幸福的权利。而在现代社会，没有社会保障，幸福生活多半只是难以企及的梦想。社会保障的缺乏与不足，已经成为制约中国经济发展的内生因素的重要原因。人人享有社会保障已经成为举国上下的共同诉求。让每一个身陷困境的人能够获得基本的生活保障，让每一个勤劳尽职的公民能够享受体面而有尊严的生活，是中国今后需要着力追求的公平和正义之所在。

社会保险权的人权性质，注定了社会保险法只能以权利为本位，更具体地说，应当以社会保险权为本位。以任何理由，包括所谓的“社会利益”（社会整体利益、社会公共利益）为借口，阻止、剥夺、侵犯社会保险权，都在更为根本的意义上违背了全国人民的根本利益。无论以任何理由剥夺、限制或侵犯，都是不正当的，也是不正义的，只能成为台面下“交易”和“妥协”的筹码，而搬不上台面。“现代国家，基于个人本位的需要，将一些对于个人来说普遍的、不可缺少的利益写入了宪法，成为个人的基本权利。这种基本权利带有极强的防御性和对抗性，不仅是其他人不能随意侵犯，即使是作为公共利益代表的国家和其他公团体没有正当的理由也不能侵犯之。”① 在主流的、显性的场合，尤其是在立法和法律的框架下，凡是涉及社会保险权的地方，社会保险权就是最大的社会利益，就是中国人民的根本利益。例如，在遭遇“金融海啸”的时候，企业的日子非常不好过，国家审时度势，及时出台了社会保险费的“缓、减”政策，困难企业可以延缓缴费时间，降低缴费费率，但这一切是以不降低和损害职工的社会保险权利为前提的，同时，国家继续提高企业职工基本养老金、提高医疗保险报销比例及限额。换句话说，当社会保险法是以促进、维护和实现社会保险权为目的时，它就符合社会的整体利益，两者是一致的，这样的社会整体利益是真正的社会整体利益；而当社会保险法为了所谓的社会整体利益而放弃社会保险权利时，这种所谓的社会整体利益必然只是少数人的特权利益。使政府对个人权利加以限制的东西只能是其他个人的权利，而不是多数人的权利，更不能是公共利益。在个人权利问题上，人数的多少是没有意义的。②

在现代社会，社会保障权是公民享有公民权的基础。“仓廪实而知礼节”，权利是作为社会福利的政治基础而与社会福利问题发生联系的。在现代社会，

---

① 胡锦光、王锴：“论我国宪法中‘公共利益’的界定”，载《中国法学》2005 年第 1 期。

② 姚大志：《何谓正义：当代西方政治哲学研究》，人民出版社 2007 年版，第 119 页。

福利是每一个社会成员所必须享有的权利。作为现代社会的基本政治观念，公民权利则是这样的资格：在一个政治地组织起来的社会或民族国家中，公民身份（the status of citizenship）使个人有资格要求社会或国家对他承担责任。换句话说，公民权利是指这样一种个人和社会（国家）的关系，个人被赋予正当的理由向社会（国家）要求得到某种能够保证自己和其他社会成员一样地位和待遇，以使他获得一种自由、合法地支配某些社会资源来满足自己需要的能力；而对于国家来说，则要承担起保证个人有充分的自由来进行他作为一个"私人"和"公民"（社会成员）所需要进行的正常活动的责任。①

社会保险权的人权属性，决定了对社会保险的规范和发展，只能以法治的形式进行，这是保证权力尽其职分，保证权力的规范运作，保证公民具体的社会保障权利实现的必由之路。前些年发生的非法使用社会保险基金的案件，正是这一认识的反面教训。"法治的关键就是两件事：其一，限制国家或政府（用其广义，即包括立法、行政与司法等所有的权威机构的广义政府）的权力；其二，保护民众的个人权利和自由。究其实质，限制国家或政府权力的目的还是为了落实后者，即保护民众的个人权利与自由。"② 在社会保障领域，如果不能实现法治化运行，腐败将不可避免，极端化事件依然会发生，违背中央精神、各行其是的现象将无法在最大限度上避免。

社会保险权的内涵及其实现的过程可以是有步骤的、循序渐进式的发展而非一蹴而就，这与权利本位并不矛盾。例如，新农保国家计划花 10 年时间完成全覆盖，实际时间虽然不会长，但除了个别地区可以在一两年内实现全覆盖，全国绝大部分地区在短期内是不可能实现的，必然要经过一段时间的逐步发展。再如，虽然有关部门也在考虑城镇居民基本养老保险的问题，但是将未参加企业职工基本养老保险的城镇居民纳入养老保险体系，尚没有具体的方案和思路，这部分人员的养老保障问题暂时还不能通过社会保险的方式予以保障。虽然他们都享有社会保险权利，但却不能同时获得养老保险权利，这是一个悖论，但却是很难化解的悖论。事实上在任何国家，都难以完全解决这一问题 。在中国这个人口众多、地区间经济发展水平差异巨大的国家，这一现象更为突出。在实体上，这一现象并不违背人权的要求，差异化的发展是可以符合平等原则要求的。该问题只是在于，应当保证这种差异化是必须且合理的。

① 钱宁：《社会正义、公民权利和集体主义——论社会福利的政治与道德基础》，社会科学文献出版社 2007 年版，第 206～214 页。

② 李运华："论社会保险法治与社会保险权的实现"，载邓大松、李珍主编：《社会保障问题研究》（2005），中国劳动社会保障出版社 2006 年版。

随着社会的发展，社会保险权的内涵也会逐渐深化。新农保制度的发展已经说明了这一点。新农合对女性参合人员分娩费用的支付、城镇居民医保对参保女性分娩费用的支付也说明了这一点。与这一过程相似，养老保险要不要支付参保人员死亡后的丧葬费、遗属的供养待遇？医保、工伤要不要支付就诊者的交通费、住院伙食补助费、康复费用、辅助器具费用？失业保险要不要支付失业人员的培训、深造费用？有些现在可以作出肯定的回答，有些可能还难以回答，但绝不意味着将来不能作出肯定的回答，这是历史发展的必然。例如，日本最低生活保护制度，从维持最低限度的生活，到发挥人之所以为人而具有的自主独立的可能性，使其适应社会生活，培养、帮助其具有的潜在能力当然应该成为生活保护制度的目的。① 这些处于发展中的保护项目并不都具有可诉性。

二、社会保险权为社会保险关系之核心

（一）实现社会保险权是社会保险法律关系发生之目的

新中国的社会保险制度发端于新中国成立初期的《劳动保险条例》，其目的为“保护工人职员的健康，减轻其生活中的困难”。“文革”之后，《国务院关于安置老弱病残干部的暂行办法》和《国务院关于工人退休、退职的暂行办法》（国发〔1978〕104号）颁布实施，有些规定一直延续至今。104号文件规定，“老年工人和因工、因病丧失劳动能力的工人，对社会主义革命和建设做出了应有的贡献。妥善安置他们的生活，使他们愉快地度过晚年，这是社会主义制度优越性的具体体现，同时也有利于工人队伍的精干，对实现我国的四个现代化，必将起促进作用”。从20世纪80年代开始的养老保险制度改革，在很大程度上也是作为国企改革的配套措施进行的，尚没有从权利的角度确定社会保险改革发展的目标。这是有其历史阶段性的。毕竟，权利的内容也是在不断演进和扩展的。最迟在2004年“社会保障”入宪时，包括社会保险权在内的社会保障权，已经成为国民的基本权利。

社会保险就是要通过社会化的手段，解决人类在繁衍、生活中遇到的社会风险。社会保险权的内容之一就是界别社会风险及保障项目。从经验来看，社会风险包括生、老、病、死、伤残，但并非只要涉及生、老、病、死、伤残，就都纳入社会保险保障范围。

第一，社会保险只是社会保障的一个子系统，虽然是最为重要的一个子系统。社会保障的保障范围同样是社会风险，但是保障的程度和方式存在区别。

---

① 韩君玲：《日本最低生活保障法研究》，商务印书馆2007年版，第118～120页。

在社会风险中需要确定哪些是社会保险的保障对象。这既有经验的问题，也有认识的问题。社会保险的保障范围，一旦上升为法律，最终都要体现为具体的法律关系。保障范围的增加，也就意味着新的社会保险法律关系产生。例如，当国家实施新农保制度时，自然就产生了政府、新农保经办机构、农村居民之间的（新型）农村社会养老保险关系。政府财政没有拨付到位，经办机构可以要求政府财政支付责任（在我国现阶段，农保经办机构恐怕还不能提出这一法律主张，尤其是地方农保经办机构针对中央财政。这其实是和我国的法治状况、预算法的现状有关，并不表明农保经办机构没有或不应当有这样的法律权利），符合条件的农村居民可以向农保经办机构主张支付待遇，并提出相应的法律诉求。我国现阶段的特点是政策与法律相混同，政策具有替代法律的功能。这一现象由很多的因素所致。通过政策而非法律实施新农保，只说明法律制度的不完善，并不能否认新农保法律关系的产生。

第二，社会保险项目的实施，受经济社会条件制约，这和权利的发展是一致的。例如工伤康复，至少在政府主管部门，已经充分认识到其是工伤职工应当享受的工伤权利之一，但目前还不具备全面实施这一具体项目的条件。最基本的限制就是缺乏康复人才，短时间内无法草拟康复标准也制约了康复事业的发展，当然还有其他因素。因此，现在一名工伤职工要求工伤保险经办机构对其进行康复，法律还难以实现。第三，司法的现实状况与相关社会保险法律关系的产生与否并无本质关联。例如，一些社会保险经办机构会“选择性执法”，只允许某些用人单位及其职工（退休人员）参加社会保险，而拒绝某些用人单位及其职工（退休人员）参加社会保险。这主要体现在城镇职工基本医疗保险、工伤保险上。前者主要是退休人员过多，后者主要是工伤事故风险太大。针对这种“选择性执法”的状况，有其现实的背景和土壤，但并不表明这种参保和社保待遇享受的法律关系是不存在的。事实上其是存在的，只是实现存在困难而已，或者法律救济程序不足。

在《宪法》及目前的社会框架下，新的社会保险法律关系的产生在本质都与社会保障权（社会保险权）有关。在国家出台新农保政策以后，人力资源社会保障部副部长胡晓义接受中国政府网专访表示，在农村通过试点逐步解决农村制度化的老有所养问题，建立这样一项制度首先将有助于缩小城乡差别，打破城乡的二元经济结构，使我们的农村居民逐步实现老有所养；其次，也是为实现党中央提出的到2020年建立覆盖城乡居民的社会保障体系的重要举措，这是中央采取了一系列重大惠农政策之后的又一项措施，有利于农民得到实实在在的好处；最后，这也是应对当前国际金融危机对我们国家的影响，促进消费、拉动内需，特别是促进农民这样一个广大群体的消费需求来保持经济的持续、稳定发展的又一重要举措，所以它的意义也是多方面的。①

（二）实现社会保险权是社会保险法律义务设定之根源和目的

长期以来，我国建立和实施社会保险制度，并非以国民的基本权利为目的，而是“为企业减负”、“为了社会稳定”、“是对国民的恩惠、褒扬或照顾”；即便到了21世纪，这一观念仍然有着深远而普遍的影响。“积习”之所以难改，与我国数千年文明史讲求“奉献”忽视个人权利的传统是有密切关系的。社会心理的改变是最为困难的。男女平等享有继承权的法律规定从《继承法》算起也有二十多年时间，而实际的法律规定则更早。然而至今“子继女不继”仍有很大的影响。但这一现实并不妨碍我们确立男女平等的继承制度，习俗中的继承惯例并不能对抗法定的继承权利。这在社会保险权利义务的配置中应同样如此。

在社会保险具体制度设计、在社会保险权的实现过程中，上述不以权利为出发点的社会保险制度观依然具有现实的影响力。例如，在存在多个用人单位的情况下，工伤保险经办机构拒绝第二个以上的用人单位再为劳动者缴纳工伤保险费，工伤保险经办机构缺乏相关义务；工伤保险待遇，如伤残津贴、护理费、供养亲属抚恤金，绝大多数仍通过用人单位代发，由此导致一些工伤职工或其家属无法及时获得待遇，乃至发生争议。医疗保险中对医院（医生）使用自付医疗项目、药品等缺乏良好的控制，普通参保患者的自付比例偏高，参保患者对医疗机构的选择和评价权利的不足。养老保险中重复缴费的处理：个人账户合并计算，统筹部分“充公”，理据不足；在到达退休年龄，缴费年限不足15年时，允许“前补后延”的规定不明确，随意性大，对养老保险经办机构的约束极其薄弱。

任何法律关系都是权利和义务的关系，任何法律关系都要对权利和义务的分配作出明确的规定。当坚持社会保险的管理属性、维护社会稳定作为首要功能时，在社会保险法律关系中必须要给社会保险行政、经办机构设置较少的义务，以保证他们有更为充裕的裁量职权，相应地，就要给被保险人、用人单位设置更多的义务，而赋予他们较少的权利。这样的权利义务配置必然会影响社会保险权的实现。例如，医疗保险具有分散用人单位医疗保障责任的功能，工伤保险的一大目的就是分散用人单位的事故风险。在“选择性执法”，拒绝特定用人单位及其职工（退休人员）参加社会保险的情况下，用人单位只能自己承担保证责任，而劳动者可能因此完全或部分无法获得保障。由于权利义务配置的失当，一些参保人员社会保险权利无法实现，如到龄没法退休、无法享

① http：//www. gov. cn/zxft/ft188/.

受医保待遇。

在已确定社会保险之基本权利属性的前提下，基本权利就是最大的社会利益，是由全国人民及全国人民代表大会确认的公平和正义。“即使以社会整体的名义，正义也是不可侵犯的。既不能为了更多人的更大利益而剥夺少数人的自由，也不能为了更多人的更大利益而牺牲少数人的利益。在一个正义的社会里，公民基于正义的权利是确定不移的。”① 由于权利义务配置的失当导致社会保险权无法实现，是对宪法规定的基本权利的违反。

事实上，完善的、以权利为本位的社会保险制度将有助于建立更加和谐、更加稳定的社会。反思发生的社会保险社会事件，如“开胸验肺”，实际都是对权利本位的背离。以社会保险权利为本位，社会保险义务的设置要以社会保险权为核心，要考虑社会保险权实现的障碍、难点，有针对性地配置义务，保证权利与义务对应、义务的周全性。只有将社会保险权作为社会保险义务设置的起点和依归，才能保证社会保险权的实现“有法可依”。

（三）社会保险权实现与否是检验社会保险法律规范有效性的标准

社会保险权的实现不仅与义务的对应性和周全性相关，还与其有效性呈正比关系。随着国家对社会保障事业的日益重视，社会保险立法进程加快，政策的出台也呈现“密集攻势”，社会保险法律规范或“法律性”规范越来越多，社会保险权的覆盖范围和规范程度得到进一步提升。但是，一个重要问题一直没有得到很好地解决：规范的有效性。

我国社会保险“碎片化”的现象较为明显。例如养老保障，有传统的机关事业单位的退休制度，有机关事业单位养老保险、城镇企业职工基本养老保险、新型农村社会养老保险、综合保险，计划中还要搞城镇居民基本养老保险，原本还要搞农民工养老保险，现处于停滞状态。医疗保险也存在这种状况。学者认为，“碎片化”不利于社会公正，不利于社保制度的长期建设。② 更为重要的，“碎片化”的状况必然影响被保险人的社保权益的实现。主要影响是：(1) 导致社保权益直接“流失”。例如，职工在国家机关与企业之间的流动，劳动保障部、财政部、人事部、中编办《关于职工在机关事业单位与企业之间流动时社会保险关系处理意见的通知》（劳社部发〔2001〕13号）规定：“职工由机关事业单位进入企业工作之月起，参加企业职工的基本养老保险，单位和个人按规定缴纳基本养老保险费，建立基本养老保险个人账户，

① 姚大志：《何谓正义：当代西方政治哲学研究》，人民出版社2007年版，第23页。

② 郑秉文：“中国社会保险‘碎片化制度’危害与‘碎片化冲动’探源”，载《甘肃社会科学》2009年第3期。

原有的工作年限视同缴费年限，退休时按企业的办法计发基本养老金。其中，公务员及参照和依照公务员制度管理的单位工作人员，在进入企业并按规定参加企业职工基本养老保险后，根据本人在机关（或单位）工作的年限给予一次性补贴，由其原所在单位通过当地社会保险经办机构转入本人的基本养老保险个人账户，所需资金由同级财政安排。”但实际上，这种补贴以及视同缴费年限的认可，绝大部分跨统筹区都没有执行。（2）增加被保险人处理不同制度接续的成本，包括时间、精力和经济支出，导致消极利益损失。（3）不同制度之间的衔接缺失，也为将来的衔接或制度的一体化增加了困难，这也会间接地影响到被保险人社会保险权的实现。

社保转移规范的有效性。国务院办公厅《关于转发人力资源社会保障部财政部城镇企业职工基本养老保险关系转移接续暂行办法的通知》（国办发〔2009〕66号）对企业职工基本养老保险关系的转移接续作了比较明确的规定。其第7条规定：“参保人员转移接续基本养老保险关系后，符合待遇领取条件的，按照国务院《关于完善企业职工基本养老保险制度的决定》（国发〔2005〕38号）的规定，以本人各年度缴费工资、缴费年限和待遇领取地对应的各年度在岗职工平均工资计算其基本养老金。”该办法还认可了视同缴费年限的接续。《流动就业人员基本医疗保障关系转移接续暂行办法》（人社部发〔2009〕191号，自2010年7月1日起实施）第7条规定：“城镇基本医疗保险参保人员跨统筹地区流动就业并参加新就业地城镇基本医疗保险的，由新就业地社会（医疗）保险经办机构通知原就业地社会（医疗）保险经办机构办理转移手续，不再享受原就业地城镇基本医疗保险待遇。建立个人账户的，个人账户原则上随其医疗保险关系转移划转，个人账户余额（包括个人缴费部分和单位缴费划入部分）通过社会（医疗）保险经办机构转移。”而在实际中，医疗保险关系的跨省转移，还是一个无法解决的问题。社保转移规范的有效性并不高，这直接影响了社会保险权的实现。

在工伤保险中，工伤保险权利得不到实现的情况也不少见。其中最为典型的就是“工伤私了”，即工伤职工没有依照《工伤保险条例》规定的工伤认定程序申请工伤认定、依照法定的标准主张工伤保险待遇，而是与用人单位协商解决，通常最终获得的补偿标准要低于法定标准。有的甚至参加了工伤保险的工伤职工，也会选择“私了”。我们无法埋怨这些工伤职工为什么放弃自己的权利。谁会愿意放弃自己的权利，尤其是在急需用钱的时候？这不过是无奈的选择罢了。当然在法律上，这也是不正当的，可以认定该行为是无效或可撤销的，因为它是在乘人之危的情形达成的。但无可否认的是，有相当多的“私了”者在事后依然不会主张自己的权利。

社会保险规范的有效性，实即社会保险法律规范的实效性。法谚说，没有效力的法律不是法律。如何判断法律有没有效力，社会保险权的实现是最为重要的标准。应当以社会保险权为出发点，考察社会保险法律规范的有效性，并进而进行更为严密的立法设计。

三、社会保险法的发展即是社会保险权的发展

（一）社会保险权的实现程度推动着社会保险法的发展

从上面的分析可以得出，社会保险权没有实现，实现程度较低，或者实现的成本过高、障碍过多，都意味着社会保险法的目的没有实现，或者只是部分实现。宪法所规定的基本权利没有得到充分彰显，说明我国社会保险法律体系及法治状况是不健全的。这一状况必然推动着我国社会保险法治的发展。

应当及时总结社会保险权的实现状况，并进行深入的理论研究，剖析社会保险权实现难的原因，有针对性地提出解决方案，并将之提炼为法律规则。要注重进行体系化研究，避免头痛医头、脚痛医脚的治标不治本的方案；要注重法律规则与法律原则、法律概念的配合使用，既要避免泛泛的、原则性的政策规定，给实施留下了巨大的不确定性，又要避免事无巨细，过于细化，限制了地方的补充性与灵活性。就我国制度建设的总体现状而言，原则性有余，而规范性不足。

社会保险法的发展，应当以社会保险权为核心，围绕社会保险权的实现发现和生成社会保险法律规则。当然，社会保险权并不是法律体系构建的唯一依据。我们还需要考虑法整体的目的、原则，经济社会发展的状况。欲速则不达，这对于社会保险权的实现来说同样适用。

（二）社会保险法的发展往往会诞生新的社会保险权利

基本权利不仅仅是社会保障权利，社会保障权利也不仅仅是社会保险权利。我们要善于从相关的基本权利、从公平与正义的法之目的、从人的更为全面的发展角度思考社会保险法的发展，这会有利于创造和发展新的社会保险权利。例如生育保险权利。在我国目前，有生育保障的女性，包括参加了生育保险的女职工（有的男职工的配偶也可以享受）、参加了城镇居民生育保险的女性、参加了新农合的女性，从2000年开始的中西部农村孕产妇“降消”项目（即降低孕产妇死亡率、消除新生儿破伤风），2009年开始实施全国性的农村孕产妇住院分娩专项补助，有助于进一步提高农村孕产妇生育保障水平。但是，仍有相当女性无法享受生育保障。根据全国人口计生委统计，我国2008年全年出生人口1608万人，以平均产前检查费用500元/人，分娩住院费用2000元/人计算，也就是400多亿元。这并非一个不可企及的数字。如果说在

中国要实行国民保险，第一个恐怕就是生育保险。新农保的诞生，则标志着农村居民养老保险权利的生成，虽然这是由社会保险政策所实现的。

从社会保险法的文本来看，它只是对现有社会保险权利的确认，是对现有社会保险法律关系的认可。但社会保险政策所能达至的对于权利的促进，社会保险法同样能够实现。关键是我们做了什么，研究的成效怎样。

（三）社会保险法律实践与社会保险权的发展

社会保险实践对社会保险权的意义，几乎可以和社会保险实践对社会保险法的意义相提并论。与在许多国家理论指导实践、立法先行，在法制化的轨道上发展社会保险不同，我国几乎所有的社会保险法律规范都是在实践的基础上发展、总结出来的，摸着石头过河，一直是我们的特色，这实际并非最佳的路径选择，这一现实同样深深影响了我国社会保险权的发展。

社会保险争议案件的增多，为社会保险法制的发展提供良好的镜鉴。我国社会保险法律规范不健全，无法全面、充分地确认和保护社会保险权，不仅实践中易生争议，且争议发生后很多难以解决，甚至法院干脆不予受理。不管争议是如何解决的，或者能否得到解决，都应当对争议予以关注，并思考社会保险权的有无及实现问题。例如，各地通常对已经办理了退休手续并领取养老金的人员，其在职期间的养老保险费争议（少缴了养老保险费）不予受理，不予补缴。少缴费，必然导致养老保险权利受损，因为退休了就不应当获得救济吗？再如，很多地方的新农合政策规定，参合女性外地生育，不予报销相关分娩费用；有的规定，不在协议医疗机构生育，不予报销分娩费用。此种“强制性选择”不侵犯社会保险权吗？

立法（社会保险权之完善）不仅要吸收司法机关的意见，更要充分借鉴地方政策。例如，不少地方规定，男性参加生育保险，而其配偶没有生育保障的，生育保险亦应支付生育费用。实践先行，由实践上升到理论，是我国的现实，这同样也是我国社会保险法的生成之途。

四、社会保险权之强化

（一）作为指导思想和社会理念的社会保险权

权利是创设的，它们并非不可侵犯。它们无法通过诉诸更高层次的道德（不论是个人主义的道德还是社会主义的道德）加以保障。相反，它们必须通过非常确定、具体的社会实践加以保障。① 中国的现实正是如此。虽然我国社

① ［澳］迈克尔·R. 达顿：《中国的规制与惩罚：从父权本位到人民本位》，郝方昉、崔洁译，清华大学出版社2009年版，第403页。

会主义道德有明确的内涵和要求，包括“八荣八耻”，但道德的缺失已经是不争的事实。不仅更高层次的文明标准未能成为人们的普遍行为标准，一些传统的标准也在逐渐更新丧失历史。在对行为的规范上，如果法律缺失，司法、行政不作为，仅仅寄希望于道德，并不能从根本上解决社会问题。在缺乏道德信仰的背景下，只能依赖于自身的“严刑峻法”，法律才能获得自身的生存空间，而不仅仅是“橡皮图章”。而首要一点，便是突出社会保险立法及社会保险政策的制定，核心均在社会保险权。从宪法的基本权利到立法与政策的指导思想，再到社会理念，社会保险权才能得到真正的尊重、维护和实践，社会保险法才能成为一部有生命力的良法。

（二）建立科学的社会保险考核指标

在各种机构和组织中，政府仍具有较强的公信力，老百姓遇事更多愿意找政府而不是选择法院便是真实的写照，同时，行政权力在社会各种权力中仍占据优势，我国社会保险的发展，首先必须依赖于行政机构及具有行政职能的相关机构。简而言之，没有政府对社会保险权的尊重、维护和追求，便没有社会保险权的真正实现。而实现此点行之有效的方式，便是将社会保险权分解为若干指标，作为相关政府机构及公务人员的考核标准。这需要通过完全公务员管理体系实现。

第六章　社会保险法体系

如果实践或理论已经认为公民应当享受的社会保险权利，却没有在社会保险法中规定，这是为什么呢？是由于立法者的疏漏还是故意不为？如应当实施基本医疗保险，或者某个企业应当纳入基本医疗保险，但社会保险经办机构不予接受，导致企业职工无法享受实际的社会保险权利，社会保险法不应当对此予以规范吗？又为什么没有规定呢？劳动者可以与不同用人单位建立劳动关系，工伤保险因其特殊性必须允许"多重"参保，但实践中，社保机构不允许重复参加工伤保险应怎么办？

我国社会保险事业的发展，是实践（包括政策实践）推动理论（尤其是立法理论）与立法前行。法律的实施之日，很可能就是过时之日。无论是在理论上还是实践上，20 世纪的法律都越来越不被看做是一个连贯一致的整体、一个体系和一个法令大全了，而越来越被视为一盘大杂烩。① 这个说法可能有点言过其实，但确很令人警醒。

当社会保险法已经规定一项权利时，但在实践中却无法实现，我们如何理解这个"法"？社会保险法法律规范之间以及社会保险法法律规范与其他法律规范之间的冲突如何避免与解决？《社会保险法》第 14 条规定："个人死亡的，个人账户余额可以继承"。既然可以继承，就应当属于遗产，适用继承法吗？个人账户的养老金余额不属于夫妻共同财产吗？这是基本养老保险，那么基本医疗保险的个人账户又怎么办？

答案或在社会保险法的体系化。体系化虽然不能解决全部的法律漏洞（由于人类认识能力的限制及现实生活的复杂性与发展性，这是必然存在的）及法律冲突问题，但其可以在相当大的程度上化解现有法律文本中多数缺陷，最大限度地吸收现有研究成果，避免一部"低水平的"、"粗糙的"、"政策性的"法律的出现。

我们经常宣称，我们已经建立起了一种法律体系。由立法或有权机关

---

① ［美］伯尔曼：《法律与革命：西方法律传统的形成》，贺卫方等译，中国大百科全书出版社 1993 年版，第 44 页。

(按照部门法划分)制定出一堆规范性法律文件，就可以称为法律体系了吗?富勒列出了“滥用溯及既往性立法”等八种导致法律体系流产的情形。在社会保险法的制定过程中，我们应当努力避免这八个方面问题的出现。我们不能完全排除，但我们应当尽可能避免。

用体系化之思考方式，构建起社会保险法的体系，对于社会保险立法(社会保险法及其他社会保险法规、规章)是必不可少的。

第一节 何谓法律体系

一、部门法体系

根据1949年中华人民共和国成立以来法学理论学科的传统解释，法律体系通常指一个国家的全部现行法律规范组合为不同的法律部门而形成的有机联系的统一整体。① 这是“比较狭窄”的理解。② 事实上，在国外，仅前苏联和一些东欧国家的法学著作中，才将部门法体系称为法律体系。③

这一传统法律体系概念的主要贡献在于部门法体系的确立。但这个“有机联系”是什么?是如何“统一”为“整体”的?却没有明确地揭示出来。原劳动部《关于实行劳动合同制度若干问题的通知》(劳部发〔1996〕354号)规定:“用人单位招用职工时应查验终止、解除劳动合同证明，以及其他能证明该职工与任何用人单位不存在劳动关系的凭证，方可与其签订劳动合同。”由于这一规范性文件不属于《立法法》规定的法律范畴，仲裁及司法裁判通常不能直接引用，在裁判依据上通常径以“根据劳动关系唯一性理论”否定双重劳动关系之成立。劳动保障部《关于实施〈工伤保险条例〉若干问题的意见》(劳社部函〔2004〕256号)规定:“职工在两个或两个以上用人单位同时就业的，各用人单位应当分别为职工缴纳工伤保险费。职工发生工伤，由职工受到伤害时其工作的单位依法承担工伤保险责任。”由于根据《工伤保险条例》的规定，工伤的成立是以劳动关系为前提的，这里事实上承认双重劳动关系的存在。劳部发〔1996〕354号和劳社部函〔2004〕256号对待双重劳动关系完全持对立态度的法律文件是否属于法律体系(劳动法律体

① 《中国大百科全书·法学》，中国大百科全书出版社2006年版，第78页。

② 刘海年、李林主编:《依法治国与法律体系构建》，社会科学文献出版社2008年版，第1页。

③ 《中国大百科全书·法学》，中国大百科全书出版社2006年版，第78页。

系）；劳动关系“唯一性”理论属于法律体系（劳动法律体系）吗？如果都属于，如此对立的规则怎么会是“有机联系的统一整体”；如果不属于，为什么又得到司法机关的适用？

这个传统定义表明它是一个国家的全部现行法律构成的整体①。首先，法律体系是指在一个区域内（国家或者地区）的系统存在和运行的法律整体。②完全对立的法律规则很难都属于一个法体系。其次，部门法体系是一个国家的法律体系的组成部分。如果说部门法不是一个法律体系，那么部门法的法律规范集合在一起是什么呢？是一堆杂乱无序的堆积物吗？如是，那么十几堆杂乱无序的堆积物又怎么能形成一个“有机联系的统一整体”的法律体系呢？法律体系的范围有大有小，一个小的法律体系的成立不一定意味着大的法律体系的成立。法律体系之间是可以存在冲突的。“实在法的这种多样性决定了有必要严格划分它的支配范围，以确定不同实在法各自的界限。唯有通过这种划分才有可能确定产生于有关特定案件裁决的不同实在法体系冲突之中的所有问题。”③ 但如果子法律体系不能成立，一个大的法律体系自然无法构成。

二、法律体系的界定

（一）法律体系是多义的

人们常常将规范之间的相互联系称为“法律体系”。④ 它是指一定区域内的全部法律按照一定的逻辑结构所构成的有机联系的整体或总和。这层意义上的法律体系，所强调的乃是“逻辑家族”的相似性。⑤ 但是，这个定义是非常抽象的。它实际上仅仅指出了法律整体之间模模糊糊的一种认识。这种认识的内涵及其判断标准都是不明确的。

我国学者也试图进一步揭示法律体系的内涵。法律体系的构成，还包括“法律的渊源体系、法律的构成体系、法律的规范体系和法律的效力体系等”。法律的渊源体系是指由一定权威机关依照法定程序制定的以规范性文件表现出来的法律，包括宪法、法律、行政法规、部委规章、地方性法规、民族自治条例和单行条例、条约等组成的体系。法律的构成体系主要指由法律的格式和体

---

① 张文显主编：《法理学》，法律出版社 2007 年版，第 148 页。

② 钱大军、马新福：“法律体系的重释——兼对我国既有法律体系理论的初步反思”，载《吉林大学社会科学学报》2007 年第 2 期。

③ ［德］弗里德里希·卡尔·冯·萨维尼：《法律冲突与法律规则的地域和时间范围》，李双元等译，法律出版社 1999 年版，第 1、2 页。

④ ［德］魏德士：《法理学》，丁晓春、吴越译，法律出版社 2005 年版，第 65 页。

⑤ 谢晖、陈金钊：《法理学》，高等教育出版社 2005 年版，第 43 页。

例所构成的布局合理、结构完整、逻辑严密、搭配得当的表现法律形式的有机整体。法律格式包括“标题”、“序言”、“目的条款”、“法源条款”、“定义条款”、“时间条款”、“责任条款”、“授权条款”、“除外和但书条款”等，法律体例指法律条文的篇章结构。建构“法律的规范体系”，首先要保证假定、处理与后果在法律体系中的合理搭配，其次要注意各类法律规范之间的协调。法律的效力体系主要是按照逻辑关系建构的，依据立法主体的权力位阶，形成了法律效力的位阶体系。[①] 这里的“法律的渊源体系”实即规范性法律文件体系，它和效力体系是有密切关联的，即通常来说，不同的法律渊源代表了不同的法律效力的位阶。但是，这样的分类没有揭示出法律体系的本质内涵：它没有回答一定权威机关依照法定程序制定的规范性文件是不是都属于法律渊源。如果回答是否定的，这种分类对于揭示法律体系的意义就没有太大作用；如果回答是肯定的，则与事实、人类认知和辩证唯物主义相违背。它也没有回答一个现实的法律文件或条文组成的整体是不是一个法律体系的问题。“法律的构成体系”实即某一法律的条文体系，一方面，它没有反映出一个国家整体的法律体系的含义；另一方面，它也没有提供这些条文所组成的整体是不是就是一个法律体系的答案。

（二）法是法律体系的基础

法律体系是由法组成的。如果认为法只是立法者的命令条款，那么法律体系只能是诫命体系；如果认为法包括一般原则与原理（如基本权利、不溯及既往的观念），那么这些原理、原则、伦理观念便也是法律体系的组成部分；如果认为只要司法机关适用的便都是法律体系的组成部分，如果司法机关可以适用矛盾的、完全相反和对立的规范和解释，那么法律体系就可以是一个矛盾的、不能发挥体系作用的综合体；而如果认为司法机关只是法律的“奴仆”，那么司法机关违背立法的裁判结果，下级法院违背上级法院的裁判，则都不是法律体系的组成部分。关于法的不同认识对于判定法律体系及其作用的发挥具有基础作用。

我国的通说认为，法是指由国家专门机关创制的，以权利义务为调整机制并通过国家强制保证的调整行为关系的规范。[②] 这一定义有其合理性。但是第一，它和几百年前分析法学派所提出的“主权者命令说”有何区别？第二，日本帝国主义制定的征用中国劳工的规范是法律吗？或者日本帝国主义分子征

① 刘海年、李林主编：《依法治国与法律体系构建》，社会科学文献出版社 2008 年版，第 5～21 页。

② 张文显主编：《法理学》，法律出版社 2007 年版，第 102 页。

则适用行政复议和行政诉讼程序。两者均无法完全适应社会保险争议的特殊性。如医疗、工伤、生育保险均涉及医疗问题，与医疗机构发生争议简单适用民事诉讼程序是不当的，因为参保人员与医疗机构发生治疗关系并不是单纯依据自己的意愿自由选择和决定的过程或结果，在很大程度上三大保险均发挥了重要作用。再如养老、医疗、失业、生育保险均存在转移接续和异地享受待遇的问题，有的很能涉及若干地方，一旦在最终的待遇上发生争议，如何选择诉讼管辖地？无论是民事诉讼还是行政诉讼规则，均无法提供答案，也不宜按照民事或行政诉讼规则处置。（2）法律责任规则的缺失导致社会保险维权成本加大，甚至成为维权的障碍。“开胸验肺”事件即显示了职业病维权的艰难境地。而造成这一状况的主要原因就是法律责任的欠缺。即职业病法律保护并非没有，只是法律制裁的规定没有或不能发挥威吓作用，用人单位、行政部门、职业病诊断鉴定机构违法或不履行法定职责的成本过低，法律规定形同虚设。另一大现象是劳动仲裁超期限已成常态。在北京地区，从申请仲裁到仲裁裁决书送达，需要半年左右时间的已经成为普遍状态，不仅远远突破了法定的45天期限，连新规前的2个月的期限也远远超过。

（三）社会保险法既是实体法也是程序法

鉴于我国未实行独立的社会保险裁审及诉讼机制，在维持限制司法体系的状况下，应当研究和区分社会保险争议与其他争议的区别之所在，对社会保险争议的特殊裁审规则和机制作出明确规定，这就决定了我国现阶段的社会保险法应当既是实体法也是程序法。《社会保险法》的条文内容主要是实体性的，程序法规范几乎没有涉及，如果没有社会保险的程序性规定，特别是社会保险争议的救济程序不能解决，社会保险法体系当属阙如。

有一种思路，程序性规定留待行政法规、部门规章乃至其他规范性法律文件规范，如部发文件——社会保险经办规程的形式发布。这种处理方式有两个主要缺陷：首先是这种文件很难约束司法机关，更谈不上确立诉讼制度了。依据我国立法法的规定，诉讼制度方面的设立只能由基本法律规定，部门文件根本无权设立具体的诉讼制度。由于其立法层次太低，即使涉及有关程序性规定，司法机关也很难适用。其次，社会保险程序性规定在非常多的意义上是限制行政机关及社会保险经办机构的，由部门文件来设定程序时，很难解决偏私的问题。

从长远考虑，笔者认为，建立独立的社会保障法庭（法院）机构，施行独立的社会保障争议解决与诉讼机制更为合适。毫无疑问的是，在社会保险争议中，行政机构的作用是无法取代的。即使在“民事”性质的争议中，如基本医疗保险的参保人员与医疗机构发生的医保范围以外的费用争议，其中就应当涉及定点医疗协议的问题：医保机构与医疗机构签订的协议应当就医保范围外费用的比例、范围、标准、发生方式进行控制；参保人员与医疗机构的争议必须考虑和参考协议与管理问题；医保机构应当在特定情形下参与该争议的协商与解决。换言之，社保争议不可能做到“与社保机构无涉”。因此，在社会保险争议的解决中，有两点是必须考虑的：第一，是否需要“社保”前置的问题，即是否由社保机构或独立的社保仲裁机构前置争议解决。第二，在诉讼程序中，考虑社保机构或社保评价机构或专家的意见，亦即，社保争议不可能由纯粹的普通法官解决。那么，独立的社会保障争议解决与诉讼机制可能就是更好的选择。

三、立法理路不明晰

《社会保险法》由总则、五大险种、社保费征缴、社保基金、社保经办、社保监督、法律责任和附则十二章组成。从内容来看，分为横向（五险）与纵向（征缴、基金、经办与监督）。这是管理体系的体现，即首先确定作为管理对象的五大社会保险，然后按照社会保险的流程实现对其的管理。管理体系强调的是效率和内部控制，强调的是被管理者对管理者的负责，责任追究以行政奖惩为主，并不以法律制裁为主要控制手段；法律体系则强调的是法律主体之间的制约，必须是以制裁为后盾的，法律责任包括民事、刑事和行政责任(包括国家赔偿)。在规范的精确性上，前者无须准确界定，必须留有空白和自由裁量的空间，而后者却相反，是以追求完善和严密为己任的。如果从前者的进路来立法，必然导致法律的规范性不足，空白点太多，无法发挥对行为的规范与评价作用。以第十章“社会保险监督”来说，社会保险当然需要监管，但需要明确社会保险监管的根本目的是什么，仅仅是保障社会保险基金的安全吗？显然，社会保险基金的安全本身并不是根本目的，而且从这一角度出发，没有与“社会保险基金”一章分立的必要，即如果“基金”一章是需要的话，那么“社保基金监管”就应当纳入“基金”一章，而不是再独立为一章。社会保险法应当包括社会保险监督法，但是不是区区 6 条原则性规定就能解决呢？文本的规定不仅不能进一步推进社会保险的监督管理，还可能造成进一步的混乱：它和《劳动保障监察条例》如何区分？文本未排斥劳动保障监察，亦未指明“社会保险行政部门”与劳动保障监察部门是何关系。更为主要的，该章未指明“社会保险监督”是指什么，监督主体是谁，监督对象是谁，监督的内容是什么，与社会保险经办机构的“调查”权如何区分和整合，可以说都似是而非、模糊不清，实践中必然是一笔糊涂账，行权者易生争议，被监督者亦无法适从。如“社会保险行政部门应当加强对用人单位和个人遵守社会保险法律、法规情况的监督检查”，那么这些问题都没有解决：劳动保障部门有这个权力吗？社会保险的行政部门如养老保险处、工伤保险处有这个权力吗？即使名义上是以人力资源和社会保障（劳动保障）厅（局）实施，还是涉及具体的执行部门的确定问题。多头执法是应当禁止的，在此前提下如何整合职权？用人单位少缴、漏缴、未缴，劳动者的投诉举报，其他单位相关信息专递，都应当处理吗？执法的程序是什么？拒绝履行职责怎么办？直接责任人员、主管人员的责任需要承担责任吗？这些问题都没有解决，这一条款的目的又如何实现呢？

所有的法律都应当以法律关系为基本范畴，即以明确法律主体的权利与义务来明确法律规则、罗列法律条文的。法在本体上是以权利和义务为基本粒子构成的，所有法的部门都表现为权利和义务或其实现方式的规定；从法律实践看，全部法律行为和活动都是围绕权利和义务而进行的，权利和义务通贯法律运行和操作的全部过程。① 社会保险法也不例外，只能围绕权利和义务这一法律关系的内涵展开。社会保险立法应当是在确定社会保险关系主体的前提下，以社会保险权利和义务为理路生成和建构法律概念、法律原则和法律规则。没有社会保险权利与义务的设定和明确界定，“社会保险法”很容易沦为一部社会保险管理制度，而不是真正意义上的社会保险法。法律是通过权利义务的方式来调整社会关系的。法律不是宣言书，法律不是口号。没有权利和义务就没有法律。这些权利和义务必须是法律权利和法律义务，而完全不同于道德权利和道德义务，也不同于一般的社会权利和社会义务，是以强制制裁为保障的。法律必须告诉人们：你可以怎么办，你必须怎么办，你不能哪样办。

围绕法律关系其实质就是围绕权利和义务而展开，当然就涉及是以权利为本位（出发点）还是以义务为本位（出发点）。本位问题前已详述。盖言之，权利“正是现有法律体系的基础”。②应以社会保险权为核心生成和建构社会保险法体系。其立法理路应当是：权利本位论—社会保险权—社会保险法体系—社会保险法法典化。

四、逻辑性、协调性不强

（一）因缺乏概念、原则而导致的逻辑性与协调性的缺乏

概念是法体系的基础，原则是法体系的灵魂和统帅，缺少了这二者，就无

① 张文显：《法哲学范畴研究》，中国政法大学出版社 2001 年版，第 327、328 页。

② ［美］霍姆斯：《法律的生命在于经验——霍姆斯法学文集》，明辉译，清华大学出版社 2007 年版，第 57 页。

法生成和构建法体系。这是社会保险法体系性缺失很重要的表现。

拉伦茨在批判概念法学“借抽象概念建构一个封闭、无漏洞体系的理想”时指出，在法律适用中，严格逻辑意义的涵摄所占比例，远少于大家起初所想象的。将各种多样法律上重要的生活事件，逐一分配到一个——被精细思考出来，由彼此相互排斥而且不会变更的抽屉所构成的——体系上，而只要将该当的抽屉抽出，就可以发现该当的事件，这种构成是不可能实现的。一方面，生活事件之间并不具有概念体系所要求的僵硬界限，毋宁长有过渡阶段、混合形式及以新形态出现的变化。另一方面，生活本身经常带来新的创构，它不是已终结的体系所能预见的。其之所以不可能的最后原因在于，立法者必须应用一种语言，它很少能够达到概念主义所要求的精确程度。但同时，拉伦茨并没有否定概念的作用，他认为，“今日的法学绝不仅应用抽象一般的概念，它也运用包含意义的概念或类型”。①

比如文本使用了“用人单位”、“个人”、“职工”、“无雇工的个体工商户”、“非全日制从业人员”、“本单位职工工资总额”、“继承”、“视同缴费年限”、“遗属”、“工伤”、“非因本人意愿”等等，却未给出明确的定义，有的虽然可以在其他法律法规或规章中予以规定（是否违反立法法姑且不论），但有的不可能作出明确定义，必然导致适用中的空白和争议。如文本规定“职工应当参加基本养老保险”，在同一条款中对公务员和参照公务员法管理的工作人员作出了例外规定，这表明“职工”一词是包括“公务员和参照公务员法管理的工作人员”的。即如果不作例外规定的话，公务员和参照公务员法管理的工作人员就要依照对其他职工的规定参加社会保险。而文本在其他四章对险种的规定中，均未作出这种例外规定。那么“公务员和参照公务员法管理的工作人员”应当参加工伤保险吗？如果不参加，这些条款之间就存在矛盾和不协调；如果参加，与国家的规划又相矛盾。

再如“本单位职工工资总额”一般采用国家统计部门的规定，但两者属于不同的法律部门，并不是当然适用的。即社会保险的缴费基数，并不必须采用统计部门的规定，社会保险法完全可以作出独立的规定，这和犯罪只能采用刑法的规定是不同的。“本单位职工工资总额”并非专属于某一法部门的专门概念。当然，社会保险法可以采用统计部门的规定，这样的话就必须作出指示性规定，如“本单位职工工资总额适用国家统计部门的规定”。但即便如此，统计部门的规定和社会保险的缴费基数是完全不同的。前者如返聘人员的工

---

① ［德］卡尔·拉伦茨：《法学方法论》，陈爱娥译，商务印书馆2003年版，第330、336页。

资、劳务性支出、当年已经调离或辞职、辞退人员的已经发生的工资通常都包括在内，而这些是不应当作为社会保险的缴费基数的。笔者认为，法律应当对个人缴费基数作出界定，用人单位的缴费基数则为个人缴费基数之和。

这里笔者要指出我国立法中常犯的一个技术性错误，即对于专属性概念往往作出指示性规定（如在非刑事法律中规定“如构成犯罪的，依法追究其刑事责任），而对非专属性概念却置若罔闻。这是颠倒性的错误。对非专属性概念定义（包括指示性规范）的意义前已述，而对于专属性概念根本没有必要再作规定或指示规范。道理非常简单：追究犯罪，只能“依法”，难道还可以规定“不依法”吗？而且只能依据刑事法律，即没有这个“指示规范”，也只能这么做、必须这么做，法律的适用及其适用结果，与这种“规范”没有任何关联。“追究刑事责任”都应当“依法”；我们也显然不会在法律中一而再地规定“依法拘留”、“依法逮捕”、“依法提起公诉”、“依法判刑”、“依法处罚”。这些都是法律的应有之义，再次规定，徒增重复而已。作为一般表述，或者政策要求，并无多少不妥。法律则要求精确与精练，可以不要的字、词、句应当坚决不要。

（二）因未遵循逻辑方法而导致的逻辑性与协调性的缺乏

法律规范的生成和获得大致有两种方式：对法律生态的总结，主要运用比较、分析、抽象、综合、归纳等逻辑方式；基于法体系的逻辑考量，主要运用演绎、类比、推理、逻辑和历史相结合等逻辑方法。前者需要对法律实践尤其是司法实践作深入的研究、分析和总结。而立法对此显然是准备不够的。除了主观上的研究不足以外，还有几个很重要的客观因素：（1）文本的主要起草人员是中央行政部门的人员，参与讨论人员也主要是省级机关工作人员，对一般社会保险争议并无直接观感和经历，难以有针对性的确定法律规范。而直接经历社会保险争议的基层工作人员，又无法对文本发挥影响，亦难以将问题提升为法律规范，进而提出法律建议。（2）进入司法机关的社会保险争议案件在目前而言，尚属少数，形成判例并为高层司法机关所熟知者更为罕见。而且司法机关本身对社会保险、社会保险规范性文件非专业化水准，亦难以提供全面、深入、准确的规范性建议。（3）目前大量的社会保险争议因各种原因未能进入司法程序，从而无法成为学者、法学家和立法人员的研究和分析对象，但事实上这些争议早已存在和发生。这里存在“信息不对称”的问题，争议问题是存在的，但它们没有进入公众所熟知的解决程序，或者已经解决，获得无法解决，但无法对其研究并形成法律规则。比如，养老金的社会化发放问题，现在基本上是达到100%。但这里没有法律争议吗？比如，生存认证、委托审查、异地汇付费等皆存在争议。

后者需要对法学、立法技术有深厚的了解和研究。如确立社会保险关系有哪些主体，他们应当享受哪些权利，其现实可能性及实现途径，相对主体的法律义务，能够保障义务履行的恰当的制裁措施。如每个公民有获得老年基本生活保障的自然或宪法权利。那么我们就要在考量现实生活、问题及发展趋向的基础上，构建实现这一自然或宪法权利的法律权利及相应义务。这就涉及多项具体权利的确定。如参加养老保险的权利，包括个人参加养老保险的权利，雇员要求雇主缴纳养老保险费的权利；要求政府实施养老保险（包括城镇企业职工基本养老保险、城镇居民养老保险、机关事业单位养老保险、新型农村养老保险）的权利；有关养老保险待遇的系列权利；城镇和农村最低生活保障等权利。再说，关于社会保险关系的转移，不仅养老保险存在，城镇企业职工基本养老保险也存在，所有的基本养老保险关系除工伤保险之外的其他险种都存在。而这些法律规则的生成必然要求一个更为一般的法律规则或原则的统领，即除工伤保险外的各项社会保险的缴费年限是连续认同的（不是完全等同，也不能完全不认可）。没有这一基本规定（基本规范），无论是规则本身还是实践都有可能不认同。如较多发生的，对异地参保缴费前的视同缴费年限不予认可，正是每一种法律体系中的基本规范保障着这一体系的内在一致性。① 否认或缩小形式逻辑在法律中的作用也是不恰当的。② 逻辑对于法律规则、法律原则的型构同样是不可缺少的。

（三）法律规范的关联性

这是由法律规范的逻辑性和协调性所必然导致的。忽视了法律规范之间的关联性，就无法实现法律规范的逻辑性和协调性。所谓法律之间的内部联系是指，一条或数条法律规范的存在涉及或者是以其他法律规范的存在为前提。③ 在法体系中的任何一个法律规范都不可以独立存在，不考虑其他法律条款、法律概念和法律原则的法律规范，要么因界定不清晰而造成适用上的模糊和困难，要么因缺乏协调和平衡造成冲突或规范失当。

如社会保险法（文本）在总则中规定：中华人民共和国境内的用人单位和个人依法缴纳社会保险费；个人依法享受社会保险待遇。（1）既然后文有

① ［英］约瑟夫·拉兹：《法律体系的概念》，吴玉章译，中国法制出版社 2003 年版，第 116 页。

② ［美］E. 博登海默：《法理学：法律哲学与法律方法》，邓正来译，中国政法大学出版社 2004 年版，第 517 页。

③ ［英］约瑟夫·拉兹：《法律体系的概念》，吴玉章译，中国法制出版社 2003 年版，第 8 页。

"征缴"一章，专司缴费问题，这一条款并未超出专章规定范围，有何单独规定之必要？（2）并不涉及全部内容，为何要在总则中规定？（3）"依法"是依"本法"还是其他"法"？部门规章也算这里规定的"法"吗？就一般立法理论而言，未有基本法律的授权，下位法是无权作补充或填补规定的。（4）如果"本法"或"他法"已经规定了具体的缴费和待遇享受办法，这里再作一个一般规定就是画蛇添足。事实上几乎所有的条款都可以加上"依法"二字，如国家应当"依法"多渠道筹集社会保险资金；县级以上人民政府应当"依法"对社会保险事业给予必要的经费支持；国家应当"依法"通过税收优惠政策支持社会保险事业；国务院社会保险行政部门"依法"负责全国的社会保险管理工作……而如果"本法"或"他法"没有规定，则该规定不仅没有基础，也没有实际的规范作用。（5）是授权规则还是义务规则？或者只是"不属于规范的法律"？不属于规范的一种法律体系内的所有法律都与法律规范保持着内在的联系，它们可以影响到法律规范的使用和存在，而且，它们唯一的法律相关性也就是影响法律规范存在和适用的具体方式。① 即使没有这一条款的规定，社会保险法依然要明确规定社会保险费的征缴和待遇享受规则，因此这一条款与其他法律规范并无法律相关性，更没有规定其他法律规范使用和存在的。而从其字义来看，既未规定这是公民的一项法定权利，也没有规定这是用人单位和个人的一项法定义务，既非授权性规范，亦非义务性规范。从法学理论得出的结论只能是，该条款既不是法律规则（当然也非法律概念或法律原则），也不是法律，即这一条款是完全没有必要的。这一结果的出现，除了理论上存在不足之外，与对总则、分则的关联性，该条款与相关条款的关联性认识不足亦大有关系。

考量法律规范之间的关联性，不仅是指同一法律内部的关联性，而且也包括不同法律的法律规范之间的关联性。如须与《侵权责任法》协调。《侵权责任法》第5条规定：其他法律对侵权责任另有特别规定的，依照其规定。第三十四条规定：用人单位的工作人员因执行工作任务造成他人损害的，由用人单位承担侵权责任。由此：（1）其他法律包括社会保险法可以对侵权责任作出特别规定；（2）用人单位对第三人赔偿后，不能向工作人员追偿。由此，劳动者构成工伤后，用人单位不能要求劳动者承担赔偿责任（即使在劳动者因重大过失造成伤害，同时造成单位损失）；用人单位造成劳动者损失的，如未缴纳社会保险费或少缴纳了社会保险费，应当承担赔偿责任；社保机构因工

① ［英］约瑟夫·拉兹：《法律体系的概念》，吴玉章译，中国法制出版社2003年版，第202页。

作人员过错延迟发放社会保险待遇的，应当赔偿待遇享受人的利息损失，即待遇享受人有利息请求权。社会保险法与其他法律构成一个更大范围的法体系，在这个更大范围的法体系中，社会保险法应与其他法律保持协调性。

五、规范性不足

法律和政策的主要区别就在于，法律要明确地告诉人们必须做什么，不能做什么，违反了法律的强制性规定，就要遭受法律的制裁，由此为行为提供指引和评价；政策是要追究一定的目标，途径、手段和方法都不会规定得太细，多半是“可以做什么”，违反了这些规定，多半并不受法律制裁，其对行为主要起引导作用。在某种意义上，政策的功能就像教育，是提倡式的，而法律就如同纪律，是强制性的。如政府承诺，要连续 5 年调整养老金，这就是政策规定，未实现这一目标，也只是违反诚信而要遭受道义的批判，并不必然导致对某个工作人员的问责。而发文确定调整的具体规定之后，这就成了法律性规定：不调整就要承担法律责任。法律的首要特点就在于规范性，没有了规范性，法律就无法发挥确定权利、界定争议、调整社会关系的功能，也就丧失了法律存在的意义。

无论是社会保险法，还是目前的社会保险规范性法律文件，突出的特点都是政策性规定太多。如社会保险关系转移问题，不同养老保险如机关事业单位与企业、新农保及可能出台的居民养老保险之间的转移接续，异地就医的“批准程序”，适用何地目录，生育、失业保险的转移接续；社会保险待遇的领取时点，如养老保险待遇从退休核准当月、次月还是满退休年龄时的当月、次月？补发养老金但不补利息吗？社保费缴错了，不能调整、退还吗？发放医疗保险、工伤保险、失业保险、生育保险待遇的时限多长？双重缴纳养老保险费统筹部分一概“没收”吗？下岗或失业女性的退休年龄究竟是 50 周岁、55 周岁还是其他呢……这一状况如果不能得到有效的改善，将极大地消解社会保险法的价值，甚至有使其沦为纸上谈兵的尴尬，而实践依然是一团乱麻。

考察一个规范是不是法律规范，可以借鉴早期分析法学派的命令说。从这个意义上说，“依法缴纳社会保险费”，“职工应当按照国家规定参加生育保险”，究竟是参加还是不参加？什么时候参加（如果没有其他法律规定的话也就不用缴纳社保费了，没有其他国家规定的话也就不要参加生育保险了）？依具体什么法，谁代表国家规定（国务院是没有问题的，县政府可以代表国家吗？县政府的劳动局可以代表国家吗）？这些问题的答案都不得而知。这些都不是命令，也就都是法律规则。强盗的命令是：“把钱交出来，否则打死你。”如果强盗说：“按强盗的规则把钱交出来，否则打死你。”被抢劫的人就傻眼了，根本不知道怎么办。形成鲜明对照的是，职工应当参加“基本养老保险”、“职工基本医疗保险”、“工伤保险”、“失业保险”，就都属于命令，都是法律规则。顺带指出这种表述的一个非常简单的逻辑问题：基本医疗保险有多种，职工只应参加“职工基本医疗保险”，那么对养老保险为什么不作同样规定呢？按照这种表述，职工参加新农保而不参加职工基本养老保险也是可以的。

由于法律的功能是引导人们的行为，所以法律是规范性的。这种引导有两种具体形式：通过规定避免如此行为的某种标准理由，影响人们某种行为过程的后果；通过规定追求某种行为或避免某种行为的理由，影响人们的某种行为过程的后果。法律是通过规定或禁止人们行为的方式指导人们的。如果法律没有规定或禁止人们的行为，那么，它就不能以这样的方式指导人们的行为。① 要达到这一点，法律条文的规定必须是明确、具体、清晰的，含糊其辞、层层推卸式的官僚语言是与法律规范的科学本质背道而驰的，也无法满足法律适用的依据要求。法律是被权威性的法律适用机关所承认和强制执行的行为依据的体系。② 如果一项规定并不能得到司法机关的适用，它也不能说是法律，只能说是政策性规定。如“县级以上人民政府应当采取措施，鼓励和支持社会各方面参与社会保险的监督”。

六、条文设置应更具科学性

一般的立法模式是采用总则—分则—附则的形式。总则的内容包括：（1）立法目的；（2）立法根据；（3）法的原则；（4）有关法定制度或基本法定制度；（5）法的效力；（6）法的适用。③ 总则编存在的理由包括：第一，确实存在着法律事实、权利的行使等共同问题，从而应当有共同的规则；第二，避免或减少了许多重复的规定。④ 法的总则，是对法具有统领地位，在法的结构中与分则、附则等对应的法的条文的总称。总则是整个法的纲领和事关法的全局的内容的综合，不能把或不宜把其他内容在总则中加以规定。⑤ 就文本而言，总则缺乏原则及适用规定。分则的设置也不合理。如“征缴”、“经

① ［英］约瑟夫·拉兹：《法律体系的概念》，吴玉章译，中国法制出版社 2003 年版，第 201 ~ 204 页。

② ［英］约瑟夫·拉兹：《法律体系的概念》，吴玉章译，中国法制出版社 2003 年版，第 254 页。

③ 周旺生：《立法学》，法律出版社 2004 年版，第 361 ~ 365 页。

④ 谢怀栻：“大陆法国家民法典研究”，载《外国法译评》1994 年第 4 期。

⑤ 周旺生：《立法学》，法律出版社 2004 年版，第 359 页。

办”就可以放在一起。如果继续实行“双轨制”，可以在其中作出特别规定。而关于五种险种的规定，也与“征缴”、“经办”、“基金”存在重合与交叉。各险种不仅均存在“征缴”、“经办”、“基金”问题，在具体方面又有差别，既有相同点又有不同点。这一特点决定了既无法将“征缴”、“经办”、“基金”完全独立，也无法完全融入各险种的规定之中。这一模式还难以处理另外一个问题，医疗保险与生育保险的关系存在发展的可变性：分立还是合立。从居民基本医疗保险（简称居民医保）来看，目前国家正在推行的生育保障改革试点，居民（不具有劳动关系的城镇居民）生育保障由居民医保直接支出，不再单独设立居民生育保险，享受或可能享受居民生育保障的居民也无须增加居民医保缴费（部分地方由财政提供支持）。可见，居民基本医疗保险保障居民基本医疗及生育需求的模式渐显。在中国这个单一制的统一的国家中，法律标准应当是统一的，基于法律面前人人平等这一基本原则，不允许因为省份的不同，而使享有待遇的标准有差别（具体的待遇数额可以不同）。比如，不能一个省份企业缴费比例是8%，而到了另外一个省份就是7%，这对企业而言是不平等的制度，甚至可以说是最不正义的制度。因为实行低费率的地方往往是基金结余较多因而往往是经济发达的地区，这就意味着：越富有，社会责任却越轻；越穷，社会责任却越重。对参保人员来说同样如此，无论是采用分立制还是合并制，其待遇标准应当是统一的。如果这两个方面统一了，分立与合并制的本质区别也就没有了，为什么还要搞两种体制？当然这种状况出现，与立法背景是分不开的，现在很多发展模式没有确定，在立法中也无法明确规定，从而与立法的科学要求不相适应。

其实，立法模式也不一定非得用总则—分则—附则的形式。如《侵权责任法》前四章分别规定“一般规定”、“责任构成和责任方式”、“不承担责任和减轻责任的情形”、“关于责任主体的特殊规定”都有类似总则的规定，但也有不完全是总则性的规定。

第五节 社会保险法体系的形成与建构

一、途径与方式

一般来说，获得法律规范，形成与建构法体系不外乎这四个方面：形成概念，获得法律规范；考察现实生态，描述法律规范；体系思考，归纳与发现法律规范；学术性建构。由于篇幅所限，这里仅初步探讨两个问题。

（一）概念的形成

概念有内涵即意义内容，对概念内涵的确定就是定义。“概念的内涵是事物的特有属性的反映，明确了概念的内涵，也就明确了事物的特有属性。”①定义不仅要揭示概念的特有属性即特征，而且“概念所欲描述之对象的特征，已经被穷尽地列举”。这并不是说概念的设计者已完全掌握该对象之一切重要的特征，而在于基于某种目的性的考虑（规范意旨），就其对该对象所已认知之特征加以取舍，并将保留下来之特征设定为充分且必要，同时在将事实涵摄于概念之运作中，把其余之特征一概视为不重要。②

概念的形成并不完全是语词的概括与逻辑的归纳、总结的过程，需要考虑法律的目的和伦理价值。如“职工”这一概念，在劳动法律中仅指与用人单位具有劳动关系的人员，而且劳动关系系指较狭义的范畴，像“保姆”等家庭雇佣人员没有劳动关系，不属于职工。《劳动合同法》第68条规定：“非全日制用工，是指以小时计酬为主，劳动者在同一用人单位一般平均每日工作时间不超过四小时，每周工作时间累计不超过二十四小时的用工形式。”即非全日制用工存在劳动关系，非全日制用工人员属于职工。而从我国历史政策规定来看，公务员、事业单位编制人员（即具有人事关系的人员）也属于职工范畴。在社会保险法中对“职工”这一概念可以定义为“与用人单位存在劳动关系或人事关系的人员”。第一，符合将劳动关系或人事关系以外的雇佣人员排除出强制性社会保险范围的现阶段的立法目的。第二，将本法内容统一。如果没有例外规定，将统一适用。因此，公务员、事业单位编制人员、非全日制从业人员（假定定义为《劳动合同法》第68条所规定的“非全日制用工”人员）将统一参加职工基本医疗保险、工伤保险、失业保险、生育保险（假定实行分立制）。第三，非全日制从业人员应当参加企业职工基本养老保险。(1) 非全日制从业人员与用人单位有劳动关系，没有特别理由免除用人单位的缴费义务。(2)《劳动合同法》不仅没有免除用人单位的社会保险义务，而且是要求其用人单位缴纳社会保险费的：第17条规定劳动合同应当具备“社会保险”条款，而在“非全日制用工”专门规定中并未免除用人单位这一义务，按照内存于任何法律中的原则“同类事物同等处理”③，即其他劳动关系（劳动合同）也是这么规定的，都要缴纳社会保险费，那么非全日制从业人员也应同等处理。(3) 既然其他各项社会保险都参加，又有何特殊理由不参加企业职工基本养老保险？因此，规定非全日制从业人员全部由个人缴纳基本养

① 诸葛殷同等：《形式逻辑原理》，社会科学文献出版社2007年版，第42页。

② 黄茂荣：《法学方法与现代民法》，中国政法大学出版社2001年版，第39页。

③［德］卡尔·拉伦茨：《法学方法论》，陈爱娥译，商务印书馆2003年版，第225页。

老保险费，既不合概念，亦不合伦理与立法目的。

定义的方法包括：(1) 属加种差定义；(2) 发生定义，就是把只属于被定义事物，而不属于任何其他事物的发生或形成的特有属性作为种差的定义；(3) 功用定义，即用事物的特殊功用作为种差的定义；(4) 关系定义，即以事物间的关系作为种差的定义；(5) 语词定义；(6) 外延定义；(7) 语境定义。上述对“职工”概念的定义属于第 (4) 种“关系定义”。

(二) 社会保障立法模式的定型

社会保障立法是对社会保障改革成果的巩固，这一说法的积极意义在于：有了关于社会保障的发展模式、定位、基本体系架设，才能通过法律的形式固化这一制度。法律不是空穴来风，不是玄学，不是纯理论的体系，不是形而上的。法律是对社会关系的规范，不仅仅针对已经发生的社会关系，还要规范将要发生的社会关系。社会保障法律体系与社会保障模式有着密切的关系，社会保障模式的选择关乎社会保障法律体系的基调和走向、具体制度内容和建构的立法技术。① 如果关于社会保障的现状无法取舍，社会保障的模式还处在探索、摸索之中，关于社会保障的发展取向还属于不确定状态，就无法制定社会保障的法律规范，更无法形成社会保障的法律体系了。社会保障法与侵权责任法等民事法律是有很大不同的。侵权是一种现实的生态，侵权责任法是针对现实中的侵权行为（尚未发生但预期将会产生的侵权行为，在其成为现实之后才发生法律规范的问题），立法不可能创造一种侵权行为；社会保障不一样，可以设计出一种新的待遇项目，如护理保险（整合工伤保险中的护理待遇，建立医保的护理项目、救助护理、老年护理项目）。因此，社会保障立法不仅要应实践中社会保障事业发展的需要，对于规划和设计中的社会保障项目及至某一项具体的社会保险待遇，都应当贯彻“同时谋划”、“同时设计”、“同时立法”之意旨。在本质上，应当通过立法实施社会保障制度及其改革，而不是改革之后再立法。如果不能做到“三同时”，实践中产生争议和混乱，缴费及参保人员权益得不到维护的现象就难以避免；如果不能及时对实践中的问题当机立断作出应对之策，不能对模式争议进行定型，相当多的法律规范无法确定与获得，法律体系的形成与建构便会出现基础性缺失。

比如说对于下岗、失业女性，退休年龄如何确定？《国务院关于安置老弱病残干部的暂行办法》和《国务院关于工人退休、退职的暂行办法》（国发〔1978〕104 号）颁布以来，我国对女性确立了两个退休年龄，即女干部为 55

---

① 杨华：“论社会保障城乡一体化法律体系之构建”，载《宁夏社会科学》2009 年第 2 期。

周岁，女工人为50周岁。该政策坚持至今。原劳动部《关于贯彻执行〈劳动法〉若干问题的意见》（劳部发〔1995〕309号）第75条规定："退休年龄和条件，按现岗位国家规定执行。"即如果退休前岗位为干部的，则按女干部的退休年龄办理；如果退休前岗位为工人的，则按女工人的退休年龄办理。那么，对于内退及失业女性等没有工作岗位的人员来说，应按何年龄办理退休？这里便出现了法律漏洞。虽然从法律解释的角度可以进行一定程度的填补，如按照类推，没有岗位的，当然不可能按干部岗位退休；因而只能是类比工人退休。但司法实务并不认同。劳动保障部《关于完善城镇职工基本养老保险政策有关问题的通知》（劳社部发〔2001〕20号）规定："城镇个体工商户等自谋职业者以及采取各种灵活方式就业的人员退休年龄为女年满55周岁。"姑且不论此规定是否公平，即使这样，也仍有漏洞：没有"采取各种灵活方式就业的人员退休年龄"是多少呢？如果国家根本不确定将其退休年龄确定为何，也就无从对此立法。

比如，工伤全残应否缴纳养老保险费的问题，《工伤保险条例》的规定并不明确。一方面，条例规定，"职工因工致残被鉴定为一级至四级伤残的，由用人单位和职工个人以伤残津贴为基数，缴纳基本医疗保险费"，似乎无须缴纳基本养老保险费；另一方面，条例又规定，"工伤职工达到退休年龄并办理退休手续后，停发伤残津贴，享受基本养老保险待遇。基本养老保险待遇低于伤残津贴的，由工伤保险基金补足差额"。比较权威的解释是，如果没有基本养老保险待遇，即待遇为"0"，那么工伤保险基金补足的"差额"就是全额支付伤残津贴。各地做法差别很大。《南京市工伤保险实施办法》规定："职工因工致残被鉴定为一级至四级伤残的，按规定享受一次性伤残补助金并按月享受伤残津贴。用人单位和工伤职工个人应当以伤残津贴为基数，按规定缴纳社会保险费。"这里，南京市将条例中规定的"缴纳基本医疗保险费"变成了"缴纳社会保险费"。《广东省工伤保险条例》规定：职工因工致残被鉴定为一级至四级的，应当退出生产、工作岗位，终止劳动关系、办理残疾退休手续，由工伤保险基金按月计发伤残津贴至本人死亡；伤残津贴实际金额低于当地最低工资标准的，按照当地最低工资标准执行；伤残津贴每年按照基本养老保险金的调整办法调整。按照这一规定，工伤全残人员不再享受基本养老保险待遇，而终生享受伤残津贴。如果社会保险法不作统一规定，各地依然是自行其是，直接后果就是损害工伤职工的利益：缴费模式下，工伤职工规定当期收益（伤残津贴）降低，而养老待遇并不一定比不缴费者高（通常情况下仍以伤残津贴封顶，在封顶线下，养老金的高和低对参保人来说没有意义，因为并不影响其最后总额）。这又违反了平等原则像社保机构设立、征缴体制、医疗保险与生育保险的分合、财政的出资责任等在模式或思想尚未定型时，立法又何能规定？立法的背后是利益之争。无法立法表明了利益之争处于胶着状态。这一状况的持续既不利于社会保险事业的发展，有损法律形象，也会妨碍社会保险法体系与法秩序的形成。

二、社会保险法外在体系

（一）基本评价与建议

我国社会保险的外在体系是：第一，我国目前的《社会保险法》采用的是综合的法典化的立法模式。这一模式的基本要求是：全面详细规范社会保险关系，明确具体地设定社会保险权利和义务、职权和责任。由于技术与理论准备不足，规范性也就不足。

第二，在《社会保险法》外再分别制定五险条例，再配以若干规章，如此，则实际采用的是单行立法模式。如以养老保险条例，作为一部比较完善的单行法典，应当比较全面地规定：立法依据、原则、适用范围（主体）、养老保险关系（权利、义务）、管理、经办、监督、法律责任等内容。

笔者认为，可以采用三种方式进行完善：

第一，制订单行条例。《社会保险法》作为通则性规定，以单行条例补充之。

第二，对《社会保险法》进行全面修改，制定一部真正比较完善的法典法。这是理想的方向，但难度很大。

第三，随着实践与研究的进展，简单完善《社会保险法》，尽可能增强其规范性。

单行条例分3种情形制定行政法规（广义，包括以“国发”、“国办发”等形式颁布的规范性文件）：（1）社会保险法有明确要求或授权的，依其要求或授权制定；（2）制定一部《社会保险法实施条例》；（3）跨部门、特别重要的管理监督类规范性文件。优点是符合现行立法模式，缺点是体系化很弱，难以保证全面性、严整性、逻辑性，分散而不利于适用。

（二）补充性外部体系构成

关于下述补充体系，笔者认为，首先，其大多数内容都应当在综合性的法典里规定，亦即应当纳入《社会保险法》，如此琐碎的规定是不符合立法科学要求的。其次，基于体系化的考虑，下述所列规范性法律文件内容的规范对象为需要系统化、制度化规范的问题，个别性的问题不予考虑。但这并不意味着个别化的问题不需要或不急于要规范。事实恰恰相反，个别化的问题是最具争议性的，也是直接关系当事人权利诉求，因而是应当同时甚至优先解决的。

分类		行政法规	部门规章
主体		1. 公务员及参公人员养老保险办法	
			2. 居民养老保险办法
			3. 非典型劳动关系人员工伤保险规定
			4. 特殊工种退休及病退管理办法
内容·险种综合	社保关系	5. 社会保险统筹层次指导意见	
		6. 社会保险关系转移办法	
			7. 社会保险登记管理办法
	社保基金		8. 社会保险费申报缴纳管理办法
			9. 社会保险稽核办法
		10. 社会保险转移支付资金拨付程序与管理办法	
			11. 社会保险费逐缴管理办法
			12. 医疗、工伤、生育保险支付范围与结算管理办法
	社保待遇		13. 社会保险待遇申领支付办法
			14. 社会保险待遇调整办法
	其他		15. 供养亲属范围规定
			16. 社会保险争议处理及程序规定

续表

分类		行政法规	部门规章
内容·分险种	养老保险	17. 养老保险条例	18. 基本养老保险接续办法
			19. 视同缴费年限认定管理办法
	医疗保险	20. 医疗保险条例	21. 基本医疗保险接续办法
			22. 基本医疗保险协议管理办法
			23. 基本医疗保险结算管理办法
	工伤保险	24. 工伤保险条例	25. 工伤预防指导意见
			26. 工伤保险费率确定与浮动办法
			27. 工伤康复指导意见
			28. 工伤康复辅助器具配置管理办法
			29. 工伤保险协议管理规定
			30. 工伤治疗费用结算办法
			31. 劳动能力鉴定程序与管理办法
			32. 工伤认定办法
			33. 非法用工单位伤亡人员一次性赔偿办法
	失业保险	34. 失业保险条例	35. 失业保险基金支付范围规定
	生育保险	36. 生育保险条例	
法域		37. 外国人在华参加社会保险实施办法	38. 外国人在华参加社会保险程序规定
		39. 港、澳、台人员在大陆参加社会保险办法	40. 港、澳、台人员在大陆参加社会保险程序规定办法

对上述规范性法律文件的简要说明：

1. 公务员及参公人员养老保险办法。文本已明确规定。

2. 居民养老保险办法。允许灵活就业人员参加此办法，主要解决非劳动关系人员的养老保障问题。制定理由：文本有涉及；灵活就业人员参加养老保险已经是我国的现实，而且这一现实不太可能改变；非劳动关系人员很难强制参保，在参保门槛及待遇标准方面应有所区别；符合人人享有社会保障的目标。覆盖范围：非劳动关系的城市居民及农村居民。

3. 非典型劳动关系人员工伤保险规定。制定理由：《工伤保险条例》及文本确定工伤保险的范围是以劳动关系为基础的，但存在边缘群体的工伤保障问题。(1) 有一种情况的具体处理是不明确的，就是多重劳动关系下工伤的认定与待遇支付。我们现在规定都应当参加工伤保险，那么职工甲从 A 公司下班去 B 公司上班途中遭受机动车事故伤害，认定为谁的工伤？都参保的话，由哪个经办机构支付保险待遇？有一个没参保的话，工伤保险责任与雇主责任如何分别？(2) 家政服务员等一般认为不属于典型劳动关系的人员的工伤利益如何保障？该规定主要涉及这两大类群体的工伤保险问题的处理。

4. 特殊工种退休及病退管理办法。争议很多，各地政策很不一致，需要尽可能统一。

5. 社会保险统筹层次指导意见。五险都涉及，可分别规定。

6. 社会保险关系转移办法。(1) 是指统筹区域之间的转移；(2) 除工伤外，其余四险都涉及。这与险种之间的衔接（即接续）是两回事，故应分开规定。吸收并完善《国务院办公厅关于转发人力资源社会保障部财政部城镇企业职工基本养老保险关系转移接续暂行办法的通知》（国办发〔2009〕66 号）相关内容。

7. 社会保险登记管理办法。登记管理是重要且必要的。

8. 社会保险费申报缴纳管理办法。申报及缴费的具体内容和程序。

9. 社会保险稽核办法。

10. 社会保险转移支付资金拨付程序与管理办法。规范化、法制化管理的需要。

11. 社会保险费趸缴管理办法。不同于欠缴、漏缴后的补缴。主要针对现实中一直未参加社保（不违法），一次性趸缴后享受养老、医疗、生育待遇的问题。主要是养老和医疗。可能与居民养老和居民医疗保险有交叉，如果后者已详细规定，可不制定该办法。

12. 医疗、工伤、生育保险支付范围与结算管理办法。解决三险医疗费的交叉问题。防止互相扯皮与重复支付后处置问题。

13. 社会保险待遇申领支付办法。这一办法非常重要。申请主体、待遇标准的计算、申领及支付的方式，告知及异议程序等都需要明确的规定。目前实践中这类问题很多，导致退休权利受损，社会保险的保障性人为地受到压制。

14. 社会保险待遇调整办法。主要达到 3 个目的：(1) 确定调整的具体依据和方法，防止随意性；(2) 解决诉求通道，杜绝 10 年未调整 1 次待遇的历史现象的重演；(3) 实现区域平衡和社会公平。

15. 供养亲属范围规定。不仅是工伤，养老也同样涉及，需要统一。

16. 社会保险争议处理及程序规定。近期不一定实现。现有法律程序有问题，长远考虑有制定社会保险争议处置法的必要性。

18. 基本养老保险接续办法。主要解决城保、农保、机保和居民养老保险之间的衔接。

19. 视同缴费年限认定管理办法。可以在“社会保险待遇申领支付办法”单列一章规定。涉及养老、医疗。

21. 基本医疗保险接续办法。解决城保、农保和居民医保之间的衔接。

22. 基本医疗保险协议管理办法。该协议属于行政合同，适用法律涉及民法（合法法）、行政法、社会保障法3大部门，涉及权利义务的设定、违约责任的约定，强制法的标准，争议解决一系列问题。可本着由易到难的原则逐步完善。

23. 基本医疗保险结算管理办法。至少解决两个问题：确定哪些是应当支付的费用（不仅仅是几个目录的问题），如何保证支付；如何发现违法及违约行为，如何追究责任。

25. 工伤预防指导意见。工伤预防的工作是必须要做的，即使在现阶段，也可以做一些具体工作。

26. 工伤保险费率确定与浮动办法。费率标准、确定依据不够完善，必须逐步建立比较完善的浮动制度。

27. 工伤康复指导意见。这项工作也是必须实施的，是很需要规范的。

28. 工伤康复辅助器具配置管理办法。康复的必要和核心内容之一。

29. 工伤保险协议管理规定。同医保，可拟订一个文件。

30. 工伤治疗费用结算办法。同医保，可拟订一个文件。

31. 劳动能力鉴定程序与管理办法。现在只有鉴定标准，如何组织和实施是亟须规范的。

32. 工伤认定办法、30. 非法用工单位伤亡人员一次性赔偿办法、31. 失业保险基金支付范围规定。这三个法律文件现在已有。

32～40条是从国内法与国际法的分类提出的。无论是根据主权原则（这是现代国际社会中的一项基本原则，也是涉及内、外国法律适用的一项基本原则），还是外国人以及港澳台人员在大陆参加均有一定的特殊性，需要特别法予以规范。首先，需要在社会保险法文本中增加一章：“涉外社会保险关系的法律适用”。然后，由行政法规和部门规章的形式细化。

《社会保险法》出台后，社会保险法体系的框架至少已具雏形。基于法的稳定性与安定性考虑，应在此框架下构建与完善我国的社会保险法体系。

第七章　社会保险权

第一节　权利与义务

一、权利

（一）权利之概念

社会保险权是社会保险法的基石范畴，要研究社会保险权，首先要弄清楚权利是什么，它的性质、特征、分类是怎样的，如何救济。

权利是法律关系的核心要素，其界定也是法学中最难解决的问题之一。"'权利'这一术语的含义，是多种多样的，扑朔迷离。就其真正准确的含义而言，这一术语包含了不计其数而且十分复杂的观念。"①"权利的现代词汇和文法是从正义关系的受益人的角度描述和主张某种正义关系的要求或寓意的多面工具。"②

经典法学著作认为，权利这个词在不同的背景中有不同的含义。在大多数情况下，当我们说某人有权利做某件事的时候，我们的含义是，如果别人干预他做这件事，那么这种干预是错误的，或者至少表明，如果为了证明干涉的合理性，你必须提出一些特别的理由。③ 我国法理学界主流定义认为，法律权利是规定或隐含在法律规范中，实现于法律关系中的，主体以相对自由的作为或不作为的方式获得利益的一种手段。④

（二）权利之本质

关于权利的本质，有很多学说。产生过重要且长期影响的学说，有资格

---

① ［英］约翰·奥斯汀：《法理学的范围》，刘星译，中国法制出版社 2002 年版，第 36 页。

② ［美］约翰·菲尼斯：《自然法与自然权利》，董娇娇等译，中国政法大学出版社 2005 年版，第 165 页。

③ ［美］罗纳德·德沃金：《认真对待权利》，信春鹰、吴玉章译，中国大百科全书出版社 1998 年版，第 249 页。

④ 张文显：《法哲学范畴研究》，中国政法大学出版社 2001 年版，第 309 页。

说、主张说、自由说、利益说、法力说、可能说、规范说、选择说。①

从法的目的来看，公平正义之社会是人类追求的永恒目标，就利益的客观性而言，是每一个人的利益。由此，“肯定权利乃享受特定利益的法律之力，而为现今的通说”。②

“权利对于享有权利的人来说本身就是好处和利益。”③ 它表示通过法律规则授予某人以好处收益。法律权利的存在是以各种观念为基础的，基础之一是道德，另一个基础是利益，再一个基础是义务。④ “一般情况下，权利指的是为了自身的利益，能够向相对人要求一定的作为、不作为、给付或是容忍的法的力量。”⑤ “不管权利的具体内容如何，每个权利的享有和行使都同主体获取一定的利益联系在一起。”⑥

（三）权利与利益

1. 权利是以利益为基础的。当然，并不是所有的利益都能成为权利。与公平正义之目标相违背，与主流的法伦理、道德观念相冲突，与公共利益背道而驰的利益，很难上升为法律权利，或者说在多数情况是不能成为法律权利的。人的利益是积极的，是需要促进的，但是这种利益不能使任何人处于义务之中，即我没有理由要求他人尽促进我的利益之义务。然而，如果我对什么是有权利的，那么这种权利就使某些人处于某种义务之中。权利是行为的充分理由，而利益则不是。利益的根本动力是欲望，基于利益的行为，可能有充分的道德理由，也可能没有充分的道德理由；基于权利的行为则是具有充分道德理由的行为。当一个人的利益与他人的利益冲突时，他没有必要退让；但当他的利益与别人的权利发生冲突时，则必须退让。⑦

2. 权利与利益是可以背离的。在绝大多数意义上，法律权利就意味着正当的利益，非法律权利就是非正当利益。但也并不完全如此。权利与利益分离的现象是客观存在、无法绝对避免的。这既有认识的原因，也有时代的因素。

一种客观事物、想法或要求，对某一个具体的人来说，可能既有利也有

① 张文显：《法哲学范畴研究》，中国政法大学出版社2001年版，第300页。

② 王泽鉴：《民法总则》，中国政法大学出版社2001年版，第84页。

③ ［英］边沁：《立法理论》，李贵方等译，中国人民公安大学出版社2004年版，第117页。

④ 《牛津法律大辞典》，光明日报出版社1988年版，第174页。

⑤ ［韩］金东熙：《行政法Ⅰ》，赵峰译，中国人民大学出版社2008年版，第65页。

⑥ 张文显：《法哲学范畴研究》，中国政法大学出版社2001年版，第310页。

⑦ 姚大志：《何谓正义：当代西方政治哲学研究》，人民出版社2007年版，第155～162页。

弊，但衡量的结果必然只能是利大于弊，或者弊大于利。对该具体的人来说，前者是有利的，后者是不利的，不存在第三条道路。如果说有法律权利却无利益，那么这时对行为人来说，法律所保护的利益（对社会一般人来说是有利的）对他却是不利的。在某种意义上，这种现象是存在的。这实际是由利益的主客观性所决定的。法律所保护的利益更多的是从客观意义来说的，是由社会多数人所决定或认同的，是符合人类公认的正义准则的，如对于禁止伤害他人的规则，不受他人伤害与不伤害他人，都属于一般人的利益。但利益因其主观性而对个体产生差异的。某些人恰恰是以伤害他人为利益的（施虐狂），有些人也以受他人伤害为利益（受虐狂），在这种情况下，法律所规定的禁止伤害他人对其来说就是不利的。但如果根据这种观点来否认存在无利益的权利，是不能成立的。因为这种观点实际上是诡辩论，对于任何一种法律权利，任何一种法律所保护的利益，均会存在反对者（违法者）。如维护国家安全和统一是一种国家利益，也是绝大多数中国人民的利益，但对于极个别民族分裂分子及恐怖分子来说，就是不利的。因为民族分裂分子、恐怖分子、犯罪者认为不利，就能否定维护国家安全和统一法律权利的利益性？这是绝对不能的！

法律权利在于保护利益，是就社会一般人或绝大多数人来说的，并不表明对所有的人来说都是利益。“立法者推定人们在某些条件下有某些利益，而他想要保护其中某些利益。”① 事实上，对于违法的人来说，法律权利很可能意味着不利益。凯尔森在这里没有严格区分法律适用的一般性与特殊性。法律是利益冲突、衡量和协调的结果，任何一种法律都不可能保护所有人的利益，对个别人来说也就必然意味着不利益。“即使你并不介意你的债务人是否向你偿还借款，或者由于某种理由，甚至还但愿他不偿还，但你还是有收回你的钱的法律权利。”② 请注意“由于某种理由”。如果是有“某种理由”，如不用借者还钱，是希望借者给予某项工程（类似于给贪官行贿），那么这里的权利依然是保护利益的，是一种更为根本的利益。

如果权利并没有利益，甚至对主张权利的人来说还具有不利性，除了违法者，这样的权利谁还要呢？如果这样的法律仍然有效，只有一种可能，那就是暴政。大家都认为那是鹿，只有赵高才可能指认那是马，并且要大家都接受那是马，除了面临残酷的暴力压制，否则大家不会认为那是马。对义务的认识同

① ［奥］凯尔森：《法与国家的一般理论》，沈宗灵译，中国大百科全书出版社 1996 年版，第 90 页。

② ［奥］凯尔森：《法与国家的一般理论》，沈宗灵译，中国大百科全书出版社 1996 年版，第 90 页。

样如此。

(四) 自然权利

自然权利源于自然法，作为衡量国家强制实施正义的标准，其基本特性是与生俱来的、不可让渡的、不可剥夺的天赋权利。① 正是依据自然法，且仅依据自然法，人获得了我们称之为不可剥夺、不可侵犯的那些权利。归根结底，人的唯一的权利就是成为一个人、像一个人那样生活的权利。② 自然法学说所讲的自然权利是指个人的生命、自由、财产和幸福的权利，这些自然权利是不可剥夺的，也是国家实在法应予以充分保障的。③ 自然权利一般是作为法律权利的基础，并与自然法一起构成实在法的评价标准。人们在谈到"不公正"的法律或者是"不公正"的决断时，显然是有着某种意涵，有时甚而是非如此不可的。在下这样的判断时，我们指的是存在着某种独立于实在权利而又高于实在权利的判断是否的标准，据此我们可以对实在权利作出判断。④

从人类数千年文明史的发展来看，某些自然权利不仅为历史史实所证实，亦为哲学、政治学及心理学等学科证实。即便是再凶残的人，也会承认最低限度的自然权利，如对于婴幼儿、孕妇生命和健康的尊重。而对这些人来说，无论是法律义务还是道德义务，都已经不复存在。

二、义务

(一) 义务之概念

义务与权利一样，是法律的核心内容。

法律义务是"由法律规定和作为法律关系主体即义务主体或承担义务人应这样行为或不得这样行为的一种限制或约束"⑤。"法律规则和其他规则之所以不同，就在于它们能被感受并确定为一个人的义务和另一个人的权利诉

---

① 郑贤君:《基本权利研究》，中国民主法制出版社 2007 年版，第 11 页。

② [德] 海因里希·罗门:《自然法的观念史和哲学》，姚中秋译，上海三联书店 2007 年版，第 221 页。

③ 中国社会科学院法学研究所法律词典编委会编:《法律词典》，法律出版社 2003 年版，第 1987 页。

④ [美] 列奥·施特劳斯:《自然权利与历史》，彭刚译，生活·读书·新知三联书店 2003 年版，第 2 页。

⑤ 《中国大百科全书·法学》，中国大百科全书出版社 2006 年版，第 621 页；沈宗灵主编:《法理学》，北京大学出版社 2009 年版，第 63 页。

求。"[①]"既然法律强制我做某事或禁止我不做某事，因此它对我就施加了一个义务。但是我的权利是法律留给我的自由，做任何法律没有禁止我的事情，不做任何法律没有命令我做的事情。"[②]

我国也有学者认为，"义务的含义就是'应当'或'应当的'，并仅仅是'应当'或'应当的'。强式义务"是社会其他成员或社会群体对个人主体作出某种行为（或不行为）的强烈要求"；弱式义务"是社会其他成员（或集团、群体、组织）对人作出某种性行为（或不行为）的弱式要求"。[③]

然而仅仅是"应当"或"应当的"并不成为法律义务。"应当"说没有揭示出义务的本质特征，无法据以区分法律与义务、义务与惯行的不同。"强烈要求"并不意味着道德尤其是法律的否定性评价，而制裁则必然是。

当行为内化为惯行时，对于该人来说，它并非义务。不得杀害儿童对一般人来说也不是义务，如果我们说"我不应当杀害他人"，这是很别扭的事情。"不得杀害他人"之所以是一项义务，仅仅是因为违反它的人将遭受法律的严厉制裁。因此义务不仅仅是应当，而且意味着不利，意味着对人们的行为的强力约束和控制。

（二）义务之本质

关于义务的本质，有各种学说。[④]（1）利益说。权利即为权利主体享受，并受法律保护之利益，相应地，义务即为义务主体应付出的利益，或称负担、不利益。（2）约束说。法律义务是对义务主体应该作为或不作为的约束。该作为的要约束自己的任性和私利而去为，不该作为的要约束自己不去为。法律上的约束力具有强制性，该为者不为，不该为者为，就会带来法律上的否定性评价，随之而来的是制裁。"义务是设定或隐含在法律规范中、实现于法律关系中的、主体以相对受动的作为或不作为的方式保障权利主体获得利益的一种约束手段。"[⑤]（3）责任说。法律上的义务和法律上的责任常常通用。（4）意思说。义务人之意思受到限制。其他还有"尺度说"、"规范说"、"手段说"、"法律上之力说"等。

---

① ［英］马林诺夫斯基：《原始社会的犯罪与习俗》，原江译，法律出版社 2007 年版，第 36 页。

② ［英］托马斯·霍布斯：《一位哲学家与英格兰普通法学者的对话》，毛晓秋译，上海人民出版社 2006 年版，第 40 页。

③ 张恒山：《法理要论》，北京大学出版社 2009 年版，第 384 ~ 396 页。

④ 中国社会科学院法学研究所法律词典编委会编：《法律词典》，法律出版社 2003 年版，第 1757 页。

⑤ 张文显主编：《法理学》，法律出版社 2007 年版，第 162 页。

上述各种观点，虽然多数并不使用利益一词，但实际上仍与利益有关。边沁在明确权利即好处和利益后，又指出“相反，义务则是责任、负担，对于负有义务的人来说是繁重的”，“就事物的本质来说，法律不可能授予某人一项利益，而不同时在另一个人身上施加某些负担；或者换句话说，要创造对某人有利的一种权利，只能通过创造一种要求另一个人承担的义务的方式”。①

否定义务代表不利的观点认为，法律的最终目的是保护社会利益的，而社会利益是有利于每一个人的，即对每一个人都意味着有利而非不利，法律义务作为法律的具体内容，当然也具有这一特点。“普通的、一般的、持久的法律义务根据的社会共同生活需要中也包含每一个法律主体的自身需要。因此，承担这种义务对于法律主体而言并不意味着不利。相反，因为得到满足的社会共同生活需要中融合着每一个法律主体的自身需要，这种法律义务对于每一法律主体都是有利的。”② 这一观点存在三个本质的错误：一是认为据以确立义务的社会基础及义务本身必然是对每一个法律主体都是有利的。这显然是不符合历史现实的。毫无疑问，在历史经验中是存在恶法的，如法西斯的法律、中世纪宗教裁判的法律、暴政下的法律，如果认为这样的法律及其所确立的义务（如屠杀手无寸铁的犹太平民）有利于每一个人（哪怕是多数人），是任何一个尚具有良知的人（笔者认为甚至可以包括很多匪徒、强盗）所不能接受的。这样的义务论及这样的法律事实上只有利于一类人，即掌握支配性立法权的专制群体或独裁者。他们认为，他们所制定的法律是有利于所有人的（人民自己的认识是错误的，应当接受他们“正确的”认识），每个人都应当接受。二是实际上完全采纳了客观性利益概念，这和利益的一般概念不相符合，和人们的一般认识相冲突。“普通的、一般的、持久的法律义务”是根据“社会共同生活需要”确立，这种“社会共同生活需要”是一般人所认可的利益，即客观利益。经由义务所确立的法的最终正当性无法否认义务对具体的直接主体的不利性。以刑罚为例，包括论者在内，恐怕没有人认为刑事制裁如徒刑，对受刑人来说是有利的。但从论者的逻辑来看，也应当得出“有利”的结论。因为刑事制裁（劳动改造）可以使犯罪者悔过自新、改邪归正，这种正常的、正当的社会生活也应当是犯罪分子“本质上”期望的生活，因而不能说对其是不利的。三是以一般正当性完全取代了具体情形下的非正当性。谁都知道，欠债还钱是正当的，是有利于整个社会，因而也是有利于每个法律主体的。可

① ［英］边沁：《立法理论》，李贵方等译，中国人民公安大学出版社 2004 年版，第 117 页。

② 张恒山：《义务先定论》，山东人民出版社 1999 年版，第 74 页。

是因为这一点，就认为欠债还钱之义务对每个直接主体来说都是有利的，无异于痴人说梦：即使有严厉的不利后果的约束，执行难依然是中国司法的巨大难题。虽然在目前的制度框架下，欠债还钱之义务是要履行的，并且会主动履行，而且主动履行之动机多数还不是出于对法律制裁之不利性的担忧，但该义务之不利性依然存在。从一个角度即可证成。即如果债权人主动免除债务人的债务，绝大多数债务人会欣然受之（起码在其内心中）。这足以表明，免除债务比履行债务更具有利性，这正说明，履行债务比免除债务更具不利性。

还有人认为，义务的不利性是可以变化的，即不利变成有利。“尽管具体法律义务规范人们行为的主要目的是为了保护他人和社会的利益，而不是为了保护义务承担者的利益，但是在社会关系的转变和长久的利益流动中，对法律义务主体也不是完全不利益，而是有利。”① 这样的例子并非没有。比如在卓别林主演的影片《流浪者》中，流浪汉故意犯罪入狱，以便在环境“舒适”、有衣可穿、有饭可食的监狱中度过在外面很难度过的严寒的冬季。对于此例类似情形，实际以利益的主观性否定其客观性，与法律所保护的利益是以客观性为主的特征不相符合。即无论在社会一般人看来，还是从法律所保护的利益来看，在监狱服刑都是一种不利益。虽然对类似流浪汉这样的极个别主体来说，它意味着利益。但该个体的主观认识不能改变服刑之不利益的本质属性。如果法律义务所设定的不利益确实变成了对义务主体的利益（就客观性来看），那只能说明一个问题：法律需要修改了。因为对立法者（现在的立法者）来说，他并不是“为了保护义务承担者的利益”，既然现在义务主体所承担的不利变成了有利（这当然都是以前的立法者规定的），与现在的立法者的目的是相违背的，形成了现实与目的相矛盾的情形，自有修改之必要。

“禁止杀人”是一个义务性规则。这一个规则确实是有利于整个人类的，绝大多数人是愿意履行这一规则的，就利益的客观性而言，它对每个人是有利的。这是否说明，义务也意味着有利呢？首先，绝大多数人没有去杀人，并不是因为有这一规则存在。事实上，即便没有这一义务性的规则，绝大多数人也不会去杀人，他们根本就没有考虑这一法律义务。他们没有杀人这一事实行为，在本质上并非因为法律义务的存在，而来之于人之为人的基本观念。其次，法律义务在于保障权利的实现，与法律权利共同组成法律关系以实践法的目的。对于法律义务的遵从，在多数情况下是出于对法律的遵从和信仰。在很多情况下，人们之所以遵守法律，仅仅因为法律就是这么规定的，至于它是义务性规定还是权利性规定，并没有考虑。“对于一国法律的服从责任，部分地

① 钱大军：《法律义务研究论纲》，科学出版社 2008 年版，第 37 页。

源自……人们对于从该国获得的好处的感激之责，部分地源自隐含的对于永久居住的国家的守法承诺，我们知道国家希望我们遵守其法，而当我们自己希求其法律的保护时，情形更且如此……部分地源自其法乃为共善的利器这一事实。"① 最后，否认义务的不利性，等于间接否定了法律的责任与强制。义务是与责任和强制联系在一起的，没有强制就没有义务，道德义务同样如此。广义的法律责任，与法律义务同义，狭义的法律责任，是指由于违背了相关法律义务或基于特定的法律联系，有责主体应受谴责而必须承受的法律上的不利负担。②

义务的不利论必须解决一个难题，那就是，如果义务是不利的，那么为什么大多数人对义务还愿意积极地履行呢（绝大多数情形）？确实，义务之履行并不意味着不利。在多数情况下，它是有利于义务主体的，如获得信任和声誉，这可能比单纯的金钱支出更有价值。这是与义务的不利性概念有关的。

义务的不利性，实质是指义务之违反（或不履行）所遭受的不利益性。"'义务'一词被用来指称下述事实：即行为人被要求以某一特定方式采取行动，倘不如此，他将对该义务所指向的他人所遭受的因行为人之行为作为法律原因所引起的任何损害负责。"③ 这就涉及另一个问题，"义务之违反（或不履行）所遭受的不利益性"表达的是什么含义？它与强制、制裁、责任等概念之间是何关系？

（三）义务与不利后果关联

"禁止杀人"是一项义务性规则，单纯遵守这一规则并不意味着不利。然而，这一规则并非义务性规则的全部。紧随其后，应当还有一条规则：如果某人杀人（合乎法律规定的除外），他就应当受罚。根据凯尔森的观点，第一个规范是次要规范，第二个规范才是主要规范。第一个规范"如果真存在的话，它是包含在第二个规范中的，后者才是唯一真正的法律规范"。"在法律上对某一行为负有义务，意思是相反的行为是一个不法行为并且本身就是一个法律规范所规定的制裁的条件"，"法律义务的内容是与作为一个不法行为，成为制裁条件的那种行为相对立的（相反的）行为，法律义务是不为不法行为的义务，它是国民'服从'法律规范的义务"，"正因为法律规范对一定行为赋

① ［英］丹尼斯·劳埃德著，M. D. A. 弗里曼修订：《法理学》，许章润译，法律出版社 2007 年，第 188 页。

② 朱景文主编：《法理学》，中国人民大学出版社 2008 年版，第 474 页。

③ 肯尼斯·S. 亚伯拉罕、阿尔伯特·C. 泰特选编：《侵权法重述——纲要》，许传玺等译，法律出版社 2006 年版，第 4 页。

予一定制裁，所以与此相对立的行为才成为一个法律义务”。①

虽然义务并不等同于惩罚，惩罚不一定是基于义务，而可能是基于单纯的暴力或邪恶，但是义务一定是与惩罚联系在一起的，没有惩罚就谈不上义务。哈特认为，“当对服从的普遍要求是坚定的，且对越轨或扬言越轨的人施加的压力是强大时，此时，规则就被认为或说成是设定义务的”，“人们普遍承认，这些规则所要求的行为虽然有益于他人，却与负有该义务的人希望去做的事情相冲突”，“义务或责任与利益之间冲突的永久可能性在所有的社会中都既是法律家又是道德家的日常话题”。② 哈特虽然没有明确指出义务就意味着不利，但已表明，义务规则实际包含着制裁，这实际就意味着不利性。

一个义务，如果不具有不利性，或不以制裁为后盾，在中国当下的现实中是无法实现的，比不规定甚至更差。而且，如果不利的程度很低，即制裁的强度不够，这样的义务也仍然无从实现。其结果，不仅损害公民的权利，还将危害国家及社会利益，法律将成为被践踏的对象。

哈特认为，当下面的条件存在时，这种规则就会强加一种义务：（1）这些批评性意见（笔者注：指对行为人偏离固定行为模式的批评）所表示的社会压力是相对严厉的，而且（2）规则所规定的行为通常与承担义务者的愿望相互冲突。③

无论什么时候，只要某种适当种类的不利被当做是行为的后果而强加到某个个人身上，而且被认为是必要的，不管是为了恢复原状，为了赔偿由某人之行为所引起的损害，还是作为对该人行为的惩罚，这种不利就是制裁，而该个人的行为就可以被视为违反义务。④ 制裁是不利益（对一种人制裁可能会被认为是有利的，那就是受虐狂），违反法律义务的后果是制裁，即不利益。

当以不利后果为后盾的要求被法律规范所设置时，一个真正的法律义务也就产生了。如果法律规范只是提出了一个要求，而没有设置一个不利后果，这是一个不真正义务，或者说是假义务，行为人违反此义务并不产生法律后果，

① ［奥］凯尔森：《法与国家的一般理论》，沈宗灵译，中国大百科全书出版社 1996 年版，第 66～70 页。

② ［英］哈特：《法律的概念》，张文显等译，中国大百科全书出版社 1996 年版，第 86～89 页。

③ ［英］约瑟夫·拉兹：《法律体系的概念》，吴玉章译，中国法制出版社 2003 年版，第 178 页；［英］哈特：《法律的概念》，张文显等译，中国大百科全书出版社 1996 年版，第 89 页。

④ ［英］约瑟夫·拉兹：《法律体系的概念》，吴玉章译，中国法制出版社 2003 年版，第 182 页。

无须承担法律责任，因而行为人是否履行此义务，全靠其法律良知。在实践中，在绝大多数情形下都无法实现，因而这一模式不符合法律规范性的基本特征，也无法达致法律的目的，严格来说是不能作为法律规范的，只能作为一种原则性的政策规定。

关于不真正义务，又称假义务或间接义务，是指一种强度较弱的义务，其主要特征在于相对人通常不得请求履行，而其违反亦不发生损害赔偿责任，仅使负担此义务者遭受权利减损或承受不利益而已，如非违约方防止损失扩大的义务。① 由此可见，不真正义务亦与不利益相关联。

三、权利、义务之关系

法律授予一个人权利，比如低保权，国家授予收入低于一定水平的公民享有向国家申领最低生活保障金的权利。只要国家授予公民这样的权利，相应的政府部门必然负有审核支付该待遇的义务，且违反该义务应当遭受制裁。对于公民私人间的授权（交易通常是双向的，权利义务之存在甚为明显），通常是一个单方行为，也同样是存在义务的。以典型的赠与（捐赠）行为为例。(1) 赠与合同。赠与人只承担将赠与的财物无偿地交付给受赠人的义务，而受赠人只享受接受赠与财物的权利。② 收赠权利与赠与义务是对应的。(2) 遗嘱、捐助等单方行为，“有关行为的后果仅使相对人取得权利而不使其承担相应义务，如授权行为、免除行为、遗嘱与遗赠行为”③。作为单方法律行为，授权行为不需要被授权方的认可或同意。但是被授权方要享受被授予的权利，还需要履行一定的行为义务。单方行为只是就权利的设定方式来说的，只要一方的意思表示就成立。但并不意味着权利的行使与义务无关。事实上，被授权人行使委托权仍需要承担一定的义务，如谨慎从事的义务、诚实信用的义务。

“在一个反对虐待动物的成文法下，我们不能说那些权利授予了被保护的动物。”④ 保护动物的义务并非没有与之对应的权利，保护动物的义务并非来源于动物自身的权利。从目前的立法思想来说，保护动物的目的显然在于人类，这有助于增进人类的利益：生物多样性，与自然和谐相处。因而损害和虐待动物，也就损害了人类的利益，这个利益经过立法的保护，也就成了权利。因此损害和虐待动物损害了所有人的权利。人类每个人都享有在一个物种丰

① 马俊驹、余延满：《民法原论》，法律出版社 2007 年版，第 62 页。

② 马俊驹、余延满：《民法原论》，法律出版社 2007 年版，第 657 页。

③ 马俊驹、余延满：《民法原论》，法律出版社 2007 年版，第 183 页。

④ ［美］罗斯科·庞德：《法理学》（第四卷），法律出版社 2007 年版，第 143 页。

富、人与自然和谐共存的环境里生活的权利。

反对义务来源于权利者认为，该主流观点无法解释权利的来源，实际上，权利的依据就是遵守基本的义务规则和履行基本义务。① 以社会保障的历史来说，社会保障的供给义务并非人类自诞生时就有的，尤其是现代意义上的作为国家给付的社会保障。在国家实施这一制度以前，并不存在这一义务或基本义务。在很大意义上，这实际是为解决社会的问题而产生的。在人类的历史上，需要保障一个没有了生活能力的人的生活吗？更多的选择恐怕是“优胜劣汰”，令其自然消亡。如果自我保全的欲求乃是一切正义和道德的唯一根源，那么，基本的道德事实就不是一桩义务，而是一项权利；所有的义务都是从根本的和不可离弃的自我保全的权利中派生出来的。不存在什么绝对的或无条件的义务。唯有自我保全的权利才是无条件的或绝对的。国家的职能并非创造或促进一种有德性的生活，而是要保护每个人的自然权利。②

权利与义务的对应性是由权利与义务的含义所确定的。权利意味着要求特定或不特定的人为或不为一定的行为，那么这个特定或不特定的人必须为或不为一定行为，也就体现为义务。从这一角度来说，有权利必然有义务。没有义务，权利也就无法成立。权利与义务的对应性，不是指享受权利必须履行相应的义务，行为人不履行义务就不能享受权利。

权利与义务的对应性主要是指，“一方享有的权利，假定了另外一方以及其他各方应该承担的义务”，“通过设定相应的义务，权利才被授予了”。③“义务和权利是不能分离、不能分割的，而是同一规则和事件的不同方面。”④权利与义务“是法这一事物中两个分离的、相反的成分和因素，是两个互相排斥的对立面。同时，它们又是相互依存、相互贯通的。相互依存表现为，权利和义务不可能孤立存在和发展。它们的存在和发展都必须以另一方的存在和发展为条件”。⑤

权利与义务是对应的，存在一种权利，也就存在一种相应的义务，这种权利使他人赋有做某些事情的义务。但是不同性质的权利对于义务的要求是不同的。与“消极权利”对应的是“消极的义务”，与“积极权利”对应的则是

---

① 张恒山：《法理要论》，北京大学出版社 2009 年版，第 300 页。

② ［美］列奥·施特劳斯：《自然权利与历史》，彭刚译，生活·读书·新知三联书店 2003 年版，第 185 页。

③ ［英］约翰·奥斯汀：《法理学的范围》，刘星译，中国法制出版社 2002 年版，第 181 页。

④ ［美］罗斯科·庞德：《法理学》（第四卷），法律出版社 2007 年版，第 133 页。

⑤ 张文显主编：《法理学》，法律出版社 2007 年版，第 167 页。

“积极的义务”。例如，人身安全的权利是一种消极的权利，它使别人赋有不得伤害、强暴和监禁的义务，但是却不能使别人赋有保护其免于事故的义务。同样，一个人拥有享用美酒的权利，这种权利使他人赋有不得干涉其饮酒的义务，但是却没有为其提供美酒的义务。儿童受教育的权利则是一种积极的权利，这种权利不仅要求他人或机构不得阻止儿童接受教育，而且还要求他人或机构为儿童提供受教育的机会和条件。这就是“义务教育”的意义所在，也因此，各国政府都把儿童受教育的权利规定为“法律权利”。① “义务教育”是从义务的供给方主要是政府和社会方面而言的，强调的是对受教育权的保障。“受教育权”就其客观方面来说，是受教育人的利益。在确认我国公民的受教育权的同时，我国《宪法》第46条还规定，受教育也是公民的一项义务。从义务的角度来说，一个人不能自己想不接受教育（主要是指义务教育）就可以不接受教育，其不受教育的意图受到制约，教育对其来说体现为一种不利益。这对于强调教育的公益性及其意义，是有积极作用的。但是，由于违背这一义务，并不存在法律后果，例如自己拒不上学，能怎么办？除了说服教育，别无良策。至于其他任何人阻碍其上学，那都是从受教育权而非受教育的义务角度来说的。一方面，“受教育的义务”的约束力极低，其强制性主要来自于道德的压力，而缺少法律上的压力。从义务的性质来看，很难被称为义务。另一方面，正如自由权利绝不意味着随心所欲、想做什么就做什么、想放弃就放弃，“公民在行使自由和权利的时候，不得损害国家的、社会的、集体的利益和其他公民的合法的自由和权利”。受教育的权利，尤其是接受义务教育的权利，拒绝上学——对受教育义务的违反实即对受教育权利的放弃，受到法律的制约。不过，从权利义务对应的角度，无论是受教育的权利，还是受教育的义务，都绝不是孤立而与对方无涉的。任何法律义务的目的均在于实现法律权利。“法律权利乃是法律的本位和本源，法律义务和法律责任皆来源于法律权利、服务于法律权利并从属于法律权利。不以法律权利为依据而设定的法律义务和法律责任，不以保障公平平等的法律权利为目的而制定的法律，都不具有伦理正当性，是不可接受和不值得尊重的。”②

---

① 姚大志：《何谓正义：当代西方政治哲学研究》，人民出版社2007年版，第159页。

② 姚建宗编著：《法理学：一般法律科学》，中国政法大学出版社2006年版，第129页。

第二节 社会保险权之概念与性质

一、社会保障权之概念

（一）物质帮助权之不当

很多学者是从物质帮助权这一角度来定义社会保障权的。

“社会保障权是公民在失去劳动能力或劳动机会或遇到其他灾害和困难时，为保障其基本的生活需要而享有的从国家社会保障制度获得物质帮助的权利。”① 社会保障权是法律赋予公民在因年老、疾病、伤残、生育、失业等原因丧失劳动能力或发生暂时困难情况下从国家和社会获得物质帮助，以满足其基本生活需要的一项宪法基本权利。② 社会保障权的核心是物质帮助权。物质帮助权是“公民的基本权利之一，指社会成员在暂时或者永久丧失劳动能力以及因意外事故而发生生活困难的情况下，有从国家和社会获得物质帮助的权利。属于经济权利的组成部分，是一系列法定权利的总称，又称为社会保障权”。③ 因此有人主张应当采用物质帮助权的概念，而舍社会保险权或社会保障权之概念。“物质帮助权是指公民在完全或部分丧失劳动能力的情况下，有从国家和社会获得物质帮助的权利”，社会保险只是物质帮助权的一种保障措施，以社会保险权的概念取代物质帮助权，是舍弃内容而强调形式。④

社会保障权尤其是社会保险权与物质帮助权是存在重大差别的。首先，作为一个日常用语，“物质帮助”更多是指随意的、暂时的援助。而社会保障则是制度化的保障体系，两者不可同日而语。其次，“帮助”的主动权在帮助者，帮助者没有帮助的义务，即帮助者可以不帮助。“物质帮助权”这一概念强调了对被帮助者的恩惠与仁慈，没有体现出“帮助者”的责任与义务。物质帮助权具有现实的落后性，“物质帮助”没有正确地反映出国家与公民之间法权关系，公民与国家的权利义务也就难以正确界定；“社会保障”明确了国家与公民之间的权利义务关系，它表明国家的一种责任和义务。⑤ 社会保障权的实现以国家义务为前提和基础，国家作为第一义务主体，应努力创造条件满

① 常凯：“论社会保险权”，载《工会理论与实践》2002 年第 3 期。

② 王晓男：“论社会保障权”，载长春理工大学 2008 年硕士论文。

③ 《中国大百科全书·法学》，中国大百科全书出版社 2006 年版，第 537 页。

④ 董保华等：《社会保障的法学观》，北京大学出版社 2005 年版，第 153 ~ 155 页。

⑤ 李磊：“社会保障权的宪法保护问题研究”，载《河北法学》2009 年第10 期。

足人的基本的共同的需要。① 因此，无论是在法律上，还是在学理上，将社会保障权的内涵界定为物质帮助，都是不当的，与现代社会保障的理念是不相符合的。

（二）外延无限扩大违背理论与现实

与采用无限扩大的“社会法”这一概念相适应，一些定义也无限扩大了社会保障权的边界。

一般认为，社会保障权是指与传统自由权相对应的，依赖国家积极的调控或帮助方可实现的宪法上的基本权利，具体包括劳动权、休息权、受教育权、环境权、获得物质帮助权、获得救济权和社会保健权等。② “社会保障权是一种积极权利与行政权力的竞合，从内容上看是弱势群体的积极权利；从形式上看是国家的行政权”，“社会保障权包括多项权利，如劳动权、物质帮助权”。③

在实践上，我国社会保障的范围是比较明确的，并不包括环境保护、劳动等范畴，也不能成为社会保障权的内容。

前已论述，公权利在实际上是就行政相对人而言的，行政主体的权利应称为权力。将社会保障权本身界定为行政权让人无法接受，我们绝不能可能说北京市人力资源和社会保障局有参加、享受养老保险的权利，也绝不能说北京市人力资源和社会保障局有参加、享受养老保险的权力，更谈不上权利与权力的竞合问题。

（三）社会风险作为定义要素之问题

社会保障权是指通过相应的立法程序和全社会的力量，依靠用分配和再分配国民收入的办法形成的社会消费基金，而使任何公民在暂时或永久丧失劳动能力、失去工作机会，或者其收入无法维持必要的生活水平或质量条件时通过一定程度的收入补偿而享有的基本的生活权利，使社会的贫困群体可以通过社会救助得到最低生活保障的权利，以及全体社会成员享有各类福利设施以增进社会福利的权利。④

社会保障权是指社会成员（或公民）在面临威胁其生存的社会风险时，

---

① 刘锦城：“社会保障权研究”，载吉林大学2009年博士论文。

② 杨威：“论社会保障权的保障——一种作为‘客观法’的思路”，载《福建法学》2009年第1期。

③ 董保华等：《社会法原论》，中国政法大学出版社2001年版，第308页。

④ 迟景明、孙波：“社会保障权的基本概念辨析”，载《大连海事大学学报》（社会科学版）2006年第2期。

从国家和社会获得物质保障和社会服务，使之维持生存并达到相当水准的生活的权利。①

社会风险是导致社会保险、社会保障产生的内在的主要因素。在现代社会，社会风险依然是社会保险及社会保障的主要保障目的。将社会风险作为社会保障权定义的必备要素，或曰社会成员（公民）只有在遭受社会风险时才能获得社会保障，有其合理性。但在确定社会风险为社会保障之直接目的的同时，我们也要看到，现代社会保障的发展，已经不单单是要保障社会风险，即便没有社会风险也要纳入保障范围，如养老保障的发展；社会保障不仅仅要解决社会风险之防范即基本生活保障问题，而且要促进社会成员之发展。社会风险之防范已经成为社会保障发展的结果之一，而非出发点。

随着社会保障理念以及全球化的发展，社会保障的主体已经不限于公民。公民是与国家联系在一起的，只有具有一国国籍的人才能被称为该国的公民。现代社会保障基于对人的基本生存权利的考虑，对非本国公民亦提供基本生活保障。这已经成为发展的一个趋势。

（四）社会保障权的核心是社会保障之获得

社会保障权应当是指社会保障的获得权，即选择、参加、享受社会保障的权利。每个社会成员都应当平等、公平地享有社会保障权利。作为人权的重要构成内容的社会保障权，是指社会成员依法享有的要求国家和社会积极提供社会保障的条件和便利，使其获得基本生活保障的权利。② 社会保障权是社会成员有从国家和社会获得基本生活保障的权利。③ 社会保障的具体项目（范围）则随着社会的发展而不断发展。

二、社会保险权之概念

（一）不应混淆社会保障权与社会保险权

社会保险权是子权利，也是种权利。它是社会保障权的一种，又是社会养老、医疗、工伤、生育、失业等各项社会保险权利的统称。

相应于社会保险与社会保障的不同，社会保险权与社会保障权也应当是不同的。社会保险权，“是指公民在年老、患病、工伤、失业、生育等情况下依法从所在政府和其他社会主体获得经济补偿或物质帮助的权利”。④ 这里的社

---

① 郭曰君、吕铁贞：“论社会保障权”，载《青海社会科学》2007年第1期。
② 于海洋：“论社会保障权及其实现”，载华东政法大学2007年硕士论文。
③ 李磊：“社会保障权的宪法保护问题研究”，载《河北法学》2009年第10期。
④ 郭捷：“论社会保险权的司法救济”，载《法治论坛》2009年第4期。

会保险权仍然指的是社会保障权。社会保险权与社会保障权在主体、保障形式、享受条件、保障水平等方面都有很大差异。社会保险权应当与社会保障权予以区分。

社会保险权是指劳动者由于年老、疾病、失业、伤残、生育等原因失去劳动能力或劳动机会而没有正常生活来源时，有依法自国家与社会取得保障其基本生活的保险利益的权利。[①] 该定义突出社会保险权的形式特征在于保险利益的获得，从而能够与社会保障权予以区分。但该定义仍不够准确。

第一，将主体限定为劳动者是错误的。应包括非劳动人员，如婴幼儿、老人。只要是自然人，本质上都有可能参加社会保险及享受社会保险待遇的权利。

第二，保险事故以没有正常生活来源为主要条件，但不一定是没有生活来源。事实上，在很多情况下，即使被保险人或受益人有生活来源，仍然可以享受保险利益，养老、医疗、工伤、生育保险、失业都存在。

本质上，社会保险的运行机理仍然采用的是保险原理，只要存在保险关系，只要履行了相应义务（不一定是权利人自己履行），就可以享受相应的权利；在特定情形下，即便没有履行相应义务，也应当享受。

第三，保险事故的发生不局限于丧失劳动能力或劳动机会，如居民保险，被保险人很可能根本就没有劳动能力，也就更谈不上丧失的问题。

第四，社会保险权的内容不仅是享受保险利益，还包括参加与选择的自由。在某种意义上，这个权利比单纯的享受待遇的权利更为重要。人与动物的本质区别即在于，人是可以自我决定和自我选择的，而动物只能被动地接受或不接受结果。在存在多样化的内容下，却不允许人的选择，则人与动物又有何异。

第五，享受社会保险待遇，需要履行相应的义务。这是由保险关系的特征所决定的。在社会保险关系中，没有无义务的权利。但义务人不一定是权利人，这两者是可以分离的。不仅仅在工伤保险、生育保险中存在，在居民保险，乃至其他各种保险中都存在。如老人代子女缴纳养老保险、医疗保险费。

作为社会保险权的定义，笔者认为无须将上述特点逐一列明，许多特征已为社会保险本身所涵盖。考虑到社会保险的发展性，社会保险权无须将社会保险的特征全部概括，而只需指明这种权利的本质特征即可，具体内容可委由社会保险自身确定。

---

① 李运华："论社会保险法治与社会保险权的实现"，载邓大松、李珍主编：《社会保障问题研究（2005）》，中国劳动社会保障出版社 2006 年版。

（二）社会风险可以不作为社会保险权之定义要素

现代社会的社会保险权是指参保人或其家属依法参加社会保险，在遭遇社会风险时享有获得社会保险待遇或保险服务的权利的总称。①

关于社会风险应否作为定义要素的问题，在前述社会保障权中已有分析。举例言之，一位亿万富翁，其所参加的商业保险已足够他的老年保障，而参加社会养老保险使得他所能享受的养老金，仅为商业保险金的几十分之一。该养老金有何防范社会风险之功能？但其可以不参加养老保险吗？如果在中国他是一名企业职工，哪怕是总经理（非法人代表）就都得参加社会保险。

另一方面，“农民”是否只能参加新农保，而不能参加城镇企业职工基本养老保险？社会风险之定义无法作出解释。因为无论参加哪一种，其养老之社会风险均已得保障，无由再提出选择权之问题。

（三）社会保险权是发展的

社会保险权，“是指劳动者（职工）或者其他社会成员依法参加社会保险，并享有享受社会保险待遇和其他相关权益的各项权利的总称”。②

一个地方规定，农村居民只能参加新农保而不能参加城镇企业职工基本养老保险，但是农村干部则可以参加。那么农村一般居民有参加城镇企业职工基本养老保险的权利吗？上述定义是无法回答的。

笔者认为，社会保险权应当是指社会保险的获得权，即选择、参加、享受社会保险的权利。每个社会成员都应当平等、公平地享有社会保险权利。

社会保险的选择权是指，每个社会成员都有权依照平等、公平等基本原则及社会保险之特质要求，选择某一项社会保险项目的权利。这是依据我国社会保险碎片化的现实所应当允许的权利，但不是指个人的自由选择权。例如，不能自由选择只参加工伤保险、养老保险、医疗保险，不参加生育保险、失业保险，这是违背社会保险法的基本原则的；新农保与城保，则应当可以自由选择。

社会保险的参加权，不仅包括“被动地”参加的权利，如企业80%的员工参保了，剩下的20%的员工当然也有参加社保的权利；而且指实施社会保险，积极参加社会保险的权利。在我国经常有一种现实，企业和个人都想参加某一项社会保险，但政府没有实施这一项目，结果无法参加。参加社会保险的

---

① 杨思斌：“社会保险权的法律属性与社会保险立法”，载《中州学刊》2010年第3期。

② 许建宇：“社会保险法应以保障社会保险权为核心理念”，载《中国劳动》2010年第3期。

权利赋予社会成员可要求政府实施这一社会保险项目，政府不作为应承担法律责任。

社会保险的享受权是社会保险权中最实在的、最为根本的权利，社会保险权的实现即是社会保险享受权的实现，社会保险享受权无法实现，社会保险权及社会保险法存在之意义将荡然无存。根据该权利，强制性退保是不合法的。

至于社会保险的具体内容，则应当允许行政权的自由裁量。即允许政府根据社会经济等各种情形的变化，在遵从基本原则的限制下，予以调整和变更。社会保险权的意义并不在于权利人是否一定享有某一项社会保险权利，更大的意义在于如何享有。

三、社会保险权之性质

（一）生存权、基本权利与社会权

社会保障权是基本权利（人权）。确认社会保障权为人权的基本内容，已成为社会保障制度中的重要原则。① 它既是一系列国际人权法文件确认和保障的一项重要的社会基本权利，也是大多数国家宪法规定的公民基本权利。社会保障权的本质是保障公民的生存权，并促进其发展。② 社会保障权具有社会权和积极人权的性质，正是因为具有这种性质，国家和社会对于社会保障权的保障义务就显得更为突出。社会保障权是人人应当享有的一种基本权利，其权利主体具有普遍性的特征，每个人都应普遍地、无例外地得到基本生活保障，而其义务主体则是由国家、用人单位和社会组织三部分组成。③ “公民社会权利的正式取得以资本主义福利国家的普遍建立为显著标志。它否定了那种仅仅把社会保障看做人性的要求和道德权利的主张，否定了带有严重的阶级偏见的以财产权为中心的等级化权利思想，也否定了那种把社会保障视为人道主义救济和慈善之举的统治阶级的偏见和对弱势群体或边缘人群的排斥，从法律、政治和社会平等的立场肯定了福利作为公民基本权利的合法性与合理性。”④

正如上述引文所称，很多学者都认为，包括社会保险权在内的社会保障权是社会权的一种，具有社会基本权的属性。但是，几乎所有的学者都没有讲清

---

① 香伶：《养老社会保险与收入再分配》，社会科学文献出版社 2008 年版，第 151 页。

② 王晓男：“论社会保障权”，载长春理工大学 2008 年硕士论文。

③ 于海洋：“论社会保障权及其实现”，载华东政法大学 2007 年硕士论文。

④ 胡威：“社会保障制度及其政治价值原则研究——以社会正义为视角”，载 2005 年吉林大学博士学位论文。

楚社会权究竟是一种什么样的权利。社会权利的内容和范围依赖于对这一概念的定义。到目前为止，并未见哪一个官方机构或者立法者对狭义的社会权利下一个明确定义，《经济、社会和文化权利国际公约》也只是笼统地将三类权利规定在一起，至于哪些是经济权利，哪些是社会权利，哪些是文化权利，立法者并没有明确说明。社会基本权，又可称为社会权、社会权利，它是宪法赋予国家的积极作为义务。狭义的社会基本权基金指与社会保障或者社会安全有关的权利；中间分类的社会基本权包括社会安全或者保障的权利；广义的社会基本权包括经济权利、社会权利和文化权利。从《经济、社会和文化权利国际公约》第9条至第12条的规定来看，社会权利包括享受社会保障的权利（第9条），保护家庭、妇女、儿童和未成年人的权利（第10条），适当的生活水准（第11条），健康的权利（第12条），教育权（第12条）。①

社会之基本权，“为个人要求国家行为之权利，本质为社会之权利”。② 社会权是基于福利国家和社会国家的理念，为使任何人都可以获得合乎人性尊严的生存，而予以保障的所有权利的总称。③ 社会权包括工作权，享受公正和良好的工作条件权，组织和参加工会权，获得相当的生活水准权，接受教育权，参加文化、享受科学进步及其应用所产生的利益等各种经济、社会、文化权利。④

笔者认为，第一，即便所谓的社会权成立，其权利主体也是个人，而非社会。社会权论易混淆权利主体，导致人们的误解。

第二，要求国家行为，无论是否为保障个人符合人性之尊严，都不完全是社会权之范畴。比如，要求警察制止违法犯罪行为，保护生命和财产安全，显然可划入自由权和财产权之行列。而所有的社会权论，都是主张社会权与自由权分立的。在中国，学者几乎无一例外均将宪法中赋予公民的财产权、劳动权、物质帮助权、生活保障权等项谓之“社会经济权利”。在德国、日本，则将这种经济社会权利直接谓之“社会权”，以区别于自由权。⑤ 而事实上，社会权论未清晰界分其与自由权的边际。所谓的社会权，尤其是包含经济权利在内的广义定义，通常含有自由权之成分。

---

① 郑贤君：《基本权利研究》，中国民主法制出版社2007年版，第166~189页。

② 黄越钦：《劳动法新论》，中国政法大学出版社2003年版，第54页。

③ 迟景明、孙波：“社会保障权的基本概念辨析”，载《大连海事大学学报》（社会科学版）2006年第2期。

④ 李磊：“社会保障权的宪法保护问题研究”，载《河北法学》2009年第10期。

⑤ 薛小建：《论社会保障权》，中国法制出版社2007年版，第48页。

第三，自由与平等是人类追求的两大基本价值，也是法律保障的两大基本权利。尤其在现代社会，平等权利是无法回避、无法割舍的基本权利，也是评价众多法律权利的基本准则。无论是《经济、社会和文化权利国际公约》，还是其他论者所称的社会权的内容，多数是平等权的具体要求，部分是自由权的具体要求。与自由权对应并能够与自由权相提并论的，只有平等权，社会权与自由权不在一个位阶，而应当作为平等权的具体体现。平等权可以概括狭义及中间分类意义上的社会权。

第四，一般来说，社会权不能体现为具体的法律权利，不具有可诉性，法院不能依据社会权之原则和观念，而直接判决"义务人"承担法律责任。"在社会权利体系中，一些国家只将最低限度的生活保障作为国家必须负责保障实施的义务予以贯彻，其他类型的社会权利还只是作为宪法对国家生活的伦理指导原则或者纲领性规定，司法救济方法和保护渠道还较为狭窄，尚处于发展和不定型阶段。"① 如果不具有可诉性，作为基本权利的意义便大打折扣。

第五，基本权利与人权概念，已经凸显了社会保障权、共享环境发展权等权利的本质及其重要性，没有必要一定要归纳出一个上位性的"社会权"。

第六，社会权的含义太过宽泛，这一现象实际来源于宽泛的社会法之概念。正如笔者所认为的，非社会保障法意义上的社会法很难成立，非社会保障权意义上的社会权也很难成立，也没有太大的实践及理论意义。

（二）经济权利与财产权

社会保障权具有经济权利、社会权利、人身权利的综合特点。要使人人懂得，接受社会保障是权利享受而不是领取慈善施舍。要使社会上的每一名困难成员，都能与其他人一样体面地、有尊严地生活，而不受到任何形式的蔑视或屈辱。②

包括社会保险权在内的社会保障权具有两方面的性质，一是财产权属性。财产权是指以财产利益为内容，直接体现某种物质利益的权利。③ 二是社会保障权属性。社会保障权的标的是社会给付，绝大部分是具有物质利益的；部分即便不具有物质利益，但就客观性而言，对主体亦具有有益性，如义务教育、公平教育机会的提供，健康看护的提供等。社会保险权虽然具有财产权属性，但不同于一般的以占有、使用、收益和处分之全部或一种权能为表现的一般的财产权。由于其主要是一种请求权，在社会保险待遇给付之前，权利人并不享

---

① 郑贤君：《基本权利研究》，中国民主法制出版社2007年版，第182页。

② 史探径：《社会法学》，中国劳动社会保障出版社2007年版，第180页。

③ 马俊驹、余延满：《民法原论》，法律出版社2007年版，第58页。

有占有、使用的权利，由此决定社会保险待遇给付之前，风险只能由社会保险经办机构及其他待遇支付责任人承担。社会保险权的权利人享有受益的权利，社会保险基金所产生的受益应归权利人所有，这种所有不是指占有，而是指要在待遇上体现。社会保险权利人对社会保险权的处分受到严格限制。

（三）法律权利与道德权利

社会保障权是法律权利，也是道德权利（自然权利）。社会保障权也是一种自然权利，因为人的生命是自然的，而社会保障是保存社会弱势群体的生命的一种形式，这与生命权其实并无二致。[①] 由此决定了社会保障权既是应然权利，也是实然权利。社会保障权经历了一个从应然权利到法定权利，再到现实权利的演变过程。[②]

作为法律权利、实然权利，无论是社会保障权还是社会保险权都应当是可诉的，而司法实践中的非可诉性，则表明实践有待改进和完善；作为道德权利、自然权利或应然权利的社会保障权或社会保险权，则可以评价现实中的社会保障权利或社会保险权利，并推进后者的发展与完善。

（四）既得权与期得（期待）权

既得权是指权利人可以现实享受的权利，而期得（期待）权则是指权利人将来可以享受的权利。区别两者的意义在于，权利对于权利现实影响的不同。

社会保险（权）指现在的非弱势群体将来可以享有的期得的权利。一般意义上的社会保障指社会的弱势群体现在就可以享有的现实的权利。[③] 这个说法是不完全正确的。无论是社会保险权还是社会保障权都不仅仅是期得权，很多也是既得权。例如工伤保险，当天参保，当天就可以享受工伤保险待遇。在本质上，工伤、医疗、生育、失业等社会保险待遇的享受，并不以缴费为必然条件，我国将来也会发展到这一阶段，缴费与享受待遇将成为两方面问题，这些内容的权利将首先表现为既得权。

---

① 刘连泰：《〈国际人权宪章〉与我国宪法的比较研究》，法律出版社2006年版，第230页。

② 李磊：“社会保障权的宪法保护问题研究”，载《河北法学》2009年第10期。

③ 刘连泰：《〈国际人权宪章〉与我国宪法的比较研究》，法律出版社2006年版，第230页。

第三节 社会保险权的权能

一、行为之界分

在社会保险领域，比较常见的现象是，某人要求参加或享受某种社会保险（待遇），但社保机构常常予以拒绝，理由往往是，没有规定可以这么做，或实践不允许这么做。例如家属工（大致在20世纪70年代及以前，主要是矿工的男性职工的配偶组织起来从事辅助性的生产、服务工作，以现在的观点来看，与用人单位之间的关系是不折不扣的劳动关系，当时的定性多数是临时工）能否享受养老保障？同样为一家企业工作，"固定工"身份的职工就可以连续计算工龄并作为视同缴费年限，可以享受养老保险待遇，集体企业职工也可以，为什么临时工不可以呢？如果我们从社会保险权的角度来分析这个问题，就很明确了：为企业工作了数十年的职工，没有获得养老保障的权利吗？这还是应然权利与实然权利的界分。

在实然权利角度，"权利本来可以使行为人明确，对他或她而言，哪一种可能的行为方式才是法律允许的、有效的"。① 唯吾人共处于社会，关系至为密切。一行一动，无不足以影响他人。各人行使其权利或防护自己之权利时，每可妨害他人之权利。在此矛盾冲突之情形下，各人应如何自处，各人行使其权利时，应有如何之分际，不得不有一客观之标准。吾人之有权利，积极的有使其内容实现以满足吾人社会共同生活之必要；在消极方面，亦有防卫保护吾人之权利不受侵害之必要。② 例如，用人单位有代扣代缴社会保险费的权利，但该权利不能侵犯劳动者的社会保险权利，如少缴费。

通过立法、执法、司法活动与理论研究，指明社会保险权利的具体内涵、种类、形态，明确社会成员各自的权利内容，社会保险行政部门与经办机构的权责，从而确立各自的行为界限。

二、制约权力

行为界限中，尤为重要的是对权力行为的制约。

我国社会保险的实施，是以权力行为为基础的。可以说，没有以行政权力

---

① ［英］约瑟夫·拉兹：《法律体系的概念》，吴玉章译，中国法制出版社2003年版，第38页。

② 王伯琦：《民法总则》，台北"国立"编译馆、正中书局1979年版，第238页。

为核心的权力行为，我国社会保险绝不可能发展到现在这个地步。在行政权力具有积极作用、必不可少的同时，“权力导致腐败，绝对的权力导致绝对的腐败”，如果权力不能得到很好的制约，并容易出现问题，进而必然会损害公民的社会保险权利，并危及社会保险制度的发展，此前发生的多起挪用社会保险基金（企业年金基金）正说明了此点。而明确了社会保险权利，也就确定了社会保险行政行为的义务（职责），划定了社会保险行政行为职权的范围，逾此范围便侵害了社会保险权利人的权利。通过法律的形式赋予社会成员社会保障权，可以防止国家权力的滥用，防止国家权力对社会成员权利的任意变更和侵害。①

如果政府偏向某种善观念或理想，那么它就可以利用强制性的权力来实现它们。因为人们拥有不同的善观念和理想，所以这意味着某些人通过政府的强力将自己的善观念和理想强加给其他的人们。例如，政府拥有颁发药品许可的权力，并且应该基于药品的安全性来给予许可。可能出现这种的情况，即政府相信这种药品是安全的，但实际上它错了。更为危险的是，如果权力没有得到很好的控制，它必然会“挂羊头卖狗肉”，以公权力之名行私利之实，其结果必然是对公民权利的侵害。郑筱萸案便彰显了此点，在判断药品是否安全的问题上他可能犯错误，同样，在判断善观念和理想的问题上政府也可能犯错误。如果在决定追求什么样的善观念和理想问题上犯了错误，那么这就意味着将某些人的错误观点强加到其他不同意这些观点的人们身上。历史上关于企业年金的投资问题，便是这一情形的真实写照。“任何政府都会这样为自己的强制行为辩护，这些强制行为是为了人们的利益而强加给人们的，它们能够增进人们的自主，从而与自主原则相一致。”②

人们为了实现自己的善观念，可能需要许多选择和机会。由于人们拥有不同的善观念，人们所需要的选择和机会也会是相互冲突的。政府的强制应该促进谁的选择和机会？如果政府可以用强制的方式推行某种善观念，那么它为此能够找到的借口太多了。这就为政府滥用权力打开了方便之门。③ 只有严密规定和保护每一名社会成员的社会保险权利，不因所谓的公共利益而侵害任何一

---

① 于凌云编著：《社会保障：理论、制度、实践》，中国财政经济出版社 2008 年版，第 505 页；郭士征编著：《社会保障研究》，上海财经大学出版社 2005 年版，第 357 页。

② 姚大志：《何谓正义：当代西方政治哲学研究》，人民出版社 2007 年版，第 190～194 页。

③ 姚大志：《何谓正义：当代西方政治哲学研究》，人民出版社 2007 年版，第 195 页。

名社会成员的社会保险权利，社会保险权利才能得到真正的保障和实现，也才能够建设真正的和谐社会。

社会保险权是基本权利，其核心理念是生存权观念，有多少利益比生存权更重要呢？在权力与社会保险权利衡量的天平上，我们应当坚定地站在后者一方。当然，我们还需要确定，所谓的"社会保险权利"必须是真正的、正当的权利。例如，2 年以前用人单位没有缴纳社会保险费，2 年以后劳动者才去投诉，要求用人单位补缴，这超过了法定的时效期间。不能以将来养老无法保障为由对用人单位进行查处。在这里，劳动者的社会保险权利有其边界，社保行政权力亦有其边界，用人单位的社保权益也应得到尊重和保护。

三、促进公平正义社会之形成

社会保险权是基本权利之一。它和自由、人身等权利相比，在一定意义上影响更为持久。社会保险权得不到保护，就意味着权利人的生活在相当长的时间里，甚至是终生将遭受困境，乃至丧失生命。例如，遭受机动车事故伤害，肇事者未及时履行，如果社会保障制度比较健全，受害人的生命和健康都可以得到有效的保障；反之，如果社会保障制度不健全，受害人不能得到有效及时的救治，极可能危及其生命。近些年发生多起社会保险经办工作人员被伤害事件，一个享受了社会保险权利的人会干出这样的事情吗？恶性事件背后往往存在着权利缺失。

以社会保险为核心的社会保障，是优先追求公平价值的，其目的旨在实现真正的社会平等。可以说，如果社会保险权利得不得维护，无论经济怎样发展、社会财富怎样积累丰厚，这个社会都难以称为是公平正义的。"朱门酒肉臭，路有冻死骨"这种极不公正的社会，早已为我们所谴责。社会保障权的严重缺失，在现代社会也会必然导致这一结果。一些地方为了追求 GDP，不惜以牺牲社会保险权利为代价，允许招商引资的企业不缴纳社会保险费、少缴、漏缴社会保险费，并在劳动者要求查处时，怠于履行职责，甚至予以阻扰。结果是，在短期内，地方的经济总量上去了，但这不仅影响民生，公民的社会保险权利无法保障，对经济长远发展亦将产生不利影响。国家已经越来越认识到，内需对于我国经济长远发展的重要意义，而以社会保险为核心的社会保障制度的缺失或待遇偏低，则是导致内需乏力的重要因素。

如果社会的富裕不能转化为民众的富裕和幸福，如果社会的两极分化过于严重，这样的社会就难以言及公平和正义。以社会保险为核心的社会保障制度的发展，是实现社会公平正义不可或缺的因素。而这一切，都离不开对社会保险权的坚守与实现。

四、促进社会保险法体系生成

社会保险法是权利本位法，是以社会保险权为核心的，社会保险法的目的即为实现社会保险权。社会保险权决定了社会保险法律规则的具体内容，社会保险法律规则的构建是从属于社会保险权的。可以说，无社会保险权即无社会保险法律规则，无社会保险权，社会保险法律规则的存在就失去了意义。

首先，权利之有无，决定了法律规则之有无。无社会保险权利就无社会保险法律规则存在之必要。在构建社会保险法体系中，先要做的就是判断有无相应的社会保险权利（尤其是在“应然”的意义上）。如果我们认为农民没有养老保险权利，就不会实施新农保，反之就应当实施。如果我们认为，社会保险是恩赐，是国家对农民的恩惠，他们没有选择、参与决定的权利，而只应当感恩戴德地接受，那么谁先享受新农保，谁最后享受新农保，农民本身就没有发言的权利。反之，他们则有发表意见、表达意愿的权利。

其次，权利之实现，构成评价法律规则之有效性的标准。当政策明确规定，参保人有转移社会保险关系的权利，而现实却无法流转，或者是打了折扣以后的流转，如视同缴费年限不予认可。亦即社会保险权利是受损的，那么这样的规则其有效性是大存疑问的。

最后，社会保险权是进行法律漏洞填补、法律解释的必要的考量因素。从法律体系来说，法律原则在漏洞填补、法律解释上具有更为重要的价值，换言之，在社会保险权和法律原则两者之间，后者在法律适用中的作用更为重要。但这并不意味着社会保险权在法律适用中是没有意义的，前者的作用通常要通过后者来实现，其适用功能相对而言较为间接。

第四节　社会保险权的权利内容

一、参加权

社会保险的参加权，是指社会成员有权平等地参加社会保险。社会保险有既得权的性质，也有期得权的性质，对于大多数的人来说，它的直接目的在于防范可能发生的社会风险。既然具有风险之特质，就有发生或不发生的可能。例如，工伤保险，绝大多数参保人员并不会遭受工伤事故伤害；对于生育保险，亦有很多人确定不能享受生育保险待遇。因此对于社会成员来说，社会保险权并不仅仅意味着社会保险待遇的享受。参加社会保险本身就意味着社会主体社会平等权利的实现，就意味着人格尊严得到尊重，其本身即为一种权利。

参加权首先意味着对于应得的社会保险项目之参加。应当根据基本权、生存权、社会风险存在之可能性，确定某种社会保险项目，及其所针对之人群。例如，在居民医疗保险、新农保实施以后，城镇居民养老保障如何解决？他们应有参加某种特定养老保险的权利吗？目前的政策是，他们按照城镇灵活就业人员身份，参加城镇企业职工基本养老保险，单位和个人缴费部分完全由个人承担。在一些地方，除了缴费主体、缴费来源不同以外，其他与企业职工基本养老保险完全相同，1 年养老保险费要缴纳 5000 多元。这其中有很多“40 岁”“50 岁”失业人员，他们个人 1 年的纯收入可能还达不到这么多钱。显然，让他们承担劳动者个人及其用人单位共同的责任是不公平的，是坚持权利（享受养老金）与义务（缴费）对等原则的体现。以江苏省盐城市的新农保政策作为对比，一名农民一次性缴纳 1.2 万元，可以获得 170 元/月的养老金。依此，如要拿到 850 元/月的养老金，只要缴纳 6 万元即可；每年缴费 6000 元，15 年缴费本息之和超过 10 万元，而月养老金则未必超过 850 元。城镇居民有必要实行具有一定特殊性、公平性，可与企业职工基本养老保险衔接的养老保险制度。

参加权要求，参加社会保险不是只能被动地等待，而是可以积极要求参加的权利。如果一个地方应当实施某种社会保险制度却没有实施，以致社会成员不能参加并获得社会保险的保障。例如未及时将“老工伤”纳入工伤保险统筹管理，政府相关部门应当承担相应的政治及法律责任。

其次，每一个社会成员应当有平等地参加社会保险项目的权利，不得歧视。社会保险不是商业保险，不能讲求营利性，不能因为某一风险的概率较高，待遇支出肯定要高于保费收入，就将其置于门外。例如拒绝接受高风险行业参加工伤保险，拒绝接受退休人员众多的企业参加基本医疗保险。不应当基于不应有的身份、户籍等限制，而拒绝某类人群参加社会保险项目。例如拒绝非本地户籍人员延缴养老保险费，拒绝非本地户籍人员参加居民医保。质言之，别人可以参加的，我也应当可以参加，非性质本身所要求的区别不能成为阻止的理由。而性质本身所要求的区别则应当成为阻止的理由。如职工医保是以劳动（人事）关系为前提的，居民医保的覆盖对象为非劳动（人事）关系人员，因此企业职工不能要求参加居民医保，并因此免除企业的缴费义务。

第三，应当平等地保护每一个社会成员参加社会保险项目的权利，不得厚此薄彼。法律对于社会保险参加权的保护应当是平等的，不能因为法外因素，如出于对 GDP 的追求而实行选择性执法，发达地区劳动者的社会保险权利可以得到较好的保障，而欠发达地区则对劳动者的社会保险权利不闻、不问、不管，甚至提出质疑。

第四，参与社会保险政策决策的权利。这也是公民的社会保险参加权的重要体现。公民有权利对社会保险政策的制定、立法等发表意见，提出建议。

二、选择权

人类生活中最珍贵的是为了选择而选择，不仅是选择善的东西，而且是选择本身。① 作为万物之灵的人，他们追求的不仅仅是结果，更重要的是过程。非选择性的强制安排，也许结果很好，但往往会造成很多问题，也很难得到被安排者自身的认同，因为它和人类的本性背道而驰。

社会保险的选择权，是指每个社会成员都有权依照平等、公平等基本原则及社会保险之特质要求，选择某一项社会保险项目的权利。这是依据我国社会保险碎片化的现实所应当允许的权利，但不是指个人的自由选择权。例如，不能自由选择只参加工伤保险、养老保险、医疗保险，不参加生育保险、失业保险，这是违背社会保险法的基本原则的。

选择权的存在是基于我国目前社会保险的现实状况。由于各地区、各行业、各阶层经济差异较大，在非强制性参保项目上，不可能实行“一刀切”，以养老保险表现最为突出。遵循平等与公平原则，不同项目之间应具有融贯性，应允许特定参保人员选择，而非单纯地予以强制性的保障。

可以行使选择权的前提是：保障对象系同一社会风险，或者说保障项目相同，不违反强制性规定。

不同险种之间虽然也存在相互联系，但在本质上是不融通的，不能相互替代，因而也不存在选择性参加的问题。

根据强制性与灵活性相统一的原则，必须且应当强制性参加的险种及其项目，不能选择。例如，农民工必须参加企业职工基本养老保险和医疗保险，而不能参加新农保和新农合，并据此拒绝参加企业职工基本养老保险和医疗保险。

1. 社会保险选择权，包括对社会保险项目的选择，如对新农保与以灵活就业人员身份参加企业职工基本养老保险，以及将来可能出台的城镇居民基本养老保险，则应当可以自由选择。对新农合和居民医保原则上也应当允许选择。

2. 退休养老之选择权。20 世纪 70、80 年代的文件规定，劳动者达到退休年龄的，符合退休条件的必须退休。由此提出的问题是，60 岁必须退休吗？

---

① ［英］以赛亚·伯林：《自由及其背叛》，赵国新译，凤凰出版传媒集团、译林出版社 2005 年版，第 26 页。

笔者的回答是“不必”。延迟退休以前是作为一项行政审批制度而存在的，延迟退休需要主管部门的批准。养老保险发展的趋势是实行弹性退休制度。参保人员应当有选择退休或不退休而是继续参保的权利。这对特殊工种者亦适用。每个公民既有生的自由，也有死的自由，尤其有劳动的自由，强制解除劳动义务，不啻于剥夺个人劳动权，于是宣称劳动自由的人权不复存在。①

3. 参保地与退休地之选择。转移接续新政规定，参保人跨省流动就业的，原则上可以在户籍地和就业地参保，但男年满50周岁和女年满40周岁的，应在原参保地保留基本养老保险关系；在非户籍地缴费未满10年的，不能在非户籍地享受基本养老保险待遇。该政策依然限制了参保人的选择权。在我国未实行全国统筹，各地社会保险差距较大的背景下，选择权可以也应当存在一定的限制，但这种限制应当遵循平等与公平之原则，而不能歧视对待。例如，在参保地退休并享受待遇，可以要求在该地有一定的缴费年限，但应允许通过延缴的方式达致该年限要求，而不能简单地以户籍为由予以拒绝。

医疗、康复、药店之选择权，就业培训机构选择权。随着社会保障卡的实施等，参保人的此类选择权开始得到越来越多的尊重。

三、获得社会保险待遇的权利

社会保险的享受权是社会保险权中最实在的、最为根本的也是最为主要的权利。对于绝大多数人来说，社会保险权的实现即是社会保险享受权的实现，社会保险享受权无法实现，社会保险权及社会保险法存在之意义将荡然无存。

社会保险的享受权不仅指参保人有现实的获得社会保险待遇的权利，而且指依法获得社会保险待遇的权利，还包括虽非参保人，但作为社会成员可依法享受社会保险待遇的权利。例如失业人员可获得社会保险补贴，“老工伤”人员可纳入工伤保险统筹并享受相应工伤保险待遇的权利。

社会保险的享受权，不仅指对社会保险待遇的获得本身，还包括为享受待遇而应当获得的服务和劳务给付。如社会保险关系的转移权，要求提供银行转账或汇兑服务的权利，要求提供生存认证等便捷服务的权利。

四、社会保险知情权

这是社会保险参加权、选择权和待遇享受权的必然反映。知情权是权利人行使各项社会保险权利的基础和保证。

---

① 参见侯文若、孔泾源主编：《社会保险》，中国人民大学出版社2008年版，第20～23页。

我们参照一个案例来分析这一问题。

张某因与用人单位发生工资争议，同时也需要了解用人单位为本人缴纳社会保险费的详细情况，需要社保对账单作为证据。但在要求社保机构打印对账单时遭到拒绝。工作人员表示，他们没有这项权力；而且年度对账单已经寄给本人；所有参保信息可以通过触摸屏查询。而张某表示，他并没有收到对账单，而且他要的是历年的对账单而不仅是本年度的；证据需要提交给法院，仅能够查询是没有用的。参保人可否随时打印社保对账单？社保机构拒绝此要求是否违法？

一种观点认为，参保人不可以随时打印社保对账单，社保机构拒绝行为合法。

其理由是，个人账户属于参保者个人所有，由社会保险经办机构代为管理。作为个人账户的所有人，参保者有权获知参保信息，社会保险经办机构应该为参保者提供个人账户缴费情况信息，包括打印对账单。但是，参保者的这项权利并不是无限的和随心所欲的，社保机构为其提供缴费情况信息的义务也不是毫无节制的，会受到实现时间、实现途径、实现程度等影响。《社会保险征缴暂行条例》第16条规定：社会保险经办机构应当至少每年向缴费个人发送一次基本养老保险、基本医疗保险个人账户通知单。《职工基本养老保险个人账户管理暂行办法》（劳办发〔1997〕116号）规定，社会保险经办机构在缴费年度结束后，应根据《职工养老保险个人账户》的记录，为每个参保职工打印《职工基本养老保险个人账户对账单》。劳动保障部办公厅《关于规范企业职工基本养老保险个人账户管理有关问题的通知》（劳社厅发〔2001〕5号）规定，社会保险经办机构要妥善保存养老保险缴费和个人账户记录，每年至少公示、打印一次个人账户对账单，并采取多种形式，建立个人账户查询制度。社保机构在提供劳社厅发〔2001〕5号文规定的基本服务后，可以拒绝参保者随时打印对账户的要求。张某如果确实需要，可以按照诉讼法程序由法院调查取证。

如果参保人随时打印社保对账单，那么社保机构天天都在忙于打印社保对账单；这样的话，参保人员对账单的保管也就放松了，用人单位也可不将对账单给个人，对用人单位的行为将失去监督。

表面上看，这种观点有一定道理。社保机构每年打印一次对账单合乎上述规定。即文件只规定"至少一次"，此外并未强制要求社保机构打印多少次。然而，行政法的基本原则除了"合法性"，还有"合理性"，即如果具体行政行为合乎法律规定但不合理，也应当遭受法律的否定评价。如何判断合理与否？通常认为，"一般理智的人都不认为行政机关在正当地行使权力"即为不合理；行政行为能实现行政目的或至少有助于目的的达成，则为合理，否则为不合理。打印对账单的目的在于：保障参保人的知情权；便于参保人监督社保机构、用人单位履行法定义务，维护参保人的合法权益；便利参保人处理相关社会事务。在本案中，社保机构拒绝打印张某的对账单，上述立法目的均无法实现，绝大多数人也认为拒绝行为不适当，因此拒绝行为违背了合理性之基本原则，该行为违法。

如果参保人可以随时打印对账单的话，社保机构会每天忙于这件事吗？我们认为这种假设不符合现实，从税务资料开放实践看，并没有令相关机构疲于应付；有几个人会没有正当理由找社保机构随便打印对账单？如果要求打印理由正当，又何来拒绝的正当基础呢？

另一种观点则认为：参保人可以随时要求社保机构打印本人的社保对账单。

其理由是，作为社保机构，随时提供社保缴费情况应该是他们服务的内容之一。作为参保人，当企业和个人有这方面的需要时，社保机构就应该提供。这事要做好其实很简单，关键还是个服务意识问题。

社保信息库的建立就是服务于群众，参保人有权了解自己的参保信息。让职工及时了解用人单位为其缴纳社会保险费情况，保证职工享有社保知情权，是维护职工合法权益的需要。虽然每年度都发放了参保人对账单，但现因劳动争议证据的需要，当事人可以通过法院调查取证，也可以凭本人身份证到社保部门要求打印。拒绝提供对账单的行为是违法的。同时为了限制不合理的打印要求，合理控制打印成本，在提供网络打印的支持下，可由参保单位或参保个人自行通过网络打印，社保机构加盖查询专用章；直接通过社保机构打印的，社保机构可以按程序收取打印成本费。这一观点显然更具有合法性和合理性。

五、社会保险附随权利

社会保险附随权利与社会保险本身无关，是为了进行其他社会事务活动而需要社会保险机构提供证明等项服务的权利。

第五节　社会保险权的法律保护

我国目前没有专门的社会保险保护程序，只能适用其他部门法的保护方式。长远考虑，宜针对包括社会保险权在内的社会保障权，通过专业的仲裁及司法程序，采取综合性保护方案。

例如，用人单位少缴、漏缴社会保险费行为的查处和纠正（责令补缴），其时效与校正措施宜采用特定方案。《社会保险行政争议处理办法》（劳动和社会保障部令第13号）第10条规定：经办机构作出具体行政行为时，未告知申请人有权申请行政复议或者行政复议申请期限的；行政复议申请期限从申请人知道行政复议权或者行政复议申请期限之日起计算，但最长不得超过2年。《劳动保障监察条例》第20条规定：违反劳动保障法律、法规或者规章的行为，在2年内未被劳动保障行政部门发现，也未被举报、投诉的，劳动保障行政部门不再查处。

对于社会保险权利设置保护时效是必要的，时效的几大功能都同样存在。但具体到时效长短之设计，则并非没有疑问。短了不利于保护社会保险权利，长了影响社会保险待遇的计算。是否可以在补缴之外，建立用人单位的补偿制度，深值研究。

一、行政法保护

社会保险法在性质上属于公法，我国社会保险是由行政权规划、实施、监督和发展的，首先应当受到行政法的保护，这也是我国的现实状况。

在我国，社会保险权遭受侵害主要表现在两个方面：一是用人单位未依法为劳动者缴纳社会保险费；二是社会保险行政和经办机构未依法、合理地办理社会保险事务，损害了社会成员的社会保险权益，如未计算视同缴费年限，未依正确的年龄办理退休。

这两个方面都主要依靠行政法予以保护。第一个方面，主要依靠行政执法，包括劳动保障监察、社会保险稽核予以纠正；第二个方面，主要依靠行政复议、行政诉讼等行政法救济程序予以保护。这两个方面都涉及国家赔偿（行政赔偿）。

《劳动合同法》第95条规定：劳动行政部门和其他有关主管部门及其工作人员玩忽职守、不履行法定职责，或者违法行使职权，给劳动者或者用人单位造成损害的，应当承担赔偿责任；对直接负责的主管人员和其他直接责任人员，依法给予行政处分；构成犯罪的，依法追究刑事责任。该法律条文是实施社会保险行政赔偿的主要法律依据。据笔者所知，至今国内尚无依据该条款实施社会保险行政赔偿的个例。这或许与该法案的性质有关，毕竟它不是规定在社会保险法律法规中。

我国社会保险扩面征缴仍存在很大的压力，与社会保险制度比较健全的国家相比，征缴率较低，劳动者维权成本较高，这与劳动监察、社会保险稽核力度、严厉程序是直接相关的。只有仰仗严厉的行政执法，才能根治社会保险费征缴不力的难题，才能更好地实现社会保险权利。而要实施严格的行政执法，赋予执法主体更大的法律责任、建立全面的行政赔偿制度是必不可少的。例如，应当建立即时稽查制度，在接到劳动者的报案电话后，劳动监察或社会保险稽核应当在一定时限内（如1个小时）到达现场进行执法，这是解决劳动关系较难确认（劳动者没有劳动合同）时查处社会保险违法行为最有效的方法。如果社会保险执法机构怠于行使职权，应当承担赔偿责任，对相关责任人员应当实施处罚。

二、民事法保护

在我国现行社会保险权法律体系中，民事法律的保护也占据了比较重要的位置，它主要在行政保护无法实现的地方发挥作用。《劳动争议调解仲裁法》规定，社会保险争议属于劳动争议。而根据我国法律体系，劳动争议适用劳动争议仲裁和民事诉讼制度。

虽然在司法实践中，对很多社会保险争议，劳动仲裁机构和法院并不受理，即便如此，仍有相当部分社会保险争议由法院管辖。

民事制度保护的范畴主要在于，用人单位未履行社保义务致使劳动者无法获得应得的社会保险待遇时而应承担的损害赔偿责任，既包括用人单位完全未履行社保义务而应承担的赔偿责任，如用人单位未缴纳工伤保险费而应支付的工伤保险费，未依法缴纳医疗保险费而应支付的医疗费；也包括用人单位未适当履行社保义务而应承担的赔偿责任，如因少缴费而应承担的工伤保险待遇补充支付责任。

唯须注意的是，由于社会保险待遇的核定是社会保险经办机构的一项行政职能，且具有专业性，除法律法规已经明确规定了的待遇以外，该待遇核定应委托社会保险经办机构进行，如养老金（损失）的计算、医疗费的具体报销金额等。

三、刑法保护

目前，刑法对社会保险的规制主要集中在公职犯罪方面，主要是贪污、挪用社会保险基金、骗取社会保险待遇等，并不涉及对侵害社会保险权的直接打击。

从完善法律保护体系，借鉴国际经验来看，应当将某些严重侵害社会保险权的行为规定为犯罪行为，如对恶意拖欠社会保险费的行为实施刑事制裁。

四、社会保障法的特别保护

即经由社会保障制度本身，对危害社会保障权的行为实施制裁，如规定享受低保者不得从事一定消费活动；未实施特定要求者限制其待遇享受权，如“拒不接受劳动能力鉴定的”、“拒绝治疗的”、“被判刑正在收监执行的”，停止支付工伤保险待遇。

实施社会保险待遇的先行支付制，是对社会保险权特别保护的必然要求。主要体现在医疗保险和工伤保险中，由第三人造成的医疗伤害和工伤伤害，应当由社会保险基金先行垫付，同时取得代位求偿权。当然，这一制度的实施是要以社会保险的覆盖面达到一定程度、法治比较健全为前提的，否则就会出现守法者为违法者埋单、“劣币驱逐良币”的现象，社会保险财务将不具有持续性，最终将危害广大参保人员的社会保险权。

第六节　社会保险请求权

请求权是指请求特定人为特定行为（包括作为和不作为）的权利，主要是一个私法中的概念，多属于私权。请求权与诉权不同，诉权为保护请求权，请求权虽常与诉权相随，然诉权为公权，促成司法权之发动，而请求权则为私权。为实现私法上请求权之诉权，限于给付之诉。[①] 请求权在权利体系中居于枢纽的地位，因为任何权利，为发挥其功能，或回复不受侵害的圆满状态，均须借助于请求权的行使。[②]

但在行政法中，请求权同样有适用之余地，尤其随着给付行政、社会保障法的发展，请求权在行政法中得以长足发展。任何一项具体的社会保险权利，如果没有行政权力的积极作为，就难以实现。因此，如果行政权力不履行一定的行为以实现社会保险权利，权利人应享有请求权，这也是权利人获得社会保险待遇的必由之路。以是否具有社会保险给付内容，可以区分为社会保险权请求权即社会保险本权请求权和社会保险侵权请求权。

一、社会保险权请求权

社会保险权请求权，即权利人要求建立相关社会保险制度及实施相关社会保险制度的权利。公民享受行政介入请求权，即当法律上赋予行政厅规制、监督及其他行政权的启动义务时，与之对应，私人具有向行政厅提出启动这种行

---

① 史尚宽：《民法总论》，中国政法大学出版社2000年版，第28页。

② 王泽鉴：《民法总则》，中国政法大学出版社2001年版，第92页。

政权的权利。[①] 具体内容包括：(1) 依据宪法关于社会保险的原则规定，社会保险的发展战略、理念，社会保险法的基本原则，要求政府实施某种社会保险项目及具体制度，如加快新农保覆盖速度、加快实现“老工伤”的统筹管理。(2) 依据政策及社会保险法律规则的要求，即时实施社会保险项目。如针对地方工伤保险经办机构“嫌贫爱富”的做法，要求将高危行业纳入工伤保险统筹；对退休人员较多的用人单位，要求允许在职人员缴费，并将退休人员一同全部纳入医疗保险。(3) 要求普遍调整待遇。(4) 要求各社会保险制度之间的协调、连接和互通。如从机关事业单位到企业工作，对机关事业单位的工作要求社会保险补贴的权利。(5) 要求替代缴费的权利。如由财政对困难人员的居民医保费用、新农合费用实行全额或部分代缴，对失业人员的社会保险补贴等。

附随权利请求权，虽然不是为了享受社会保险待遇本身，但是为了进行社会活动而需要提供相关社会保险记录、证明等，而享有的要求社会保险行政部门或经办机构进行一定行为的权利。

社会保险本权能否作为请求权基础，并非没有疑义。德国宪法学界与实务界皆主张个人不得援引基本权，以要求国家给予工作或住房等社会给付。[②] 这在一定意义上是成立的。例如，虽然妇女生育应当获得保障，将来也有可能实施普遍的生育保障制度，即基于国民身份而享有基本的生育保障，不管她或她的家人是否参加了生育保险、新农合或居民医保。但在目前，没有生育保障(国家对农村妇女的生育补贴除外) 妇女生育，不能要求享受生育保险或新农合、居民医保的生育支出。但这不能作为主张所有的基本权都不能作为请求权基础的理由。在本质上，如果不能作为请求权或法律诉讼的基础，“权利”只能成为理念，而不能真正地称其为法律权利，不管是基本的法律权利还是具体的法律权利。

作为一种请求权，如果义务人不履行相应义务，权利人可以诉诸司法程序，要求义务人履行义务。作为请求权，意味着司法机构应为其提供法律保护。该种请求权是诉权的基础。司法保护的方式，可以是普通法律程序，也可以是违宪审查程序。在我国建立以诉讼为形式的违宪审查制度，使公民的社会保险权等权利受到侵害时，在行政诉讼和民事诉讼救济途径都穷尽后，仍能在

---

① [韩] 金东熙：《行政法Ⅰ》，赵峰译，中国人民大学出版社 2008 年版，第 72~77 页。

② 钟秉正：《社会保险法论》，三民书局 2005 年版，第 26 页。

宪法层面获得救济。①

二、社会保险权侵权请求权

社会保险权侵权请求权，是指社会保险权利受到侵害时，为回复权利的正常状态，或填补损害而要求义务人履行特定义务的权利。

社会保险权侵权请求权主要有：

1. 社会保险待遇给付请求权。社会保险待遇支付人，包括社会保险经办机构、用人单位，未依法履行社会保险待遇（包括企业年金）支付义务时，社会保险权利人所享受的请求权。

2. 补缴社会保险费请求权。用人单位未依法履行缴费义务，社会保险经办机构未依法收缴社会保险费时，社会保险权利人有要求依法补缴费的请求权。

不缴费应受制于时效限制。比较特殊的是，我国实施养老保险统筹始自1986年，很多地方是在1990年以后才实施的，导致很多农民工（农民轮换工、季节工、家属工）的此部分养老权益无法保障。这部分权益应当予以保障，考虑到社会保险的公平性，这部分时间如果未履行缴费义务，不能计算为视同缴费年限。地方应当针对此情形实施特殊的补缴政策。

3. 延缴请求权，即延长退休年龄，继续缴费的请求权。

4. 监察请求权，即要求劳动保障监察机构对社会保险违法行为进行调查、处理的权利。

5. 稽核请求权，即要求社会保险经办机构对社会保险违法行为进行稽核、查处的权利。

6. 不当得利请求权，即没有法律依据而享有社会保险缴费、获得社会保险待遇，缴费方及待遇支付人享有的要求返回缴费或待遇的权利。

7. 损害赔偿请求权，即由于义务人的过失等原因，权利人应当享受的社会保险待遇无法享受而享有的要求义务人承担损害赔偿责任的权利。如用人单位未参加基本医疗保险，职工患病后的医疗费支出，可以要求用人单位赔偿。

损害赔偿请求权针对非行政主体，对于行政主体的损害赔偿权利，应通过行政赔偿方式解决。

三、行政救济权

行政救济权是上述权利遭受侵害后司法救济权利。请求权是救济权的基础

---

① 郭捷："论社会保险权的司法救济"，载《法治论坛》2009年第4期。

和前提，没有请求权就没有救济权；救济权是请求权的必然要求，没有法律救济，也就没有法律权利，司法救济权是请求权的最后屏障。行政救济权相对于民事救济权而言，主要包括行政复议权、行政诉讼权和行政赔偿权。另外还包括检举、控告、投诉相关行政主体及其具体工作人员违法及失职行为，要求实施行政处分和纪律处分的权利，这种权利是行政意义上的约束性权利。

第八章　社会保险法的渊源

第一节　法律渊源

一、法律的形式渊源

认为法律渊源即是指法律的形式或法律的形式渊源，是一种主要的法律渊源观。

法的渊源，也称“法源”，或“法律渊源”，是指那些具有法的效力作用和意义的法的外在表现形式，因此，法的渊源也就是法的形式。① 法律的渊源，是指由于法律的产生或创制的机构所拥有的立法权力及权限的不同，法律产生或创制的方式以及其所表现出来的外部直观形式也不同，其所体现出来的相应的法律的实际效力也就有所差别，以此为标准而对法律所做的分类，因此，有时也被直接称做“法律的形式”。② “法的渊源”在法学，特别是在立法学中有特定含义，它是指与法的创制方式相关的法律规范的外部表现形式。这一概念的意义在于说明法律出现在哪里，说明一个行为规则通过什么方式产生、具有何种外部表现形式才被认为是法律规范，才成为国家机关审理案件、处理问题的规范性依据。这个意义上的法的渊源就被称为法的“形式渊源”，仅仅指出法律规范形式上的来源。但严格说来，法的形式渊源与“法的形式”并不能等同。③

我国学者一般认为，法律渊源中的法律指的是作为一般行为规范的法律，从这个角度来说，法律渊源就是法律的表现形式，即法律的一般规范形式。至于这些形式如何和渊源相关联，则语焉不详。换句话说，法律渊源就是指法律规范的内容究竟来自何处，但令人不解的是，法律渊源在此怎么就变成了法的

---

① 张文显主编：《法理学》，法律出版社 2007 年版，第 127 页。

② 姚建宗编著：《法理学：一般法律科学》，中国政法大学出版社 2006 年版，第 102、103 页。

③ 孙国华、朱景文主编：《法理学》，中国人民大学出版社 2010 年版，第 228、229 页。

表现形式了呢？把法律形式当成法律渊源实际上是颠倒了法律渊源与法律形式的逻辑关系：不是法律规范的表现形式是法律的根源，而是法律的形式来自何处是法律渊源。实际上，任何一个不能为司法适用的规范，严格来说也就不是法律渊源。①

二、法律的效力渊源

形式意义上的渊源，即指法的创制方式和表现形式，也就是指法的效力渊源，即通常在法学上所说的法的渊源。② 法的效力渊源则是指作为法的力量和效力的来源，即回答法的效力是从何而来的，法是基于何种原因和理由而有效力的。③

法的渊源与法的效力是不同的。一方面，法的效力是有位阶的，我们通常认可习惯、惯例和法理学说属于法的渊源，然而这些非成文法渊源的效力则没有位阶或难以确定位阶。另一方面，习惯等非成文法属于法的渊源，但它们本质上并非效力的来源。习惯规范只是法的渊源，并不等同于法本身，亦即不一定是法规范，也不一定具有法效力。它之所以成为法规范并具有法效力，是由于司法或其他法的适用机关的承认和认可。在这个意义上，习惯是法的渊源，但其效力则来源于有权机关的认可。“法律的效力与法律渊源有密切的关系，但法律效力与法律渊源并不是一回事情。”④

三、法的产生根源

实质意义上的渊源，即法的真正来源、根源和发源，是指法的产生的一定生产方式下的物质生活条件。⑤

这一含义上的法律渊源并不恰当。所谓法律的实质渊源，其实就是法理学研究的基本问题，法律究竟来自神意还是公意、规律、阶级意志等的争论，这实际上是关于法律本质的命题，这些问题原本就很宏大，没有必要纳入法律渊源的研究范畴，无须用法律渊源的概念加以研究。⑥

---

① 谢晖、陈金钊：《法理学》，高等教育出版社2005年版，第393～396页。

② 沈宗灵主编：《法理学》，北京大学出版社2009年版，第259页。

③ 张文显主编：《法理学》，法律出版社2007年版，第128页。

④ 谢晖、陈金钊：《法理学》，高等教育出版社2005年版，第398页。

⑤ 沈宗灵主编：《法理学》，北京大学出版社2009年版，第259页。

⑥ 谢晖、陈金钊：《法理学》，高等教育出版社2005年版，第397页。

四、作为法律适用依据的法律渊源

韩忠谟先生说："所谓法之渊源，就是研究或适用法律者所由取汲法律之泉源，正如水之有源然，在法学上亦简称法源。"① 这是很有道理的。

第一，已经公认的是，法律渊源不仅指制定法等成文法，也包括习惯、惯例、判例、学说法理等非成文法。分析法律渊源当然要考虑这一现实状况。

第二，法律和法律渊源有区别。美国著名法理学家格雷对法律（the law）和法律渊源（the source of the law）作了严格的界分。他认为，法律乃是由法院以权威性的方式在其判决中加以确定的规则组成的，而关于法律渊源，他则认为应当从法官在制定那些构成法律的规则时通常所诉诸的某些法律资料与非法律资料中去寻找。格雷列举了五种这种渊源：（1）立法机关颁布的法令；（2）司法先例；（3）专家意见；（4）习惯；（5）道德原则（其中包括公共政策原则）。② 博登海默本人对格雷的看法并不完全认同。但格雷显然指出了一个真理：法律和法律渊源不同，两者并不等同。非常简单的例证便是，习惯是法律渊源，但说习惯是法律则是错误的；事实上只有少数习惯可以成为法律，多数习惯并不能成为法律。

法律渊源是发现法律的地方，而不是法律本身。在这个意义上，将法律渊源等同于法律形式是错误的。引申判断便是，只有是法律，才能成为法律的形式；习惯与法理学说并不是法律，也不能成为法律的形式，但它们是法律的渊源。法律形式至多只能是法的可能的表现形式，而不一定是法的表现形式。

第三，法律渊源与法律发现相连。分析法律渊源，还必须明确"法"究竟是什么，立法机关制定的称为"法"的条文体系一定都是法吗？对该问题的思考无论是在我国的法理学中还是部门法学中都是缺乏的。我们通常认为，只要是国家权力机关制定的法律，其当然都是法。其实并不尽然。我们已经明确，法律是对权利义务的确定与分配，而在所谓的法律中，尤其是我国的一些法律中，存在很多与权利义务无关的宣言性表述，是导向性的和道德性的，在实践中不产生义务性后果，更不产生制裁性后果，也不存在司法适用的问题。这些条文或规定，是难以称为法律的。在法律中包含非法律条款是屡见不鲜的。

法律的作用在于"定分止争"，为人们的行为提供指引、评价标准，反过

① 韩忠谟：《法学绪论》，中国政法大学出版社 2002 年版，第 26 页。

② ［美］E. 博登海默：《法理学——法律哲学与法律方法》，邓正来译，中国政法大学出版社 2004 年版，第 428 页。

来说，如果不能以强有力的后盾保障对行为的指引和评价作用，就不能算作是法律，即便它的名称叫“法”。在此意义上，制定法（成文法）也只是一种法律渊源，而未必是真正的法。当然，我们的理想状态是，制定法不仅是法律渊源，也都是真正的法。

第四，法律渊源最为重要的作用或许为司法判决的渊源，但两者也不等同。有学者认为，研究法律渊源就应站在司法的立场上进行，从司法的角度揭示法律渊源的意义，法律渊源的实质是法官法源，[①] 这并不准确。“这些渊源同制定任何种类的法律决定都有关，而不只是同法院做出的判决有关。”[②]

一方面，成为司法渊源也未必就是法，尤其是在曲解、歪曲法律，贪赃枉法情形下作出的司法判决，其判决依据的合法性本身即应遭受否定性评价。

另一方面，法律并不仅仅是司法判决的依据，也是行政决定等的依据。例如，公务员处分不一定能进行司法审查，但作为公务员处分的规范对权利与义务关系，对社会生活都有实际的影响，其法之性质是没有疑义的。

因此准确来说，法律渊源应当主要是从法律适用的角度而言的。由于法学研究的对象并不限于法或实在法本身，可以说，所有的法律渊源都是研究的对象，因此法律渊源不应当是就研究视角而言的。

五、正式渊源与非正式渊源

我国学界对于法律渊源的分类，最多的是成文法渊源与非成文法渊源。由于法律渊源的价值主要在于法律适用，因此该分类的意义有限。成文法即制定法，其有位阶体系，法律适用相对较为明确，即效力高者优先于效力低者，特别法优于普通法。但在超越成文法时，很多时候，我们无法确定应优先适用何种渊源。例如，我国是成文法国家，与判例法体系完全不同，学界向来主张判例（司法先例）为非成文法渊源[③]，有的甚至不承认判例的法律渊源之地位。“就法律传统的层面而言，我国是个成文法国家，法律体系的内容在很大程度上继受于大陆法系，但却不承认不成文法源。”[④] 那么，如果法院的判决与成文法源主要是效力较低的行政规章及政策性法律文件的主张不一致时，应当如

① 谢晖、陈金钊：《法理学》，高等教育出版社 2005 年版，第 400、401 页。

② ［美］E. 博登海默：《法理学——法律哲学与法律方法》，邓正来译，中国政法大学出版社 2004 年版，第 429 页。

③ 马俊驹、余延满：《民法原论》，法律出版社 2007 年版；应松年主编：《当代中国行政法》（上），中国方正出版社 2005 年版，第 60 页；杨海坤、章志远：《中国行政法基本理论研究》，北京大学出版社 2004 年版。

④ 朱新力、金伟峰、唐明良：《行政法学》，清华大学出版社 2005 年版，第 41 页。

何选择呢？从成文法与非成文法的内涵来看，似乎应当优先选择前者。实则不然，成文法源并不一定具有优先实用性。

区分正式渊源与非正式渊源的意义在于，前者是在适用法律时必须考虑而且通常应优先考虑的。法律的非正式渊源的运用都应经过论证与衡量才能使用，这是保障国家法权威和排除法官任意的重要措施。① 博登海默认为，当一种正式的权威性的法律渊源就某个法律问题提供了一个明确的答案时，那么在绝大多数情形下，就不需要亦不应当再诉诸法律的非正式渊源。例外情形是：（1）适用某种法律正式渊源会与正义及公平的基本要求、强制性要求和占支配地位的要求发生冲突时；（2）当一项正式法律文献具有可能会产生两种解释的模棱两可性和不确定性，而需要获得一种最有利于实现理性与正义的解决方法时；（3）正式渊源完全不能为案件的解决提供审判规则时。②

正式渊源指"那些可以从体现为权威性法律文件的明确文本形式中得到的渊源"，主要有宪法和法规、行政命令、行政法规、条例、自主或半自主机构和组织的章程与规章、条约与某些其他协议，以及司法先例；非正式渊源指"那些具有法律意义的资料和值得考虑的材料，而这些资料和值得考虑的材料尚未在正式法律文件中得到权威性的或至少是明文的阐述与体现"，包括正义标准、推理和思考事物本质的原则、衡平法、公共政策、道德信念、社会倾向和习惯法。③ 这种具体分类虽不完全符合我国现实，但仍具有较强的借鉴意义。

第二节 社会保险法的渊源

一、宪法

《宪法》有两个条款涉及社会保险。第 14 条第 4 款规定："国家建立健全同经济发展水平相适应的社会保障制度。"第 45 条第 1 款："中华人民共和国公民在年老、疾病或者丧失劳动能力的情况下，有从国家和社会获得物质帮助的权利。国家发展为公民享受这些权利所需要的社会保险、社会救济和医疗卫生事业。"

---

① 谢晖、陈金钊：《法理学》，高等教育出版社 2005 年版，第 409、410 页。

② ［美］E. 博登海默：《法理学——法律哲学与法律方法》，邓正来译，中国政法大学出版社 2004 年版，第 430 页。

③ ［美］E. 博登海默：《法理学——法律哲学与法律方法》，邓正来译，中国政法大学出版社 2004 年版，第 429、430 页。

宪法能否作为社会保险法的法源是有争议的。笔者主张可以作为法源。其原因在于：第一，国家有发展和实施社会保险的法定义务，如果没有做到这一点，有关政府及其负责人是应当承担责任包括政治责任的。在实践中，社会保险的征缴、发放等已进入一些地方的政府考核目标体系。可以预见，这一状况将会得到进一步的发展。第二，如果公民在出现或可能出现社会风险时，在理论上是可以依据上述规定主张社会保险权利的。例如，到退休年龄时缴费年限只有10年，社保机构拒绝给其发放养老金，应当是可诉的，而且在理论上应当是有可能获得养老金的。当然这并不意味着权利人可以不承担任何义务，事实上应当由权利人补缴或继续缴纳一定年限的费用，以获得定期支付的养老金。但不考虑任何义务，一概令其退保而使其无法获得养老保险的保障，是与该宪法条款相背离的。第三，更为一般的宪法基本权，如法律面前人人平等，在社会保险法亦有适用。根据这一法律原则，实行户籍歧视的社会保险制度，如北京禁止非京籍人员参加生育保险、居民医保，禁止视同非京籍人员的外地缴费年限，等等，都是违反宪法的。第四，目前不允许适用宪法裁判案件，不等于将来不可以，更不等于在法理上不可以。判断某一法律资料是否属于法律渊源，不能单纯以司法现状来考量，尤其是在司法不成熟的情况下。

二、法律、行政法规与行政规章

《社会保险法》颁布以后，将成为社会保险法的基本法律渊源。但从其文本观之，整个社会保险法规范依然阙如，这就决定了《社会保险法》即便是社会保险法的渊源，也并不足以提供法律适用的主要依据。

无论是目前还是将来，《劳动法》、《劳动合同法》、《劳动争议调解仲裁法》等劳动方面的法律，《社会保险费征缴暂行条例》、《工伤保险条例》、《失业保险条例》、《劳动保障监察条例》、《军人抚恤优待条例》等行政法规，《社会保险稽核办法》、《社会保险行政争议处理办法》等行政规章、地方性规范仍然是我国重要的及事实上基本的法律渊源。

即便是《社会保险法》颁行之后，鉴于其主要是原则性规定，对于社会保险制度的具体规制与构建仍主要依赖于行政法规即行政规章，因此在相当长时间内，行政法规和行政规章仍承担着基本渊源的作用。亦即在适用法律规则，或针对个案寻找和发现法律时，应当以行政法规及行政规章为基本法律依据，在没有强有力的法律依据及法理支撑的情形下，即应适用行政法规及行政规章，并以之作为判定其他规范性法律文件及地方性法规和地方政府规章合法性的主要实在法标准。

三、政策性法律文件

我国社会保险的一大实践是，由国家有关行政主管部门，上至国务院，下至县级政府，颁布了大量的文件。这些所谓的“红头文件”是法律渊源吗？

国务院的通知是法律渊源吗？主流观点承认国务院及其部委、省级政府和较大市政府制定的行政法规和规章是法，但同时把它们以“通知”等形式下发的规范性文件排除在法的家族之外。其真正原因恐怕是两者在制定程度和形式上的区别。即法应当具有某些形式上的要求，如行文上往往采用章、节、条、款、项，应当公开发布，一经制定就应该相对稳定，不能朝令夕改。① 依照现行《行政诉讼法》的规定，由于行政规范对法院并不具有法律上的拘束力——当然，这并不排除行政规范在一定范围内可以作为行政主体实施行政行为的依据以及法院审理行政案件的依据，也不排除行政主体或法院可以在行政决定文书或行政裁判文书中援引某些行政规范——因而不能作为我国行政法的形式渊源。②

其他规范性文件的效力在我国的《行政诉讼法》、《行政复议法》和《立法法》中都没有明确规定，主流观点也一直它们排斥在法律渊源之外，但它们在实际生活中的作用是毋庸置疑的。法治并不一概排除这些规范性文件的效力，但需要强调的是，任何法律规范性文件，尤其是层次较低的行政规定，其本身的合法性有待检验。我国行政法的成文法源包括“其他规范性文件”，指除了法律、法规、规章以外，地方权力机关或各级行政机关制定的种类庞杂、数量浩瀚的法律规范性文件。③

以我国最为重要的两种社会保险：基本养老保险和基本医疗保险来说，全部是采用规范性法律文件的形式而非法规哪怕是行政规章的方式来进行制度构建的。因此至少在社会保险领域，规范性法律文件（政策性文件）已经不存在是不是法律渊源的问题，它们在事实上已经是法律渊源，而且除了它们，很多时候的法律适用别无选择。“在今天，行政具有高度的专门性、技术性，命令与法律相比具有很大的伸缩性，由法律制定大纲，委任命令就有关事项作出

---

① 应松年主编：《当代中国行政法》（上），中国方正出版社 2005 年版，第 26、27 页。

② 杨海坤、章志远：《中国行政法基本理论研究》，北京大学出版社 2004 年版，第 136 页。

③ 应松年主编：《当代中国行政法》（上），中国方正出版社 2005 年版，第 45、46 页。

详细规范的情况逐渐增加，这充分显示出命令在行政法法源上的重要性。"①政策在法律实践中具有较高的实际效力，今后也不会消亡。但由于政策往往只表达一个目标和基本纲领，欠缺可以具体操作的明晰规则，因此，政策的贯彻仍应尽量通过立法来实施。② 由于我国社会保险法立法及研究水平较低，这些本应该上升为法律，以法律规则的正式文本形式来发挥规范作用的政策性法律文件，将在很长时间里仍继续存在，并成为社会保险法的主要法律渊源。

不过，正如学者所指出的，政策性法律文件（行政规定）本身的合法性是值得考量的，其作为法律渊源要慎重使用。政策性法律文件的非合法性主要表现在：（1）与上位法相冲突。例如《工伤保险条例》规定上下班途中发生的机动车事故伤害属于工伤，而与地方规定、法律理念相冲突。（2）相互之间有冲突。

四、国际条约与双边协定

作为社会保险法律渊源的国际条约与双边协定，主要是关于社会保险的专门约定。社会保险主要是由国内法规范的，但在全球化的今日，跨国境流动就业已很普遍，而基于社会保险的唯一性原则，重复参保和重复保障不具有合理性，因此各国针对跨国境就业人员的社会保险问题进行特别约定，是各国普遍接受的一种方式，亦应当为国内法所遵循。

五、法律原则

作为法律渊源的法律原则属于基本法律规范，是正义原则调整普遍客观利益状态的体现，是产生于法治原则的具有普遍性的客观法律确信，为法律人所深信不疑，因此，法律原则是实在法，而不是"超实在"法。③ 两大法系共同供奉法律原则为法律的重要渊源。④

在法国，法的一般原则概念是指具有法律效力的不成文法规则，既有实体的，又有程序的；既有宪法规范效力的，又有法律规范效力的；既可能存在于制定法中，也可能存在非行政法领域中。⑤ 原则可能没有宪法和制定法依据，

---

① ［韩］金东熙：《行政法Ⅰ·Ⅱ》，赵峰译，中国人民大学出版社2008年版，第34页。

② 应松年主编：《当代中国行政法》（上），中国方正出版社2005年版，第63页。

③ ［德］汉斯·J. 沃尔夫、奥托·巴霍夫、罗尔夫·施托贝尔：《行政法》（第一卷），高家伟译，商务印书馆2002年版，第253、254页。

④ 应松年主编：《当代中国行政法》（上），中国方正出版社2005年版，第48页。

⑤ 朱新力、金伟峰、唐明良：《行政法学》，清华大学出版社2005年版，第40页。

只存在于一些著述、判决，乃至社会公众的意识之中，常常由法学家根据社会生活情势和感受到的需要予以阐发，并获得法律共同体相当程度的认可。①

我国法学界的通说认为，法律原则是法的组成要素之一，或曰法律原则亦是法。它和法律规则一样，是我国法的主要表现形式，从这个意义上说，它是正式的法律渊源。

在社会保险法中，尤其是在我国社会保险法律规则极其不健全的状况下，法律原则必须是法律适用的基本考量因素，并以此进行法律解释和法律漏洞填补。

一方面，社会保险法应当明确社会保险法的法律原则，无论一部法律多么完善，都离不开原则的指导，更何况从文本内容来看，过于粗疏，更离不开法律原则的指导与规范。

另一方面，在相当长时间内，政策性法律文件仍然是我国社会保险的主要规范形式。政策性法律文件规范性不足的先天缺陷，必然需要依赖于以法律原则为主要方式的法律填补。但针对社会成员的社会保险利益诉求，缺乏法律规定，或者规定之间冲突时，只能依赖于法律原则的“终裁”。

六、行政惯例

行政惯例实即行政行为的惯行或习惯。悖逆惯例的行政行为将引起合法化危机。② 根源于我国社会保险法律规则的缺乏，及政策的大行其道（政策的缺陷之一便是失之疏漏），一些具体行政行为仍然欠缺法律依据。例如，参保人同时参加基本医疗保险和商业医疗险，原始发票由谁持有？

在欠缺具体依据时，行政行为的实施便形成行政惯例。行政惯例能否成为法律渊源，是值得质疑的。行政行为首先必须具备合法性，而行政惯例没有法律依据，行政惯例本身的合法性和合理性都需探究。由于我国社会保险制度建设尚未完全成型，法律规制极其缺乏，社会保险行政及经办机构的一些做法都不具有合法性和合理性。但也不能因此就对行政惯例全盘否定。符合法律原则、社会保险法原理，有利于保障社会成员基本权利的行政惯例是可以作为社会保险法律渊源的。社会成员尤其是参保人，对行政惯例形成合理期待，因而有权利要求行政主体依行政惯例实施具体行政行为。除了主流观点所讨论的制定法，我国的法律渊源还将包括一般法律原则，民间习惯、行政惯例和司法判例，法律实现的事实上的学说，行政政策，公共道德，比较法等制定法以外的

---

① 应松年主编：《当代中国行政法》（上），中国方正出版社2005年版，第51页。

② 应松年主编：《当代中国行政法》（上），中国方正出版社2005年版，第60页。

因素。①

行政惯例作为法律渊源必须是谨慎的，必须先经过上位法的检验、法律原则的评判、法律理论的考量，尚得适用。

七、司法判例

"英美法系中占支配地位的观点认为，明确或隐含地提出某个法律主张的法院判决——特别是终审法院判决，构成了法律的一般渊源和正式渊源。"②

法院的裁判原则上应只对于其所审理之个案有其拘束力，是故，法院的裁判不是法源；不过，即便法院的裁判仅是为了个案之审判而适用法律，但在个案之裁判中所表示的"法律见解"基于"法的平等性"及"法的安定性"仍有其"事实上的拘束力"，法院仍非得不具理由，而不依判决先例中所持见解从事裁判，在"事实上"却具有法源的意义。③"法院的判决，尤其是终审法院的判决，所具有的事实上的权威性，有着很高的效力，而且这些先例的重要性也会随着重复和重新肯定这些先例中所阐述的原则的判例数量的增多而增加，一系列对法律主张做出相同陈述的判例，其效力几乎等同于英美法院的判例或一系列英美法院判例的权威性。"④

在我国同样如此。虽然司法判例并非明确的法律渊源，而且由于司法水平的不足，尤其是"相同事实，不为相同判决"而导致的全国范围的司法混乱，严重影响了司法的权威性，以其作为法律渊源，具有先天不足。但毋庸置疑的是，司法判例对于现实行为的指引和规范作用是无法忽视的。即便是明显有悖法理甚至是违法的判决，在一定范围内仍然是有影响力的。例如，无驾驶证是否认定工伤的问题，全国即存在两种截然相反的判决：认定为工伤和不认定为工伤。而通常在一个中级法院辖区，判决则基本上是统一的，因而在该辖区的工伤认定部门便需依此判例进行工伤认定，职工或用人单位亦会依此判断无证驾驶时受伤的能否认定为工伤，并会依此判断对特定工伤认定结论是否寻求法律救济。"典型案例作为行政法的不成文法渊源，已到了'万事俱备，只欠东风'——有权机关承认的时期。"⑤

---

① 应松年主编：《当代中国行政法》（上），中国方正出版社 2005 年版，第 15 页。

② ［美］E. 博登海默：《法理学——法律哲学与法律方法》，邓正来译，中国政法大学出版社 2004 年版，第 450 页。

③ 黄茂荣：《法学方法与现代民法》，中国政法大学出版社 2001 年版，第 4、5 页。

④ ［美］E. 博登海默：《法理学——法律哲学与法律方法》，邓正来译，中国政法大学出版社 2004 年版，第 456 页。

⑤ 朱新力、金伟峰、唐明良：《行政法学》，清华大学出版社 2005 年版，第 41 页。

鉴于司法判例已在事实上成为社会保险法的渊源，司法判例的混乱、冲突、对立，“同案不同果”的现状对法治原则的违背，宜由最高人民法院对全国有争议性的案例进行取舍，选择符合法律规定、法律原则和法律原理的案例作为指导性案例，同时，通过再审等程序，将明显悖理、违法的判决予以改判，逐步统一全国的判例，树立司法的权威性，这样司法判例才能真正作为法律渊源。

八、习惯

习惯作为法律渊源通常被称为习惯法。习惯法是指由公权力遵循并实现的事实上的某些规则，以及由公权力所确定的、事实有足够强力以确定某项事务的某些保证，而完全不需要其他法律的作用力。[①] 行政法上的习惯法一般定义为，在行政领域经过多年重复相同的惯行，当这种惯行获得普通国民对法的确信后，作为法律规范予以认识、认可。[②] 洎乎20世纪以后，社会情况复杂，且变化甚巨，成文法不能适应实际需要，习惯法与法理之地位因而日趋重要，判例及学说，亦成为补充的法源。[③]

习惯作为社会保险法的渊源，不同于行政惯例。行政惯例是指行政主体的惯行，而习惯则是作为行政相对人或其他主体在社会保险关系中所形成的习惯。这种习惯如果不违背法律规则、法律原则和法律原理，是可以作为法律渊源的。例如，对超过60周岁且没有养老金的人员，用人单位继续雇用，并且继续签订或履行劳动合同，那么劳动关系是应当认同的，这一点已经得到《劳动合同法》和最高人民法院《关于审理劳动争议案件适用法律的解释（三）》的认可。但对这类人员，很多社保机构仍不允许其缴纳工伤保险费，由此产生的职业伤害风险只能由用人单位自己承担，这一做法是不对的。

再如，一些用人单位没有给劳动者缴纳社会保险费，而一直给劳动者支付社会保险补贴，由其自行缴纳社会保险费。这一习惯做法虽然不能对抗法律，以免除用人单位缴纳社会保险费的义务，即劳动者仍有要求用人单位依法向社保机构申报缴纳社会保险费的权利，而社保机构、劳动保障监察机构也有查处的权力，但基于这一习惯，及其所体现的意思表示，这一“补贴”不应作为工资的组成部分，不是基于劳动所支付的报酬，因而虽为现金的直接支付，不

---

① ［德］奥托·迈耶：《德国行政法》，刘飞译，商务印书馆2002年版，第91、92页。

② ［韩］金东熙：《行政法Ⅰ》，赵峰译，中国人民大学出版社2008年版，第35页。

③ 杨仁寿：《法学方法论》，中国政法大学出版社1999年版，第275页。

应作为社会保险费的缴费基数；在劳动者或社保、监察机构明确要求劳动者补缴社保费的情况下，该“补贴”的目的落空，劳动者缺乏受领该“补贴”的基础和理由，应返还给用人单位。

我们对我们的环境的调适，不仅在于（甚至还不时主要在于）我们对因果关系的洞见，而且也在于我们的行动守着这样一些规则的支配——这些规则与我们生活于其间的那种环境相适应，也就是说，这些规则适应于我们并未意识但却决定着我们成功行动之模式的环境。这些规则是在他生活于其间的社会中经由一种选择过程而演化出来的，从而它们也是世世代代的经验的产物。①

对于公民自发的行为应自生自发的秩序规则应当予以确认和保护，符合法律目的和长远政策取向的，应当予以规范和保护。事实上，在社会保险法律规范极不成熟的现状下，社会成员、用人单位等的一些习惯做法已经成为社会保险法的历史渊源，许多社会保险法规范均来源自习惯。立法者应当充分认识到这一现实，及时将习惯上升为法律规范，以便更明确地指引人们的行为。

九、法律学说

法律学说（法学理论）是法律发展的源泉，是法律生生不息的保障。任何一种法体系的发展，均离不开法律学说的贡献。相对于习惯、惯例主要是对个别法律规则的影响不同，法律学说是法体系整体发展与完善的主要因素，是发现与构建完善的法体系的最重要的因素。即便在一个相对完善的法体系下，法律也难免于疏漏和冲突，也需要求助于法律学说。在法体系很不健全的情形，法律学说就更为重要了，它是解释和适用法律的桥梁和工具，并可独立作为法律渊源。

当然，关于法律的学说很多，所有的研究皆可称为法学理论，更是鱼目混珠、良莠混杂。能够作为法律渊源的法律学说（法学理论）必须是权威的。至少必须做到，第一，研究是全面和充分的，而非个别与片面；第二，逻辑自洽，在理论体系上逻辑一致，不存在自相矛盾这样的低级错误；第三，能够应对各种批准和质疑；第四，在法学领域得到较多的认同。

我国关于社会保险法的法律学说（法学理论）极其匮乏，很多研究缺乏基本法律常识。如果对法律本身没有基本的理解和较为深厚的学术积淀，所谓的理论成果很可能会与法治原则背道而驰，甚至成为贻害法治的推手。社会保险法学理论要能成为法律渊源，至少必须对法学和社会保险理论与实践有较为

① ［英］弗里德里希·冯·哈耶克：《法律、立法与自由》（第一卷），邓正来等译，中国大百科全书出版社2000年版，第7、8页。

深入的了解与钻研，否则至多只是“镜中月、水中花”，中看不中用，无法也不能作为社会保险法的渊源。

十、公共道德

如果说把学说作为法律渊源是把法律委身于专家，把政策作为法律渊源是把法律委身于政府，把法律原则作为法律渊源更多的是把法律委身于法律职业共同体，那么，把公共道德作为法律渊源则是诉诸公众的情感和信念。①

诸如自愿延迟退休的问题，既然国家想延长退休年龄但考虑稳定等因素而不敢做，劳动者（用人单位也同意）自愿延迟退休，为何应阻止呢？公共道德在不违背法律规则、法律原则与法律原理的前提下，可以作为法律渊源。同时也可修正过时的法律规则，与法律原则、法律原理一道促进法律规则的完善与演进。

① 应松年主编：《当代中国行政法》（上），中国方正出版社2005年版，第63页。

第九章　社会保险法的限度

法律不是万能的，没有法律却是万万不能的。一个和谐社会的建立仅仅依赖于法律是不可能实现的，一个良好的社会保险法体系的生成，仅仅依靠法律也是不可能实现的。在探求和规制法外因素对社会保险制度发展的作用的同时，必然谨慎地确立社会保险法律规则的边界，既不能存在明显漏洞，以致存在规范性缺失乃至制度性缺失，使公民的社会保险权利无法获得有效的维护；又要防止法律规则无所不包，缺乏融贯性以致无法应对复杂的现实问题，亦即需要考虑法律的界限。

法律的界限实质指法与道德的界分，与法律的权威即法在现实社会中的实效紧密相连。就我国目前的社会保险法律现状而言，更为重要的是建制问题，至于法律规则应当规制到何处，是一个相对次要而非紧迫的问题。不过也正因为处于规则的构建阶段，对界限问题进行研究，有助于形成更能为社会公众所接受的法律规则，这是良好法体系形成所不可缺少的。对于法律规则来说，不能矫枉过正。这正是本章所试图揭示的意义。

第一节　刚性规则

一般认为，法官是法律的仆人，即司法应当遵从立法。虽然司法在实践中会有所突破，产生所谓的法官造法，但在根本上仍然应遵循立法，特别是宪法。即便是在“法官造法”比较普遍的英美法中，法官动辄可以废止议会制定的法律，其理由也是“违背宪法”，宪法是法官必须遵从的。而如果法律是合宪的，则司法是没有权力突破法律的界限的。法律的限度首先是指合宪性的法律规则是刚性的，应当得到司法的实践和尊奉。

《工伤保险条例》第 14 条规定，职工“在上下班途中，受到机动车事故伤害的”，应当认定为工伤。伤害类型仅限于“机动车事故”，这是明确无疑的。然而有一家高级法院规定，上下班步行途中受到的伤害都应当认定为工伤，例如步行遭遇泥石流伤害。法院认为，这是“以人为本，保护工伤职工的需要”。但仔细深究，这个看法是很有问题的，甚至是完全违法的。只要是正常的人，他能在“机动车事故”与“泥石流”之间画等号吗？这是以法院的观点废止立法。而且，当以“以人为本，保护工伤职工的需要”作为判决的根本依据时，所有的工伤保险法律规则皆可被法院实际废止；按照同样的逻辑，所有的法律规则，即便是宪法规则，亦可被法院抛至脑后。

更为重要的是，法院自己的观点也是非常矛盾和错误的。抛开现行法律规定不谈，即使从理论上来说，因泥石流遭遇的伤害是否属于工伤，也是有争议的，很多人并不认为这应当属于工伤。而另一种情形，则几乎是没有争议的：厂长秉公办事，对员工管理严格，结果在下班路上遭到某员工的报复伤害。但由于《工伤保险条例》第14条规定，“工作时间和工作场所内，因履行工作职责受到暴力等意外伤害的”，才能认定为工伤。因此法院坚持认为，只有在“工作时间和工作场所内”遭到的报复伤害才能认定为工伤，而非在“工作时间和工作场所内”遭受的报复伤害，则不属于工伤。虽然法院的这一看法没有“以人为本，倾向于保护工伤职工”，但笔者相信，我国至少60%以上的法院是会这么判决的，大多数公民也会对此认可，这符合我国司法权力的权限范围。虽然会有很多人认为这个规定是不对的，但在立法修改之前，应当得到遵守。如果超越了这个范围，这个个案可能会得到公正的解决，但可能会造成更多的不公正。

报复伤害的问题，至少说明了一点：在法律适用中，工伤保险的宗旨和精神不能凌驾于《工伤保险条例》的具体规定之上。如果条例已经有明确规定的，只能适用条例规定，即使规定本身是不完善的，也不能借口“工伤保险的宗旨和精神”而弃具体规定于不顾。规定的不完善应当通过立法本身来解决。

对工伤保险宗旨和精神的实质和意义应当有准确的认识。很多人认为，工伤保险的宗旨和精神是“以人为本，倾向于保护工伤职工”。表面上看，这似乎很对。但一深究，就发现问题了。比如，按照标准是十级伤残，那定为九级不正是“倾向于保护工伤职工”吗？那定为八级甚至是一级呢？如果这样的话，那《工伤保险条例》根本就无法实施了。

工伤保险的宗旨体现在《工伤保险条例》第1条，“保障因工作遭受事故伤害或者患职业病的职工获得医疗救治和经济补偿”，“分散用人单位的工伤风险”。根据立法者的意见、学术研究的揭示，该宗旨至少包含两方面的含义：“医疗救治和经济补偿”是基本的，而不是过高的、奢侈的，绝不是亿万富豪所享受的那种医疗和生活待遇；保护职工“医疗救治和经济补偿”是工伤保险宗旨或目的中最为重要的，但绝不是工伤保险的唯一宗旨，“分散用人单位的工伤风险”也非常重要。

为工伤职工及其家庭提供基本生存保障，填补其因工伤事故导致的损失(医疗费支出也是一种损失)，使其免于贫困和艰难，这是我国现阶段工伤保险制度的精神和宗旨。而不是要让工伤职工享受超级医疗及生活待遇。“精神”和“宗旨”不是虚的，是有实实在在的理论、伦理观念、法律意识支撑的。如果不对理论、伦理观念、法律意识有所了解，却径直使用“精神”和“宗旨”作为评价标准，错漏自然就在所难免。

在适用上，如果《工伤保险条例》有明确规定的，应当适用该规定，此时并无工伤保险宗旨适用的余地。比如，《工伤保险条例》规定一次性工亡补助金是“48~60个月的本人工资”，虽然现在的共识认为“偏低了”，那也不能根据工伤保险的宗旨，直接判决提高一次性工亡补助金的标准。

宗旨主要在两个方面发挥作用：法律规定不明确时，“填补漏洞”，如规定一至四级伤残人员免于缴纳养老保险费；法律规定有缺陷时，指导立法的修改与完善，如提高工亡补助金标准。

依赖国家来维持个人自由行动领域的边界，这有可能让国家变得过于积极，在事故成本不应进行强制再分配的案件中救济损失，从而威胁到私人领域内个人间的微妙平衡。① 权力行使的边界有扩展的趋势和欲望，如果不能通过明确的法律规则予以规制，或者明确的法律规则形同虚设，就不可能确立起法治的标准，最终必然导致权力泛滥，制度存而不立。

第二节 柔性规则与裁量

但是，一味地强调遵循规则，不顾历史与现实，也可能走向僵化和不正义的一面。法治仅仅是一个有效工具，就像一把利刃一样，对于符合道德的善良目的而言是有益的和必要的，但同时也会被邪恶所利用。有时候，由真正的法治以及真实的宪政所确保的价值，是通过暂时地但可能是大幅度地与法律和宪法相分离从而得到最好服务的。②

作为强制性与灵活性原则的具体展现，社会保险法中存在很多柔性规则(选择性规则)，允许社会成员自由选择、自愿决定是否参加某一社会保险项目，如新农合、城镇居民医保、新农保、城镇灵活就业人员参加养老保险等。

---

① [美] 约翰·法比安·维特：《事故共和国——残疾的工人、贫穷的寡妇与美国法的重构》，田雷译，三联书店2008年版，第76页。

② [美] 约翰·菲尼斯：《自然法与自然权利》，董娇娇等译，中国政法大学出版社2005年版，第219页。

社会保险权是社会成员的基本权利，不容他人侵犯，但基于我国现实，行为人自己损害和放弃，法律和伦理均无法干涉。这一社会文化观念的典型表现便是，虽然一个人的生命不能被别人侵犯，但是他自己的“轻生”，在多数情形下我们无法指责它的非法性。同样，虽然国家和社会有义务保障每一个社会成员获得基本保障的责任，但我们无法指责一个人对自己的社会保险权利的放弃，只要他没有损害别人的社会保险权利。这正是我国对某些社会保险项目实行自愿原则的社会心理与文化基础。我国社会保险的历史较短，而且长期以来仅仅局限于城市，作为一项普适制度适用于更广大的农村居民，则是近十几年的事。在数以亿计的农村居民中，社会保险观念还比较淡薄，当前的生活仍然是第一位需要保障的，社会风险的保障问题仍不具有紧迫性与重要性。这是我国对某些社会保险项目实行自愿原则的历史原因，完全采用强制性必然会遭致激烈反对，从而会导致制度性流产。强制性规则的实施对司法的依赖性很强，可以说，没有公正的司法，就不可能有强制性法律规则的实现，这是实行自愿性社会保险项目的另外一个很重要的原因。我国法治状况还不尽如人意，法律适用不平等、因人执法、权钱交易的现象还很严重，在这种状况下，完全实行强行性法律规则，只是对无权无势者的强制，会滋生利用这种法律规则获取利益的腐败现象。

社会保险法应当允许自由裁量规则的存在，这是法律规则不应完全企及的地方，换言之，在一定程度上，社会保险法应当容许法律规则的模糊性与“缺失”。仅以工伤保险为例，工伤事故类型千变万化，即便是在世界范围内，对于边缘性情形是否构成工伤也是存在争议的，立法是不能穷尽所有的工伤情形的，需要根据具体情形来判定是否构成工伤，因而存在裁量的空间。当然，这种裁量不是恣意的，必须经受法律原则、原理的检验，充分考虑先例和习惯的合理性，与公共道德具有相容性。

公平正义观念的发展对法律规则的“软化”。由于我国社会保险规则发展的缓慢，社会保险法律观念和意识的不足，长期的计划经济观念对社会保险工作的影响还比较深远，从社会保险法的长远发展来看，现行适用的社会保险规则有一些尚不符合公平正义的理念。随着公平正义理念的发展，必然会要求一些现行规则不再适用，这其中就涉及裁量权的使用。

裁量权主要是从法的适用的角度而言的，虽然从理论上来说，裁量权之有无及应否存在尚有争议，但是实践中，当法律出现缺失、冲突等漏洞时，必然要发挥法官的主观能动性。不管法官的这种主观判断受到法律原则、法律伦理怎样的限制，其自身的主观认识是无法避免的。从这个角度来说，裁量权的存在是不可避免的。

裁量权应当受到严格的限制，首先不能违背法律的强制性及非选择性规定。换言之，除非法律允许行为人另为相关行为，否则行为人得依法行为之，法官亦只能依法而判，无自由裁量适用之余地。当法律有明确规定，应当严厉禁止司法对法律的突破，这是司法对立法权利的侵害，是法官对公民权利和人民意志的掠夺，应当是绝对不允许的，即便法律本身存在缺陷或不当。这种缺陷和不当，应当及时通过修改法律的形式予以纠正，法官不能代表人民意志。

在法律未作明确规定时，如何在遵守法律原则与法律原理的前提下进行裁量，尤其是在“废止”有关政策性规定时，即在何种情形下可以作出与现行政策规定相左的判决和决定时，是颇费思量的。例如，地方关于参保人员达到退休年龄后必须退休的规定，地方关于只允许本地户籍人员在达到退休年龄后继续缴费但不允许非本地户籍人员继续缴费的规定，法院能否判决此种做法违法？笔者认为，首先应对此类规定本身的合法性进行判断，判断依据包括宪法、基本法律、行政法规，法律的基本原则及法律适用的原则、法律伦理等。如果合法性能够得出肯定或否定的判断，法律适用结果就比较简单了；如果对合法性还是无法判断，法律适用就相对复杂了，需要衡量社会保险法的基本理论与社会道德。

第三节　司法权不能代替行政权

社会保险法在很大程度上就是关于社会保险的行政法，属于公法性质，任何组织和个人均不能违法干预行政职权，不能强制免除或干预法定义务，包括司法机构。

虽然我国实行议行合一，但立法、行政与司法权力的独立是客观存在的。虽然在实践中司法经常会渗透到立法领域，但在名义上它仍然是以司法解释的方式实施的，而从未冠以立法之名。在本质上，司法不能代替立法；同样，司法也不能代替行政。司法权不能代替行政权，但司法权可以对行政权进行监督，可以对具体行政行为进行司法审查。司法机关不能直接行使行政职权。

首先，司法机关可以撤销行政主体作出的具体行政行为，但不能直接作出具体行政行为。当司法机关认为行政主体的具体行政行为违法时，应当依照《行政诉讼法》等法律规定，撤销具体行政行为，并要求行政主体重新作出具体行为，但不能越俎代庖，直接在判决中作出相应的具体行政行为。例如，对于行政主体作出认定为工伤或不认定为工伤的决定，不能在判决书中直接判决属于工伤或不属于工伤。

其次，司法机构不能行使属于行政主体的职权。行政主体没有作出相应的具体行政行为，或者应经过行政处理程序而未经过行政处理程序的，司法机关不能在判决中直接确定行政处理结果。如未经过工伤认定程序的，法院不能在判决中直接确认某伤害属于工伤并要求责任人支付相应的工伤保险待遇；对于社会保险费的缴纳基数、比例、金额，养老金标准，医疗费报销标准等，法院不宜直接作出判决，而应由相应社会保险经办机构出具相关意见。

最后，司法机构应当充分尊重行政主体的裁量权，但应保持法律适用的一致。法律规则的疏漏和社会事实的复杂性，决定了行政主体在处理具体行政事务时应具备一定的自由裁量权。例如，上下班途中工伤要求必须是在合理的上下班路线及合理的上下班时间受到的机动车事故伤害。对于何谓“合理的上下班路线”及“合理的上下班时间”，是下班之后的半个小时、1个小时还是2个小时，并无准确定论，工伤认定部门具有一定的裁量权。在较为合理的范围内，司法机构应当尊重工伤认定部门的处理决定。

行政复议机构、仲裁机构应当同样遵循上述要求。

第四节 道德的调整空间

古典侵权法的一项原则是“使用自己的财产时不应损害别人的权利”，这在社会保险法领域同样适用。这其实既是平等原则的体现：每个人都应当平等地享受权利；也是社会道德的要求：每个人不能只顾自己的利益而置他人利益于不顾，甚至为了自己的利益而不惜损害他人的利益。道德对于法律的影响远不止这一种情形。

毫无疑问，没有人会否认道德在法律实践或法律论证中起到的重要作用，然而道德在法律实践中到底承担何种角色的问题众说纷纭，这也成为实证主义理论与自然法理论之间论辩的主战场。[①] 道德与法律的分界线在哪里：何处由道德调整，何处由法律调整，这从来不是一目了然的事情。传统法学理论认为，仅仅涉及个人自己利益而与他人无涉的，应委由道德调整，而如果关涉他人利益，不管是公共利益，还是交易的安全与稳定等仅仅是其他个人的利益，则应接受法律的规制；人的思想观念应当由法律约束，法律只能规范人的行为，而不能对意识“定罪”。这样的区分并不明晰。笔者并不试图对这一法学基本问题进行深入研究，亦无法提出更为科学的界分标准，只想指明在社会保险法的立法过程中，应当注意法律与道德的界限这一问题，在法律规则的具体制定中应当斟酌法律规制与道德规制的必要性和现实状况。

---

① 陈景辉：《法律的界限》，中国政法大学出版社2007年版，第317页。

下面仅以“泡工伤”为例，具体分析法律与道德的规制界限。

“我是工伤，我什么都干不了，我只能在家休息。”这是“泡工伤”的表现之一。其他表现包括，“过度医疗”、“过度检查”，该出院不出院，不遵守用人单位的规章制度，甚至从事一些违法行为。“泡工伤”者利用自己所处的困难境况，试图获取利益的最大化，从而作出一些不合理或显失公平的行为，不仅有违道德要求，亦可能构成滥用权利。对任何权利的保护都是有限度的，超过了这个限度，不仅会损害其他主体的权利，最终自己也会受损。当然，作出这样评价的前提便是，对于法律和道德应当合理界分，应由法律评价者，应纳入法律规制范围；应由道德约束者，则委由道德规制。

工伤保护的有限性。工伤是受到法律的强制性保护的。根据《劳动合同法》、《工伤保险条例》等法律规定，根据不同的伤残等级，工伤职工享有医疗救治权、停工留薪期待遇、配置辅助器具、一次性伤残补助金、护理费、用人单位不能单方解除劳动合同等权利。由此，一些工伤人员便错误地认为，只要是工伤，无论自己怎么样，都会受到法律的保护。这种错误看法可能会给工伤职工带来无法弥补的损失。（1）能劳动而拒绝劳动。除伤残等级为一至四级的工伤人员，在法律上不具有劳动能力（在事实上可能仍具有一定的劳动能力），五至十级的工伤人员仍具有部分或大部分劳动能力，仍可以从事相应的劳动。个别工伤人员自持“工伤”，在用人单位合理调整工作岗位的情况下，以需要“继续治疗”、“休息”、“干不了用人单位安排的工作”为由，仍不愿提供劳动。这一现象，既与本人的思想意识有关，如想“不劳而获”，也与目前的制度设计有一定的关联。如五、六级的工伤职工，用人单位“难以安排工作的，由用人单位按月发给伤残津贴，标准为：五级伤残为本人工资的70%，六级伤残为本人工资的60%”，在不工作的情况下有明确的预期收入。而在“由用人单位安排适当工作”时，可能导致工资降低，当“适当工作”的工资低于原工资标准的70%、60%时，相应等级的工伤职工当然会选择不工作了：因为不工作时享受的伤残津贴标准要高于工作时的工资。逆向选择是不可避免的。关于这一点，原《企业职工工伤保险试行办法》（劳部发〔1996〕266号）就相对比较合理：“因伤残造成本人工资降低时，由所在单位发给在职伤残补助金，标准为工资降低部分的百分之九十，本人技能提高而晋升工资时，在职伤残补助金予以保留”。《工伤保险条例》取消这一规定，可能是考虑到原规定对用人单位的责任过大，因而需要平衡。如工伤职工原从事技术工作，月薪有6000元，后因工伤定为五级伤残，只能看看大门、收收邮件，只能拿1000元左右的月薪。如果他拒绝工作，则可以每月获得4200元的伤残津贴。而按照办法的规定，月薪则不得低于5500元。除了要对制度本身进行完善，以增强工作对工伤职工的吸引力外，在现阶段，能劳动而拒绝劳动，可能会导致对工伤职工不利的后果。当用人单位能证明工伤职工“能工作而拒绝工作”时，可以依据合法的规章制度，单方解决与工伤职工的劳动合同，而无须承担任何法律责任。《劳动合同法》规定，劳动者“严重违反用人单位的规章制度的”，用人单位可以解除劳动合同，且劳动者不能要求用人单位给予经济补偿金。同时，这种情形也不属于《工伤保险条例》第 34 条、第 35 条规定的“经工伤职工本人提出，该职工可以与用人单位解除或者终止劳动关系”、“劳动合同期满终止，或者职工本人提出解除劳动合同的”情形，工伤职工不能要求“由用人单位支付一次性工伤医疗补助金和伤残就业补助金”。（2）被依法追究刑事责任。工伤职工因犯罪被追究刑事责任，用人单位也可以依据《劳动合同法》第 39 条的规定，单方解除劳动合同。劳动者同样不能向用人单位主张解除劳动合同的经济补偿、一次性工伤医疗补助金和伤残就业补助金。（3）“过度医疗”、“过度检查”可能要自己埋单。对于事故伤害，如交通事故、烧伤等，医院通常会问，“有没有保险”、“是不是工伤”、“有没有参加工伤保险”？一旦基本确定属于工伤，又参加了工伤保险，医院就“喜出望外”了，这意味着“摇钱树”来了。为什么？这时，只要属于药品目录范围（抢救期间可以突破）、诊疗项目范围，治疗费用没有法定标准限制。一些地区的特定种类的工伤治疗费动辄几百万元。由于都是工伤保险“埋单”，工伤职工对控制这种费用没有积极性，主要由工伤保险机构通过工伤医疗协议管理进行控制。但如果工伤职工以为只要参加了工伤保险，不管什么治疗、检查费用，都不用自己承担，那就错了。工伤职工同意超标准用药、检查等支出，在工伤保险拒付、用人单位不同意承担的情况下，只能由自己“埋单”。任何权利都是有限度的，超出了限度，就是滥用，就得自己承担法律责任。

权利不可以随便使用。在所有的权利中，最重要的莫过于生命权。可即便是生命权，也不是没有限制的。一个人不能为了保护自己的生命，而伤害他人的生命。如受歹徒威胁而杀死他人（不杀他人，自己就要被处死），依然构成胁从犯，属于犯罪并要承担刑事责任。自由权也是非常重要的，但不能因为享有自由权，就可以随意跑到别人家里去。绝大部分工伤并不危及生命，绝大部分工伤治疗仅仅涉及谁来付钱的问题，其重要性远不及生命权、自由权，又岂能不受限制，听凭个别工伤人员恣意妄为呢？滥用权利“是以一种法律不许可的不正当方式行使权利的行为，尽管滥用的表现形式是多种多样的，但都是违背权利存在的目的”。

工伤保险是一种替代责任，即将原由用人单位承担的风险，通过保险的方式，转由社会保险机构承担。用人单位的责任仅仅是支付保费，而不再承担已经转移的风险，如治疗责任、养老责任。如果既要付保费，又要自己承担职工的治疗、养老责任，谁还愿意参加社保呢？

退一步说，即使没有实行工伤保险，仍然实行的是雇主责任，雇主对于医疗费的承担也不是无限制的。有法定标准的，必须依据法定标准；无法定标准的，必须是合理的（一般的或通常的）治疗支出。工伤权利的行使必须是正当的，如确实旧伤复发，需要停工治疗；手指在工伤中损害了，不能再从事用手指操作的工作等。如果 1 万元可以治愈的工伤，非得花上 10 万元，另外 9 万元的支出就是不正当的。

从工伤保险的发展，我们或许更能理解这一点。工伤保险（有的国家叫工人赔偿，不同于一般的侵权法制度）是从雇主的侵权责任发展而来的，最初，必须在雇主对事故的发生具有过错的情况下，才能由雇主承担赔偿责任，责任的范围也是有限制的，而不是无限的。事实上，在法律上没有一种责任是没有限制的。工伤保险的诞生，有两个很重要的理论：一是原因的管理理论，即认为雇主及其管理人员而不是劳动者，可以更好地控制事故的发生，因此工伤应由雇主承担；二是统计或精算理论，即统计学显示，工业活动必然会产生事故，因此应将损害从劳动者那里转由雇主承担，而不再考虑是谁的过错导致事故发生的，这样工伤保险也就逐渐登上了历史舞台。工伤保险的这一发展历史告诉我们，从劳动者自己承担责任到雇主责任，再到工伤保险责任，最根本的，是责任主体的改变；而责任的范围，如医疗费的支出、工资收入的损失，只存在调整的问题，而不可能没有限制。

在任何社会，为自己行为负责，都是法律和道德的底线。如果可以任由自己行为，后果却要由别人承担，这个社会根本无法存续。工伤人员超过合理的限度滥用权利，只能由自己承担后果。

那么究竟如何确定工伤保险权利的限度，或曰哪些应当由法律约束，哪些应当由道德约束？（1）利益的重要性。是否对工伤职工的基本治疗、生活利益发生影响？虽然职工存在违法违纪等行为，但与取消工伤保险使其造成生活难以为继、医疗无法保障相比，后者利益更为重要，那么就不能将这些违法违纪行为作为取消工伤保险待遇（或作为排除工伤事由），反之则可以。此处的利益衡量，主要是就个人的各种利益而言。对个人而言利益较小者无须由法律规制。（2）社会影响、社会意义和社会价值。限定或者剥夺劳动者的某种利益，对劳动者的影响较小，而对整个制度而言也是对多数劳动者有更多利益，这样的利益就可以限制或剥夺；反之，则不能剥夺。对社会影响较小者不宜由法律规制，对社会影响较大者则应尽可能纳入法律规制范围。（3）主观状况。

主观对于法益的影响在某些情形下比较大。主观过错程度低，社会危害程度通常也低，则宜授予而不宜剥夺社会保险权利；主观过错程度高，社会危害程度就高，亦表明其对自身的社会保险利益的漠视，则宜取消或剥夺其社会保险权利。过错的程度和社会危害的程度都需要具体考量。（4）法律规制的可能性。当法律无法作出具体的可操作性的规定时，即便规定为法律也无法得到执行或适用。如工伤职工是否能从事某一项具体工作，法律无法作出明确规定，无法由法律明确规制者，即可操作性很差者不宜由法律规制。反之则可以考虑由法律规制。

道德还会为法律责任的分配提供依据。道德论证会在特定条件下直接影响到法律论证，或者说，道德原则将直接进入到法律推理之中。[①] 我国目前医疗卫生领域的一大顽症便是“看病难、看病贵”问题。这一问题的根本原因在于，医疗机构过度用药、过度检查。而由于医疗机构的此类行为没有严格的法律约束，无法承担法律责任，或法律责任过于轻微，无法起到约束的作用，必然导致此类行为的滋长。任何人应当为自己行为负责，这是一项基本的道德准则，也是据以分配责任的基本理据。在构建社会保险法律制度的时候，应当考虑责任分配的道德基础。

① 陈景辉：《法律的界限》，中国政法大学出版社2007年版，第319页。

第十章　社会保险责任、强制与制裁

社会保险权的实现依赖于社会保险义务的遵守与履行，虽然随着社会保险法律体系的健全、社会保险法律意识的增强，越来越多的社会保险义务将以自觉的方式获得遵守与履行，但任何时候，尤其是在社会保险扩面、社会保险费的征缴仍为社会保险最为主要的工作之一的当下，没有健全的社会保险责任及制裁，社会保险义务是很难得到充分的遵守和履行的。

第一节　义务、责任与制裁

一、义务与责任

（一）法律责任不同于法律义务

对于责任一般有两种理解：一是理解为特定主体的应为义务，它包括法定义务或合法的约定义务；二是理解为由于违法或因特别的法定事由所应承担的不利后果。法律责任是指特定主体因为违法或者特别的法定事由，依法所应承担的不利后果或特定义务。①

在法律及法学中所使用的法律责任和义务是不同的。我们说“社会保险经办机构有确保养老金按时足额发放的义务”，换句话说，这是根据“社会保险经办机构应当按时足额发放养老金”这一规则，社会保险经办机构所负有的法律义务。很显然，这里并没有体现出社会保险经办机构所应承担的法律责任。法律责任需要通过另外的法律规则设置。我国传统法学理论认为，法律规则的逻辑结构包括“假定—处理—制裁”，有的理论则将法律规则分为两部分：行为模式与处理后果。根据这种理论，如果没有关于法律责任的规定，法律规则是不齐全的。不过在这种情形下，这种“规则”还能称为法律规则吗？学者似乎未予明确。但不管法律后果如何，这充分说明了法律义务和法律责任的不同。“法律义务与法律责任有一种前后相继的关系：法律责任是因违反法律义务而产生的”，“法律义务在实践上对所有的行为主体都适用，即所有的

① 卓泽渊：《法理学》，法律出版社2009年版，第307页。

行为主体都负有法律义务。而实践中，只有少数违反法律义务者才承担法律责任”。①

“在法律上对某一行为负有义务，意思是相反的行为是一个不法行为并且本身就是一个法律规范所规定的制裁的条件。”② 在凯尔森这里，义务是因制裁（责任）而产生的，义务是果，制裁是因，两者不可分离。其原因在于，“像分析实证法学那样割断法律义务同道德义务的联系，法律义务的应当被遵守性就得不到证明。所以，这种割裂法律同道德的联系的思想方法，迫使凯尔森只能在法律规则自身中寻找法律义务成立、法律义务应当被遵守的依据”。③“规则是用来限制人的，防备他绝对地为所欲为，告诉他应当做什么和不应当做什么，禁止他做某些事情，在一定程度上对他加以控制。”④ 虽然很多义务要依赖法律责任（制裁）才能得以履行或遵守，虽然法律责任或制裁提供了行为的一个充分的动机，但绝大多数法律义务实际上并未依赖法律责任（制裁）即得以履行或遵守，法律责任或制裁也不完全是行为充分的动机，良心违法即是例证。义务的履行或遵守，更多依赖于人们对于法律的自觉的理解和信奉，根源于人类社会得以正常运行的道德观念。当法律义务完全维系于法律责任（制裁）时，人们不是基于自身的道德认知和社会良知而遵守法律，而仅仅是出于对法律责任和制裁的恐惧时，这个社会的动乱将是无法避免的。当然法律责任（制裁）是不可缺失的，否则会发生劣币驱逐良币，谁守法、谁善良谁就遭殃的结果，社会秩序就无法存续。在通常情形下，法律责任和制裁并非针对多数自觉守法之人，而只针对少数试图不遵守法律义务之人。“就法律的目的而言，它不是为了对人加以制裁，而是以制裁的预先规定，要求人履行义务，或保证人们无碍地行使权利。”⑤

如果以法律的形式特征和权威来源来界定法律及其有效性，那么法律责任或制裁的缺失并不能否认法律规则的存在。在这个意义上，法律义务和法律责任是可以分离的。这在我国法律中是经常见到的一种现象。比较典型的就是《劳动法》关于签订书面劳动合同的规定。在《劳动合同法》出台以前，由于缺乏相应的法律责任（制裁）的规定，前述要求在很大程度上无从实现。

---

① 张恒山：《法理要论》，北京大学出版社 2009 年版，第 463 页。

② ［奥］凯尔森：《法与国家的一般理论》，沈宗灵译，中国大百科全书出版社 1996 年版，第 66 页。

③ 张恒山：《法理要论》，北京大学出版社 2009 年版，第 48 页。

④ ［英］以赛亚·伯林：《自由及其背叛》，赵国新译，凤凰出版传媒集团、译林出版社 2005 年版，第 35 页。

⑤ 张恒山：《法理要论》，北京大学出版社 2009 年版，第 48 页。

庞德即认为，义务和责任是可以完全分离的，责任并不必然以义务为条件。“在牲畜的主人没有过错的情况下，他没有阻止牲畜侵害的义务；在普通运送人没有过失的情况下，他没有防止财物被盗或者丢失的义务；在雇佣过程中，雇主也没有阻止雇员实施侵权行为的义务。”在这里，庞德显然是将过错作为义务的必要和充分条件的。“一个人为了维护自身的利益而在与他人较近的地方保有一种特别危险的物品，他必然对他人施加一种风险……这种风险比在社会生活的通常情况下所合理预期的风险更大；因此，由自己来承担这种由于保有这些危险物而对他人造成损害的风险既很公平，同时也很方便”这是责任而非义务。“即使雇主没有过错，雇主没有任何阻止雇员伤害其他雇员的义务，当雇员对其他雇员造成伤害时，雇主仍应承担责任。”①我国学者亦有认为，“‘无过错责任’虽然使用的是‘责任’一语，它却实实在在的是一种义务”，论者进而将无过错责任与严格责任或危险责任予以区分，认为后者仍属于责任。②

对于严格责任或无过失责任来说，责任人就一定没有义务，这个观点很难令人信服。当然这和义务的定义也是有密切关联的。

无过失责任或严格责任的侵权人或责任人仍负有不得使侵害发生的义务。美国侵权法重述第519节第（1）项规定：“进行异常危险活动者应对该活动对他人人身、土地或动产造成的损害承担责任，即使他已行使最大关注、防止该损害的发生。”其评注意见解释：“即使被告已尽了最大的关注义务、防止对原告的损害的发生，他也应当承担责任。”③ 这首先肯定被告在严格责任里仍然是负有义务的，如注意义务，那么是否只有这一种义务呢？

以雇佣人责任为例。雇佣人责任有两种情形：（1）受雇人致人损害，由雇佣人承担赔偿责任。最高人民法院《关于审理人身损害赔偿案件适用法律若干问题的解释》（法释〔2003〕20号）第9条规定：雇员在从事雇佣活动中致人损害的，雇主应当承担赔偿责任；雇员因故意或者重大过失致人损害的，应当与雇主承担连带赔偿责任。雇主承担连带赔偿责任的，可以向雇员追偿。一般认为，此雇佣人责任之成立要件之一是受雇人需为侵权行为，且受雇

---

① ［美］罗斯科·庞德：《法理学》（第4卷），法律出版社2007年版，第147页。

② 张恒山：《法理要论》，北京大学出版社2009年版，第474页。

③ 肯尼斯·S. 亚伯拉罕、阿尔伯特·C. 泰特选编：《侵权法重述——纲要》，许传玺等译，法律出版社2006年版，第141、142页。

人需具有过失，以交易上应有的注意（善良管理人注意）为判断基准。[1] 但受雇人如构成无过失责任而应承担赔偿责任时，雇佣人亦应承担赔偿责任。新的司法解释延续了这一规定。（2）受雇人自己遭受损害，雇佣人承担雇佣责任。最高人民法院《关于审理人身损害赔偿案件适用法律若干问题的解释》（法释〔2003〕20号）第11条规定：雇员在从事雇佣活动中遭受人身损害，雇主应当承担赔偿责任。一般认为，这里采纳的是严格责任或无过失责任原则，同时，工伤保险责任实际应包含在内。故以工伤保险责任分析即可。

"雇佣他人从事劳务活动，本质上是通过使用他人劳动扩大雇主的事业范围或者活动范围，雇主因此获得利益；同时，这种事业范围、活动范围的扩大也增加了其他人因此受到损害的风险。按照利益和风险一致、风险和责任一致的原则，雇主应当为使用他人劳动过程中对第三人造成人身损害承担责任。"[2] 虽然论者并未提到雇佣人应负有义务，但从其论述可以看出，雇主负有避免因其事业风险的扩大而给雇员及其他第三人造成损害的义务。雇主违反这一义务，而不仅仅是违反了注意义务，应当承担赔偿责任。

新的司法解释在被雇佣人因雇佣活动而遭受损害时确立了过错责任原则。但在工伤保险领域，也必然要适用无过失责任原则。

工伤及工伤保险存在的意义之一都是要防范工伤事故，使工伤职工及其家庭获得及时、充分的救治和生活保障。工伤保险责任仍然是以这一义务的存在为前提的。最为充分的证明便是工伤保险实行浮动费率制度，以促进用人单位实施更有效的安全管理，保护劳动者的生命和健康安全。

无过失责任类似于"绝对责任"的概念，"绝对责任是指法定的责任，只要有法律规定应予防止的损害发生，便可构成责任"。[3]

关于公平责任中的义务性分析。我国《民法通则》第132条规定：当事人对造成损害都没有过错的，可以根据实际情况，由当事人分担民事责任。赔偿责任人还是对受害人造成了损害，如果没有致害行为，当然也不应当承担公平责任。《侵权责任法》所确定的高空抛物，在无法准确确定侵权人时，由建筑物所有产权人共同承担赔偿责任，这实际是推定所有产权人均有责任，亦是

---

① 王泽鉴：《侵权行为法》（第二册），三民书局、台大法学院福利社2006年版，第127页。

② 《最高人民法院司法解释小文库》编选组编：《人身损害赔偿司法解释》，人民法院出版社2006年版，第47页。

③ 王利明：《侵权行为法研究》（上卷），中国人民大学出版社2004年版，第315、316页。

以不得损害他人人身及财产权利之义务为前提的。

受害人损害赔偿权利的存在，必然意味着侵害人负有义务。在严格责任下，受害人有要求侵害人赔偿的权利，实即侵害人侵害了受害人的财产权或人身权。显然，无论如何，侵害人有不得损害受害人的财产或人身的义务，这种义务是由法律明确规定的，或者是法理所认可的，或者是社会习惯所认同的。反过来说，如果侵害人无不得侵害受害人人身或财产之义务，则其“侵害”无须承担赔偿责任，如警察没收赃物、击毙持枪反抗的犯罪嫌疑人。

无过失责任与严格责任中的侵权者或责任人所应承担的义务本质上是由权利人所享有的对世权所决定的。严格责任自然也是以对世权对应的义务为前提的。“只涉及一个系争权利的存在的问题，原告不需要指责对方对其权利的侵犯是有意的、应受谴责的，这种指责也可能会发生，并且会对责任范围产生影响，然而，它并不是必然的。换句话说，主观过错对原告的这个请求来讲并非实质性要素。这个请求只跟被告所造成的现实状态之不法性有关。”①

“‘义务’一词被用来指称下述事实，即行为人被要求以某一特定方式采取行动，倘不如此，他将对该义务所指向的他人所遭受的因行为人之行为作为法律原因所引起的任何损害负责。”② 有损害才有责任，无损害即无责任。义务、行为与损害，是所有责任的构成要件。

同时我们必须牢记，义务不一定导致责任，义务的遵守和履行不能完全依赖于责任，有义务做某事和被迫做某事是有本质区别的，法律应当达到的状态是，对绝大多数人来说，他们只是有义务做某事，而不是有责任做某事，认识不到这一点，法律将难免偏颇乃至无法长远。

（二）法律责任使法律义务得以履行

我们说，法律的基本特征就是强制性，这也是我们对法的传统定义。法的强制性并不体现在法律义务上，而主要体现在法律责任或法律制裁上。“法律秩序的一个重要特征就是，对违反法律义务（包括侵犯权利）者要给予制裁。”③ 离开了法律责任或法律制裁，法的强制性便丧失了，最终将危及法律义务的可及性及法律权利的实现。

哈特将法律规则分为两类：第一类规则设定义务，第二类规则授予权力，

---

① ［德］鲁道夫·冯·耶林：《罗马私法中的过错要素》，柯伟才译，中国法制出版社 2009 年版，第 6、7 页。

② 肯尼斯·S. 亚伯拉罕、阿尔伯特·C. 泰特选编：《侵权法重述——纲要》，许传玺等译，法律出版社 2006 年版，第 4 页。

③ 张恒山：《法理要论》，北京大学出版社 2009 年版，第 478 页。

公权力或私权力。哈特认为，某人有义务或受制于义务的陈述意味着规则的存在；然而，情况并不总是规则存在的地方，规则所要求的行为标准都是以义务术语表示的。[①] 法律责任的目的在于促使义务性规则得到遵守，但是，义务性规则本身还需要得到正当性的论证，而不能仅仅依赖于法律责任的强制。法律责任使一般社会义务转变为法律义务。任何社会义务要成为有效维持社会秩序的力量，必须对不履行义务者予以处罚，即科以一定的社会责任。一般社会责任上升为法律责任，由它保障的义务也就上升为法律义务。[②]

法律责任的目的在于使法律义务能够为行为人所遵守和履行，为行为人提供明确的指引和评价。无论何时，只要一个行为被作为社会义务强加到某些人身上，就会出现一个因素，它使得不履行这个义务比履行这个义务更难，也就是说，强加的义务实际上提供了一种履行的标准理由。[③]

二、责任与制裁

法律责任与法律制裁也是法学中的基本概念。

在很多情形下，两者是一致的。“在最宽泛的意义上”，责任“涵盖一个人在任何类型的法律诉讼中可能被追究的所有情形”。“法律责任（responsibility，liability）是与法律义务相关的概念。一个人在法律上要对一定行为负责，或者他为此承担法律责任，意思就是，他作相反行为时，他应受制裁。”[④] “法律责任可定义为：应损害法律上的义务关系所产生的对于相关主体所应承担的法定强制的不利后果。”[⑤] 法律责任“即行为人由于违法行为、违约行为或者由于法律规定而应承受的某种不利的法律后果”。[⑥] “在这一意义上，惩罚和责任就没有区别。”[⑦]

在我国的法律条文体系中，通常都有“法律责任”一章。在该章中，法律责任与法律制裁是不加区分的。如《民法通则》第 134 条规定，承担民事

---

① ［英］哈特：《法律的概念》，张文显等译，中国大百科全书出版社 1996 年版，第 83～87 页。

② 周永坤：《论自由的法律》，山东人民出版社 2006 年版，第 350 页。

③ ［英］约瑟夫·拉兹：《法律体系的概念》，吴玉章译，中国法制出版社 2003 年版，第 179 页。

④ ［奥］凯尔森：《法与国家的一般理论》，沈宗灵译，中国大百科全书出版社 1996 年版，第 73 页。

⑤ 张文显主编：《法理学》，法律出版社 2007 年版，第 193 页。

⑥ 沈宗灵主编：《法理学》，北京大学出版社 2009 年版，第 336 页。

⑦ 张恒山：《法理要论》，北京大学出版社 2009 年版，第 462 页。

责任的方式主要有：停止侵害，排除妨碍，消除危险，返还财产，恢复原状，修理、重作、更换，赔偿损失，支付违约金，消除影响、恢复名誉，赔礼道歉10种。这实际上也是制裁的方式。

制裁的特征是：（1）制裁是指剥夺法律权利或地位，强加法律义务，甚至包括剥夺生命、自由、健康和占有，以及其他一些与之类似的措施。（2）法律制裁的特点在于，通过使用武力来防止可能出现的破坏，相当数量的制裁的实现都应该得到保障。（3）制裁的本质是由相对准确的法律规定决定的，只有很少的和事先确定的制裁可以普遍地适用于每一种违反义务的行为。（4）法律制裁的适用是有组织的，有义务或被允许实施制裁的人们是由法律严格规定的。① "制裁是在某些情况下，法律制度对违反法律行为的判断，以及所采取的相应的矫正方式。"②

因此通常来说，法律责任即意味着制裁。

但实际上两者还是有差别的。在我国刑事法中，实行罪—责—刑的体系，行为人构成犯罪，并且确定承担刑事责任以后，才能对其实施制裁，而且制裁的程度有差别，如刑罚有管制、拘役、有期徒刑、无期徒刑和死刑，而刑事责任本身并不指明这些差别。

责任的履行仍然可以是自觉的和自愿的，如用人单位提前解除劳动合同，支付经济补偿金；违法解除劳动合同时，支付赔偿金。但制裁的实行只能是强制的。如果用人单位履行了这些法律责任，就不需要适用制裁，由仲裁、监察或司法机构强制实施。制裁只有在法律责任不能得到自觉履行（包括责任人不愿履行和本不应由责任人履行两种情形）。在民事等法律领域，很多情形下，责任并不需要借助制裁就可以得到实现。制裁是由国家出面而认定和落实的。它是保障责任落实的措施，是国家追究法律责任的实际结果。制裁要比责任考量案件的更多的具体细节。③

制裁的适用机构只能是国家的司法及执法机构，个人无权对个人实行制裁，但责任则可以。

法律责任是法律制裁的当然前提，没有法律责任就没有法律制裁；法律制裁乃是法律责任的具体体现和结果，也就是承担法律责任的一种非常重要的方

---

① ［英］约瑟夫·拉兹：《法律体系的概念》，吴玉章译，中国法制出版社2003年版，第180、181页。

② ［英］马林诺夫斯基：《原始社会的犯罪与习俗》，原江译，法律出版社2007年版，第125页。

③ 朱景文主编：《法理学》，中国人民大学出版社2008年版，第486页。

式。但承担法律责任并不必然导致法律制裁。① “法律责任不等于法律制裁，有法律责任不等于一定有法律制裁。”② 法律责任的私力救济，协议赔偿，违约金的给付等。“法律秩序所列出作为制裁条件的，不仅是损害已被造成，而且还要是从其财产中取得赔偿的那个人并不自愿地赔偿损害。”③

不过，对于任何一种法律责任来说，法律制裁都是不可或缺的。这和法律义务与法律责任的关系类似，没有了法律制裁，法律责任必将形同虚设，并最终导致法义务的虚化。“法是要求确实地被遵守的事物，而为各人所能守法，不至于违背起见，在遇有违反的场合，不能不加以某种的制裁，以确保其确实性。如果不伴着这种具有强制力的制裁，那实际上遵奉与否，任之各人良心的自由判断，法和道德的区别，势必沦于困境。”④

第二节　无责任便无法律

一、法律责任是法律实现的保障

法律关系虽然是通过权利义务关系展开的，没有权利义务即没有法律；在权利义务关系中，权利是目的性因素，而义务则是手段性因素。没有法律义务，法律权利便无从实现，法律目的便无从达致。义务的生成，并不是来源于法律责任和法律制裁，而来源于实践、伦理与原则。当法律义务自身欠缺正当性时，便增添了实践的困难。例如，现在很多地方工伤保险长期待遇系经由用人单位发放，而非由工伤保险经办机构直接发放。而一旦用人单位因各种原因迟延转付该待遇时（如因与工伤职工发生矛盾，而刁难延迟发放），关于保障工伤职工或其供养亲属及时获得工伤保险待遇的规定便发生实现的困难。工伤保险待遇的支付主体是工伤保险经办机构，当用人单位延迟支付甚至发生挪用，工伤职工及其供养亲属只能针对工伤保险经办机构提出支付请求权。而这时工伤保险经办机构通常会拒绝再次支付，而只是督促用人单位转付。用人单位如何督促？不督促或督促效果不明显怎么办？延迟支付产生的损失（如利

① 姚建宗编著：《法理学：一般法律科学》，中国政法大学出版社2006年版，第211、212页。

② 沈宗灵主编：《法理学》，北京大学出版社2009年版，第352页。

③ ［奥］凯尔森：《法与国家的一般理论》，沈宗灵译，中国大百科全书出版社1996年版，第61页。

④ ［日］谷幸次郎、美浓部达吉：《法学通论与法之本质》，王国维、林纪东译，中国政法大学出版社2006年版，第186页。

息）怎么办？均缺乏相应的责任规定。

医疗费用居高不下，“看病贵”是目前困扰公众的重要问题之一。其中很重要的原因便是医疗保险经办机构责任的缺失。由于存在信息不对等等诸多因素，患者个人是很难与强势的医疗机构相抗衡的，滥检查、滥开药、滥开昂贵药品、滥用抗生素都是我国目前医疗行业普遍存在的恶劣现象，行政监督亦只能解决个别问题。医疗保险是解决这一问题非常有效的途径和方式。从基本医疗保险的发展来看，必须实行医疗机构与医保机构直接结算机制，将有关费用风险由患者转移至医院，同时由医保机构与医院谈判，确定医疗机构总医疗费用的自付比例。其中最为关键的，就是确定医保机构的法律责任。没有责任的制约，所有的期望最终都会成为泡影。

工伤保险经办机构直接向工伤职工、其供养亲属及其他亲属支付工伤保险待遇，是工伤保险法律关系的本质要求，是实现工伤保险权利的必然结果，如果它还不是法律明确规定的工伤保险经办机构的法律义务，那么它已经是一项道德义务，并获得工伤保险理论的强烈支撑。如果没有相应的责任保障，这一义务很难实现。在目前，它只能求助于政治和行政的影响力，其实现成本较大，效率较低，因人执法的现象较为严重，使工伤保险的价值和意义缩水。责任的缺失，其最大的危害尚不在于某一义务的违背，这毕竟只是个别问题，更为严重的是，它将导致法律的权威和公信力的丧失，最终危及整个法体系的有效性。

“对每种违反义务的行为设定相应的、可操作的、适当的法律责任，避免只有义务而无相关责任的状况。责任与权利义务的统一性，从一个侧面说明了法律的国家强制性。”① “法律责任是法律存在及其有效的必要条件。严格来讲，任何一部‘法律’假如没有设定相关的‘法律责任’，就不仅预示着这部‘法律’的‘不完整’，而且更重要的它也就预示着这部‘法律’本身‘不存在’或者‘不应当’。”②

二、社会保险责任设定的原则

（一）责任法定

“责任法定原则是指，法律责任作为一种否定的法律后果应当由法律规范预先规定，包括在法律规范的逻辑结构之中，但出现了违法行为或法定事由的

① 朱景文主编：《法理学》，中国人民大学出版社 2008 年版，第 475 页。

② 姚建宗编著：《法理学：一般法律科学》，中国政法大学出版社 2006 年版，第 207 页。

时候，按事先规定的责任人性质、责任范围、责任方式追究行为人的责任。”① “法律责任必须由‘法律’明确地加以规定。”②

社会保险法的性质主要是公法，在通常情形下不能委为当事人意思自治，亦不能委由行政主体任意而为。“责任法定原则是为了防范归责上的任意性专断、擅断，限制归责上的自由裁量权，保障归责过程的合法性。”③

责任法定原则要求：第一，社会保险法（法规）应当对社会保险责任作出明确、详细而周全的规定，唯此才能保障义务的遵守和履行。第二，在上位法和下位法关于法律责任的配置上，首先应当遵循《立法法》的规定，其次应当做到统一和协调，唯此才能实现比较协调的法律责任体系，避免法律实施过程中的矛盾。第三，在没有法律责任的明确规定时，不应当对行政相对人如参保个人和用人单位实施处罚或制裁，但行政主体的主要负责人和直接负责人员在最低限度的意义上必须承担政治责任如引咎辞职。

（二）责任与义务、危害后果相适应

虽然不完全是，但许多义务在实质上还是存在重要性的区别。有些义务的违反，虽然也影响权利，但没有给权利造成实质上的损害或致其完全无法实现，而有的义务却导致权利完全无法实现，如不缴社会保险费与少缴社会保险费，由此所导致的社会危害性也不相同。由此决定责任的大小、轻重也应当有所区别。责任与义务、危害后果相适应意味着：

第一，义务规范应当全面，这是确定责任和制裁的前提条件。而这一点恰恰是我国目前的社会保险法体系相当缺乏的。律人先要律己，我们应当直面这一现实，首先全面确定社会保险行政及经办主体的法律责任，在此基础上准确界定其他社会主体的法律义务。

第二，责任的宽严应当与义务的轻重、危害后果的大小相适应，义务轻，危害后果小则责任宽，反之则严，并依此形成一个比较协调的法律责任体系。

第三，责任的宽严程度应当以在通常情形下——社会人的视角来看，可以促使义务获得积极遵守与履行。责任轻了，形同虚设，不可能增进不良行为人的守法动机；责任重了，必然引起行为人的激烈反对，缺乏正当性，而且可能造成更大的伤害和弊端。轻的情形很普遍，例如普遍缺失社会保险行政或经办人员未履行法定义务或常识义务的法律责任，导致这些“官老爷”怠慢参保

① 沈宗灵主编：《法理学》，北京大学出版社2009年版，第347、348页。

② 姚建宗编著：《法理学：一般法律科学》，中国政法大学出版社2006年版，第207页。

③ 朱景文主编：《法理学》，中国人民大学出版社2008年版，第484页。

人或待遇享受人，迟延履行义务的情形较为常见。重的情形也是存在的，如《劳动保障监察条例》第27条规定："用人单位向社会保险经办机构申报应缴纳的社会保险费数额时，瞒报工资总额或者职工人数的，由劳动保障行政部门责令改正，并处瞒报工资数额1倍以上3倍以下的罚款。"如一名职工的月工资是1万元，单位按照8000元给他缴纳社会保险费，粗算应缴4000元，实缴3200元，少缴800元，年少缴9600元；那么年最低处罚额度为12万元，最高处罚36万元，实际处罚比例为12.5倍至37.5倍，显然畸重，实践中这一条款几乎没有适用的可能。

第四，违背义务者应当承担相应的责任，而不应转由其他主体承担，这是责任与义务相适应的必然要求。除了某些特定的法律关系可能成为使人对非因自己行为所致的损害承担责任，原则上，任何人对非因自己行为所致的损害不应承担责任。① 在实践中，尤其是社会保险行政及经办主体，动辄将本应或主要应由其承担的法律义务，却转由其他主体甚至受益人承担法律责任，这是极不公平的。例如，由于用人单位未履行体检等义务，而将本应由工伤保险基金向参保职工支付的工伤保险待遇，转由用人单位支付，最终使个人完全无辜的职业病患者无法获得工伤保险的保障。

（三）过错责任与无过失责任

"未来的中国式民事责任体系只有一个归责原则，这就是过错责任原则。"② "在刑法、民法、行政法规范中，过错责任应当是最一般、最基本的责任原则。"③ 论者这里所讲的过错责任包括了过错推定责任。不管这个结论是否成立，至少在社会保险领域，主要并不以过错责任为主。这是由社会保险法的性质和目的决定的。社会保险法的目的并不在于填补损害，恢复社会生活的原状，而是要保障保险受益人的基本生存。这就决定了不管义务违反人是否具有过错，都必须使其承担法律责任，以保障受益人的权利实现。在这个过程中，包括不可抗力通常都不能作为抗辩事由，因而社会保险责任主要是无过错责任。无过错的违法的后果只能是清除客观不法事实状态之义务。因此，在这种情况下，请求权存在的范围和期限跟不法状态存在的范围和期限是一样的。④

① 王卫国：《过错责任原则：第三次勃兴》，中国法制出版社2000年版，第283页。

② 王卫国：《过错责任原则：第三次勃兴》，中国法制出版社2000年版，第185页。

③ 张恒山：《法理要论》，北京大学出版社2009年版，第473页。

④ ［德］鲁道夫·冯·耶林：《罗马私法中的过错要素》，柯伟才译，中国法制出版社2009年版，第10页。

在关于社会保险的刑事和行政责任中，则更多地需要考虑过错，因为这时惩罚的目的已主要不在于保障权利人的生存，而在于纠正违法行为，以儆效尤，如果不考虑过错，这一目的就不能达到。在每一种法律关系中，过错的存在或者不存在都会导致法律责任的差异。①

三、社会保险责任的类型

（一）刑事责任

社会保险责任主体有三类：国家，用人单位、公民，社会保险行政及经办机构及其工作人员。国家责任即政府责任包括财政责任、监管责任、推动立法与宏观调控责任，核心责任是财政责任与监管责任。落实政府财政责任的首要任务即是将国家财政对社会保障应当承担的责任法制化。明晰国家财政对不同社会保障项目的供款责任并制度化；明确国家财政对有关社会保险及其他有关保障项目承担供款责任的比例并制度化；明确划分中央政府和地方政府对社会保障承担的财政责任；妥善处理好社会保障改革进程中出现的历史责任问题。②

社会保险行政及经办机构的责任不完全等同于国家责任即政府责任，后者是一般而宏观的，前者是具体的。从我国的现实来看，后者不能构成刑事责任，而前者则可以构成刑事责任，最典型的就是挪用社会保险基金。

公民亦可能构成刑事责任，如通过隐瞒真相或虚构事实的方式骗取社会保险待遇。

目前主要缺失的是用人单位在履行社会保险义务主要是缴费义务方面的刑事责任。在拖欠工资构成犯罪之后，不缴、少缴、漏缴社会保险费的行为也应当犯罪化，这也是国际通例。主张实行“费改税”的理由之一就是社会保险费征缴的强制力不足，一旦变成税之后强制力大了。这个理由显然是不成立的。社会保险费变成“税”之后就可以实施刑事制裁，为什么对偷漏社会保险费的行为实施刑事制裁呢？《社会保险法》第 94 条规定：“违反本法规定，构成犯罪的，依法追究刑事责任。”这是一个非常笼统、实际上没有任何意义的条款。它意味着是否确定为犯罪，是否追究刑事责任，要完全依赖于刑法的规定。刑法已经规定的，重复规定没有价值；刑法未作规定的，这一条款也不

① ［德］鲁道夫·冯·耶林：《罗马私法中的过错要素》，柯伟才译，中国法制出版社 2009 年版，第 37 页。

② 郑功成主笔：《中国社会保障改革与发展战略——理念、目标与行动方案》，人民出版社 2008 年版，第 76、77 页。

可能成为修改刑法的依据。而对拖欠社保费的犯罪化问题，在理论上即存在很大争议。

社会保险费征缴管理的主要职责在社会保险经办机构（包括其他社会保险征缴机构），而这些机构的渎职行为是否构成犯罪，在何种情形下构成犯罪，刑法均缺乏明确规定。事实上，像《社会保险法》第89条规定的“未履行社会保险法定职责”、“丢失或者篡改缴费记录、享受社会保险待遇记录等社会保险数据、个人权益记录”的行为，在理论上均可以犯罪化，但依据罪刑法定的原则，需要明确作出指示性规定，如“构成犯罪的，依据《刑法》第397条（滥用职权罪、玩忽职守罪）追究刑事责任”。

（二）行政责任

行政责任主要包括两方面的内容：一是行政主体内部的行政处分、纪律处分；二是行政主体对相对人的处罚。行政责任主要适用于两种情形，使相对人对违反社会保险义务规则的行为承担不利后果，使行政主体及其工作人员对违反社会保险义务规则的行为承担不利后果。行政责任的类型包括警示、训诫、罚款、剥夺资格、禁止从业、处分等。

从《社会保险法》第十一章“法律责任”的规定来看，行政责任是最主要的。其存在的主要有：一是对行政相对人的处罚过于粗疏，如第84条，对用人单位直接负责的主管人员和其他直接责任人员罚款，但企业不同于机关，主管人员和直接责任人员是明确的，且都负有公法的责任，企业的人员管理并不确定，如管理人员可以是董事长、总经理、行政经理、人事总监、人事负责人，具体经办人可以由不同的人同时做，究竟应当处罚谁？而且，除了老板之外，其他都是打工的，怎么可能要求他们对抗老板？即便可以准确地追究具体的人的责任，也不符合雇主责任的要求，这与《侵权责任法》的规定是背道而驰的，缺乏理论支撑。再如第86条“用人单位未按时足额缴纳社会保险费的，由社会保险费征收机构责令限期缴纳或者补足，并自欠缴之日起，按日加收万分之五的滞纳金；逾期仍不缴纳的，由有关行政部门处欠缴数额一倍以上三倍以下的罚款”。这是一条无选择性的规则，那么即便违法行为很轻微，例如，未按时足额缴费的时间很短，如两个月；数额很小，只有几千或几百元；情节较轻，如对年终奖金的认识不同，未将其计算为缴费基数，就都要征收滞纳金，这是很不公平的，事实上很可能无法执行。《劳动保障监察条例》已经犯了这样的错误，《社会保险法》在这个问题上可说是重蹈覆辙。二是如果某单位1995年至2000年未缴费或少缴费，2001年至2008年12月合法缴费，2009年1月职工办理了退休。那么到2011年7月，社保费征收机构还应当要求补足、征收滞纳金并罚款吗？由此并引出三是时效制度的完全缺失。在所有权利中，只有人身权利是没有时效的，其他任何权利，包括对人身权利侵害后的赔偿权利，都是有时效期间的，否则这个社会就不可能存在秩序。依照《社会保险法》的这一规定，20 年前的违法行为都是要追究和处罚的，这怎么可能得到执行呢？由此会产生很多法律问题。例如，某人员举报后要求社保费征收机构查处，依此规定，不查处就构成了违法，要承担第 89 条、第 93 条的法律责任。四是结合第 83 条规定来看，以征缴机构为地税来说，执法主体是它，行政复议被申请人、行政诉讼的被告都应当是地税（这一规定其实是强化了地税征缴的责任，“你不是要征缴吗，那么法律后果你承担”），但社保费的核定是社保机构，那么，由于社保费核定所产生的征缴问题，相对人应当告谁？还是两家都可以告？五是行政责任与刑事责任的衔接缺乏。此种违法行为，是用人单位实施的关于社会保险费的最为严重的违法行为，没有追究刑事责任的规定，也就更谈不上与行政责任的协调了。而这恰恰是社会保险法律责任中非常重要的一个环节。英国《1997 年反社会保障欺诈法》[Social Security (Administration) Fraud Act 1997] 允许有欺诈嫌疑的申请人退回有问题的金额，外加 30% 的罚款——如果他不想被起诉的话。[①] 这实际是以行政责任取代刑事责任，类似“控辩交易”，比之《社会保险法》的规定，更为可取。

（三）民事赔偿责任

笔者认为，鉴于社会保险最为重要的目的在于保障出现了社会风险的社会成员能够获得基本生活（生存）保障，民事赔偿责任在社会保险法责任体现中应当占有极其重要的地位，甚至超越刑事责任和行政责任，因为后两者的目的虽然也在于此，但其对此目的的实现功能是颇为间接的，不及赔偿责任之有效。

《社会保险法》中，对行政机构或行使行政职能的机构的赔偿责任，作了规定，如第 89 条、第 92 条。第一，应当明确这属于国家赔偿（行政赔偿）范畴；第二，赔偿项目、赔偿标准不够明确，例如第 89 条，“丢失或者篡改缴费记录、享受社会保险待遇记录等社会保险数据、个人权益记录的”，如何确定权利人的损失，是非常困难的，这个损失无法确定，赔偿标准又如何确定？第三，民事赔偿责任缺乏，以及与行政赔偿责任如何协调，均无规定。用人单位违反社会保险法律义务，不会对劳动者产生损害吗（除非损害全部通过行政赔偿处理）？否则损害如何处置？例如，用人单位未参加基本医疗保险或未缴纳基本医疗保险费的，医疗费如何承担？第三章未作规定，结合第 41

---

① ［英］罗伯特·伊斯特：《社会保障法》，周长征等译，中国劳动社会保障出版社 2003 年版，第 197 页。

条关于用人单位未缴纳工伤保险费，工伤保险基金先行支付的规定，可以推断用人单位未参加基本医疗保险或未缴纳基本医疗保险费的，医疗保险基金是不支付医疗费的。那么用人单位如何赔偿?《社会保险法》居然只字未提，实为重大缺失。虽然前两种责任中也包括赔偿责任如刑事附带民事，但在我国的诉讼法体系中，以民事形式体现出来的赔偿诉讼，是一种非常重要的诉讼类型。在社会保险法责任体系中，对其应当施以浓墨重彩。

四、社会保险责任的构成

社会保障法律责任的构成要件为违法行为、过错、损害、因果关系。在破坏社会保障法律关系的行为中，以行为人的过错心理状态为原则，以无过错的心理状态为例外。[①] 这个看法是不恰当的。从《社会保险法》的规定来看，也基本上没有这么做。

一种公平观念认为，要让加害者对其所造成的损害予以赔偿，即使行为人的行为没有违法，人们也认定加害者必须为他所造成的损害后果承担责任。[②] 这主要是关于公平责任的规定，由于社会保险法律责任是以法律义务的存在为前提的，因此这一观念也无适用之余地。

笔者认为，从社会保险的目的来看，在损害赔偿责任中，应当实行无过失责任原则。即只要存在违法行为、损害及损害与违法行为之间的因果关系三大要件，违法行为人即应当承担损害赔偿责任。《社会保险法》基本上体现了这一点。

在行政责任，尤其是刑事责任上，还应以过错责任为主。其中，违法行为纠正之行政责任，仍以无过失责任为归责原则，只有行为人存在违法行为，不管其有无过错，均应纠正其违法行为；刑事责任和其他行政责任，是以惩罚为目的，只有基于过错为前提，惩罚才具有现实意义，才能达到警戒他人、预防违法行为的目的。

---

① 赖达清主编：《社会保障法——保障公民生存权利的法律形式》，四川人民出版社2003年，第84、85页。

② ［美］路易斯·卡普洛、斯蒂文·沙维尔：《公平与福利》，冯玉军、途永前译，法律出版社2007年版，第93页。

第三节　制裁只在一定程度上是法律的最终基础

从某种意义上说，强制是法律的最终基础。[①] 我国传统法理学也主张，强制性是法律的基本的乃至是最为重要的特征。负有某种法律行为义务意味着相反的行为即属违法，而构成法律规范所规定的制裁的条件。没有制裁可能导致法律失效，但这不同于其无效，没有制裁也未必一定就会导致法律无效。即便制裁是法律的基本要素，那么，也是法律制裁的合法性，而非它们作为一种强制性行为的特性，构成了法律的本质。法律的本质是暴力的组织化，因此，法律立基于一种旨在用来培育确定的社会行为的强制性秩序基础之上。[②] “法律责任都以国家的强制力作为得以实现的保证。”[③]

但如果法律只能依靠制裁来实现，这样的法律与其说有效还不如说无效。可以想象，对于合法缴费以前的社会保险费缴纳违法行为，尤其是很长时间以前的违法行为，《社会保险法》关于滞纳金和罚款的规定即强制几乎是不可能实施的。这一现实必然会影响社会保险缴费义务违反人对制裁的漠视，法律责任及法律义务都会受到影响。

套用一句俗语吧，法律没有强制是不行的，但有了强制即便是最严厉的强制也未必就一定行。对我国社会保险法的现实说，两者都有改进的很大余地。既要更科学地构建社会保险责任体系，为强制制裁的实施提供更严密、更合理的依据，同时更要强调有法必依的问题。在缺乏正当依据、可操作性的情况下，行政处罚可以不一定实施，但是违法行为必须得到纠正，公民的社会保险权必须确保实现，社会保险基金必须保证应收尽收，这是法律的底线。而对于行政执法主体本身的责任，则应当依据《公务员法》等法律法规的规定，制定更为严格的、操作性更强的处分及处理规则，增强强制执行力，使制裁能够有效地发挥威慑力，促使其更好地履行社会保险义务。另外也要加强道德的示范引导教育，增强义务主体对社会保险义务的道德合理性的认同，使社会保险义务的遵守和履行真正成为社会共识，提高社会保险法律规则的内在依附力，在这一方面，行政主体和司法主体的言行具有更为广泛的影响力。

---

① ［英］约瑟夫·拉兹：《法律体系的概念》，吴玉章译，中国法制出版社 2003 年版，第 222 页。

② ［英］丹尼斯·劳埃德著，M. D. A. 弗里曼修订：《法理学》，许章润译，法律出版社 2007 年版，第 136、137 页。

③ 卓泽渊：《法理学》，法律出版社 2009 年版，第 308 页。

第十一章　社会保险法的效力与实效

第一节　现实的困惑

立法机关颁布的一条命令，即使它是以“法”的形式公布的，如果大家都不遵守它，或者各行其是，那么它还是法吗？或者说它有效力吗？《劳动法》规定劳动者有享受社会保险、提请劳动争议处理的权利，《劳动争议调解仲裁法》规定对劳动争议，劳动者有申请仲裁的权利。而在《劳动法》实施后的多年里（主要是在《国务院关于建立城镇职工基本医疗保险制度的决定》颁布之前），劳动者难以要求强制参加医疗保险；至今，仍有很多劳动争议仲裁委既不受理，又不出具不予受理通知，致使司法程序无法启动。这样的规则有效吗？即便这样的法律规则仍然有效力，它的规定在现实社会没有得到实现，而且主要是法的适用和执行机构“抛弃”了它，使得公民对法律产生不良印象，乃至不信任，影响了立法机构的权威，正是“有法不依，还不如无法”①。

一、关于出生时间争议的两个案例

案例一

梁某某原是中国东方航空股份有限公司安徽分公司的一名飞行员。其个人档案中最先记载出生时间的材料是 1968 年 3 月 6 日，应征公民政治审查表和应征公民兵役登记表，其上记载梁某某出生时间为 1948 年 2 月。

梁某某的身份证和户口簿记载其出生时间均为 1948 年 12 月 30 日；1964 年第二次全国人口普查登记档案记载其出生时间为同日。

2008 年 2 月 15 日，东航安徽分公司向安徽省劳动保障厅申报《关于梁某某同志退休审批的请求》；同年 2 月 25 日，安徽省劳动保障厅批复，同意梁某某于 2008 年 2 月退休。

梁某某于是提起行政诉讼，要求按照身份证、户口簿及第二次全国人口普

---

① 吴家麟：《吴家麟自选集》，宁夏人民出版社 1996 年版，第 252 页。

查登记出生时间办理退休。一审判决驳回其诉讼请求。2008 年 8 月 15 日，合肥市中级法院二审判决认定，劳动保障部《关于制止和纠正违反国家规定办理企业职工提前退休有关问题的通知》（劳社部发〔1999〕8 号）是为规范企业职工退休审批工作，针对职工身份与档案记载的出生时间不一致的具体情况，对职工出生时间的认定作出的专门规定。其与居民身份证、户籍管理方面的规范性文件，在适用范围上不同。省劳动保障厅适用该文件并无不当；第二次全国人口普查登记不是职工档案中的材料，省劳动保障厅未将其作为认定退休时的出生时间依据并无过错。判决“驳回上诉，维持原判”。①

案例二

1999 年 11 月，江苏省海门市物资局建筑装饰材料公司黄某某经单位提请，海门市劳动局为其办理了退休手续，后发现其身份证与档案记载不一致，遂依劳社部发〔1999〕8 号文，以其档案中最先记载的出生时间为准，作出“关于注销黄某某的退休审批表和退休养老证的决定”。黄某某提起行政诉讼后，一审判决维持了劳动部门的行政处理决定。2000 年 11 月 10 日，南通市中级法院认定，“居民身份证是国家法定的证明公民个人身份的证件，具有一定的权威性；并可用作办理聘用、雇佣和离退休手续”，判决撤销海门市劳动局作出的“关于注销黄某某的退休审批表和退休养老证的决定”。②

上述 8 号文规定，“对职工出生时间的认定，实行居民身份证与职工档案相结合的办法。当本人身份证与档案记载的出生时间不一致时，以本人档案最先记载的出生时间为准”。即对于退休时档案和居民身份证所记载的出生时间的不一致，8 号文确立了以“本人档案最先记载的出生时间为准”的规则。从我国社会保险法的现实来看，这是一条法律规则，是行政机关判断此问题的最为重要的法律依据，也是司法机关在处理此类问题时需要考虑的依据。在《社会保险法》颁布以后，这一现状并未改变。

然而在相当程度上，这一规则在现实中并未得到适用。而且随着法治的发展，这种不予适用的状态呈扩大趋势。由此可以得出的结论是，如果 8 号文的上述规定是一条法律规则的话，即便它在很大范围内是有效的（如针对社会保险行政部门来说），它在越来越大的范围是没有实效的（不能作为确定争议的裁判依据，不能发挥对人的行为的规范、指引和评价作用），并进而在相当意义上被人们认为无效（对争议行为不具有约束力）。

① 参见（2008）合行终字第 43 号。

② 参见（2000）通中行终字第 116 号。

二、社会保险争议司法管辖权的有效性

法律最为重要的功能之一就是为权利的侵害提供救济程序。缴纳社会保险费是享受社会保险权的基本义务，目前社会保险领域最为普遍的违法行为便是用人单位不缴、少缴社会保险费。对于劳动者与用人单位之间发生的社会保险缴费争议，我国立法历来是列入劳动争议范畴的。《劳动争议调解仲裁法》对此作了更为明确的规定。其第2条第（4）项规定，中华人民共和国境内的用人单位与劳动者“因工作时间、休息休假、社会保险、福利、培训以及劳动保护发生的争议”，适用本法。依此规定，对于用人单位未缴、少缴社会保险费等违法行为，劳动者可以通过劳动争议仲裁、诉讼的方式维护自己的权利。

然而，即便在《劳动争议调解仲裁法》实施以后，非常多的省份依然拒绝将该类争议列入劳动争议范畴。劳动争议仲裁委员会不受理，例如北京，如果劳动者在申请劳动仲裁时提出该类主张，仲裁委不仅事实上不受理该争议，而且对全部申请不予书面答复，不出具书面的不予受理通知书，导致劳动者形式上的诉权也没法享受。有的省份，如山东，即便仲裁委受理并作出裁决，法院在判决中也会驳回此类诉讼请求，当然，在这种情况下劳动者至少行使了形式上的诉权。

最高人民法院《关于审理劳动争议案件适用法律若干问题的解释（三）》（法释〔2010〕12号）第1条规定：“劳动者以用人单位未为其办理社会保险手续，且社会保险经办机构不能补办导致其无法享受社会保险待遇为由，要求用人单位赔偿损失而发生争议的，人民法院应予受理。”该条规定法院应受理仅是劳动者不能享受社会保险待遇后与用人单位的赔偿争议，实际上以司法解释的权威形式确认了前述司法实践。

毫无疑问，在上述状况下，即便这种规则仍然是有效的，它也不具有实际的约束力，亦即缺乏实效。亦因其缺乏实效性，在相当意义上它被认为是无效的。并由此引发对法律效力本身成立标准的反思。法律实效性的缺乏，由此引发人们对“有法不依”的不满，会诱发人们对整个法律制度的不信任。

《社会保险法》进一步重申了上述立法模式，其第83条第3款规定：“个人与所在用人单位发生社会保险争议的，可以依法申请调解、仲裁，提起诉讼。用人单位侵害个人社会保险权益的，个人也可以要求社会保险行政部门或者社会保险费征收机构依法处理。”这一规定虽然是具有积极意义的，它给劳动者提供了解决争议的一个重要的维权途径，并能够减轻劳动者的讼累（作为劳动争议，劳动者可以在仲裁诉讼程序中与工资等争议一并提出，只需要通过一个法律程序；如果不作为劳动争议，则迫使劳动者要启动其他法律程序，

如劳动保障监察或社会保险稽核程序来维护该权利，无疑增加了劳动者的负担)。但对其实效性未予以充分考虑，既缺乏主要的法律适用机关尤其是司法机关的认同，又缺乏责任与制裁后盾的威慑，其实效性不容乐观。

第二节　效力与实效的区分

一、效力解决的是法律规则的身份问题

“法律的效力，即法律的约束力，指人们应当按照法律规定的那样行为，必须服从。一般而言，法律的效力来自于制定它的合法程序和国家强制力。法律有效力，意味着人们应当遵守、执行和适用法律，不得违反。”① 法律效力是内含于法律规范中的对法律调整对象产生作用的能力。它是法律从静态的规则走向动态的实践，从明晰的文本走向复杂的社会之力量源泉所在。②

法律效力指的是一种应然的状态，即法律对人应当具有的约束力。效力是指“法律之拘束力，即‘其行为受法律规制者应守法’之观念”。③ 具体包括这样几个方面：应当为法院等司法机构、行政主体所适用；应当成为公众及社会主体的行动指针；在时间和空间以及对人的效力上都应当得到贯彻。

“有效法律是法律，无效法律不是法律”，拉兹认为这是真理性陈述。如何判断有效性？通常以“权威性行为的产物”作为识别标识④，如立法机关制定的“法”。“法律规定之所以具有效力，是因为它是根据‘有效的’程序公布，并且从那时起就没有被废除。”⑤ “如果能够满足下列条件，一个规范就是有效的法律规范。这些条件是，第一，如果它一直就是根据它置身于其中的法律秩序所规定的方式创造出来的；第二，如果它的有效或者来自于法律秩序所规定的方式，或者通过 desuetudo 的方式，或者由于作为整体的法律秩序没有失去自己的效力。”这就是凯尔森关于规范存在的标准。凯尔森认为，“只有当一个法律规范所规定的人们的行为实际上与规范保持一致，至少是在某种程度上保持一致，我们才能说这个一般性的法律规范是有效的。如果有一个任何

---

① 沈宗灵主编：《法理学》，北京大学出版社 2009 年版，第 307 页。

② 谢晖、陈金钊：《法理学》，高等教育出版社 2005 年版，第 262、263 页。

③ 汉斯·凯尔森：“法律为何应被遵守?”，载郑永流主编：《法哲学与法社会学论丛》，北京大学出版社 2006 年版，第 62 页。

④ ［英］约瑟夫·拉兹：《法律的权威》，朱峰译，法律出版社 2005 年版，第 128 ~ 130 页。

⑤ ［德］魏德士：《法理学》，丁晓春、吴越译，法律出版社 2005 年版，第 148 页。

人在任何情况下都不遵守的规范，也就是说，至少在某种程度上，它是一个无效的规范，它就不能被认为是有效的法律规范。最低限度的有效性就是效力的条件之一”。[①]

一般认为，效力解决的是法律的身份标准或成员资格的确定的问题。即符合什么条件或标准，一个规则被认为是有效的规则，反之则不是。法律实证主义认为，基础规范之效力根据植根于实在法的内在效力之中。[②] 奥斯汀的判断标准是“主权者的命令”，凯尔森最终将其归结为“基本规范”，哈特则认为是承认规则。

法律不是死的法律，它是活的应当得到适用的法律。如果我们暂且抛开法哲学上争论不谈，仅我国实际规则观之，究竟什么是“应当”得到适用，以什么为基础来判断是否“应当”，这个问题是值得深入探讨的。《社会保险法》第19条规定：“个人跨统筹地区就业的，其基本养老保险关系随本人转移，缴费年限累计计算。个人达到法定退休年龄时，基本养老金分段计算、统一支付。具体办法由国务院规定。”而就在2009年12月28日，国务院办公厅《关于转发人力资源社会保障部财政部城镇企业职工基本养老保险关系转移接续暂行办法的通知》（国办发〔2009〕66号）所确定的基金与社保关系一并转移，养老金按转移后的标准计算这一模式几乎没有得到执行，即便已经转移了社保关系的，基金多数也尚未转移；而在《社会保险法》颁布之后至其实施以前，这一法律文件所确立的转移模式将面临流产，更为严重的是，已经转移的还要涉及如何处置的问题：转出前的缴费年限是执行《社会保险法》按转出地的标准计算养老金，还是按照通知转入地的标准计算养老金？

即便没有权威部门制定的规则，司法机关认定的依据如学说和理论，也可以发挥现实的约束力，如有法院直接判决用人单位给未参加基本养老保险的劳动者按月支付一定数额的养老金。在普通法国家，这可以得到较好的解释，即“法官造法”。而在我们这样一个成文法国家，这种现象非制定法体系所能解释。但这一现实是不得不尊重的：它是有法律约束力，是可以强制执行的。如果坚持只有立法机关（广义的，包括地方人大及其常委会、政府等）制定的冠以“法”名的文本才能称为法，并不能完全解决法的约束力（包括应有的约束力）问题。

---

① 转引自［英］约瑟夫·拉兹：《法律体系的概念》，吴玉章译，中国法制出版社2003年版，第74、77页。

② 汉斯·凯尔森：“法律为何应被遵守？”，载郑永流主编：《法哲学与法社会学论丛》，北京大学出版社2006年版，第66页。

一种规范的有效性可以以两种方式表现：第一，服从这些强加了一种义务的规范；第二，适用规范所允许的制裁。[①] 这种义务，不仅仅是由制裁所保障的，更重要的，应是由规则的内在方面所达致的人们自愿接受的义务。在此意义上的规则的有效性与其实效性，即规则在现实中的约束力是无法截然分开的。

二、实效反映的是法律规则的作用问题

法律实效，是指人们实际上按照法律规定的行为模式行为，法律被人们实际遵守、执行或适用。法律效力表明法律自身的存在及其约束力，属于“应然”的范畴；法律实效则表明法律在实际生活中的状况，属于“实然”的范畴。[②]“法律实效是指国家实在法效力的实现状态和样式，是应然的法律效力实然化的情形，是法律主体对实在法权利义务的享有和履行的实际状况。”[③] 法的事实效力，它指的是法律规范是否并在多大程度上得到市民的遵守，现行法并非随时随地得到贯彻并因而有效，这种现实的（实际的）效力被称为法的实效或功效。如果法得到真正的遵守，那么它就存在。[④]

法律规则的实效，实际上说的是法律规则的现实作用，现实的影响力和约束力。相对于如何判断法的效力，法的实效更容易理解。虽然可以从哲学等深层次研究法律问题，不过，法律在本质上是“入世”的，其生命即在现实社会中的适用。对于芸芸众生来说，法律规则的实效远比效力来得“实惠”；即便法律规则没有效力，但如果仍可能适用于他们，他们就必须小心翼翼地接受它，“侍奉”于它。

法律规则的实效性，在于人们对法律规则的接受，对于法律义务的遵守和履行，对于法律权利的享有和争取。对于法律规则的承认或接受，我们每个人可能都有不同的原因。从动机角度，我们可以区分为两种：被迫与自愿。前者主要涉及法律制裁与强制性，后者则主要在于法律规则的正当性及道德符合性。

---

① ［英］约瑟夫·拉兹：《法律体系的概念》，吴玉章译，中国法制出版社 2003 年版，第 113 页。

② 沈宗灵主编：《法理学》，北京大学出版社 2009 年版，第 310 页。

③ 谢晖、陈金钊：《法理学》，高等教育出版社 2005 年版，第 285、286 页。

④ ［德］魏德士：《法理学》，丁晓春、吴越译，法律出版社 2005 年版，第 149 页。

第三节　强制性与法律规则的效力

一、强制是法律获得实效的保障之一

并不是立法者所制定的所有的名义上的法都是真正的法。有些“法”有等于没有，因为它是没有效力的，对行为没有指导和评价作用的，这样的法与已经废止的法在本质上并没有区别。比如虽然规定实行养老保险，但所有人都退保，没有真正享受养老保险待遇，那么就不能认为有关于养老保险的法律制度。《劳动法》规定的“带薪年休假”，在长达10多年的时间里，是一个“休眠”条款，很难认为它是一个有效的法律规范。主权者说是分析法学派的奠基人奥斯汀所创。关于没有约束力的“法律”是否属于法律的问题，争论由来已久。但从法律作为“行为指导”的意义来说，其非法性显而易见。

奥斯汀认为，如果一个人是主权者发出的某些一般命令的对象之一，他就负有法律上的义务。除非他服从这一命令，否则他就面临着遭受制裁的危险。① 在法律、义务、制裁之间完全画等号时，这只能是一个暴戾的政体。“如果立法机关明显地没有认识到接受的界限，那么它所制定的法尽管具有法律效力，仍然不会为人们所接受，在道德上也不会被认为是法，它只能以制裁为后盾而强制实施。”② 其后果已为实践所检验。

法律需要具有强制性，首先是通过惩罚性制裁，其次是通过防范性的干涉和限制。制裁是合法秩序的社会事业的一部分。虽然覆水难收，但是通过惩罚而剥夺确定有罪的犯罪分子的选择自由，而且与该犯罪分子以不法行为行使自由和人格的程度合乎比例，从而纠正了共同体中被扰乱了的利益和损害分配的格局。③

以强制为守法的动机，是与坏人视角联系在一起的。坏人视角的短视体现在两个方面：首先，它假定人们遵守法律的唯一动机就是避免制裁而不是出于他们对规则的尊重。其次，坏人视角认为法律对行为的激励只有一种方法，排除了其他的东西。法律不仅可以对那些不遵守规则的人进行恐吓和惩罚，也为

---

① ［美］罗纳德·德沃金：《认真对待权利》，信春鹰、吴玉章译，中国大百科全书出版社1998年版，第35页。

② ［德］魏德士：《法理学》，丁晓春、吴越译，法律出版社2005年版，第151页。

③ ［美］约翰·菲尼斯：《自然法与自然权利》，董娇娇等译，中国政法大学出版社2005年版，第211～213页。

那些愿意履行义务的人提供指导。[①] 如果只能通过强制手段迫使人们遵守法律，最终必然会滋生违法行为，尤其是执法者自身的违法，这恰恰是对法律最大的违背和危害。

二、强制不能完全使法律规则获得实效

凯尔森告诉我们，即便是讹诈钱财的歹徒借由强制力而对夜总会课税，它也不是法律规范。[②] 哈特也指出，强盗的命令与法律是不同的。普遍性并不完全是规范，强盗的命令也可能是普遍性的（虽然其程度可能不及法律），如黑社会对“辖区”居民的“管制”；另外，个别化的命令也可能成为法律，如移民搬迁。哈特认为，某人认为有义务做某事与被迫做某事是有区别的。前者所确定的行为模式为人们所接受，即便没有强制制裁，也能得到大多数人的遵守；而后者如果没有强制制裁，人们通常是不会实施其所确立的行为模式的。

法律是强制性的，这是传统法学的基本观念。而法律的强制性，对于多数普通老百姓的多数行为来说，表面上并不存在，在具体适用法律之前，如和谐而融洽的邻里之间，人们没有感觉到法律的强制性。而事实上，他们都在履行着法律的义务；当出现需要救济的时候，通常也有本土的救济资源。例如，借钱不还者，债权人可能会在除夕上门“讨债”，找有权威的长辈协调。但这并不意味着他们没有遵守法律。欠债还钱，索取所欠债务，都是践行法律的实践。其中，只不过没有介入国家的强制力而已。“通常，只有在国家机关（警察、法院、法院执行机关）对违反规范的行为进行处罚（刑罚、罚金、损害赔偿）时，公民才认识到法律规范的效力。但是，法律规范之所以具有效力，并不只是在于国家机关对它的强制性贯彻实施。”[③]

虽然依然有人坚持认为，“与法律规则矛盾的一个重要道德规则可能会引起大多数人们轻视法律，但是，无论是矛盾还是它对于大多数人的影响都不意味着法律不存在”[④]，但即便这样的“法律”存在，但如果它没有作用，甚至阻碍社会正义的实现，人们要么伺机规避它，要么对抗它，甚至推翻它。良心违法便是其中一个后果。“事实上，抗拒——拒绝或不遵守为共同善而要求采

---

① ［美］斯蒂文·J. 伯顿主编：《法律的道路及其影响》，张芝梅、陈绪刚译，北京大学出版社2005年版，第261页。

② ［英］丹尼斯·劳埃德著，M. D. A. 弗里曼修订：《法理学》，许章润译，法律出版社2007年版，第152页。

③ ［德］魏德士：《法理学》，丁晓春、吴越译，法律出版社2005年版，第147页。

④ ［英］约瑟夫·拉兹：《法律体系的概念》，吴玉章译，中国法制出版社2003年版，第240页。

取协调行动的权威性规定——的根源不仅在于那种顽固的自我中心主义或者对共同善以及为共同善而作出的规定的漫不经心的冷漠，而且还在于对或这或那规定（也许对每一个规定）的要求的那种高尚的、出于良知的抵触。实践理性 ——源自良知的真正权威。”①

事实上任何社会只有当法律得到“自愿地”（willingly）和“自发地”(spontaneously) 遵守才能有效地运作。强制的威胁和对惩罚的恐惧不可能都涉及普通人，无论是“原始人”还是“文明人”。② 法律即使仁慈到极点，也不可能超过“在一种强制体系中的自愿合作”的限度。强制最好是理解为确立权威性规范努力的一种虽属重要，却是可变的经验性相关物。承认强制在法律秩序中具有一种可能有的地位。③ 如果一个规则体系要用暴力强加于什么，那就必须有足够的成员自愿接受它；没有他们的自愿合作，这种创制的权威，法律和政府的强制权力就不能建立起来。强制权力存在的一个必要条件是有些人至少必须自愿地在制度中进行合作，并接受它的规则。④

第四节 法律实效性的基础与实现

一、法律规则的实效具有更强的现实意义

抛开实效究竟是否是效力的必要条件的争论，法律实效之意义远大于法律效力之意义。法律的生命在于经验，这是霍姆斯的名言。这是就法律规则的运用之意而言的，其前提在于，法律规则应当得到适用。如果法律规则无法适用、不能得到适用，法律就不可能存在生命。只是在霍姆斯那里，不能适用的法律这本身就是一个自相矛盾的表述。但对于我们，这恰恰是一个非常重要的问题。

在个人的生活中，法律不只作为习惯或预测法院判决和其他官员行为之基础发挥作用，而且作为公众的法律行为标准发挥作用。即他们不仅需要法所要

① ［美］约翰·菲尼斯：《自然法与自然权利》，董娇娇等译，中国政法大学出版社2005年版，第209页。

② ［英］马林诺夫斯基：《原始社会的犯罪与习俗》，原江译，法律出版社2007年版，第6页。

③ ［美］诺内特、塞尔兹尼克：《转变中的法律与社会》，张志铭译，中国政法大学出版社2004年版，第33页。

④ ［英］哈特：《法律的概念》，张文显等译，中国大百科全书出版社1996年版，第196~198页。

求法规的过得去的规则性，而且他们把规则性视为行为的法律标准：援引它以批评别人，证成要求，接受别人作出的批评和要求。①

对于普通公民来说，一个要求不能据以伸张的规则不能成为一条法律规则，并且会引发公民对法律体系的不满和质疑，损及整个法制的权威。

二、法律规则实效性的基础

法律与道德的关系是法哲学中最为重要的争论之一。自然法学说认为，"之所以应遵守实在法，乃是因为后者符合道德原则"。②现代分析法学在一定限度上已经接受了道德对于法律的意义。有义务做某事和被迫做某事是有着本质差别的，基于后一动机而遵守和履行法律不是法律的本质特征。法律规则具有内在内容，这就是和行为者的主观认识（态度）具有一致性。"法律规则在要求或禁止相同行为的意义上，与道德是协调的。人们感到这样的规则毫无疑问与它们的道德对应物是同样重要的。"③ 这是法律的正当性的基础，也是法律获得实现的最为坚实的基础。

法律的实效最终来源于法律规则的内在方面，即法律规则的要求与行为者的主观认识的一致。当然，这并不是要求要与所有的行为的认识都一致，但至少应与一般人的认识一致。在这个意义上，无论是《劳动争议调解仲裁法》还是《社会保险法》或者再出台更多的法律，只要以法院为主体的主要机构不能认同仲裁和民事诉讼程序对社会保险缴费争议的管辖权，这一法律规则的实效性便大打折扣，乃至完全丧失。

一般认为，习惯涉及"实践的一致性、趋同性、经常性。人们还进一步认同光凭这些一致性、趋同性、经常性并不足以构建习惯。行为的一致性必须是经过深思熟虑，而非由于强力、欺诈或错误所导致的。并且，更积极意义上讲，这种实践行为必须伴有某种态度、信念、意图或倾向：这在文献中被称为法律确信"。④ 如果法律与市民的法律确信相互一致，道德效力就可以加强国家现行法的实效性。在制定法和法官法中，立法机关与受到怀疑的规范可能丧

---

① ［英］哈特：《法律的概念》，张文显等译，中国大百科全书出版社 1996 年版，第 136、137 页。

② 汉斯·凯尔森："法律为何应被遵守？"，载郑永流主编：《法哲学与法社会学论丛》，北京大学出版社 2006 年版，第 63 页。

③ ［英］哈特：《法律的概念》，张文显等译，中国大百科全书出版社 1996 年版，第 171 页。

④ ［美］约翰·菲尼斯：《自然法与自然权利》，董娇娇等译，中国政法大学出版社 2005 年版，第 191 页。

失权威和效力。法的道德效力是以法律共同体对制定法的接受为前提的，如果这种接受被明显地拒绝，那么法律制度的稳定性就要遭到破坏，这样，法的现实效力也将面临危机。[①]

施塔姆勒说："实在法的有效性，在于其实际实施的可能性。"而其可能性则要由人民的心理状态来衡量。[②] 法律规则的实效性最终在于道德基础，即符合公平正义的基本观念。"无论官方制度所拥有的最高权力或权威多么辉煌，它的要求最终必须服从道德的审查。"[③]"正义的意义可以为正义地行动的愿望提供理由。"[④] 虽然这在很多方面同样是可以争执的，但在一些基本理念方面，已经得到哲学的、政治学的、社会学的以及历史的检验和证明，例如平等的观念。对内在本性的支配，是通过社会控制来实现并维持的，即通过使每个人都感受到来自身边各种人的压力来实现：这种压力会促使他尽力去维护既有的文明社会，同时制止他做出与现存社会秩序不符的行为。[⑤] 法律的实现并不完全依靠这种压力乃至制裁，事实上，我们绝大多数人，即使没有刑罚的威胁，也不会去做杀人放火的勾当。虽然我们不能完全接受命令说，但毫无疑问，法律在相当程度上是一种命令。"我们从未打算在如下情况还要遵守命令：存在不作为的强烈道德理由，或者遵守命令可能侵害接受者的利益，或者非法。"[⑥]"赋予思想以一种穿过经验之流而显露出稳定命题结构的那种理想性，之所以能具有这种作用，是因为它为概念和判断确保了普遍的、主体间可承认的、在此意义上同一的内容。"[⑦]"对一个官员可能是非常合目的性，但显得'不公道'，甚至'不公正'。"[⑧]"对正当化与合理化之需求可能正是人所异于禽兽之处"，"目的——那个不被作为实现另一更高目的之手段的终极目

---

① ［德］魏德士：《法理学》，丁晓春、吴越译，法律出版社2005年版，第149、150页。

② 吴经熊：《法律哲学研究》，清华大学出版社2005年版，第296页。

③ ［英］哈特：《法律的概念》，张文显等译，中国大百科全书出版社1996年版，第206页。

④ ［德］哈贝马斯：《在事实与规范之间》，童世骏译，生活·读书·新知三联书店2003年版，第71页。

⑤ ［美］罗斯科·庞德：《法理学》（第三卷），廖德宇译，法律出版社2007年版，第5页。

⑥ ［英］约瑟夫·拉兹：《法律的权威》，朱峰译，法律出版社2005年版，第20页。

⑦ ［德］哈贝马斯：《在事实与规范之间》，童世骏译，生活·读书·新知三联书店2003年版，第16、17页。

⑧ ［德］卡尔·恩吉斯：《法律思维导论》，郑永流译，法律出版社2004年版，第160页。

的——之正当性，才令行为具有最终正当性”，“作为目的本身、作为终极目的或绝对价值而被正当化时，人的良心才会得到慰藉”。① 在现代民主宪政社会，宪法所确定的基本原则是能够得到证成的，如我国宪法规定的“法律面前人人平等”的基本原则，实践的问题在于如何将这种基本原则演化为具体的法律规则，或者说使法律规则及法律的适用符合这一原则而不是相反。仍以前述的基本养老保险关系的转移接续办法来说，为什么这个办法实行了1年就要夭折？为什么在这1年中多数地方仍拒不执行？为什么《社会保险法》否定了这一模式？至少有3个原因：作为法律适用主体的行政主体没有接受并执行它；可操作性差；更为根本的，它不具有平等性，同样是在广东、北京、湖北、四川分别工作均不满10年，广东、北京户籍人就可以将养老保险关系转移至这两个地方计发养老金，而湖北、四川户籍人只能转回去按湖北、四川的标准计发养老金？如果政府部门所称的这种转移办法对劳动者享受的养老金没有损害，也就是按哪里的标准计发待遇养老金都没有损失，那又为什么一定要转回户籍地，不能在广东、北京退休呢？而正是最后一个原因否定它的正当性，否则可操作性可以增强，官员可以实施问责，通过法律规则的完善是可以解决的。而在模式确定的情况下，仅仅通过规则的完善是不可能解决其正当性的。

三、法律规则实效性的实现

法律规则的实效性体现于人们对法律规则的信奉、皈依、崇敬，即良法之治。良法之治首先要有良法。解决了法律规则的正当基础，是获得良法的基本前提。

（一）发现良法

笔者在法体系一章已经详细阐述了法律体系一致性的重要意义。可以说，没有法律体系的一致性，就不能产生真正的良法，就不可能存在真正的法治。

法律规则的可操作性。“法律自身是否反映了‘事物关系法的规定性’，是否表达了主体的需要，在规范设计上是否具有可操作性等，都在应然层面决定着法律实效的大小。”② 《社会保险法》的一大诟病便是授权性规则太多，可操作性太差。仅以追偿制度来说，《社会保险法》第30条规定：医疗费用依法应当由第三人负担，第三人不支付或者无法确定第三人的，基本医疗保险

① ［奥］凯尔森：《纯粹法理论》，张书友译，中国法制出版社2008年版，第147～149页。

② 谢晖、陈金钊：《法理学》，高等教育出版社2005年版，第291、292页。

基金先行支付后，有权向第三人追偿。而第41条规定：用人单位不偿还的，社会保险经办机构可以依照本法第63条的规定追偿。第63条第2款规定：用人单位逾期仍未缴纳或者补足社会保险费的，社会保险费征收机构可以向银行和其他金融机构查询其存款账户；并可以申请县级以上有关行政部门作出划拨社会保险费的决定，书面通知其开户银行或者其他金融机构划拨社会保险费。用人单位账户余额少于应当缴纳的社会保险费的，社会保险费征收机构可以要求该用人单位提供担保，签订延期缴费协议。第3款规定：用人单位未足额缴纳社会保险费且未提供担保的，社会保险费征收机构可以申请人民法院扣押、查封、拍卖其价值相当于应当缴纳社会保险费的财产，以拍卖所得抵缴社会保险费。(1) 医保机构是否也应依照第63条的规定追偿？(2) 追偿主体是支付该待遇的经办机构吗？(3) 申请县级以上有关行政部门作出划拨社会保险费的决定的主体，书面通知划拨社会保险费的主体都是支付该待遇的社保经办机构吗？(4) 追偿决定和执行本身不需要经过法院吗？(5) 账户上没有财产时直接适用第63条第2款吗？(6) 第三人是个人时也依此程序处理吗？(7) 工伤保险包括工伤医疗费在内实行双重赔偿吗？这些问题没有清楚的回答，必然会影响到该制度的实施。

法律的稳定与变更。“法律必须稳定，但又不能静止不变。”① 规则为了保持其现实性和生命力，必定要依靠适当的历史环境。随着环境的变化，规则也必须加以改变，这不仅是为了满足政策的需要，而且也是为了保护规则自身的权威和忠实地适用规则。在这一过程中的指导方针，来自于那些有权威的原则，如公平或民主的概念，任何人都不得因其错误行为而获益的观念，等等。“原则”在维持法律连续性的同时，也促进了法律变更。②

(二) 法律的权威

陈金钊教授认为，我国目前制定了很多的法律，但并没有得到很好的执行。现实的原因就是：我国文化的“骨子”里面缺乏法律的权威意识，没有认真对待规则的观念，做事情的灵活性处处影响我们的行为。③ 在我们的法律生态中，法律的权威几乎是没有的，“打官司就是打关系”已经成为很多人的

① [美] 罗斯科·庞德：《法律史解释》，邓正来译，中国法制出版社2002年版，第2页。

② [美] 诺内特、塞尔兹尼克：《转变中的法律与社会》，张志铭译，中国政法大学出版社2004年版，第89、90页。

③ 陈金钊等：《法律解释学——立场、原则与方法》，湖南人民出版社2009年版，第544页。

认识。在这种情况下，对法律的崇敬和信仰，只能是一种奢望，法律实效性的实现也必然存在很大障碍。

当且仅当某个人认为某件事物（例如，观点、宣言、地图、秩序或规章）给了他充分的理由，使他相信且能依此行动——尽管自己（要是不这样的话）并不能看见如此相信和行为的合理理由，或者不能对他所能看到的理由加以评价，或者看见某些起抵销作用的理由，或者否则他自己（比如缺乏他所当做权威的东西时）就更可能选择不这样相信也不这样做/某人才会把这件事视为权威。换言之，一个人只有在他将某事（或某物）当做拉兹的术语中所说的排他性理由时，比如，在缺乏可理解的理由时作为判断或行为的理由，或者在不去理会至少某些可理解且相关的原因。每个人遵守并按照对他们而言具有权威性的约定行动的动机和理由是非常不同的——出于对强制力的恐惧、对利润的希望、对长者及智者的尊敬，或是对数字或命运衰落的敬畏、对神的指示或世界历史性使命的信念，从而遵守惯例或习惯……某些人的动机可能总是也可能在某个特定的环境下，要比其他人的动机更加合理。① 法律的权威的建立是一个漫长的过程，它和法治观念的建立同样需要不懈的努力。

（三）法律适用的一致性

良法与良治，这是实现法律实效性的两个维度，其中，法律的适用尤其是司法的统一，是最为重要的因素。只要司法不统一，不守法、适用法律矛盾的现象越普遍，则法律的实效性越差；即便立法本身存有缺陷，如果在适用中做到了统一，那么对于公民的意义也远大于虽有良法却无统一适用的状况。任何一起案件都有可能存在相反的判决，其结果就是“劣币驱逐良币”，即使在某一个具体案件中，法院的判决可能是正确的，也无法令人们从内心深处真正地尊重法院，真正地信仰法律。

法律规则的直接目的是为社会成员提供行为指南，告诉人们哪些可以做，哪些必须做，哪些不能做，告诉人们怎样去争取和维护自己的权利。如果没有法律适用的一致性，这一目的便无从实现，进而法律所规定的维护公民的社会保险权利等深层次目的更无法实现。

官员与公共机关肩负着法律实施的重任，他们的行为直接影响着人们对法律的看法；官员与公共机关是人们行为的表率，他们言行的一致性直接影响着社会的道德走向。法律权威的树立，而非法律暴力的确立，主要依赖于官员和公共机关。“王子犯法与庶民同罪。”“如果国家机关违法，必将诱发全社会违

---

① ［美］约翰·菲尼斯：《自然法与自然权利》，董娇娇等译，中国政法大学出版社2005年版，第188～197页。

法行为泛滥，出现‘政府无法治’、‘社会无政府’的混乱局面。”① 虽然《社会保险法》有这样或那样的瑕疵，但它毕竟体现了国家对社会保险的重视、对社会保险权利的尊重和对社会保险发展的期待，我们有理由希望，依其授权及职能所构建的社会保险法体系是一个比较健全的法律体系，社会保险法的适用是统一而公正的，是和谐社会的形成所不可或缺的。当然这样一个目标的实现，离不开我们每一个人的努力和奉献。

① 张文显：《法哲学范畴研究》，中国政法大学出版社2001年版，第163页。

第十二章　社会保险法的法典化

2010年10月28日，十一届全国人大常委会第十七次会议表决通过了《社会保险法》。全国人大法律委员会认为，社会保险法是关系国计民生的重要法律，制定社会保险法，对于规范社会保险关系，保障全体公民共享发展成果，维护社会和谐稳定，具有十分重要的意义。①

但仅从技术方面而言，规范性不足、授权性条款过多也是显而易见的，作为一部法律，其作用还需依赖于更为细致的立法或政策性规定。法律的主要任务是“定分止争”，即以权利义务的方式告诉人们：你可以做什么（权利），你必须做什么（义务）。从《社会保险法》的内容来看，规定的比较原则，给今后的制度发展和体系化还留有很大空间。这一现实表明，社会保险法法典化仍是一个必须深入研究的课题。

第一节　法典化的目的与意义

一、法典化的概念

法典化即法典编纂，是指对属于某一类的或某一法律部门的全部规范性法律文件进行整理、审查、补充、修改，并在此基础上编制一部新的系统化法典的法的创制活动。目前，法典编纂已成为世界各国完善法律的一种重要方法。② 又称法的编纂、法律编纂。③

从法典化的概念，可以明确这样几个特征：（1）法典化是一种立法行为，是一种法的创制行为，必须由有权机关进行。这里需要提一下英美法的法典化

---

① 载 http：//news. sina. com. cn/c/2010－10－28/151221370560. shtml。

② 张文显主编：《法理学》，法律出版社2007年版，第226页；朱景文主编：《法理学》，中国人民大学出版社2008年版，第335页；朱力宇、张曙光主编：《立法学》，中国人民大学出版社2006年版，第227页；马长山主编：《法理学》，中国人民大学出版社2009年版，第325页；公丕祥主编：《法理学》，复旦大学出版社2008年版，第225页。

③ 周旺生：《立法学》，法律出版社2009年版，第518页。

问题，其稍有不同。如美国的《模范刑法典》、《统一商法典》，它们不是由国家机关或国家机关授权起草的，而是由法学家如美国法律研究院牵头起草，各州议会通过之后，即成为本州的制定法。（2）法典化是规范性法律文件的系统化，这是其不同于一般立法如单行法的立法之处。（3）作为法典化的结果的法典，集中了某一法律部门的全部或者主要的规范性法律文件。对比这些概念和特征，《社会保险法》应当属于一部法典，其制定过程即为法典化。

二、法典化的一般意义

“一部法典最令人瞩目的特征是它标志着一个新的开端。”① “法典编纂之举，为立法史上最大之事业。国家千载之利害，生民亿兆之休戚，赖之而定。故凡为国民者，皆不可不沉思熟考，研究其是非得失。彼法律专攻之士，恪尽微衷，吐露其意见，尤可谓对于其负荷之特务也。”② 穗积陈重先生所言虽有所偏颇，未穷究法律适用之不同，然就大陆法系言之，自不虚言。对于1804年《法国民法典》（即《拿破仑法典》），拿破仑·波拿巴说：“我的光荣不在于大胜了四十几个战役，滑铁卢会摧毁那么多的胜利……但不会被任何东西摧毁的，会永远存在的，是我的民法典。”在过去的200多年中，《法国民法典》虽历经100多次修改，但其内在价值和思想仍然光彩夺目。“自1804年以来，法国历史上经历过两个王朝、两个帝国和四个共和国，却只有一部《民法典》。”③

法典化可远溯至古罗马时期，而到19世纪达于巅峰。17、18世纪以来，法典一直是制定法的中心，在理性主义的指引下建立一个由内部和谐一致、没有内在矛盾的法律体系，一直是那个时代的法典编纂者们所追求的目标。④ 夫汇集各种法律，组织为一法典者，夙盛行于欧洲诸国。至现世，犹炳炳麟麟，流风未尝稍衰矣。还观中国法典编纂之沿革，古来留心此业，正自有人。溯战国初李悝造《法经》六篇以来，历朝编纂法典之总目，高文成册，盖不下数

① ［美］艾伦·沃森：《民法法系的演变及形成》，李静冰、姚新华译，中国法制出版社2005年版，第164页。

② ［日］穗积陈重：《法典论》，樊树勋译，上海昌明公司1907年版，第1页，转引自封丽霞：《法典编纂论——一个比较法的视角》，清华大学出版社2002年版，前言第39页。

③ ［法］罗贝尔·巴丹戴尔：“最伟大的财产”，载《法国民法典》（上），罗结珍译，法律出版社2005年版，中译本代序第2页。

④ 朱景文主编：《法理学研究》（下册），中国人民大学出版社2006年版，第490页。

百计，何其盛也！[①]“如何对付这些无法管理的大量法律，历史的回答是法典化。”[②]在发达的西方法律体系里，一直存在着一股促进法典化的驱动力。[③]

三、社会保险法法典化的现实要求

无论是高层、工作部门还是普通民众，对制定一部统一的社会保险法（法典化）的呼声甚高。其主要理由大致如下：

1. 固定改革成果

伴随着改革开放的进程，我国逐步推行各项社会保险制度。养老、医疗、失业、工伤、生育5项社会保险的模式已基本确立，各险种的具体制度也已初步形成，以法律的形式巩固这些改革成果，成了一种必然的选择。2007年，劳动保障部即表示，社会保险法立法时机已经成熟，要进一步推进社会保险法立法进程；我国社会保障体系框架已基本形成，将被实践证明行之有效的政策措施上升为法律的时机已经成熟。[④]因为没有法律对于中国的社会保险改革加以规范，致使实践中存在许多难以解决的问题，社会保险制度在中国呈现出极不规范和差异性巨大的尴尬局面，造成了不必要的长期的争论，影响中国社会保险制度的建立和改革的进程。没有社会保险法律规范的社会保险制度改革，必将会没有生命力。[⑤]

这一观点具有典型的法律工具论思想。即通过法典化来巩固经济体制改革的成果，并推进改革的进一步发展。[⑥]要制定一部良好的法典，法律工具论是远远不够的。中国的法学家已经认识到，法律并不仅仅是一种社会控制的手段，它本身是具有终结意义价值的。“广义的价值既包括法的目的性价值，也包括法的工具性价值。前者如法对自由、平等、公平、正义、人的全面自由发展的意义；后者如法在效益、民主、法治等方面的功能与作用”，“只有法基于自身的客观实际而对于人所具有的精神意义或人关于法所设定的绝对超越指

---

① ［日］浅井虎夫：《中国法典编纂沿革史》，陈重民译，李孝猛点校，中国政法大学出版社2007年版，第1页。

② ［美］伯纳德·施瓦茨：《美国法律史》，王军等译，法律出版社2007年版，第216页。

③ ［美］艾伦·沃森：《民法法系的演变及形成》，李静冰、姚新华译，中国法制出版社2005年版，第138页。

④ 载http：//news. xinhuanet. com/newscenter/2007－09/22/content_ 6772882. htm。

⑤ “关于中国社会保险立法的若干建议”，载邹海林主编：《社会保险改革与法制发展》，社会科学文献出版社2005年版，第340页。

⑥ 王利明：《民法典体系研究》，中国人民大学出版社2008年版，第77页。

向，才是最严格的法的价值”，“法的价值是法所有属性的表现。如果法根本就不具有可以实现秩序、自由、平等、人权、正义和促进人的全面发展等价值的属性基础，法将不可能具有相应的价值”。①唯不论如何，人类力求将公平正义（法律伦理的要求）以可靠而且可以理解的方法（合理化的要求）实现在人间的努力，已促使法律学采用体系思维向体系化的方向运动。② 法彦说，“法律乃善良及公平之艺术”。③ 法律具有固定改革成果的功能，但这不应当成为法律的根本目的，对社会保险法来说也是如此。舍此，社会保险法就可能只是一种应景式的立法，而无法成为一部功在当代、利在千秋，对十多亿中国人民社会保险关系产生长久而深远的影响，无法成为处理社会保险争议的权威性指引或依据。

法律最终不仅是科学，也是一种技术，④ 是有着自身发展规律的客观存在。哈佛大学法学院第一任院长兰德尔教授曾认为，被视为科学的法律，是由某些原则或原理构成的。法学涉及寻求一个普遍的、逻辑上一致的原则体系。美国学者托马斯·格雷进一步将这种科学体系概括为完整性、周延性、形式性、概念秩序和可接受性。⑤ 庞德认为，“科学”一词是指有关某种重要事物的一套严谨、有序的知识体系，“规范科学”回答“应当是什么”，“研究判决依据的那些权威性资料，这些资料实际上如何被运用的，它们可能被如恶化运用以及应当被如何运用的问题，就需要一套系统的知识体系了”。⑥ 科学的共性在于切合实际地掌握并表达真理的某个片段，其目的就在于发现“真实”。科学就是追求认知进步的理性与方法的努力。如果将这个科学概念应用于法律规范的制定和适用上，那么，法学就是发现现行法的科学，即预言最高人民法院对某个问题如何表态的学问。⑦作为科学的法律，其任务即在于发现“正确的”规范，并“正确地”适用规范，如果某项政策正好属于“正确的”规范范畴，那么就应当将其上升为法律，但显然不是所有的政策都应当上升为法律。

① 卓泽渊：《法的价值论》，法律出版社 2006 年版，第 48 ~ 50 页。

② 黄茂荣：《法学方法与现代民法》，中国政法大学出版社 2001 年版，第 406 页。

③ 郑玉波：《法彦》（一），法律出版社 2007 年版，第 1 页。

④ ［德］考夫曼：《法律哲学》，刘幸义等译，法律出版社 2004 年版，第 86 页。

⑤ 孙新强：《法典的理性：美国〈统一商法典〉法理思想研究》，山东人民出版社 2006 年版，第 54 ~ 63 页。

⑥ ［美］罗斯科·庞德：《法理学》（第一卷），余履雪译，法律出版社 2007 年版，第 6 ~ 8 页。

⑦ ［德］魏德士：《法理学》，丁晓春、吴越译，法律出版社 2005 年版，第 129 页。

裁判，与医学类似，无疑是一种高度的技术。[①] 技术是一种手段，本身不是最终的目的。因此作为技术的法律或法律适用（即裁判）可以服从于一定的目的。但作为技术，具有自身的精细的、系统性的规程，“差之毫厘，谬之千里”。即使从技术要求来看，《社会保险法（草案）》条文存在太多的欠缺，更有太多的条文本身即为空缺。如草案规定，病退人员“因病或者非因工死亡的，其遗属可以领取一次性丧葬补助金和遗属抚恤金”，但却未规定正常退休人员遗属有此待遇，如果不是故意不作授权，则是技术性遗漏。

2. 统一法律规范

目前有关社会保险的规范性法律文件，多为政策性规定，凌乱、不统一，一部统一的法典有助于消除这一现状。法典化发轫于民事法律制度，“为了克服民事单行法律、法规的繁多庞杂与矛盾，实现法律适用的统一，大陆法系的国家掀起了民法的法典化运动。在英美法系国家，随着历史的推移，判例越来越多，很难掌握，加之判例本身具有不确定性和矛盾性，极不利于法律的统一，因此，自20世纪以来，特别是资本主义进入垄断阶段以后，逐渐加强了成文法的立法”。[②] 对其他部门法来说，同样如此。“制定统一的、专门的社会保险实体法和专门的程序法，以改变目前社会保障权散见于劳动法或行政条例之弊端。”[③] “立法不统一的局面为市场经济下劳动力的正常流动设置了障碍。”[④] 法典化意味着法律的统一即法律体系的形成。“法律的统一和系统化，即‘法典化’”，使得整个王国范围的官员根据统一的法律办事，而不是各行其是。[⑤]法的编纂的主要任务，是统一同类的有关规范性法文件、法的规范，形成一个系统的整体，消除法和立法中的矛盾、混乱。[⑥] 法典编纂可以使人们发现现存规范性法律文件中不科学、不合理的地方，从而去改善它、消除它；可以促进解决现存规范性法律文件的凌乱、混乱、不完整、留有空白等问题；可以将重复、庞杂的同类规范性法律文件，综合为单一的、系统化的规范性法律文件，从而推动法制的统一与法律实效的实现。[⑦] 就是保留一部分规范、删

---

① ［德］考夫曼：《法律哲学》，刘幸义等译，法律出版社2004年版，第89页。

② 马俊驹、余延满：《民法原论》，法律出版社2007年版，第25页。

③ 薛小建：“社会保险争议与解决模式初探”，载邹海林主编：《社会保险改革与法制发展》，社会科学文献出版社2005年版，第245页。

④ 何勤华主编：《社会主义法律体系研究》，法律出版社2009年版，第216页。

⑤ ［德］马克斯·韦伯：《论经济与社会中的法律》，张乃根译，中国大百科全书出版社1998年版，第266页。

⑥ 周旺生：《立法学》，法律出版社2009年版，第519页。

⑦ 马长山主编：《法理学》，中国人民大学出版社2009年版，第326页。

除一部分规范、补充一部分规范的过程，就是将旧的、零散的规范性文件变为新的、完整统一的规范性文件的过程。① 法典集中了某一部门的所有法律规范，具有体系性和完备性，从而容易为人知晓其全部内容。②

3. 增强强制力

这是社会保险业务及主管部门起草或呼吁社会保险法的重要因素。他们认为，由于社会保险的立法层次低，缺乏比较强有力的法律约束力，导致在实践中，社会保险政策难以执行。主要表现有：地方政府以牺牲劳动者的社会保险权利为代价，片面追求 GDP 增长，劳动行政部门及社会保险经办机构在推进社会保险扩面，查处社会保险漏缴、少缴等违法行为时，得不到政府及其他执法或司法机关的支持，社会保险政策难以完全贯彻；由于国家层面的社会保险政策规定多为部门文件，地方存在各行其是的现象，变通甚至违背国家规定的现象时有发生，如仍要求退休人员缴纳医疗保险费，特殊工种退休、病退后仍需缴纳养老保险费，就连在国内异地居住的退休人员的养老金的异地汇付费很多地方仍由退休人员自行负担等，有损国家规定的权威和社会保险这一民生政策的落实；由于部门文件及除地方性法规之外的地方规范性文件不属于严格意义上的法律范畴，根据《立法法》及相关司法解释，法院在裁判案件时不应引用。虽然有司法解释要求作为政策参考，可以在说理部分引用，但该规定同时表明法院也可以“不引用”。加之我国司法现状不容乐观，法官权力得不到有效制约，无视国家政策规定、随意判案，曲解甚至藐视国家政策规定、从地方利益、用人单位利益出发判案的现象经常发生，效力太低的政策性规定很难约束法院。

毫无疑问，《社会保险法》的出台必然会增强社会保险的执行力。但一方面，对此也不要抱有太多希望。虽然国家出台了基本法律，但有法不依的现象依然普遍。如《劳动争议调解仲裁法》明确规定，劳动者与用人单位之间的社会保险争议属于仲裁范围，但很多劳动争议仲裁机构如北京对此根本不予受理，法院则普遍不予受理；劳动仲裁机构对劳动争议案件一般应在 45 天内审结，即使在北京，这一规定也基本上是“聋子的耳朵——摆设”，很多案件要半年才能出裁决结果。而职业病防治、环境保护也早已有基本法律的保护，可是不仅出了“开胸验肺”这样的恶性事件，职业病维权难已是不争的事实。而对于社会保险权利和义务，《劳动法》也已作了明确规定。如果没有强有力的保障机制、良好的社会氛围，《社会保险法》并不能产生比《劳动法》对地

① 朱力宇、张曙光主编：《立法学》，中国人民大学出版社 2006 年版，第 228 页。

② 石佳友：《民法法典化的方法论问题研究》，法律出版社 2007 年版，第 33 页。

方政府、司法机构更大的约束力，也无法抑制地方的 GDP 冲动。另一方面，没有《社会保险法》也不代表就不能解决强制力的问题。以以前的养老费和治安管理为例，在相当长的历史时期，并没有基本法的保障，有些措施甚至被指责为违反了《宪法》及基本法，但这并不妨碍政策规定的落实。事实上，强制力量的强弱，本质上不在于立法本身，而是在于执法和适用法律的环节。

此外，如果《社会保险法》本身存在重大的缺陷，也难以达到增强强制力的效果。如法律的规范性羸弱，即该规范的没有规范，很多行为或诉求还处于无法可依的境地，又何来的强制力？《社会保险法（草案）》一个体制性上的缺陷便是社会保险争议处理的程序性规定整体缺失。《社会保险法》不仅是一部实体性法律，同时也应当是一部程序性法律，如果没有救济程序，所有的规定都是一纸空文。另外还应避免“休眠条款”，即非规范性条款，不具有实际约束力的条款。如《劳动合同法》第 49 条规定“国家采取措施，建立健全劳动者社会保险关系跨地区转移接续制度”。事实上，任何公民也不可能依据这一条款要求国家相关部门履行职责，也难以认为国家相关部门依据该条款而负有法定义务。这并非一条法律规范或法律规则，而只是一项政策性宣言。作为一个法律条文，它是一条“死法”，可以说只能处于“休眠”状态，而不可能被适用。早在 100 年前，学者已经指出了这一点。“中国人善能使法归于空”，此其言亦未可以为定论。盖法之归于死法，乃法之自身之罪也，非国民之所为使然也。①

四、法典化的具体意义

我国著名民法学家、中国人民大学法学院院长王利明教授指出，在我国，坚持法典中心主义，有利于充分保障私权利，同时，也有助于限制公权力的任意扩张，保障行政机关依法行政，这也是实现法治国理想的重要步骤。他认为，在促进司法公正上，法典具有十大功能：便利找法、简化规则、明确规则、统一规则、体系思考、价值统一、遵守逻辑、规范解释、强化说理、提供预期。②

具体来说，社会保险法的法典化具有这样的意义：

1. 为法律适用机关提供权威性指引或依据

这或许不是法律最重要的意义，但一定是法律最基本的意义。法律是司法

---

①［日］浅井虎夫：《中国法典编纂沿革史》，陈重民译，李孝猛点校，中国政法大学出版社 2007 年版，第 270 页。

② 王利明：《民法典体系研究》，中国人民大学出版社 2008 年版，第 58～68 页。

判决和行政决定的一套权威资料①，是司法以及行政行为的权威性依据和指导②，这是分析法学派的经典定义，也是“在法学著作中最古老也是最常沿用的含义”③。这个问题本质上涉及“什么是规则以及规则达到何种程度才成为法律”④这一问题。而对于这个问题，不用说回答，恐怕不少《社会保险法（草案）》起草人根本就没有考虑过这个问题。从《社会保险法（草案）》内容及起草人来看，在很大程度上可以说是由外行人在领导法典化。很多起草人（或许占多数）从来没有经历过社会保险诉讼案件的处理，这样的人员制定出来的法律如何能作为裁判的权威性依据和指引？

2. 有利于促进法治文明

“法典编纂是规范性法律文件系统化的一种重要方式。”⑤哈耶克认为，“代议机构会根据一种事无巨细的计划来命令或支配所有的特定行动；当然，代议机构所依凭的这种事无巨细的计划，乃是一种先经由多数内部的讨价还价而达成、尔后便作为应予实现的‘共同目标’而强加给所有人的计划”，⑥这种法律计划，“不可避免地会产生这样一种危险，即政府会用这种手段去为特定的利益群体提供服务”，“在许多情形中，对某些特定群体之集体利益的满足，实是与社会普遍利益相背离的”。⑦法律条文的法典化可以在相当程度上去除与普遍利益相背离的这种集体利益之趋向。法典的的制度规制，比单行法和法规具有更为集中、系统的优势，它能更为集中、系统地反映或表现立法者、决策者、主权者的意志、利益和政策，也便于社会公众更集中、系统地了解、理解和遵守现行法律制度，更有利于形成和维护法制统一、政治统一。注重法典编纂对避免和抑制地方保护主义以及地方立法有可能造成的分散和不平

---

① ［美］罗斯科·庞德：《法理学》（第一卷），余履雪译，法律出版社2007年版，第57页。

② ［美］罗斯科·庞德：《法理学》（第一卷），余履雪译，法律出版社2007年版，第8页。

③ ［美］罗斯科·庞德：《法理学》（第一卷），余履雪译，法律出版社2007年版，第8页。

④ ［英］哈特：《法律的概念》，张文显等译，中国大百科全书出版社1996年版，第14页。

⑤ 张文显主编：《法理学》，法律出版社2007年版，第226页。

⑥ ［英］弗里德里希·冯·哈耶克：《法律、立法与自由》（第一卷），邓正来等译，中国大百科全书出版社2000年版，第224页。

⑦ ［英］弗里德里希·冯·哈耶克：《法律、立法与自由》（第二、三卷），邓正来等译，中国大百科全书出版社2000年版，第9页。

衡弊病，避免过多的政府立法的产生，亦有直接且积极的意义。① 夫法律之公布，岂唯杜犯罪者之误触刑纲？正所以防断狱者之滥用威权，明以防其滥用，免其腐败。② 法典化历来就是反对司法系统或说是“身披法袍的贵族们”的武器，是“挑战司法垄断的利器”。③

3. 使法律更为简明

作为法典编纂思想的真正创始人，很早就要求编纂一部简明的法典，该法典能够完全考虑司法的需要，用普通大众能够读懂的语言来起草，彻底清除争议问题，对一切可能出现的案件作出清晰而公正的裁决。④

而大法官霍姆斯曾指出，“我们不得不考虑另外一种错误的观点，即一部法典应当规定得简短扼要。这或许源自一种已完全被推翻的观念，即让每个人都成为他自己的律师。一部法典不可能将律师排除在外，并且应当更多地为律师而不是门外汉所起草的。”⑤

笔者认为，两者的意见都具有一定的合理性。法典的简明绝非中国式的简单，而是要解决“受浩如烟海的法学文献、无穷无尽的争议问题之拖累，没有任何一个法学家能搞得清楚它是什么”⑥ 的状况，是像《法国民法典》、《德国民法典》这样的简明。简明而非简单，应当是用尽可能简洁的语言阐述法律规则，而不是繁杂、芜乱、重复、生涩。让普通大众能够理解。对简明的准确的理解应当是，有相当文化素养、对法律有钻研的人就能够对法律条文有所了解，但不一定全面掌握法律规定，更不意味着对法学理论的深刻掌握，同样不意味着公众可以如律师或法学家那样理解法律。如《法国民法典》第2条规定：“法律仅适用于将来，没有追溯力”，非常简洁易懂，表述非常优美，

---

① 周旺生：“法典在制度文明中的位置”，封丽霞：《法典编纂论——一个比较法的视角》，清华大学出版社2002年版，序第27页。

② ［日］浅井虎夫：《中国法典编纂沿革史》，陈重民译，李孝猛点校，中国政法大学出版社2007年版，第1、2页。

③ ［比］R. C. 范·卡内冈：《法官、立法者与法学教授：欧洲法律史篇》，薛张敏敏译，北京大学出版社2006年版，第148页。

④ ［奥］欧根·埃利希：《法社会学原理》，舒国滢译，中国大百科全书出版社2009年版，第461、462页。

⑤ ［美］霍姆斯：《法律的生命在于经验——霍姆斯法学文集》，明辉译，清华大学出版社2007年版，第24页。

⑥ ［奥］欧根·埃利希：《法社会学原理》，舒国滢译，中国大百科全书出版社2009年版，第461页。

早已成为法律格言。但伴随其发展，阐述条款达到34条，文字达四五千字。[①]简明是相对于“公众很难通过浩瀚的书籍来掌握法律的真正知识”[②] 而言的。

4. 增进法律的完整性

法典是某一法律部门全部规范性法律文件的系统化，应当尽可能具有完整性和周延性：一项法律制度为它管辖范围内每一案件的较好解决提供制度机制，一项法律制度的实体规范为在该制度下产生的每一案件提供唯一正确的解决方法，即正确答案。[③]“在一项完整法典中的法律——正如它们本就如此，只能是完整性的。”[④]

5. 提高法律的确定性和可预见性

法是行为准绳，是评价和指引人们行为的规范。法的确定性、安定性和可预见性都是法发挥其评价和指引功能所必需的。没有公开的法律不是法律，对人们的行为不具有约束力。美国历史上最伟大的大法官之一本杰明·卡多佐说，“法律作为一种行动指南，如果不为人知而且也无法为人所知，那么就会成为一纸空话”。[⑤] 不具有确定性和安定性的法律，规则琐碎、繁乱，可预见性也必然降低，不利于法律秩序的形成和法治的实现。可预见性是“不同的法典制定者们所反复重申的、法典化的主要目标”[⑥]。法典的立法水平、立法要求、稳定性、可预见性都高于一般法律。法的编纂可以是经常性的工作，但不可以随意进行，否则与制定新法便无区别。[⑦]

6. 法体系的形成与优化

“体系性的或系统性的连通性或相关性，尤其是指符合逻辑原则的状态”，即构成法律规则实体各部分之间应保持连贯一致”，“这种理想类型的实现可以促进法律的公平和可预测性，并通过论证法律的形式合理性来深化法律自身

① 参见《法国民法典》，罗结珍译，法律出版社2005年版，第4~9页。

② ［德］马克斯·韦伯：《论经济与社会中的法律》，张乃根译，中国大百科全书出版社1998年版，第274页。

③ 孙新强：《法典的理性：美国〈统一商法典〉法理思想研究》，山东人民出版社2006年版，第63页。

④ ［英］边沁：《论一般法律》，毛国权译，上海三联书店2008年版，第204页。

⑤ 转引自［美］E. 博登海默：《法理学：法律哲学与法律方法》，邓正来译，中国政法大学出版社2004年版，第339页。

⑥ 石佳友：《民法法典化的方法论问题研究》，法律出版社2007年版，第61页。

⑦ 周旺生：《立法学》，法律出版社2009年版，第522页。

的正当性”。[①] 体系化既有助于在整个民法典的规则制度中充分贯彻民法的各项基本理念，又可有效地防止与消除整个法典中并存的各项理念之间的冲突和矛盾；有助于消除现行民法法律制度的混乱与冲突，将各项法律制度整合为一个有机的整体，从而建立起内在和谐一致的民事规范体系；有助于民法规范的遵守与适用；有助于通过维护民事法律规范的稳定性，最终实现社会生活关系的稳定性及人们在社会生活中的可预期性。[②] 而法典最具有这样的功能。一个部门法经过法的编纂，就会形成一个或若干个重要的法，由它们作基础、作中心，这个部门法自然会日渐完善。各个部门法都有积极的法的编纂活动，整个法的体系就会日臻完善。[③]

7. 法秩序的建立与维持

法治意味着法秩序的建立，即以法律、法律的理念——法伦理作为行为的最终判断标准，而不是以非法律、非法律的理念来作为行为依据。“法律的系统化也可能是由于冲突之后法律上保障的需要。在这种情况下，期望法律编纂的人们是那些深受法律模棱两可和不公开性之苦的人。”[④] 法典同时也是确保社会在动荡之后恢复平静、巩固统治阶级胜利的工具。这一胜利集中表现为确立新的、有利于居于主导地位的社会阶级的新的法律秩序。[⑤] 法秩序不仅意味着以“法律、法律的理念——法伦理作为行为的最终判断标准”，而且应当是以统一的法律、法律的理念——法伦理作为行为的最终判断标准。不难想象，在一个法律规则混乱的社会，法秩序如何能建立，法典化可以有效地解决法律冲突的问题。

8. 提供体系性之思考和适用规则，以寻求正当的个案裁判

法规则系存在于一特定的规整脉络中；多数规定彼此必须相互协调，逻辑一贯，以避免产生相互矛盾的决定。[⑥] 作为法律规则体系化的法典，不仅有助于法律规则的理解和适用，同时能够提供逻辑一贯的体系化观念，即不局限于

---

① ［美］迈尔文·艾隆·艾森伯格：《普通法的本质》，张曙光等译，法律出版社2004年版，第63页。

② 王利明：“《中国民法典学者建议稿及立法理由》体系说明”，载王利明主编：《中国民法典学者建议稿及立法理由·侵权行为编》，法律出版社2005年版，第2、3页。

③ 周旺生：《立法学》，法律出版社2009年版，第519页。

④ ［德］马克斯·韦伯：《论经济与社会中的法律》，张乃根译，中国大百科全书出版社1998年版，第267页。

⑤ 石佳友：《民法法典化的方法论问题研究》，法律出版社2007年版，第65页。

⑥ ［德］卡尔·拉伦茨：《法学方法论》，陈爱娥译，商务印书馆2003年版，第6页。

拟适用的法律条文，而是要全面考虑法典的整体规定，以及立法目的、立法思想、社会中同行的法观念，有助于更好地发现和寻找法律规则，更好地制定其他法律，更全面地进行法律和法学研究。

9. 提高法律的权威

从罗马帝国后期的汇编到查士丁尼法典，以及在中世纪君主对罗马法的法典化，“其推动力主要是想通过法律保障的建立使行政机器的功能更加准确，同时提高君主的威望”。① 法律的统一、稳定、完整、体系化皆有助于树立法律的权威，有助于法律得到人们的认同与信奉。

10. 漏洞填补

“强调漏洞概念与追求广泛的、整体法秩序的法典化密切相关，后者始于18世纪，在19世纪达到巅峰。”② “通过法典编纂这种形式，可以及时弥补法律疏漏和空白，增强法律调整的有效性，对于完善法律、实现法治有极大好处”。③

11. 有利于法治文明的流传

法典编纂有助于学者型的法律活动。④ 一个编制合理的法律体系不仅可以训练学生的头脑，使他们养成一种合理的法律思维习惯，而且可以在经过多年的经验与反思之后，从其道路上清除他现在只知道越过的障碍。⑤ 法典比之其他法的形式，其技术含量更高。法典编纂所包含的技术因素使法典成为能够传诸久远的一个优势条件。法典的统一性，也是一定的法律制度、法律文化得以崛起或得以复兴的关键条件。⑥

五、法典化的缺陷

虽然法典有着显而易见的优点，但其缺点也不容忽视。

---

① ［德］马克斯·韦伯：《论经济与社会中的法律》，张乃根译，中国大百科全书出版社1998年版，第269页。

② ［德］卡尔·拉伦茨：《法学方法论》，陈爱娥译，商务印书馆2003年版，第250页。

③ 张文显主编：《法理学》，法律出版社2007年版，第227页。

④ ［德］马克斯·韦伯：《论经济与社会中的法律》，张乃根译，中国大百科全书出版社1998年版，第275页。

⑤ ［美］霍姆斯：《法律的生命在于经验——霍姆斯法学文集》，明辉译，清华大学出版社2007年版，第25、26页。

⑥ 周旺生：“法典在制度文明中的位置”，载封丽霞：《法典编纂论——一个比较法的视角》，清华大学出版社2002年版，序第22、23页。

夫既以编纂法典，则一国之法常在于静止之状态矣。然而社会之发达进步，固无时或已者也。于是，一度编纂法典之后，伴于社会之进步，又不能不制定新法。新法渐次增加，则前法或因以改废，或归诸自然消灭。为时无几，又至于从事编纂新法典，固当然之理也。① 法典的确会造成法律发展在某一段时期的“暂停”。这有可能导致法律演进的“滞胀”甚至“僵化”。②

20 世纪以来，首先在西方国家，20 世纪 50 年代以后又扩展到第三世界，伴随着社会生活的复杂化和社会发展速度的加快，只依靠法典的形式已经越来越不适应社会变动的需要。原因在于：一是由于一部法典的制定需要花费几年甚至十几年的时间，社会关系的经常变动使原来已经花费很长时间制定的法典，“刚一颁布，就已经过时了”；二是由于一部法典经常要在框架结构和理论体系上下很大工夫，虽然在理论上有意义，对实际调整社会关系的用途并不很大，实际所要求的不是一般的概括，而是对具体问题的处理。③ 无论是在理论上还是实践上，20 世纪的法律都越来越不被看作是一个连贯一致的整体、一个体系和一个法令大全了，而越来越被视为一盘大杂烩，一大堆只是有共同的“技术”连接起来的支离破碎的特殊的判决和彼此冲突的规则。④

这在英美法国家更是如此。最近的 50 年到 80 年间，美国法发生了一个根本性的变化。这段时期内，他们已经从一个由法院所宣示的普通法主导的法律制度，进入到一个由立法者所制定的制定法成为首要法律渊源的法律制度中。这与整个法律图景不相契合：法院根据宪法尤其是平等保护的观念，认定制定法无效，这一做法呈现出持续增长的趋势。⑤ 法院将如何对待一部法典呢？如果这个法典确实是法律，那么法院将局限于对该规则像其所表达的那样的口头解释，并且必将对案件作出错误的判决。另一方面，如果法院不依据法律理由而任意裁决——也就是说，如果法院能考虑到，该法典只是打算宣布此项司法规则，尽管做得并不好，却可以坚持并弥补这一缺陷——那么该法典就不是法

① ［日］浅井虎夫：《中国法典编纂沿革史》，陈重民译，李孝猛点校，中国政法大学出版社 2007 年版，第 6 页。

② 石佳友：《民法法典化的方法论问题研究》，法律出版社 2007 年版，第 70 页。

③ 朱景文主编：《法理学研究》（下册），中国人民大学出版社 2006 年版，第 490 页。

④ ［美］伯尔曼：《法律与革命——西方法律传统的形成》，贺卫方等译，中国大百科全书出版社 1993 年版，第 44 页。

⑤ ［美］盖多·卡拉布雷西：《制定法时代的普通法》，周林刚等译，北京大学出版社 2006 年版，第 1 ~ 3 页。

律，而只是政府推介的一部教科书，包含了目前关于这一主题的全部已知内容。①

Rémy Cabrillac 教授认为：对于通常被认为应该去消除的法律渊源的危机的解决，法典化“其实是无能为力的”。② 霍姆斯认为，“即使可以编制出一部法典，也不能高估这种编制的重要性”。③

这些缺点是一部良好的法典所可能具有的，如果社会保险法还不达到良好法典的要求，又将如何呢？

第二节　法典化的条件与要求

只有本身是制定得良好的法律，才能得到人们的信仰和遵守，被追究者也会认罪服法，心服口服。良法是实现法治的前提条件。而比之一般法律，法典的要求就更高了。法的编纂比单纯制定新法，要求更严格，需要做更多工作。它对是否具备必要条件的要求非常之高。④ 法典编纂具有较强的系统性和科学性，必须讲求高度的立法技术，在一定程度上体现着一国立法技术的发达水平。⑤

制定一部善良的法典有很多的条件和要求。其一，在编纂法典之前，要有一定数量的、同类的规范性法律文件存在，并且这些规范性法律文件中的一些或一部分已不能适应发展了的社会情势和需要；其二，社会关系的发展需要用统一的法典对每个权利主体的行为进行规范和调节；其三，从事法典编纂工作的人（立法者）具有编纂法典所需要的基本立法技术；其四，要有编纂法典的法定职权或授权，且应有较为完善的不同于立法程序的法典编纂程序。⑥

庞德认为，有两类国家已采用法典形式：一类是拥有发达的法律体系的国家。这类国家中的法律传统成分竭尽了法律发展的可能性，因而需要一个新的基础，以促进新的法律发展。另一类是面临法律整体发展而立即需要一个基础的国家。我们可以看到，这些国家中存在着导致法典编纂的四个条件：

① ［美］霍姆斯：《法律的生命在于经验——霍姆斯法学文集》，明辉译，清华大学出版社 2007 年版，第 24 页。

② 石佳友：《民法法典化的方法论问题研究》，法律出版社 2007 年版，第 191 页。

③ ［美］霍姆斯：《法律的生命在于经验——霍姆斯法学文集》，明辉译，清华大学出版社 2007 年版，第 25 页。

④ 周旺生：《立法学》，法律出版社 2009 年版，第 521 页。

⑤ 朱景文主编：《法理学》，中国人民大学出版社 2008 年版，第 335 页。

⑥ 张文显主编：《法理学》，法律出版社 2007 年版，第 226 页。

(1) 现存法律材料的法律发展的可能性暂时不存在；或者因该国家过去没有法律而缺少现成的法律材料。(2) 现存法律通常不便运用，通篇古语，而又无确定性。(3) 法律的发展重点已移向立法，而且一个高效率的立法机构已发展起来。(4) 在政治社会的各个地区发展了或接受了各自不同的地方法律后，通常需要一个统一的法律。①

现代法典的来源是共同法、本土法和自然法。在所有的地方，法典的主要成分是共同法，即法院的裁判规范。随着继受的进行，固定而清晰的法学术语和共同法法学的整个法律技术到处渗透于共同法的生效区域。所有这些均有力地影响过法典。法典的第二个成分是从本土习惯法之法典编纂中提取的法条。如果把法不是理解为法律关系，而是理解为以词句表述的法条，那么我们会更加正确地说，这些作品所包含的几乎所有的法均通过法律记述才得以产生。自然法构成据以编纂近代法典的第三种素材。自然法是一种主要以活法作为出发点，面对既有法却相当自由，但又绝非与既有法完全独立的法学，因为它的确以现存的社会秩序和经济秩序为前提，这种秩序在很大程度上又是在既有法的影响下型塑的。②

一、习俗与法典化

“在成文法和法典的发展历程中，不能小看习惯以及由此衍生的习惯法的作用，习惯和习惯法的发展正是法典的滥觞。”③

中国是实行制定法的国家，不存在习惯法及习惯法的适用问题。但习俗对法律的影响依然是存在的，是法律生成的重要因素。凡是法典与习俗存在不断冲突或完全对立的地方，法庭判案可能会演绎出各种不同的类型。或者坚持不迁就习俗，或者也会顺应社会实际。④ 如现在很多地方已经对退休年龄作为了变通，法定的退休年龄只是作为正常退休的最低年限，而不是必须退休。《社会保险法（草案）》二审稿仍规定到法定退休年龄“必须”退休，与习惯做法已经不相符合，三审草案已经改变了这一规定。另外，很多地方规定到退休年

---

① ［美］罗斯科·庞德：《法律史解释》，曹玉堂等译，华夏出版社 1989 年版，第 13 页。

② ［奥］欧根·埃利希：《法社会学原理》，舒国滢译，中国大百科全书出版社 2009 年版，第 456～460 页。

③ 周旺生：“法典在制度文明中的位置”，载封丽霞：《法典编纂论——一个比较法的视角》，清华大学出版社 2002 年版，序第 9 页。

④ 黄宗智：《法典、习俗与司法实践：清代与民国的比较》，上海书店出版社 2007 年版，第 4 页。

龄时不足享受长期养老金最低缴费年限的，可以“往前补”，这和法律及保险原理是不相符合的，这样的习惯就不应当采纳。法典“变化与连续的过程涉及两者间多侧面的相互作用，既有妥协/适应也有反对/对抗，每一方都同时牵涉到法典、习俗与司法实践的多个层面”。[①] 社会保险法的法典化，必须深入、全面地研究我国社会保险实践中的习惯做法和习惯观念，对于符合社会保险法基本原理、代表社会发展方向的，应当拟订为法律规则，否则应当排除或作出限制性规定。而目前，这一研究是很不足的。

二、成文法与法典

法和法典是伴随着人类社会的进步在后来渐次演化发展而来的。这一演化发展的过程大约分为三个阶段。首先是习惯演化为习惯法。成文法的出现，表明人类在法的形式的选择上，进入了自觉阶段。这是法演化发展过程的第二阶段。法典的出现与完善，是法的演化发展过程的第三阶段。[②]

作为法典渊源的成文法，对于法典的形成起着至关重要的作用。法的编纂“尤为重要的条件是要有一定数量的、同类单行法存在，在它们的基础上进行删改、补充，形成新法。不具备这一条件，就只能制定新法，不能进行法的编纂”[③]。法典，需要对既有成文法予以整合始得产生，没有一个个成文法的积累或积淀，法典编纂便成为无源之水。[④]

而我国目前，只有《工伤保险条例》和《失业保险条例》，即只有工伤保险和失业保险具有一定的成文法规则，养老保险、医疗保险、生育保险，尤其是养老保险，几乎完全没有法律规则，仅靠简单的政策规定支撑运行。目前《社会保险法（草案）》中的规定根本不足以解决现实中的社会保险争议，对于各方当事人的权利义务缺乏清晰、充分、完整的规定，必将无法应对现实的需要。只有在经过一系列涉及同一问题的裁决之后，才有必要进行所谓的“调和案件”，也就是用一种严格的归纳方法来表述在那时仍显模糊的规则。通常情况下，在最终形成抽象的一般规则之前，这一表述要依据新的裁决不止一次地进行修改。一项成功确立的法律规则包含了诸多心智的努力，并且在形

---

① 黄宗智：《法典、习俗与司法实践：清代与民国的比较》，上海书店出版社 2007 年版，第 5、6 页。

② 周旺生：“法典在制度文明中的位置”，载封丽霞：《法典编纂论——一个比较法的视角》，清华大学出版社 2002 年版，序第 25、26 页。

③ 周旺生：《立法学》，法律出版社 2009 年版，第 521 页。

④ 梁启超：“论中国成文法编制之沿革得失”，载《饮冰室合集》（16），中华书局 1989 年版，第 8、9 页。

式和实质方面，均经过了训练有素的批评者的检验。[①] 在缺乏法律实践检验的前提下，现有的立法经验和立法水平如何能保证社会保险法能够作为完整严密的裁判及行政决定的权威性规则体系？

三、理性与法典

任何一部活的法典，不是立法者一声令下就可以形成的。法典作为成文法的最高形式，是理性主义时代的产物。[②] 立法者可以以简单命令造就一部条文法典，但难以成就一部能够得到人民信仰、法治所必需、有生命力和文明价值的法典。法典是“按照理性安排的明确概念组成的相互协调的整体”。[③] 理性可以简单地概括为深厚的理论智识体系。一部法典的核心不是其严谨的逻辑和清晰的结构，也不是其表达精确的具体条文，而是其背后所体现的深刻的法理思想。[④] 国内虽然对社会保障的理论已有一定的研究，但对社会保障的法律化研究却极其匮乏。冠以“社会保障法”之名的研究，其实多为“社会保障制度研究”。法律制度与其他制度是完全不同，可以说“隔行如隔山”。作为有着千年研究理论积淀的法学，绝非只有短短历史的社会保障理论所能概括。仅举几个非常基本的概念及制度：“时效”、“期间”、“溯及力”，《社会保险法（草案）》中根本就没有涉及。而这却是任何一个法律部门所必须规定的问题，属于常识性规定。仅从此点就可以窥知《社会保险法（草案）》的立法水平了。严格来说，目前的《社会保险法（草案）》不仅与法典化相距甚远，充其量只能说是一部规范性比较强的政策文件而已。

一部法典的制定，所需进行的理论准备是多方面的，法典虽是条文的组合，但其整体却反映着一个国家、一个民族所追求的价值理念；同时，有关其立法的价值取向问题又直接影响着整部法典的风貌，更需要特别加以关注。[⑤] 任何编纂法典的举措要想获得成功，必须具备三个条件：有利的时机，有才华的法学家，有政治意愿，“无法学家便无法律”，负责《法国民法典》起草的

---

① ［美］霍姆斯：《法律的生命在于经验——霍姆斯法学文集》，明辉译，清华大学出版社2007年版，第23页。

② 王利明：《民法典体系研究》，中国人民大学出版社2008年版，第4页。

③ ［法］罗贝尔·巴丹戴尔：“最伟大的财产”，载《法国民法典》（上），罗结珍译，法律出版社2005年版，中译本代序第3页。

④ 孙新强：《法典的理性：美国〈统一商法典〉法理思想研究》，山东人民出版社2006年版，第1页。

⑤ 杨晋玲：“在个人利益与社会利益的均衡之间”，载《现代法学》2002年第1期。

无一不是学识渊博、精通法律的律师、法官和法学家。① 一部没有法学家参与的法典化的《社会保险法》是不可理喻的。

我国学者针对民法典起草研究指出，民法典草案起草包含的程序环节有：(1) 对本国现有的民法进行调查，包括习惯法调查；(2) 提出立法的基础；(3) 委托学者起草最初的草案；(4) 组织一个“正方”的委员会对该草案进行补充完善；(5) 提出立法理由书（其中包含比较法研究报告）；(6) 组织一个“反方”的委员会质疑改善后的草案；(7) 立法机关对该草案进行一揽子表决。“民法典的起草是一项严谨、复杂的活动，来不得‘短平快’。”② 仍以法国民法典为例，且不说之前的草案起草或审议，“仅从 1801 年 7 月《法国民法典》草案提交共和国参议院讨论开始计算，审议一直进行了将近 3 年，先是在‘立法分部’内闭门审议，后来才提交到全体会议讨论。先后举行了 107 次讨论会，波拿巴亲自主持了其中 55 次会议”。③

法律作为一门科学，理论、实践与技术是通用的，民法典的起草经验当然可以，也必须在社会保险法典的起草中予以借鉴。而实际上我们看到的，在社会保险法草案的起草和审议过程中，前面六个环节都是阙如的。如此，岂能制定出一部较好的法律？

1801 年 1 月 20 日，《法国民法典》的起草人之一波塔利斯在行政法院发表了著名的《关于民法典草案的预备性说明》，波塔利斯说：“法律并不是纯粹只充斥着强制力的律令，它浸染着智慧、正义和理性！”④ 即使用一部强制力的律令体系来衡量，《社会保险法（草案）》都很不合格，更何论体现智慧、正义与理性！

四、体系化与法典

法典绝不意味着法律条文的“大杂烩”。

法典化是编纂具有体系化的法典的过程，不是一种简单的法律汇编，也不是简单地将各种规则、制度罗列在一个法律文件中，而要寻找法律的内在精神，按照法律的逻辑体系和价值体系，实现各种规范、制度的整合。系统性是

① ［法］罗贝尔·巴丹戴尔：“最伟大的财产”，载《法国民法典》（上），罗结珍译，法律出版社 2005 年版，中译本代序第 2～12 页。

② 徐国栋：《民法典与民法哲学》，中国人民大学出版社 2007 年版，第 15～17 页。

③ ［法］罗贝尔·巴丹戴尔：“最伟大的财产”，载《法国民法典》（上），罗结珍译，法律出版社 2005 年版，中译本代序第 14 页。

④ 转引自石佳友：《民法法典化的方法论问题研究》，法律出版社 2007 年版，第 191 页。

法典化的生命，体系化是法典化所追求的重要目标之一。①

如果法案缺乏一个完善的体系，那么就只能偶然地实现其立法目的。②

学者指出，体系化的内容包括形式的一致性、内在的一致性、逻辑上的自足性和内容上的全面性。③

形式的一致性，即规则和制度的系统性，换言之，既指法律的概念、原则、规则、制度纵向体系的逻辑一致，也要保证法律条文横向之间的逻辑一致，而不是若干条文的简单组合。在增加一个法律条文、删除一个法律条文时，不能仅仅考虑增加或删除条文本身的问题，不能把它当做孤立的、可以单独考虑的问题，而必须全面的、系统的考虑整部法律。增加或删除条文应与法律概念、原则、其他法律条文，甚至与其他法律协调。比如工伤保险与养老保险的衔接问题，待遇之间的比较和连接，应具有一致性和协调性，相互之间不存在冲突、矛盾和抵触，整个法典构成一个和谐的整体。

具体包括：（1）概念的一致性。即法典所使用的概念应当一以贯之，具有相对的恒定性和确定性。同一概念在同一法典中的含义相同，与其他相关概念不存在冲突。具体的规则和制度可以从概念进行演绎推理，能够准确涵摄。法律概念应当精确，“语言的不稳定性，是立法者防不胜防的疑问与争吵的渊源之一”。④“构成内部自洽的规范群和制度群”，“一个协调的、按抽象程度逐级划分的概念系统”构成了法典化的基本前提。⑤“历史上任何一次成功的法典编纂活动，都是借助概念构成这一逻辑工具，对前人的经典体系进行扬弃从而自成一家的。”⑥（2）规则的一致性。法典内的法律规则之间密切协调与相互衔接，至少不存在冲突，并且与概念和原则保持融通性。（3）制度的一致性。如工伤医疗制度、非工伤医疗制度，既有相同点，又有不同点，应当具有协调性。对于所有的险种来说，都可能涉及护理问题，而现在只有工伤保险制度中对护理制度作了规定，且自身也有矛盾，在其他社会保险制度则因缺乏规定而无法处理。

内在的一致性主要是指法律价值观念的一致性，即法典应当对法律的各项

---

① 王利明：《民法典体系研究》，中国人民大学出版社 2008 年版，第 5～7 页。

② ［美］安·赛德曼、罗伯特·鲍勃·赛德曼、那林·阿比斯卡：《立法学、理论与实践》，刘国福等译，中国经济出版社 2008 年版，第 264 页。

③ 王利明：《民法典体系研究》，中国人民大学出版社 2008 年版，第 11～17 页。

④ ［英］边沁：《论一般法律》，毛国权译，上海三联书店 2008 年版，第 215 页。

⑤ ［德］施瓦布：《民法导论》，郑冲译，法律出版社 2006 年版，第 19 页。

⑥ 陈小君、徐涤宇：“比较法视野下的中国民法典体系”，载吴汉东主编：《私法研究》（第四卷），中国政法大学出版社 2004 年版。

目的有充分考虑，作出兼顾或优位排列，实现法律价值的和谐统一。任何法律都要追求或体现一定的目的。法律的目的是多样化的，多样化的目的之间应当有良好的协调。其外在的表现则为法律原则与概念、规则之间的价值一致性。

逻辑性是体系化的生命所在，也是体系的最直接表现，它也构成法典的本质特征。概念、原则、规则之间可以通过逻辑推演的方式进行论证，包括归纳与演绎。一部法典的结构越清晰，越具有逻辑性，其也就越具有可及性，从而也就越能发挥作用。①

内容的全面性，又称为完备性，是指将同一领域同一性质的法律规范，按照某种内在的结构和秩序整合在一起，能够覆盖社会生活的基本方面。法典编纂（法典化）“这一术语是由英国法学家边沁发明的。他认为法典是完整的和全面的”②。立法起草者有维护法治的义务。作为这个义务的一部分，起草者必须注意，法律的形式与法律清楚性、明确性和一致性要相适应。有三个原因可说明起草者应该承担这种义务。第一，如果法律不清楚、明确、前后一致，就不具备可预测性。第二，民主政府在推动社会转型的过程中提出了双重要求，用法律秩序改造错误行为和确保不出现非公正决策。第三，民主本质也要求法律应该清楚明确。原则上，人们可以通过民选立法机构制定的法律控制居权力高位者的行为。③

从体系化观之，欠缺太多的规范，逻辑性、一致性严重不足，将严重影响法的实现。在《社会保险法》出台后，社会保险法体系的建立将成为当务之急。

五、民意与法典

犹如建筑师在建立一座大厦之前，先要测量和判断地基能否承受起建筑物的重量一样，智慧的立法者也不会只考虑制定那些本身是否良好的法律，而是要调查这些法律是否适合那些人民，因为人民才是决定是否接受这些法律的关键所在。④

法律的系统编纂可以是法律生活的有意识和再定向的产物，或者是希求政

① ［美］安·赛德曼、罗伯特·鲍勃·赛德曼、那林·阿比斯卡：《立法学、理论与实践》，刘国福等译，中国经济出版社2008年版，第264页。

② 中国社会科学院法学研究所法律词典编委会编：《法律词典》，法律出版社2003年版，第273页。

③ ［美］安·赛德曼、罗伯特·鲍勃·赛德曼、那林·阿比斯卡：《立法学、理论与实践》，刘国福等译，中国经济出版社2008年版，第330~331页。

④ ［法］卢梭：《社会契约论》，施新州编译，北京出版社2007年版，第50页。

治实体内在的社会统一的不同阶级之间的妥协，或者是这些情况的综合产物。①

在当今的中国，人民是要求一部社会保险法，但不一定是指那部叫做"社会保险法"的法律，而是能够解决其实际问题的法律。更进一步说，普通公民究竟要的是全国人大及其常委会制定的法律，还是国务院制定的作为行为法规的"法律"，甚至是其他政府部门制定的"法律"并不明确。现实中，老百姓将党和政府的政策都称为"法"，这是中国的现实，也符合法律生成的自然规律。为什么会这样，老百姓要的是解决问题的法，不管是什么样的文件、规定，只要能解决问题，那就是法律，否则，即使是宪法，老百姓恐怕也没几个人认为那是法律。老百姓是最实际的。

公民社会保险意识越来越强，维权意识也日益高涨，对法治的呼声越来越高，这都是社会保险法典化的"人和"因素。但"心急吃不了热豆腐"，这并不是法典化的决定性因素。仓促出台的社会保险法，可能不仅无法满足公民需要，还会损害社会保险法治的形象。

六、安定性与法典

法的安定性是法尤其是法典的重要特征，是法获得权威性的重要因素。作为社会的最重要的行为规则，法律为行为提供了评价标准，并以强制力为后盾。这种评价标准能够获得人们的认知和认可，首先必须为人们所认识，即为人们所预见。法的安定性有利于这一客观状态的形成。法的安定性能够增强人们对法的信赖，这是法的诚信力量的体现。人是要讲诚信的，出尔反尔的人无法得到人们的信任。企业是要讲诚信的，反复无常的企业无法在市场经济中生存。法律也是要讲诚信的，变来变去的法律无法得到人们的信任、尊重和皈依。而没有了这种信任、尊重和皈依，法治就无法建立，社会和谐将是空谈。法律的这种诚信和稳定就是法的安定性。

法的安定性要求法律规则的发展具有连续性，避免大起大落。法的安定性与法的修订并不矛盾，它只是要求修订必须尊重历史传统，并且具有充分的立足理由，如化解法的适用中无法解决的难题。

要实现法的安定性有一个很重要的前提，就是法律必须具有前瞻性，即对即将发生、可能发生或必将发生的事情预先作出明确规定。工伤预防、工伤康复、工伤补偿一样也不能少，这在我国工伤保险实务中已达成共识。工伤补偿

① ［德］马克斯·韦伯：《论经济与社会中的法律》，张乃根译，中国大百科全书出版社1998年版，第266、267页。

在我国已形成相对完整的规范体系，工伤康复的开展正是如火如荼，工伤预防也已列入人社部的试点计划。社会保险法草案对此未作详细规定，随着实践的迅速发展，必将要求进行大规模的修改，而在此之前，实践将处于缺少规范性的状态。由于工伤预防、工伤康复都涉及工伤保险基金的大规模使用，没有了规范，是很容易出问题的。

2010年1月1日，国务院转发了人社部、财政部《关于企业职工基本养老保险转移的意见》，对于现实中养老保险关系转移作出了比较明确的规定，而这个内容应当在社会保险法中体现。没有这个内容的社会保险法怎么去实现公民的社会保险权利（当养老保险关系无法转移时，社会保险权利必然是不完善的，甚至根本无法享受）。而且这个办法还很不完善，比如涉及事业单位、公务员的如何转移，与新农保如何衔接，特殊工种退休制度又如何在转移中实现，医疗保险关系、失业保险关系、生育保险关系又如何转移，没有这些规定，社会保险权利在很大程度上就被架空了，既反映了社会保险法体系化的缺乏，也将标志着如果不把这些内容纳入社会保险法，立法公布之时也就意味着到了修改之时。

法的安定性是立法的理想追求，与理论研究是有密切关系，如果社会保险法律理论比较匮乏，前瞻性规定只能是“心有余而力不足”。而我国目前社会保险法理论研究（与社会保险理论研究完全不是一回事）的匮乏注定了匆忙出台的社会保险法必定是缺乏安定性的。

第三节　我国社会保险法的立法选择

无论是从法典化的上述条件和要求来看，还是从《社会保险法》本身的内容来看，抑或是从立法进程来看，社会保险法法典化的技术与理论条件是不具备的，在这种情况下，《社会保险法》的出台，更多代表的是国家对社会保险在法律上的表态。目前的《社会保险法》，更多像一部《社会保险法通则》，作为法典意义上的《社会保险法》还有待理论和立法生成。

单行立法是可行的做法。应该实际一点，在时机不成熟时，不要过多地花费精力在理论框架上，不如做一些现在力所能及的工作，制定一些能马上起作用、作为审判依据的东西。等各方面成熟了，这类不那么好看的“大杂烩”会逐渐形成一个有中国特色的体系。① 若统一的社会保险法所规定的事项，主要是各项社会保险的原则或者基本制度，不能为具体的社会保险项目规定较为

① 朱景文主编：《法理学研究》（下册），中国人民大学出版社2006年版，第492页。

细密的规则，又必然要制定诸多的实施社会保险法的条例或细则，将必然影响我国的社会保险立法的权威性。如何将有差异的社会保险项目规定在一部正在探索的社会保险立法中，本身就是一个立法技术上需要解决的问题。所以，我国的社会保险立法应当化整为零，就不同的社会保险项目分别制定相应的社会保险法律。现实的社会保险改革措施和社会保险改革方向之间存在距离，社会保险改革的成果体现了正在逐步探索有中国特色的社会保险模式，并积累经验逐步走向成熟。伴随这一改革过程，我国有必要针对不同的社会保险项目分别立法。①

不过，在《社会保险法》出台以后，纯粹意义上的单行立法是不可行的。较为可行的是，由国务院出台相应条例，如修改《工伤保险条例》，对专门项目实施立法，待时机成熟时，再大规模修改《社会保险法》，最后合为一部法典化的《社会保险法》。

笔者的结论是，我国目前不具备社会保险法法典化的条件。在《社会保险法》出台后，可以先将有比较成熟的法律规则的内容上升为行政法规或其他规范性法律文件，如工伤保险和失业保险。一部良好的社会保险法典，对于我国社会保险制度的可持续发展的意义是长远的，这一目标也是不易实现的。以民法典为例，即使仅从改革开放之后算起，我国民法学研究已有 30 多年的历史。法学家、研究成果姑且不论，但是民法专业的研究生就有上千人。而就纯粹的社会保障法来说，恐怕连一个专业的研究生也没有（在法学专业里，最多也只有劳动与社会保障法专业，而没有专门的社会保障法专业）。在这一背景下，民法典的制定尚且采取的是“逐步”立法模式，社会保险法又怎敢轻言法典化呢？

“成熟一个制定一个”这一具有中国特色的经验主义立法方式，很适合中国的国情。在社会保险法典化的过程中，依然具有其无法代替的模式意义。《社会保险法》的出台，可以说开启了社会保险法典化的新纪元。

---

① 邹海林：“我国社会保险立法的若干问题”，载邹海林主编：《社会保险改革与法制发展》，社会科学文献出版社 2005 年版，第 62、63 页。

参考文献

沈宗灵主编:《法理学》，北京大学出版社 2009 年版。

张明楷:《法益初论》，中国政法大学出版社 2003 年版。

张文显:《法哲学范畴研究》，中国政法大学出版社 2001 年版。

张文显主编:《法理学》，法律出版社 2007 年版。

张文显:《二十世纪西方法哲学思潮研究》，法律出版社 2006 年版。

孙国华、朱景文主编:《法理学》，中国人民大学出版社 2010 年版。

孙国华主编:《法理学教程》，中国人民大学出版社 1994 年版。

孙国华主编:《马克思主义法理学研究: 关于法的概念和本质的原理 : 兼论法是“理”与“力”的结合，“理”是基本的，“力”是必要的 》，群众出版社 2007 年版。

朱景文主编:《法理学》，中国人民大学出版社 2008 年版。

朱景文主编:《法理学研究》，中国人民大学出版社 2006 年版。

谢晖、陈金钊:《法理学》，高等教育出版社 2005 年版。

郭道晖:《法理学精义》，湖南人民出版社 2005 年版。

卓泽渊:《法的价值论》，法律出版社 2006 年版。

卓泽渊:《法理学》，法律出版社 2009 年版。

姚建宗编著: 《法理学: 一般法律科学》，中国政法大学出版社 2006 年版。

张恒山:《法理要论》，北京大学出版社 2009 年版。

徐显明主编:《法理学》，中国政法大学出版社 2007 年版。

徐显明主编:《法理学原理》，中国政法大学出版社 2009 年版。

葛洪义主编:《法理学》，中国人民大学出版社 2007 年版。

何勤华主编:《西方法律思想史》，复旦大学出版社 2005 年版。

何勤华主编:《社会主义法律体系研究》，法律出版社 2009 年版。

何勤华等:《法律名词的起源》（上），北京大学出版社 2009 年版。

周旺生:《立法学》，法律出版社 2004 年版。

周旺生:《法理探索》，人民出版社 2005 年版。

夏勇：《人权概念起源》，中国政法大学出版社 2001 年版。

郑贤君：《基本权利研究》，中国民主法制出版社 2007 年版。

陈金钊等：《法律解释学——立场、原则与方法》，湖南人民出版社 2009 年版。

邓正来：《哈耶克法律哲学》，复旦大学出版社 2009 年版。

邓正来：《国家与社会：中国市民社会研究》，北京大学出版社 2008 年版。

王名杨：《英国行政法》，中国政法大学出版社 1987 年版。

王继军：《公法与私法的现代诠释》，法律出版社 2008 年版。

金自宁：《公法/私法二元区分的反思》，北京大学出版社 2007 年版。

刘爱龙：《立法的伦理分析》，法律出版社 2008 年版。

赵震江主编：《法律社会学》，北京大学出版社 1998 年版。

曾明生：《刑法目的论》，中国政法大学出版社 2009 年版。

赵明：《正义的历史映像》，法律出版社 2007 年版。

刘连泰：《〈国际人权宪章〉与我国宪法的比较研究》，法律出版社 2006 年版。

陈朝璧：《罗马法原理》，法律出版社 2006 年版。

江平、米健：《罗马法基础》，中国政法大学出版社 2004 年版。

周枏：《罗马法原论》（上下册），商务印书馆 1994 年版。

胡长清：《中国民法总论》，中国政法大学出版社 1997 年版。

史尚宽：《民法总论》，中国政法大学出版社 2000 年版。

王泽鉴：《民法总则》，中国政法大学出版社 2001 年版。

王泽鉴：《民法概要》，中国政法大学出版社 2003 年版。

黄立：《民法总则》，中国政法大学出版社 2002 年版。

马俊驹、余延满：《民法原论》，法律出版社 2007 年版。

王伯琦：《民法总则》，台北国立编译馆、正中书局 1979 年版。

梁慧星：《民法总论》，法律出版社 2007 年版。

吴经熊：《法律哲学研究》，清华大学出版社 2005 年版。

黄茂荣：《法学方法与现代民法》，中国政法大学出版社 2001 年版。

杨仁寿：《法学方法论》，中国政法大学出版社 1999 年版。

王利明：《民法典体系研究》，中国人民大学出版社 2008 年版。

刘海年、李林主编：《依法治国与法律体系构建》，社会科学文献出版社 2008 年版。

林诚二：《民法理论与问题研究》，中国政法大学出版社 2000 年版。

徐国栋:《民法基本原则解释》,中国政法大学出版社 2004 年版。

韩忠谟:《法学绪论》,中国政法大学出版社 2002 年版。

黄越钦:《劳动法新论》,中国政法大学出版社 2003 年版。

李昌麒主编:《经济法学》,法律出版社 2007 年版。

徐孟洲:《经济法原理与案例教程》,中国人民大学出版社 2006 年版。

刘文华、肖乾刚主编:《经济法律通论》,高等教育出版社 2006 年版。

应松年主编:《当代中国行政法》(上、下),中国方正出版社 2005 年版。

杨海坤、章志远:《中国行政法基本理论研究》,北京大学出版社 2004 年版。

湛中乐:《现代行政过程论》,北京大学出版社 2005 年版。

朱新力、金伟峰、唐明良:《行政法学》,清华大学出版社 2005 年版。

孙笑侠:《法律对行政的控制:现代行政法的法理解释》,山东人民出版社 1999 年版。

马生安:《行政行为研究:宪政下的行政行为基本理论》,济南人民出版社 2008 年版。

熊文钊:《现代行政法原理》,法律出版社 2000 年版。

郑功成:《社会保障学——理念、制度、实践和思辨》,商务印书馆 2000 年版。

郑功成主编:《社会保障学》,中国劳动社会保障出版社 2005 年版。

郑功成编著:《社会保障》,高等教育出版社 2007 年版。

邓大松等:《社会保障理论与实践发展研究》,人民出版社 2007 年版。

孙光德、董克用主编:《社会保障概论》,中国人民大学出版社 2008 年版。

于凌云编著:《社会保障:理论、制度、实践》,中国财政经济出版社 2008 年版。

李珍主编:《社会保障理论》,中国劳动社会保障出版社 2007 年版。

童星主编:《社会保障理论与制度》,凤凰出版传媒集体、江苏教育出版社 2008 年版。

费梅苹编著:《社会保障概论》,华东理工大学出版社 2008 年版。

张彦、吕青编著:《社会保障概论》,南京大学出版社 2008 年版。

丛春霞、刘晓梅主编:《社会保障概论》,东北财经大学出版社 2008 年版。

谢元态主编:《社会保障学》,江西出版集团、江西科学技术出版社 2007 年版。

刘晓雄主编：《社会福利与保障》，中央广播电视大学出版社 2008 年版。
邓微编著：《社会保障概论》，湖南人民出版社 2007 年版。
陈树文主编：《社会保障学》，大连理工大学出版社 2007 年版。
盖锐、杨光主编：《社会保障学》，清华大学出版社 2009 年版。
郭士征编著：《社会保障研究》，上海财经大学出版社 2005 年版。
高书生：《社会保障改革何去何从》，中国人民大学出版社 2006 年版。
张广利主编：《社会保障理论教程》，华东理工大学出版社 2008 年版。
张思锋、温海红主编：《社会保障学》，西安交通大学出版社 2007 年版。
乐章编著：《社会救助学》，北京大学出版社 2008 年版。
柯木兴：《社会保险》，台北中国社会保险学会 2001 年版。
钟秉正：《社会保险法论》，三民书局 2005 年版。
钟秉正：《社会福利之法制化》，台北钟秉正 2008 年版。
郭明政主编：《社会法：社会安全法规汇编》，台北元照出版有限公司 2009 年版。
郭明政主编：《社会保险之改革与展望》，台北“国立”政治大学法学院劳动法与社会法研究中心 2006 年版。
郝凤鸣主编：《社会法》，台北新学林出版股份有限公司 2008 年版。
曾妙慧：《社会安全与社会保险》，台北华泰文化事业股份有限公司 2002 年版。
陈绫珊编著：《社会保险》，台北华立图书股份有限公司 2005 年版。
梁宪初、冉永萍：《社会保险》，台北五南图书出版公司 2000 年版。
叶至诚：《社会福利概论》，台北扬智文化事业股份有限公司 2009 年版。
邓大松主编：《社会保险》，中国劳动社会保障出版社 2009 年版。
侯文若、孔泾源主编：《社会保险》，中国人民大学出版社 2008 年版。
侯文若编著：《社会保险》，中国劳动社会保障出版社 2005 年版。
史潮主编：《社会保险学》，科学出版社 2007 年版。
夏敬编著：《社会保险理论与实务》，东北财经大学出版社 2006 年版。
刘雄、张琪主编：《社会保险通论》，中国劳动社会保障出版社 2006 年版。
李定佳、曾孝芳主编：《社会保险学》，贵州人民出版社 2004 年版。
林义主编：《社会保险》，中国金融出版社 2003 年版。
薛小建：《论社会保障权》，中国法制出版社 2007 年版。
张旭开等编著：《社会保险》，复旦大学出版社 2007 年版。
香伶：《养老社会保险与收入再分配》，社会科学文献出版社 2008 年版。

仇雨临主编:《医疗保险》，中国劳动社会保障出版社 2008 年版。

董保华等:《社会保障的法学观》，北京大学出版社 2005 年版。

董保华等:《社会法原论》，中国政法大学出版社 2001 年版。

邹海林主编:《社会保险改革与法制发展》，社会科学文献出版社 2005 年版。

黎建飞主编:《社会保障法》，中国人民大学出版社 2008 年版。

章明亮、钟刚主编:《社会保障法》，中国政法大学出版社 2007 年版。

赖达清主编:《社会保障法——保障公民生存权利的法律形式》，四川人民出版社 2003 年版。

方乐华编著:《社会保障法论》，世界图书出版公司 1999 年版。

史探径主编:《社会保障法研究》，法律出版社 2000 年版。

林嘉:《社会保障法的理念、实践与创新》，中国人民大学出版社 2002 年版。

冯彦君主编:《和谐社会建设与社会法保障》，中国劳动社会保障出版社 2008 年版。

龚维斌等:《中外社会保障体制比较》，国家行政学院出版社 2008 年版。

吕学静主编:《社会保障国际比较》，首都经济贸易大学出版社 2007 年版。

韩俊江:《社会保障制度国际借鉴研究》，东北师范大学出版社 2007 年版。

马斌主编:《社会保障理论与实践》，中国劳动社会保障出版社 2006 年版。

钱宁:《社会正义、公民权利和集体主义——论社会福利的政治与道德基础》，社会科学文献出版社 2007 年版。

关信平主编:《社会政策概论》，高等教育出版社 2004 年版。

陶传进:《社会公益供给——NPO、公共部门与市场》，清华大学出版社 2005 年版。

刘子操:《城市化进程中的社会保障问题》，人民出版社 2006 年版。

苏宏章:《利益论》，辽宁大学出版社 1991 年版。

王伟光:《利益论》，人民出版社 2001 年版。

朱奎保:《利益论》，华东师范大学出版社 1991 年版。

黄象品等:《人民根本利益论》，湖南人民出版社 2002 年版。

洪兵:《国家利益论》，军事科学出版社 1999 年版。

阎学通:《中国国家利益分析 》，天津人民出版社 1996 年版。

王伟光、郭宝平：《社会利益论》，人民出版社 1988 年版。

郝云：《利益理论比较研究》，复旦大学出版社 2007 年版。

谭培文：《马克思主义的利益理论：当代历史唯物主义的重构》，人民出版社 2002 年版。

周永坤：《规范权力——权力的法理研究》，法律出版社 2006 年版。

张恒山：《义务先定论》，山东人民出版社 1999 年版。

钱大军：《法律义务研究论纲》，科学出版社 2008 年版。

陈新民：《德国公法学基础理论》（上下），山东人民出版社 2001 年版。

邓正来、[美] 杰弗里·亚历山大主编：《国家与市民社会：一种社会理论的研究路径》，上海人民出版社 2006 年版。

周晖国：《商法本位论》，法律出版社 2010 年版。

姚大志：《何谓正义：当代西方政治哲学研究》，人民出版社 2007 年版。

[古希腊] 亚里士多德：《政治学》，吴寿彭译，商务印书馆 1965 年版。

[罗马] 查士丁尼：《法学总论——法学阶梯》，张企泰译，商务印书馆 1989 年版。

托马斯·阿奎那：《阿奎那政治著作选》，马清槐译，商务印书馆 1963 年版。

[英] 边沁：《道德与立法原理导论》，时殷弘译，商务印书馆 2000 年版。

[英] 边沁：《论一般法律》，毛国权译，上海三联书店 2008 年版。

[英] 边沁：《立法理论》，李贵方等译，中国人民公安大学出版社 2004 年版。

[英] 亨利·萨姆奈·梅因：《古代法》，高敏、翟慧虹译，中国社会科学出版社 2009 年版。

[英] 哈特：《法律的概念》，张文显等译，中国大百科全书出版社 1996 年版。

[英] H. L. A. 哈特：《法理学与哲学论文集》，支振锋译，法律出版社 2005 年版。

[英] H. L. A. 哈特：《法律、自由与道德》，支振锋译，法律出版社 2006 年版。

[英] 约翰·奥斯汀：《法理学的范围》，刘星译，中国法制出版社 2002 年版。

[英] 约瑟夫·拉兹：《法律体系的概念》，吴玉章译，中国法制出版社 2003 年版。

［英］约瑟夫·拉兹：《法律的权威》，朱峰译，法律出版社 2005 年版。

［英］弗里德里希·冯·哈耶克：《法律、立法与自由》（第一、二、三卷），邓正来等译，中国大百科全书出版社 2000 年版。

［英］丹尼斯·劳埃德著，M. D. A. 弗里曼修订：《法理学》，许章润译，法律出版社 2007 年版。

［英］马林诺夫斯基：《原始社会的犯罪与习俗》，原江译，法律出版社 2007 年版。

［英］A. J. M. 米尔恩：《人的权利与人的多样性——人权哲学》，夏勇、张志铭译，中国大百科全书出版社 1995 年版。

［英］彼得·斯坦、约翰·香德：《西方社会的法律价值》，王献平译，中国法制出版社 2004 年版。

劳动保障部社会保险研究所组织翻译：《贝弗里奇报告——社会保险和相关服务》，中国劳动社会保障出版社 2004 年版。

［英］内维尔·哈里斯等：《社会保障法》，李西霞、李凌译，北京大学出版社 2006 年版。

［英］罗伯特·伊斯特：《社会保障法》，周长征等译，中国劳动社会保障出版社 2003 年版。

［美］约翰·罗尔斯：《正义论》，何怀宏等译，中国社会科学出版社 1988 年版。

［美］约翰·罗尔斯：《作为公平的正义——正义新论》，姚大志译，上海三联书店 2002 年版。

［美］罗斯科·庞德：《法理学》（第一至四卷），法律出版社 2007 年版。

［美］罗纳德·德沃金：《认真对待权利》，信春鹰、吴玉章译，中国大百科全书出版社 1998 年版。

［美］德沃金：《法律帝国》，李常青译，中国大百科全书出版社 1996 年版。

［美］罗纳德·德沃金：《原则问题》，张国清译，江苏人民出版社 2008 年版。

［美］霍姆斯：《法律的生命在于经验——霍姆斯法学文集》，明辉译，清华大学出版社 2007 年版。

［美］富勒：《法律的道德性》，郑戈译，商务印书馆 2005 年版。

［美］E. 博登海默：《法理学：法律哲学与法律方法》，邓正来译，中国政法大学出版社 2004 年版。

［美］R. M. 昂格尔：《现代社会中的法律》，吴玉章、周汉华译，译林出

版社 2008 年版。

［美］诺内特、塞尔兹尼克：《转变中的法律与社会》，张志铭译，中国政法大学出版社 2004 年版。

［美］列奥·施特劳斯：《自然权利与历史》，彭刚译，生活·读书·新知三联书店 2003 年版。

［美］斯蒂文·J. 伯顿主编：《法律的道路及其影响》，张芝梅、陈绪刚译，北京大学出版社 2005 年版。

［美］亚伯拉罕·马斯洛：《动机与人格》，许金声等译，中国人民大学出版社 2007 年版。

［美］霍贝尔：《原始人的法：法律的动态比较研究》，严存生等译，法律出版社 2006 年版。

［美］伯纳德·施瓦茨：《美国法律史》，王军等译，法律出版社 2007 年版。

［美］朱尔斯·L. 科曼：《原则的实践》，丁海俊译，法律出版社 2006 年版。

［美］约翰·法比安·维特：《事故共和国——残疾的工人、贫穷的寡妇与美国法的重构》，田雷译，上海三联书店 2008 年版。

［美］凯斯·R. 桑斯坦：《权利革命之后：重塑规制国》，钟瑞华译，中国人民大学出版社 2008 年版。

［美］迈尔文·艾隆·艾森伯格：《普通法的本质》，张曙光等译，法律出版社 2004 年版。

［美］约翰·菲尼斯：《自然法与自然权利》，董娇娇等译，中国政法大学出版社 2005 年版。

［美］路易斯·卡普洛、斯蒂文·沙维尔：《公平与福利》，冯玉军、途永前译，法律出版社 2007 年版。

［美］马歇尔·N. 卡特、威廉·N. 希普曼：《信守诺言——美国养老社会保险制度改革思路》，李珍等译，中国劳动社会保障出版社 2003 年版。

［美］布莱恩·比克斯：《法理学：理论与语境》，邱昭继译，法律出版社 2008 年版。

［美］詹姆斯·M. 布坎南（James M. Buchanan）、罗杰·D. 康格尔顿（Roger D. Congleton）：《原则政治，而非利益政治：通向非歧视性民主》，张定淮、何志平译，社会科学文献出版社 2008 年版。

［德］弗里德里希·卡尔·冯·萨维尼：《法律冲突与法律规则的地域和时间范围》，李双元等译，法律出版社 1999 年版。

［德］鲁道夫·冯·耶林:《罗马私法中的过错要素》，柯伟才译，中国法制出版社2009年版。

［德］马克斯·韦伯:《论经济与社会中的法律》，张乃根译，中国大百科全书出版社1998年版。

［德］卡尔·拉伦茨:《法学方法论》，陈爱娥译，商务印书馆2003年版。

［德］阿图尔·考夫曼、温弗里德·哈斯默尔主编，郑永流译:《当代法哲学和法律理论导论》，法律出版社2002年版。

［德］卡尔·恩吉斯:《法律思维导论》，郑永流译，法律出版社2004年版。

［德］魏德士:《法理学》，丁晓春、吴越译，法律出版社2005年版。

［德］奥托·迈耶:《德国行政法》，刘飞译，商务印书馆2002年版。

［德］汉斯·J.沃尔夫、奥托·巴霍夫、罗尔夫·施托贝尔:《行政法(第一、二卷)》，高家伟译，商务印书馆2002年版。

［德］拉德布鲁赫:《法律哲学概论》，徐苏中译，中国政法大学出版社2007年版。

［德］哈贝马斯:《在事实与规范之间》，童世骏译，生活·读书·新知三联书店2003年版。

［德］哈贝马斯:《公共领域的结构转型》，曹卫东等译，学林出版社1999年版。

［德］拉德布鲁赫:《法学导论》，米健译，中国大百科全书出版社1997年版。

［德］G.拉德布鲁赫:《法哲学》，王朴译，法律出版社2005年版。

［德］拉德布鲁赫:《法律哲学概论》，徐苏中译，中国政法大学出版社2007年版。

［德］海因里希·罗门:《自然法的观念史和哲学》，姚中秋译，上海三联书店2007年版。

［德］乌尔里希贝克:《风险社会》，何博闻译，译林出版社2004年版。

［德］米歇尔·施托莱斯:《德国公法史》，雷勇译，法律出版社2007年版。

［德］霍尔斯特·杰格尔:《社会保险入门:论及社会保障法的其他领域》，刘翠霄译，中国法制出版社2000年版。

［奥］凯尔森:《法与国家的一般理论》，沈宗灵译，中国大百科全书出版社1996年版。

［奥］凯尔森:《纯粹法理论》，张书友译，中国法制出版社2008年版。

［奥］尤根·埃利希：《法律社会学基本原理》，叶名怡、袁震译，九州出版社 2007 年版。

［日］美浓部达吉：《公法与私法》，黄冯明译，中国政法大学出版社 2003 年版。

［日］矶谷幸次郎、美浓部达吉：《法学通论与法之本质》，王国维、林纪东译，中国政法大学出版社 2006 年版。

［日］大须贺明：《生存权论》，林浩译，法律出版社 2001 年版。

［日］大村敦志：《民法总论》，江溯、张立艳译，北京大学出版社 2004 年版。

［日］武川正吾、佐藤博树编著：《企业保障与社会保障》，李黎明、张永春译，中国劳动社会保障出版社 2003 年版。

［韩］金东熙：《行政法Ⅰ·Ⅱ》，赵峰译，中国人民大学出版社 2008 年版。

［法］德尼·西蒙：《欧盟法律体系》，王玉芳等译，北京大学出版社 2007 年版。

［法］雅克·马里旦：《自然法：理论与实践的反思》，［加］威廉·斯威特编，鞠成伟译，中国法制出版社 2009 年版。

［比］R. C. 范·卡内冈：《法官、立法者与法学教授：欧洲法律史篇》，薛张敏敏译，北京大学出版社 2006 年版。

［法］保罗利科：《论公正》，程春明译，法律出版社 2007 年版。